高等学校交通运输与工程类专业教材建设委员会规划教材
高等学校应用型本科教材

测 量 学

主　编　张　龙
副主编　钱　晋　逢立伟　夏春阳
主　审　张弘强

人民交通出版社股份有限公司
China Communications Press Co.,Ltd.

内 容 提 要

全书共分 14 章,第 1~4 章对工程测量的基本原理方法进行了阐述,第 5 章介绍了 GPS 在测量中的应用,第 7~9 章是关于测绘、测设理论部分,第 10~14 章对工程各方向的专业测量进行了详细介绍。教材编写过程中,参考了国内外相关教材和文献,重点参考工程测量最新技术文献,力图将目前先进的仪器设备使用、技术应用等纳入工程测量的学习中。

本书可作为土木工程类(土木、道路桥梁与渡河工程、工程管理、工程造价、建筑学等)各专业的测量学教材,亦可供有关土建类工程技术人员参考。

图书在版编目(CIP)数据

测量学/张龙主编. —北京:人民交通出版社股份有限公司,2016.3(2024.12重印)

ISBN 978-7-114-12661-1

Ⅰ.①测… Ⅱ.①张… Ⅲ.①测量学–教材 Ⅳ. ①P2

中国版本图书馆 CIP 数据核字(2016)第 004519 号

高等学校交通运输与工程类专业教材建设委员会规划教材
高等学校应用型本科教材

书　　　名:**测量学**
著 作 者:张　龙
责 任 编 辑:卢俊丽　闫吉维
出 版 发 行:人民交通出版社股份有限公司
地　　　址:(100011)北京市朝阳区安定门外外馆斜街 3 号
网　　　址:http://www.ccpcl.com.cn
销 售 电 话:(010)85285911
总 经 销:人民交通出版社股份有限公司发行部
经　　　销:各地新华书店
印　　　刷:北京虎彩文化传播有限公司
开　　　本:787×1092　1/16
印　　　张:18.25
字　　　数:430 千
版　　　次:2016 年 2 月　第 1 版
印　　　次:2024 年 12 月　第 9 次印刷
书　　　号:ISBN 978-7-114-12661-1
定　　　价:39.00 元

高等学校应用型本科教材
编 委 会

前言
FOREWORD

为适应 21 世纪科技飞速发展,高等教育改革在加速进行,尤其是 2015 年教育部提出要求一部分高校向应用技能型转变,教学内容改革势在必行。本书正是以此为出发点,经过多次施工企业调研,结合多年的教学实践经验,组织多个院校教学经验丰富的教师编写而成。力争做到理论知识完整,突出工程实践应用,同时增加了当前测绘新技术和新仪器等知识。

本书第 1 章介绍了测量学的分类、发展,测量学的基本参数及原则等;第 2 ~ 4、6 章介绍了高程的测量、角度的测量及电子经纬仪的使用、距离测量及直线定向、测量的误差理论等基本测量理论;第 5 章介绍了 GPS 在测量中的应用;第 7、8 章介绍了小区域控制测量、大比例尺地形图的测绘及应用等测绘理论;第 9 章介绍了测设的基本工作等测设基本理论;第 10 ~ 13 章分别介绍了道路工程测量、桥梁工程测量、管道工程测量、建筑工程测量等各方向的专业工程测量内容;第 14 章介绍了建筑物变形观测。随着电子化及网络的普及,工程测量的仪器也逐渐向电子化发展,所以本书列举了电子经纬仪、全站仪等电子仪器的操作方法及应用;鉴于目前工程测量中 GPS 的应用越来越多,所以本书加入了 GPS 在工程测量中的应用;后半部分还综合了各个工程专业施工测量的内容。

全书由长春师范大学张龙主编,长春建筑学院钱晋、逄立伟、夏春阳副主编,吉林大学张弘强教授主审。

参编人员及分工:绪论,第1、4章由逄立伟(长春建筑学院)编写;第2、12章由聂星(长春建筑学院)编写;第3、9章由王会(长春建筑学院)编写;第5章由张龙(长春师范大学)、夏春阳(长春建筑学院)、李国栋(长春建筑学院)编写;第6、11章由钱晋(长春建筑学院)编写;第7章由李雪梅(长春科技学院)编写;第8章由王会(长春建筑学院)、董书彤(长春建筑学院)、逄立伟(长春建筑学院)编写;第10章由张龙(长春师范大学)、何小红(长春科技学院)编写;第13、14章由张龙(长春师范大学),黄超(长春科技学院)编写。

编　者

2015 年 12 月

目录
CONTENTS

第 1 章

绪　论

1.1　测量学的任务和作用

　　测量学是研究地球的形状和大小以及确定地面(包含空中、地下和海底)点位的科学。测量学内容包括测(绘)和测设两部分。测(绘)是指用测量仪器和工具,通过测量和计算,得到一系列测量数据或成果,将地球表面的地形缩绘成地形图,供经济建设、规划设计、国防建设及科学研究使用。测设是指用一定的测量方法,把设计图纸上规划设计好的建(构)筑物的平面位置和高程标定在实地上,作为施工的依据。

　　按其研究的对象和范围不同,测量学可分为以下几个分支学科:

　　(1)普通测量学。研究地球表面局部地区测绘工作的基本理论、技术、方法和应用的学科,是测量学的基础。普通测量学的主要任务是图根控制网的建立、地形图测绘及一般工程施工测量,具体工作有距离测量、角度测量、高程测量、观测数据的整理和绘图等。

　　(2)大地测量学。研究如何确定地球的形状、大小、重力场测定、整体与局部运动和地球表面点的几何位置及其变化的理论和技术的学科。大地测量学的基本任务是建立国家大地控制网。目前,常规的大地测量发展到空间大地测量,测量对象由地球表面扩展到宇宙空间,由静态发展到动态。

　　(3)摄影测量与遥感。研究利用摄影或遥感技术获取被测物体的形状、大小、空间位置的学科。根据摄影方式的不同,摄影测量又分为地面摄影测量、航空摄影测量、航天摄影测量和水下摄影测量。

(4)工程测量学。研究工程建设和自然资源开发中各个阶段进行的地形测绘、施工放样、变形监测的理论和方法的学科。

(5)海洋测量学。研究以海洋水体、港口、航道及海底为对象所进行的测量和海图编制理论和技术的学科。

(6)地图制图学。利用测量、采集和计算所得的成果资料,研究各种地图的制图理论、原理、工艺技术和应用的学科。研究内容主要包括地图编制、地图投影学、地图整饰、印刷等,这门学科已向制图自动化、电子地图制作及地理信息系统方向发展。

本书主要介绍普通测量学及部分工程测量学的内容。

测量技术是了解自然和改造自然的重要手段,也是国民经济建设中一项基础性的工作,应用十分广泛。它能为城镇规划、市政工程、土地与房地产开发、农业、防灾等领域提供各种比例尺的现状地形图或专用图等测绘资料;能按照规划设计部门的要求,进行道路规划定线、拨地测量以及各种工程的勘察测量,直接为建设工程项目的设计与施工服务;在工程施工过程和运营管理阶段,对高层、大型建(构)筑物进行沉降、位移、倾斜等变形监测,可以确保建(构)筑物的安全,并为建(构)筑物结构和地基基础的研究提供多种可靠的测量数据。由此可见,测量工作在工程建设领域应用十分广泛,贯穿工程建设的整个过程,特别是大型和重要的工程,测量工作更是重中之重,直接关系到工程质量和预期效益的实现,是我国现代化建设不可缺少的一项重要工作。

此外,测绘科学在国防建设和科学研究中也发挥着十分重要的作用。军事地图的制作、空间武器和人造卫星的发射,都必须依靠准确和全面的测绘与计算;空间科学技术的研究、地壳的形变、地震预报及地极周期性运动的研究等,都要应用测绘资料。随着测绘科技的发展和新技术的研发与应用,各个行业必将得到更多、更好、更及时的信息服务和准确、适用的测绘成果。

1.2 测量学的发展概况

科学的产生和发展是由生产决定的,测量科学也不例外,它是人类长期在生活和生产过程中同自然界斗争的结晶。由于生活和生产的需要,测量工作在远古时代的人类活动中就被广泛应用。早在公元前21世纪,就有夏禹在黄河两岸治理水患和埃及尼罗河泛滥后农田边界整理的事迹,这些都需要一定的测量知识,或者说已用简单的工具——准、绳、规、矩进行了测量。

公元前7世纪前后,管仲在其所著《管子》一书中,已收集了早期的地图27幅。公元前130年,西汉初期的《地形图》及《驻军图》已于1973年从长沙马王堆三号汉墓中出土,为目前我国发现的最早的地图。测量工具:测量长度的有丈杆、准绳、步车、记里鼓车等;测量角度的有望筒和司南等;测量高程的有矩等。测量的绘图理论有《制图六体》《禹贡地域图》《海内华夷图》等,测量的数学理论有《海岛算经》《周髀算经》《九章算术》等。

世界各国现代测绘学的发展,主要是从17世纪初开始逐步发展起来的。

电子计算机的发明,产生了用电子设备和计算机控制的测绘仪器,如电子经纬仪、全站仪、自动绘图仪和3D激光扫描仪使测绘工作更为简便、快速和精确。自1957年前苏联第一颗人造卫星的成功发射,测绘学科中出现了"卫星测量"的分支,此后美国由卫星支持的全球定位系统GPS(Global Positioning System)和遥感RS(Remote Sensing)技术在测绘学科中得到广泛的应用,并形成"空间大地测量"和"摄影测量与遥感"两个学科分支。

我国测绘科学自新中国成立后,也进入了一个崭新的发展阶段。1956年成立国家测绘总局,中国科学院系统成立了测量及地球物理研究所,各业务部门亦纷纷设立测绘机构,培养测绘人才的各类院校亦先后成立。60多年来,测绘队伍飞速壮大,测绘科学的研究工作亦得到发展,建成了全国绝大部分地区的大地控制网,完成了大量不同比例尺的地形图测绘。在测绘仪器制造方面从无到有,现在不仅能生产光学测量仪器,还成功研制了各种测程的光电测距仪、卫星激光测距仪和解析测图仪等先进仪器。

近年来,我国测绘科技发展迅速。我国北斗卫星导航系统(COMPASS),是继美国GPS、俄罗斯格洛纳斯、欧洲伽利略之后,全球第四大卫星导航系统。2020年7月31日,北斗三号全球卫星导航系统正式开通,系统运行稳定,持续为全球用户提供优质服务。

测绘学科和地球物理学、地质学、天文学、地理学、海洋学、空间科学、环境科学、计算机科学和信息科学及其他许多工程学科有着密切的联系。而测绘学科更侧重于研究地球的整体形态和表层空间的几何特性,除了为国民经济建设和国防建设服务以外,还构成了上述一些相关学科的基础信息系统。

1.3　地面点位的表示方法

1.3.1　地球的形状与大小

测量工作是在地球的自然表面上进行的。而地球自然表面很不规则,既有高达8 848.86m的珠穆朗玛峰,也有深至11 034m的马里亚纳海沟。尽管它们高低起伏悬殊,但与半径为6 371km的地球比较,还是可以忽略不计的。此外,水域面积约占地球表面总面积的71%,陆地面积仅占29%。因此,习惯上把水面所包围的地球形体看作地球的形状。

地球上任一点都同时受到离心力和地球引力的双重作用,这两个力的合力称为重力,重力的方向线称为铅垂线,铅垂线是测量工作的基准线。处处与重力方向垂直的连续曲面称为水准面[图1-1a)],水准面是受地球重力影响而形成的,是一个重力等位面,它们之间因重力不同,不会相交。与水准面相切的平面称为水平面。水准面因其高度不同而有无穷多个,其中与平均海水面吻合并向大陆、岛屿内延伸而形成的闭合曲面,称为大地水准面。大地水准面是测量工作的基准面。由大地水准面所包围的地球形体,称为大地体。

用大地体表示地球的形状是恰当的,但由于地球内部质量分布不均匀,引起铅垂线的方向产生不规则的变化,致使大地水准面成为一个复杂的曲面[图1-1b)],为了使用方便,通常用一个非常接近于大地水准面并可用数学式表示的几何形体(即地球椭球)来代替地球的形状[图1-1c)],作为测量计算工作的基准面。地球椭球是一个椭圆绕其短轴旋转而成的形体,故地球又称为旋转椭球体。旋转椭球体由长半径 a(或短半径 b)和扁率 α 所决定。目前我国所采用的参考椭球体是"1980年国家大地坐标系",其参考椭球体元素为：

长半径

$$a = 6\ 378\ 137\text{m}$$

短半径

$$b = 6\ 356\ 752\text{m}$$

扁率

$$\alpha = 1 : 298.257$$

其中

$$\alpha = \frac{a - b}{b}$$

由于地球椭球的扁率很小,当测区范围不大时,可近似地把地球椭球看作圆球,其半径为6 371km。

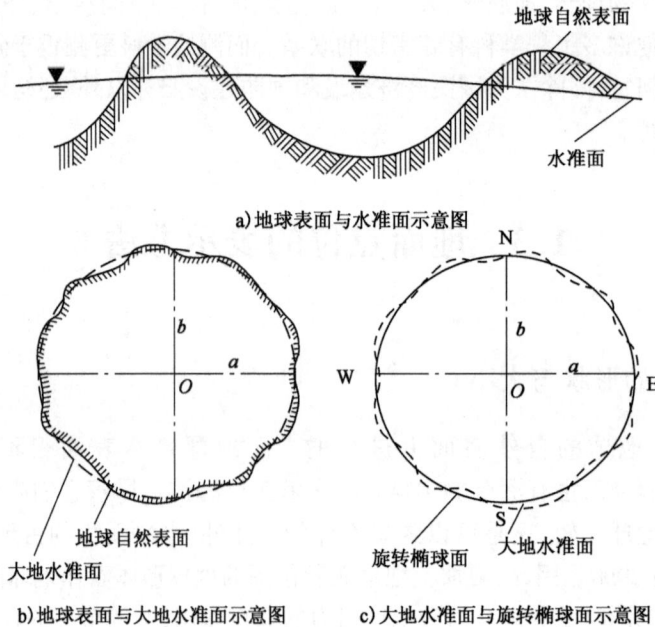

a)地球表面与水准面示意图

b)地球表面与大地水准面示意图   c)大地水准面与旋转椭球面示意图

图1-1　地球表面、大地水准面、旋转椭球面关系示意图

1.3.2　确定地面点位的方法

测量工作的中心任务是确定地面点的空间位置,通常是确定该点的二维球面坐标或投影到平面上的二维平面坐标以及该点到大地水准面的铅垂距离,也就是确定地面点的坐标和高程。

1)地面点的坐标

地面点在投影面上的坐标,根据具体情况,可选用下列4种坐标系统中的一种来表示。

(1)大地坐标系

大地坐标又称为大地地理坐标,是表示地面点在旋转椭球面上的投影位置,用大地经度 L 和大

地纬度 B 来表示。如图 1-2 所示,NS 为椭球的旋转轴,N 表示北极,S 表示南极,O 为椭球中心。

通过椭球中心与椭球旋转轴正交的平面称为赤道平面。赤道平面与地球表面的交线称为赤道。

通过椭球旋转轴的平面称为子午面。其中通过英国伦敦格林尼治天文台的子午面称为起始子午面。子午面与椭球面的交线称为子午线。

图 1-2 中 P 点的大地经度就是通过该点的子午面与起始子午面的夹角,用 L 表示,从起始子午面算起,向东自 0°起算至 180°称为东经;向西自 0°起算至 180°称为西经。

P 点的大地纬度就是该点的法线(与椭球面垂直的线)与赤道面的交角,用 B 表示。从赤道面起算,向北自 0°起算至 90°称为北纬;向南自 0°起算至 90°称为南纬。

大地经度 L 和大地纬度 B 统称大地坐标。地面点的大地坐标是根据大地测量数据由大地原点(又称大地坐标原点)推算而得。我国"1980 年国家大地坐标系"的大地原点位于陕西省泾阳县永乐镇境内,在西安市以北约 40km 处。

(2)平面直角坐标系

当测量的范围较小时,可以把该测区的球面当作平面看待,直接将地面点沿铅垂线投影到水平面上,用平面直角坐标来表示它的投影位置,如图 1-3 所示。

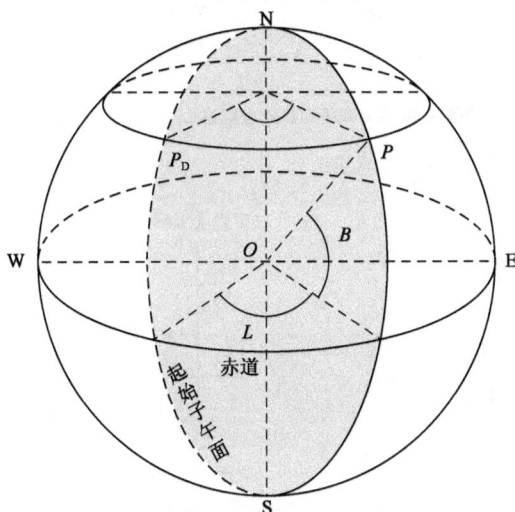

图 1-2 旋转椭球体

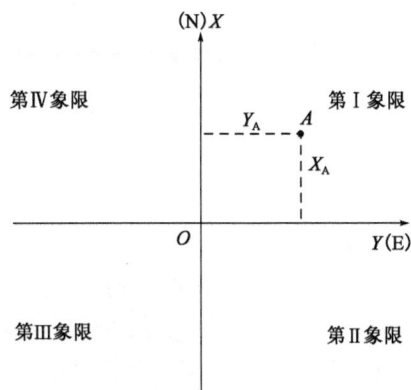

图 1-3 测量平面直角坐标系

测量上选用的平面直角坐标系,规定纵坐标轴为 X 轴,表示南北方向,向北为正;横坐标轴为 Y 轴,表示东西方向,向东为正。地面上某点 A 的位置可用 X_A 和 Y_A 来表示。坐标系中象限按顺时针方向编号。X 轴与 Y 轴互换,象限顺序相反,这与数学上的规定是不同的(图 1-4),目的是为了定向方便,而且可以将数学中的公式直接应用到测量计算中,原点 O 一般选在测区的西南角,使测区内各点均处于第一象限,坐标值均为正值,以方便测量和计算。

(3)空间直角坐标系

空间直角坐标(X、Y、Z)可用于描述地球空间任一点的位置,坐标系原点 O 与地球质心重合,Z 轴指向地球北极极地原点,X 轴指向格林尼治子午面与地球赤道交点,Y 轴垂直于 XOZ 平面,构成右手坐标系。

(4)高斯平面直角坐标系

地理坐标是球面上的坐标,常用于大地问题的解算,但若将其直接应用于工程建设,则很不方便,故需将球面上的元素按一定条件投影到平面上建立平面直角坐标系。地图投影学中有很多种投影方法,我国采用高斯横圆柱投影的方法,简称高斯投影。

高斯投影的方法是将地球划分成若干带,然后将每带投影到平面上。为简单起见,可以用下面形象的投影过程来说明这种投影规律。

如图1-5a)所示,设想将截面为椭圆的一个椭圆柱横套在地球椭球体外面,并与椭球体面上某一条子午线(如NDS)相切,同时使椭圆柱的轴位于赤道面内并通过椭球体中心。椭圆柱面与椭球体面相切的子午线称为中央子午线。若以椭球中心为投影中心,将中央子午线两侧一定经差范围内的椭球图形投影到椭圆柱面上,再顺着过南、北极点的椭圆柱母线将椭圆柱面剪开,展成平面,如图1-5b)所示,这个平面就是高斯投影平面。在高斯投影平面上,中央子午线投影为直线且长度不变,赤道投影后为一条与中央子午线正交的直线,离开中央子午线的线段投影后均要发生变形,且均较投影前长一些。离开中央子午线越远,长度变形越大。

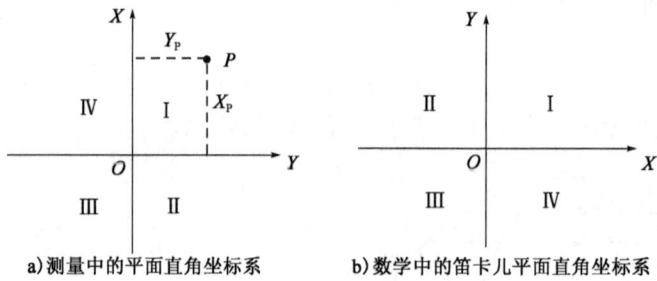

a)测量中的平面直角坐标系　　　　b)数学中的笛卡儿平面直角坐标系

图1-4　测量坐标系与数学坐标系的区别

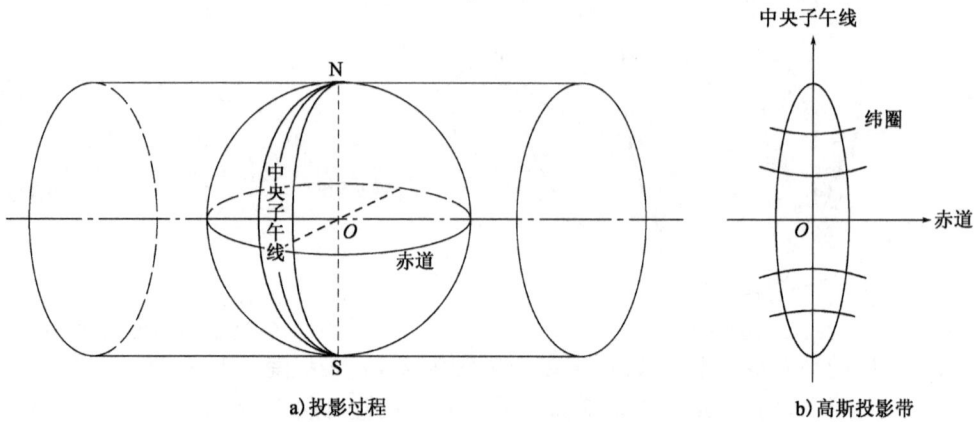

a)投影过程　　　　　　　　　　　b)高斯投影带

图1-5　高斯投影

为使投影误差不致影响测图精度,规定以经差6°或更小的经差为准来限定高斯投影的范围,每一投影范围称为一个投影带。如图1-6a)所示,6°带是从0°子午线算起,以经度每隔6°为一带,将整个地球划分成60个投影带,并用阿拉伯数字1,2,…,60顺次编号,称为高斯6°投影带(简称6°带)。6°带中央子午线经度 L_0 与投影带号 N 之间的关系为:

$$L_0 = 6N - 3 \tag{1-1}$$

式中:N——6°带的号数。

【例1-1】　某城市中心的经度为118°50′,求其所在高斯投影6°带的中央子午线经度 L_0 和投影带号 N。

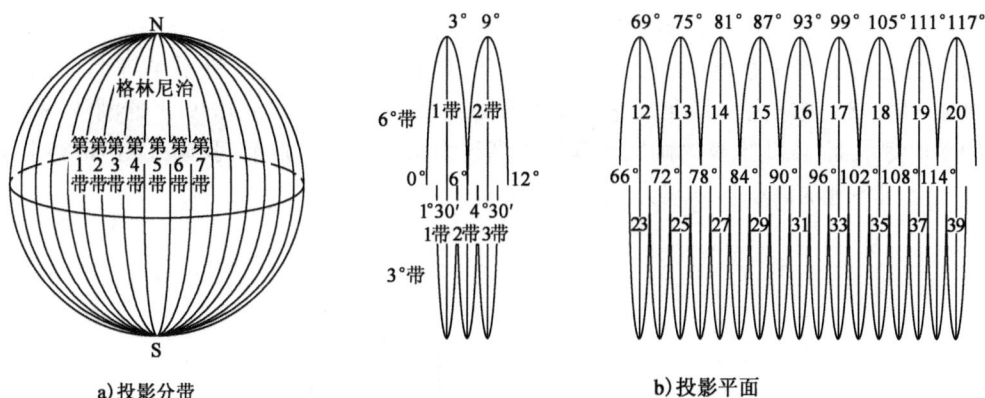

a) 投影分带   b) 投影平面

图 1-6 高斯投影平面

解:根据题意,其高斯投影 6°带的带号为:

$$N = \text{INT}\left(\frac{118°50'}{6} + 1\right) = 20 \quad [\text{INT}(\quad):取整函数]$$

中央子午线经度为:

$$L_0 = 20 \times 6° - 3° = 117°$$

对于大比例尺测图,则需采用 3°带或 1.5°带来限制投影误差。3°带与 6°带的关系如图 1-6b)所示。3°带是以东经 1°30′开始,以经度每隔 3°为一带,将整个地球划分成 120 个投影带,每带中央子午线的经度 L'_0 可按下式计算:

$$L'_0 = 3n \tag{1-2}$$

式中:n——3°带的号数。

采用分带投影后,由于每一投影带的中央子午线经投影展开后是一条直线,其长度不变形,以此直线为坐标纵轴,即 X 轴(向北为正);赤道经投影展开后是一条与中央子午线相正交的直线,将它作为横轴,即 Y 轴(向东为正);取两正交直线的交点为坐标原点,则组成高斯平面直角坐标系。

我国位于北半球,纵坐标均为正值,横坐标则有正有负,如图 1-7a)所示,$Y_A = +148\ 680.54\text{m}$,$Y_B = -134\ 240.69\text{m}$。为了避免横坐标出现负值,规定将坐标纵轴向西平移 500km,坐标纵轴西移后,$Y_A = 500\ 000 + 148\ 680 = 648\ 680.54(\text{m})$,$Y_B = 500\ 000 - 134\ 240.69 = 365\ 759.31(\text{m})$。为了根据横坐标确定该点位于哪一个 6°带,还应在横坐标值前冠以带号。如图 1-7b)中所示的横坐标为:$Y_A = 20\ 648\ 680.54(\text{m})$,$Y_B = 20\ 365\ 759.31(\text{m})$,最前两位数 20 表示带号。

高斯平面直角坐标系的应用大大简化了测量计算工作,它把在椭球体面上的观测元素全部改化到高斯平面上进行计算,这比在椭球体面上解算球面图形要简单得多。在公路工程测量中也经常应用高斯平面直角坐标,如高速公路的勘测设计和施工测量就是在高斯平面直角坐标系中进行的。

2)地面点的高程

地面点到大地水准面的铅垂距离,称为该点的绝对高程或海拔,简称高程,用 H 表示。它与坐标共同确定地面点的空间位置。在图 1-8 中地面点 A、B 的高程分别为 H_A、H_B。

国家高程系统的建立通常是在海边设立验潮站,经过长期观测推算出平均海水面的高度,并以此为基准在陆地上设立稳定的国家水准原点。我国曾采用青岛验潮站 1950～1956 年观测资料推算黄海平均海水面作为高程基准面,称为"1956 年黄海高程系",并在青岛观象山的一个山洞里建立了国家水准原点,其高程为 72.289m。由于验潮资料不足等原因,我国自 1987 年启用"1985 国家高程基准",它是采用青岛大港验潮站 1952～1979 年的潮汐观测资料计算的平均海水面,依此推算的国家水准原点高程为 72.260m。目前,我国采用"1985 国家高程基准",全国各地的高程均以它为基准进行测算。

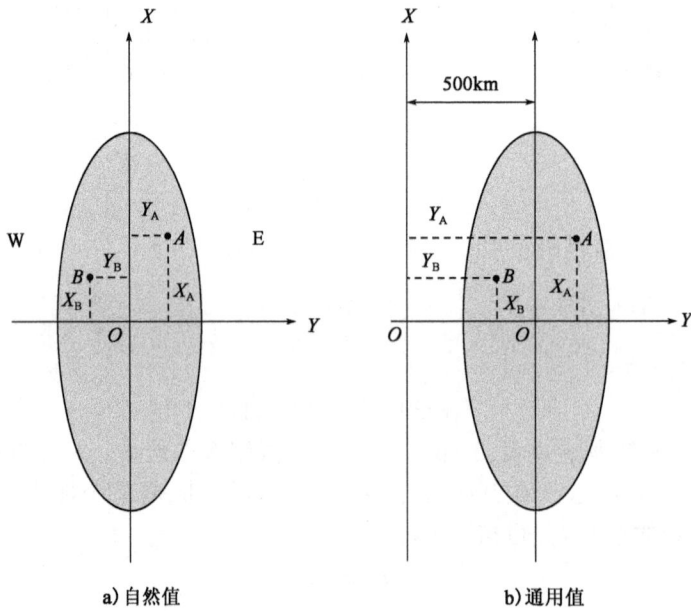

a)自然值　　　　　　　b)通用值

图 1-7　高斯平面直角坐标系

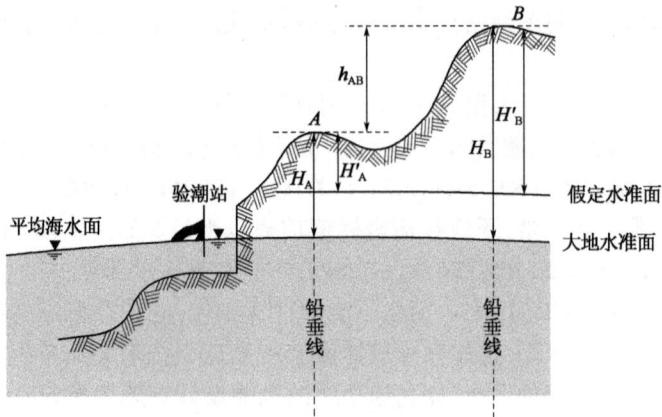

图 1-8　高程系统

当在局部地区进行高程测量时,也可以假定一个水准面作为高程起算面。地面点到假定水准面的铅垂距离称为假定高程或相对高程。在图 1-8 中,A、B 两点的相对高程为 H'_A、H'_B。地面上两点高程之差称为这两点的高差,用 h 表示,图 1-8 中 A、B 两点间的高差为:

$$h_{AB} = H_B - H_A = H'_B - H'_A \qquad (1\text{-}3)$$

由式(1-3)可见两点之间的高差与高程起算面无关。

1.4　用水平面代替水准面的限度

普通测量中是将大地水准面近似地看作圆球面,将地面点投影到圆球面上,然后再投影到平面图纸上描绘,显然这很复杂。实际测量工作中,在一定的精度要求和测区面积不大的情况下,往往以水平面代替水准面,即把较小一部分地球表面上的点投影到水平面上来确定其位置,这样可以简化计算和绘图工作。

就理论上而言,将极小部分的水准面(曲面)当作水平面是要产生变形的,必然对测量观测值(如距离、高差等)带来影响。但是,由于测量和制图本身会不可避免地产生误差,若上述影响不超过测量和制图本身的误差范围,则用水平面代替水准面是合理的。本节主要讨论用水平面代替水准面对距离和高差的影响(或称地球曲率的影响),以便给出限制水平面代替水准面的限度。

1.4.1　对距离的影响

如图1-9所示,地面上 A、B 两点在大地水准面上的投影点是 a、b,用过 a 点的水平面代替大地水准面,则 B 点在水平面上的投影为 b'。

图 1-9　水平面代替水准面对距离的影响

设 ab 的弧长为 D,ab' 的长度为 D',D 所对圆心角为 θ,将大地水准面近似地视为半径为 R 的球面,则以水平长度 D' 代替弧长 D 所产生的误差 ΔD 为:

$$\Delta D = D' - D = R\tan\theta - R\theta = R(\tan\theta - \theta) \qquad (1\text{-}4)$$

已知 $\tan\theta = \theta + \frac{1}{3}\theta^3 + \frac{2}{15}\theta^5 + \cdots$,因为 θ 角很小,所以只取前两项代入式(1-4)得:

$$\Delta D = R\left(\theta + \frac{1}{3}\theta^3 - \theta\right) = \frac{1}{3}R\theta^3$$

又因 $\theta = \dfrac{D}{R}$,则:

$$\Delta D = \frac{D^3}{3R^2} \qquad (1\text{-}5)$$

$$\frac{\Delta D}{D} = \frac{D^2}{3R^2} \qquad (1\text{-}6)$$

式中,$\dfrac{\Delta D}{D}$ 称为相对误差,用 $\dfrac{1}{M}$ 的形式表示,M 越大,精度越高。

取地球半径 $R = 6\,371$km,并以不同的距离 D 值代入式(1-5)和式(1-6),得到表1-1,从表中结果可以看出,当 $D = 10$km 时,所产生的误差为1:1 220 000。在测量工作中,通常要求距

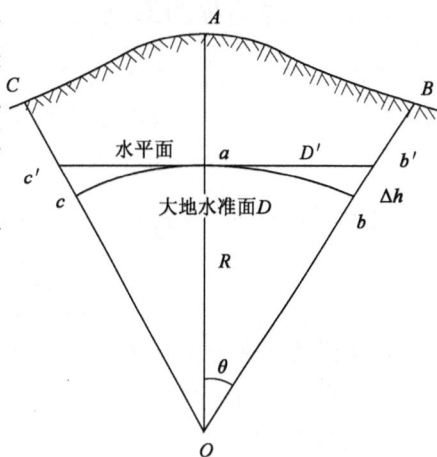

离丈量的相对误差最高为$\dfrac{1}{1\,000\,000}$,一般丈量要求$\dfrac{1}{2\,000}\sim\dfrac{1}{4\,000}$。因此,在半径为 10km 的范围内进行距离测量时,可以用水平面代替水准面,而不必考虑地球曲率对距离的影响。

水平面代替水准面的距离误差和相对误差 　　　　表 1-1

距离 D(km)	距离误差 ΔD(mm)	相对误差 $\Delta D/D$
10	8	1 : 1 220 000
20	128	1 : 200 000
50	1 026	1 : 49 000
100	8 212	1 : 12 000

1.4.2　对高程的影响

如图 1-9 所示,地面点 B 的绝对高程为 bB,用水平面代替水准面后,B 点的高程为 $b'B$,bB 与 $b'B$ 的差值,即为水平面代替水准面产生的高程误差,用 Δh 表示,则:

$$\Delta h = bB - b'B = Ob' - Ob = R\sec\theta - R = R(\sec\theta - 1) \tag{1-7}$$

已知 $\sec\theta = 1 + \dfrac{\theta^2}{2} + \dfrac{5}{24}\theta^4 + \cdots$,因为 θ 角很小,所以只取前两项代入式(1-7),又因 $\theta = \dfrac{D}{R}$,故有:

$$\Delta h = R\left(1 + \dfrac{\theta^2}{2} - 1\right) = \dfrac{D^2}{2R} \tag{1-8}$$

以不同的距离 D 值代入式(1-8),便得到表 1-2 所列的结果。从表中可以看出,用水平面代替水准面,对高程的影响是很大的。因此,在进行高程测量时,即使距离很短,也应顾及地球曲率对高程的影响。

水平面代替水准面的高程误差 　　　　表 1-2

D(km)	0.1	0.2	0.3	0.4	0.5	1	2	5	10
Δh(mm)	0.8	3	7	13	20	78	314	1 962	7 848

1.4.3　对水平角的影响

从球面三角可知:球面上多边形内角之和比平面上相应多边形的内角和要大些,大出的部分称为球面角超。球面角超的公式为:

$$\varepsilon'' = \rho''\dfrac{P}{R^2} \tag{1-9}$$

式中,P 为球面多边形面积;R 为地球半径;$\rho'' = 206\,265''$(表示 1 弧度等于多少秒;$\rho'' = 180 \times 60 \times 60''/\pi$)。

以球面上不同面积代入式(1-9)求出的球面角超值 ε'',如表 1-3 所示。由表可知,面积为 100km^2 的多边形,球面角超值为 $0.51''$。水平面与水准面间的误差对水平角的影响只在最精密的角度测量中考虑,一般测量工作不必考虑地球曲率的影响。

用水平面代替水准面产生的球面角超值 　　　　表 1-3

面积 P(km²)	10	20	50	100	400	2500
球面角超值 ε''	0.05	0.10	0.25	0.51	2.03	12.70

综上所述,当测区面积在100km² 范围内时,工程测量中的距离测量和角度测量可以不考虑地球曲率的影响;在精度要求不高的工程建设中,其范围还可以适当扩大。但即使两点距离很短,也不能忽视地球曲率对高程的影响。

1.5 测量工作概述

测量工作的主要任务是测绘地形图和施工放样,本节扼要介绍测图和放样的大概过程,为学习后面各章建立初步的概念。

1.5.1 测量工作的基本原则

地球表面复杂多样的形态,在测量工作中将其分为地物和地貌两大类。地面上固定性物体(如河流、房屋、道路、湖泊等)称为地物;地面高低起伏的形态(如山岭、谷地和陡崖等)称为地貌。地物和地貌统称为地形。测绘地形图或放样建筑物位置时,要在某一个点上测绘出该测区全部地形或者放样出建筑物的全部位置是不可能的,施工放样也是如此。任何测量工作都会产生不可避免的误差,故每点(站)上的测量都应采取一定的程序和方法,遵循测量的基本原则,以防误差积累,保证测绘成果的质量。

因此,在实际测量工作中应当遵守以下基本原则:

(1)在测量布局上,应遵循"由整体到局部"的原则;在测量精度上,应遵循"由高级到低级"的原则;在测量程序上,应遵循"先控制后碎部"的原则。

(2)在测量过程中,应遵循"随时检查,杜绝错误"的原则。

1.5.2 控制测量的概念

地形图由为数众多的地形特征点组成。如何测量这些点呢?一般是先精确地测量出少数点的位置,如图1-10中的1、2、3…,这些点在测区中构成一个骨架,起着控制的作用,可以将它们称为控制点,测量控制点的工作称为控制测量。控制测量分为平面控制测量和高程控制测量。平面控制测量的形式有导线测量、三角测量及交会定点等,其目的是确定测区中一系列控制点的坐标(x,y);高程控制测量的形式有水准测量、三角高程测量等,其目的是测定各控制点间的高差,从而求出各控制点高程H。

在控制测量的基础上,就可以进行碎部测量。碎部测量就是以控制点为基础,测量其周围的地形,也就是测定控制点至碎部点(地形的特征点)之间的水平距离、高差及其相对于某一已知方向的角度,来确定碎部点的位置。运用碎部测量的方法,在测区内测定一定数量的碎部点位置后,按一定的比例尺将这些碎部点位标绘在图纸上,绘制成图,如图1-11所示。

把设计图上建(构)筑物的平面位置和高程,用一定的测量仪器和方法测设到实地上去的测量工作称为施工放样(也称施工放线)。施工放样是根据建筑物的设计尺寸,找出建筑物各部分特征点与控制点之间位置的几何关系,算得距离、角度、高程等放样数据,然后利用控制点,在实地上定出建筑物的特征点,据此施工。为了使地面定出的建筑物位置成为一个有机联系的整体,施工放样同样需要遵循"先控制后碎部"的基本原则。施工放样常用的方法为极坐标法,此外还有直角坐标法、方向(角度)交会法和距离交会法等。

图 1-10 控制测量示意图

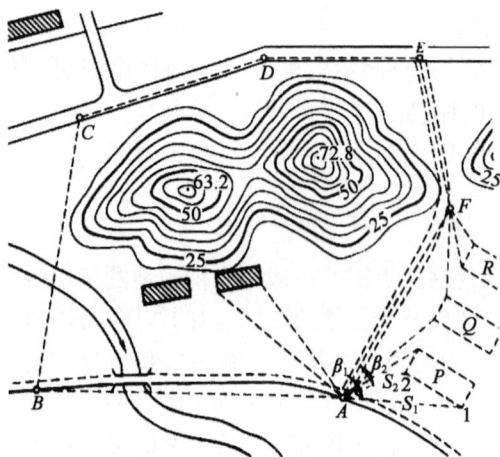

图 1-11 地形图

由于施工控制网是一个整体,并具有相应的精度和密度,因此不论建(构)筑物的范围多大,由各个控制点放样出的建(构)筑物各个点位位置,也必将成为一个整体。

同样,根据施工控制网点的已知高程和建筑物的图上设计高程,可用水准测量方法测设出建(构)筑物的实地设计高程。

综上所述,控制测量和碎部测量以及施工放样等,其实质都是为了确定点的位置。碎部测量是将地面上的点位测定后,展绘到图纸上或为用户提供测量数据与成果,而施工放样则是把设计图上的建(构)筑物点位测设到实地上,作为施工的依据。可见,所有要测定的点位都离不开距离、角度及高差这3个基本要素。因此,测角、量距和测高差是测量的3项基本工作。土木类各专业的工程技术人员应当掌握这3项基本功。

1.5.3 测量的度量单位

1)长度单位

$$1m = 10dm = 100cm = 1\ 000mm, 1km = 1\ 000m$$

2)面积、体积单位

面积单位是 m^2,大面积则用公顷或 km^2 表示。在农业上常用市亩作为面积单位。

$$1\ 公顷 = 10\ 000m^2 = 15\ 市亩, 1km^2 = 100\ 公顷 = 1\ 500\ 市亩, 1\ 市亩 = 666.67m^2$$

体积单位为 m^3，在工程上简称"立方"或"方"。

3）角度单位

测量上常用的角度单位有度分秒制和弧度制。

（1）度分秒制

$$1\ 圆周 = 360°, 1° = 60', 1' = 60''$$

此外，某些从国外进口的测量仪器采用 100 等分制的新度：

$$1\ 圆周 = 400^g, 1^g = 100^c, 1^c = 100^{cc}$$

两者换算公式是：

$$1\ 圆周 = 360° = 400^g$$
$$1^g = 0.9°, 1° = 1.111^g$$
$$1^c = 0.54', 1' = 1.852^c$$
$$1^{cc} = 0.324'', 1'' = 3.086^{cc}$$

（2）弧度制

弧长等于圆半径的圆弧所对的圆心角称为一个弧度，用 ρ 表示。因此，整个圆周为 2π 弧度。弧度与角度的关系如下：

$$\rho = \frac{180°}{\pi}$$

则一个弧度对应的秒值为：

$$\rho'' = \frac{180°}{\pi} \times 60 \times 60 = 206\ 264.806'' \approx 206\ 265''$$

在测量工作中，有时需要按圆心角 β（°）及半径 R 计算该圆心角所对的弧长 L，则有：

$$L = \frac{\beta}{\rho} \cdot R = \frac{\beta \cdot \pi}{180°} \cdot R$$

【思考题与习题】

1-1　何谓大地水准面？它有什么特点和作用？

1-2　测定与测设有何区别？

1-3　何谓绝对高程、相对高程及高差？

1-4　为什么高差测量（水准测量）必须考虑地球曲率的影响？

1-5　测量上的平面直角坐标系和数学上的平面直角坐标系有什么区别？

1-6　何谓高斯投影？高斯平面直角坐标系是怎样建立的？

1-7　某点的经度为 118°50'，计算它所在的 6°带和 3°带带号以及 6°带和 3°带中央子午线的经度。

第 2 章

水准测量

高程测量是测量的一项基本工作。高程测量指测定地面点高程的工作。高程测量按所使用的仪器和施测原理的不同,可以分为水准测量、三角高程测量、GNSS 高程测量等。水准测量是目前精度较高且最常用的一种高程测量方法。它被广泛地运用于高程控制测量和工程测量中。

2.1　水准测量原理

2.1.1　水准测量原理

水准测量原理是利用水准仪的水平视线、在已知高程水准点和高程待测水准点上竖立水准尺并读取读数,从而计算出两点高差再由已知点高程推算待测点高程。

例:已知地面 A 点高程 H_A,欲求 B 点高程 H_B,则必须测出 A、B 两点之间的高差 h_{AB}。如图 2-1 所示,高差 h_{AB} 可通过水准测量得到。将水准仪安置在 A、B 两点之间,利用水准仪的水平视线,分别读取竖立于 A、B 两个点上的水准尺的读数,计算出 A、B 两点间的高差,即可由点 A 的高程以及点 A 和点 B 之间的高差 h_{AB} 来推算点 B 的高程。

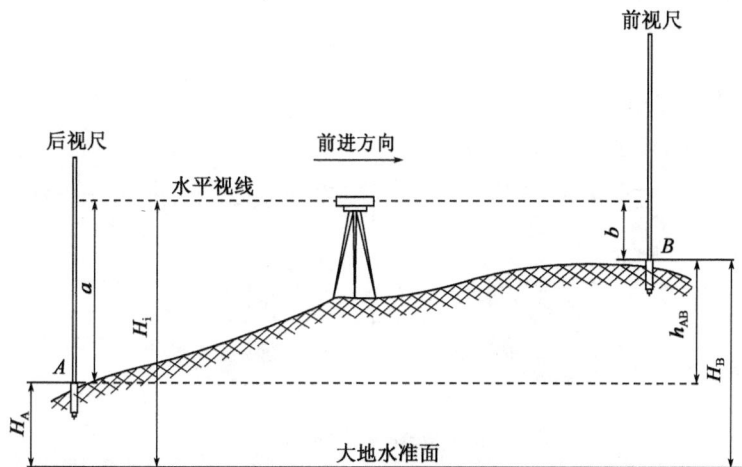

图2-1 水准测量原理图

2.1.2 水准测量方法

1) 高差法

A 点到 B 点的高差 h_{AB} 为 B 点的高程减去 A 点的高程, 即

$$h_{AB} = H_B - H_A \tag{2-1}$$

从图2-1上可以看出, B 点的高程为 H_B, A 点的高程为 H_A, 那么 A、B 两点的高程差值为 h_{AB}。水准路线前进方向为 A→B, 故 A 点为后视点, B 点为前视点, 在 A 点水准尺的读数称为后视读数, 用 a 表示, 在 B 点水准尺的读数称为前视读数, 用 b 表示, 那么两点之间的高差为:

$$h_{AB} = H_B - H_A = a - b \quad (后 - 前) \tag{2-2}$$

即两点之间的高差为后视读数减去前视读数, 则 B 点的高程可通过高差法来确定:

$$H_B = H_A + h_{AB} = H_A + (a - b) \tag{2-3}$$

2) 仪高 (视线高) 法

假设仪器的视线高程为 H_i, 则:

$$H_B = H_A + H_{AB} = (H_A + a) - b = H_i - b \tag{2-4}$$

仪器高法一般适用于安置一次仪器测定多点高程的情况, 如路线横断面测量、大面积场地平整高程测量, 计算如式 (2-5) 所示。

$$H_B = (H_A + a) - b \tag{2-5}$$

2.2 水准测量的仪器与工具

水准测量所用的仪器为水准仪, 工具有水准尺和尺垫。

2.2.1 水准仪的认识

水准仪按其精度可以分为 DS05、DS1、DS3 和 DS10 共 4 个等级。水准仪按其构造可以分为以下 4 类:

(1) 微倾式水准仪。

（2）自动安平水准仪。

（3）电子水准仪。

工程测量常用的是 DS3 级微倾式水准仪。

DS3 微倾式水准仪的构造如图 2-2 所示。

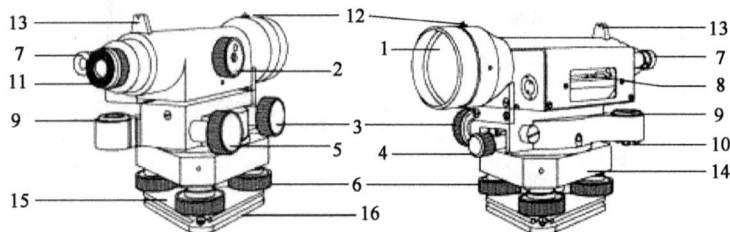

图2-2　微倾式水准仪结构图

1-物镜；2-物镜对光螺旋；3-微动螺旋；4-制动螺旋；5-微倾螺旋；6-脚螺旋；7-符合气泡观察窗；8-管水准器；9-圆水准器；

10-圆水准器校正螺丝；11-目镜；12-准星；13-瞄准缺口；14-轴座；15-三角压板；16-底板

根据水准测量的原理，水准仪的主要作用是提供一条水平视线，并能够瞄准水准尺并读取读数。那么，要能提供一条水平视线，就要求水准仪有一个指示是否水平的水准器，并且还要有一个能够将仪器调节至水平状态的部件；要能够瞄准远处的水准尺，就要求水准仪有一个望远镜。因此，水准仪主要由以下 3 个部分组成：望远镜、水准器、基座。

1）望远镜

望远镜主要由 4 大光学部件组成：物镜、物镜调焦（对光）透镜、十字丝分划板、目镜，另外还包括一些调节螺旋，如图 2-3 所示。

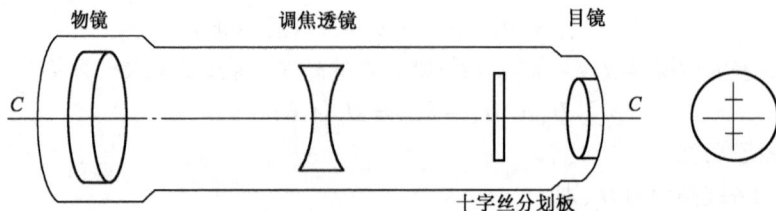

图2-3　望远镜构造图

望远镜是用来照准远处竖立的水准尺并读取水准尺上的读数，要求望远镜能看清水准尺上的分划和数字注记。

十字丝分划板是一块玻璃片，上面刻有两条相互垂直的长线，竖直的一条称为竖丝，水平的一条称为中丝（横丝）。在中丝的上下还对称地刻有两条与中丝平行的短横丝，称视距丝，视距丝是用来测量距离的（原理见第七章第五节）。

十字丝的交点与物镜光心的连线，称为视准轴，用 CC 表示。视准轴的延长线即为视线。

水准测量是在视准轴水平的时候，用十字丝的中丝截取水准尺上的读数。

微倾式水准仪望远镜的成像原理：目标物体发出的光线经物镜、调焦透镜后，在十字丝分划板上成倒立的实像，通过目镜放大后成倒立的虚像，十字丝也同时放大。DS3 型水准仪的放大的倍数通常为 28 倍。

2）水准器

水准器有管水准器和圆水准器两种。管水准器指示视准轴是否水平；圆水准器指示仪器竖轴是否竖直。

（1）管水准器

管水准器由玻璃圆管制成，其内壁磨成一定半径 R 的圆弧，如图2-4所示。将管内注满酒精和乙醚的混合液，加热封闭，冷却后，管内形成的空隙部分充满了液体的蒸汽，称为水准气泡。因为蒸汽的相对密度小于液体，所以，水准气泡总是位于内圆弧的最高点。

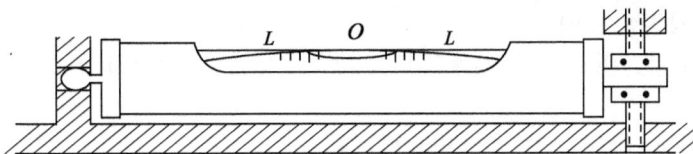

图2-4 管水准器剖面图

管水准器内圆弧中点 O 称为管水准器的零点，过零点做内圆弧的切线称为管水准轴（或水准管轴），用 LL 表示。当管水准气泡居中时，管水准轴 LL 处于水平位置，水准管用于精确整平仪器。

在管水准器的外表面，对称于零点的左右两侧，刻划有2mm间隔的分划线。定义2mm弧长所对的圆心角为管水准器的分划值。

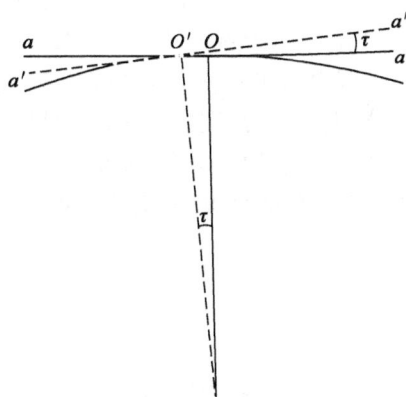

$$\tau = \frac{2}{R} \cdot \rho''$$

$$\rho'' = 206\,265''$$

分划值 τ 的几何意义为：当水准气泡移动2mm时，管水准器倾斜的角度为 τ，如图2-5所示。

分划值 τ 的性质：R 越大，τ 越小，水准管的精度越高。DS3水准仪的分划值为20″/2mm。

为了提高水准气泡的居中精度，在管水准器的上方装有一组符合棱镜，如图2-6a）所示，通过这组棱镜，将气泡两端的影像反射到望远镜旁的管水准气泡观察窗内[图2-6b）]，旋转微倾螺旋，当窗内气泡两端的影像吻合成光滑圆弧后，表示气泡居中[图2-6c）]。

图2-5 分划值原理图

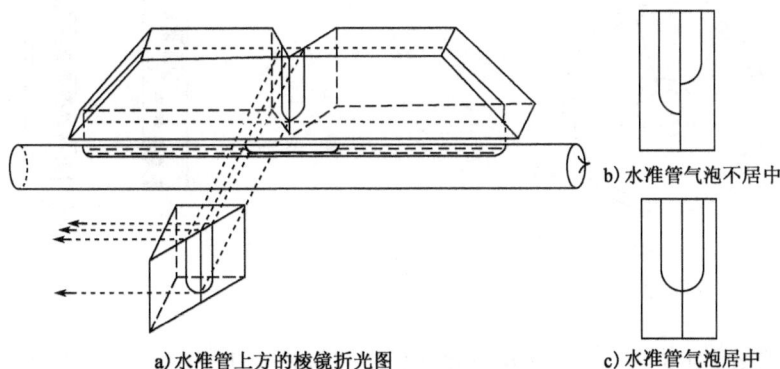

a）水准管上方的棱镜折光图

b）水准管气泡不居中

c）水准管气泡居中

图2-6 水准管气泡居中示意图

合格水准仪应使管水准器轴平行于望远镜的视准轴。旋转微倾螺旋使管水准器气泡居中时，管水准器轴处于水平状态，此时望远镜的视准轴也处于水平状态。

（2）圆水准器

构造：内表面磨成球面的玻璃圆柱，里面有一个小气泡，装有酒精和乙醚混合液。

零点：圆水准器的球面顶点。

圆水准器轴：过圆水准器零点的球面法线，用 $L'L'$ 表示，如图 2-7 所示。

分划值 τ：一般为 $8' \sim 10'$。

圆水准器的作用为粗平仪器，使水准仪竖轴大致竖直，可通过调节 3 个脚螺旋实现。

3）基座

基座主要由轴座、脚螺旋、三角压板和底板构成。

基座的作用是支撑仪器的上部，用中心螺旋将基座连接到三脚架上。

2.2.2 水准尺和尺垫

1）水准尺

水准尺一般用优质木材、铝合金或玻璃钢制成，长度从 $2 \sim 5m$ 不等。根据构造可分为直尺和塔尺，其中直尺又分为单面尺和双面尺两种。

双面水准尺，一般长 2m 或 3m，多用于三、四等水准测量，以两把尺为一对。尺的两面均有分划，一面为黑白相间称黑面尺；另一面为红白相间称红面尺，两面的最小分划均为 1cm，分米处有注记，如图 2-8a)所示。"E"的最长分划线为分米注记的起始。读数时直接读取米、分米、厘米，估读毫米，单位为毫米。

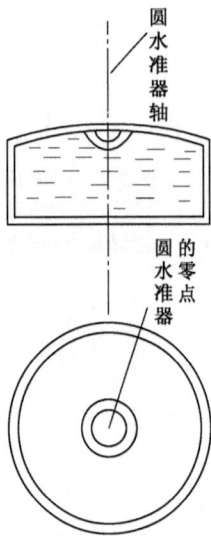

图 2-7　圆水准器剖面图

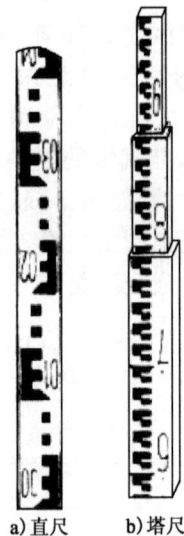

a)直尺　　b)塔尺

图 2-8　水准尺

双面尺的黑面均由零开始分划和注记。红面的起始分划和注记：一尺从 4687 开始分划和注记，另一尺从 4787 开始分划和注记，两把尺红面注记的零点差为 0.1m。

塔尺，有 3m、4m、5m 多种，常用于碎部测量，如图 2-8b)所示。

铟钢尺，通常是单面尺，一般长 3m 或 2m。常与精密水准仪配套使用，用于国家一、二等水准测量。

2）尺垫

尺垫用于转点处,防止测量过程中转点下沉。它是用生铁铸成,呈三角形,尺垫中央有一凸起的半球体,以便放置水准尺,下有 3 个尖足,便于将其踩入土中,便于稳固防动,如图 2-9 所示。

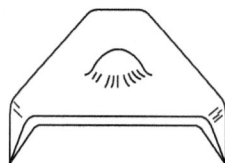

图 2-9 尺垫

2.3 水准测量的实施及成果

2.3.1 微倾式水准仪的使用

使用水准仪的基本作业是:在适当位置安置水准仪,视线水平后截取水准尺上的读数。微倾式水准仪的操作应按下列步骤和方法进行:

1）安置水准仪

首先打开三脚架,使架腿高度适中,架头大致水平并牢固稳妥。然后将水准仪用连接螺旋连接到三脚架上,取水准仪时必须握住仪器的竖固部位,并确认已牢固地连接在三脚架上之后方可松手。

2）粗平

仪器的粗略整平是用脚螺旋使圆水准器的气泡居中。可用左手拇指法,先用任意两个脚螺旋使气泡移到过圆水准器零点并垂直于这两个脚螺旋连线的方向上,如图 2-10 中气泡自 a 移到 b,如此可使仪器在这两个脚螺旋连线的方向处于水平位置,然后单独用第三个脚螺旋使气泡居中,完成整个仪器粗平,如仍有偏差可重复进行。操作时必须牢记以下要领:

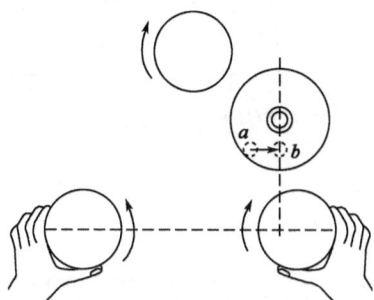

图 2-10 圆水准器气泡居中操作示意图

（1）先同时旋转两个脚螺旋,然后旋转第三个脚螺旋。

（2）旋转两个脚螺旋时必须作相对转动,即旋转方向应相反。

（3）气泡移动的方向始终和左手大拇指移动的方向一致。

3）瞄准目标

用望远镜瞄准目标,必须先调节目镜调焦螺旋使十字丝成像清晰,然后利用望远镜准星和瞄准缺口瞄准水准尺,再旋转物镜调焦螺旋使尺像清晰,也就是使尺像和十字丝平面重合。最后用微动螺旋使十字丝竖丝照准水准尺一边,为了便于读数,也可使尺像稍偏离竖丝一些。当照准距离不同的水准尺时,需重新调节物镜调焦螺旋才能使尺像清晰,但十字丝可不必再调。

当观测者把眼睛稍作上下移动,如果尺像与十字丝有相对移动现象,即读数有改变,这种现象称为视差,视差对测量结果影响很大,必须消除。产生视差的原因是目标像和十字丝平面未重合［图 2-11a)、b)］。消除视差的方法是先旋转目镜对光螺旋使十字丝进一步清晰,再转动物镜调焦螺旋使目标像进一步清晰,再仔细观察,反复进行上述操作直到尺像和十字丝没有相对移动为止,即尺像与十字丝在同一平面上［图 2-11c)］。

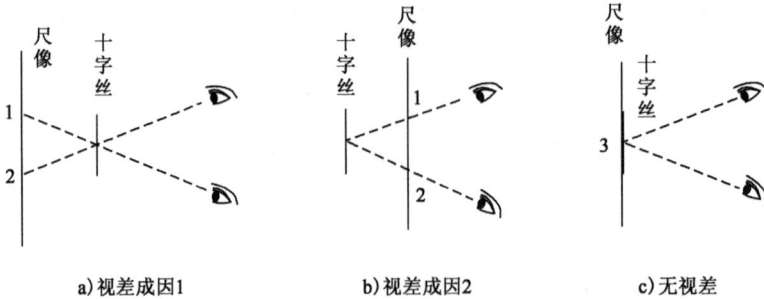

a)视差成因1   b)视差成因2   c)无视差

图 2-11　存在视差及消除视差时的目标成像图

4)精平与读数

由于圆水准器的灵敏度较低,用圆水准器只能使水准仪粗略地整平,所以在每次读数前还必须用微倾螺旋使水准管符合气泡观察窗中的抛物线闭合,使视线严格水平。由于微倾螺旋旋转时,经常在改变望远镜和竖轴的关系,当望远镜由一个方向转变到另一个方向时,水准管气泡一般不再符合,所以望远镜每次变动方向后,也就是在每次读数前,都需要用微倾螺旋重新使气泡符合,即精平。

用十字丝中间的横丝截取取水准尺的读数。从尺上可直接读出米、分米和厘米数,并估读出毫米数,所以每个读数必须有 4 位数。如果某一位数是零,也必须读出并记录,不可省略,如 1002、0007、2100 等。由于望远镜一般都为倒像,所以从望远镜内读数时应由上向下读,即由小数向大数读。读数前应先认清水准尺的分划特点,特别应注意与注字相对应的分米分划线的位置。为了保证得出正确的水平视线读数,在读数前和读数后都应该检查气泡是否符合。

2.3.2　水准测量的实施

1)水准点

为统一全国的高程系统和满足各种测量的需要,测绘部门在全国各地埋设了很多高程点,这些点称为水准点(Bench Mark,通常缩写为 BM)。水准点分为临时性水准点和永久性水准点。永久性国家等级水准点一般用钢筋混凝土制成,并深埋入地下冻结线以下。在建筑工地上的临时性水准点可用大木桩制成,在木桩的顶端再钉上一颗具有圆球形表面的钉子,木桩周围用水泥混凝土加固。

水准点埋设之后,为便于以后使用时寻找,应做点之记,即在纸上记载水准点所在的位置(如水准点距离某个房子多少米,周围有什么建筑物等)、水准点的编号和高程、测设日期等。

有了水准点,我们就可以用它来引测其他待定点的高程了。

注:采用某等级的水准测量方法测出其高程的水准点称为该等级水准点;各等级水准点均应埋设永久性标石或标志,水准点的等级应注记在水准点标石或标记面上。水准点标石的类型可分为基岩水准标石、基本水准标石、普通水准标石和墙脚水准标志 4 种。

2）水准测量的实施

如图2-12所示，A点是高程已知点，B点是高程待测点，如果A、B两点相距很远，或者A、B两点不能通视，那么就需要在AB之间设置转点，分成多个测站，按水准测量原理，分别测出各站高差。例如先测出A和ZD_1之间的高差h_1，然后再测出ZD_1和ZD_2之间的高差h_2……最后将这些高差累加起来就可以得到AB之间的高差，由A点的已知高程，即可求得B点高程。转点用TP（Turning Point）或ZD表示，起着传递高程的作用，在转点上通常放置尺垫，再把水准尺竖立在尺垫上面。

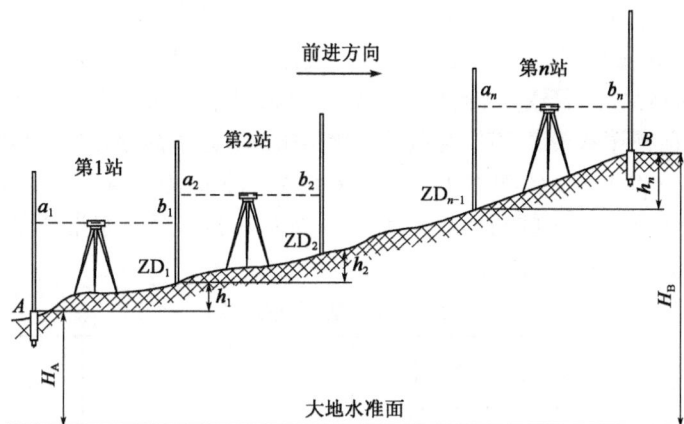

图2-12 水准测量的实施

水准测量的具体步骤，以图2-13为例来说明。

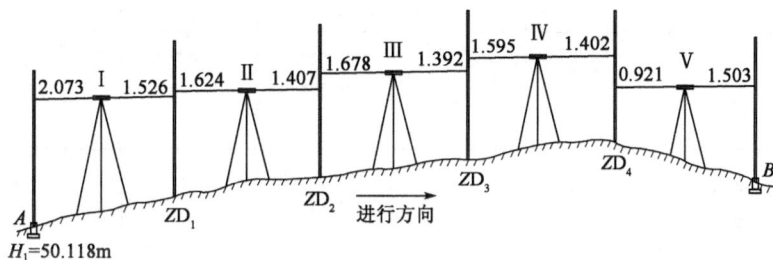

图2-13 水准测量图

若要测A、B两点间的高差，先在A点竖立水准尺，然后选择一个位置合适点作为转点，A点与转点之间距离一般不超过200m，在转点上安放尺垫，尺垫上竖立水准尺。然后在A点和转点之间大致中点的位置（为了抵消误差）安置水准仪，并分别读取后、前视读数，将观测的数据填写到水准测量手簿中，完成第一测站上的工作。然后前视尺不动（所谓前视尺，就是处于我们前进方向的水准尺），后视尺移到ZD_2上，然后水准仪置于两转点之间（也叫作迁站），接着读数、记录，依次前进直到B点。

$$h_1 = a_1 - b_1 \qquad H_1 = H_A + h_1$$

$$h_2 = a_2 - b_2 \qquad H_2 = H_1 + h_2$$
$$\cdots\cdots$$
$$h_n = a_n - b_n \qquad H_B = H_{n-1} + h_n$$

可得：

$$\left.\begin{array}{l} \sum h = \sum a - \sum b \\ H_B = H_A + \sum h \end{array}\right\} \qquad (2\text{-}6)$$

所以：

$$h_{AB} = \sum h = h_1 + h_2 + \cdots + h_n$$

观测所得每一读数应立即记入手簿,水准测量手簿格式见表 2-1。填写时应注意把各个读数正确地填写在相应的栏内。如图 2-13 所示,仪器在测站 I 时,起点 A 上所得水准尺读数 2.073 应记入该点的后视读数栏内,照准转点 ZD_1 所得读数 1.526 应记入 ZD_1 点的前视读数栏内。后视读数减前视读数得 A、ZD_1 两点的高差 $+0.547$ 记入高差栏内。以后各测站观测所得均按同样方法记录和计算。各测站所得的高差代数和 $\sum h$,就是从起点 A 到终点 B 总的高差。终点 B 的高程等于起点 A 的高程与 A、B 间的高差之和。(注:水准测量目的是求待测点高程,所以各转点的高程不需计算。)

水 准 测 量 手 簿　　　　表 2-1

测站	测点	后视读数 a	前视读数 b	高 差 (m) +	高 差 (m) −	高程(m)	备注
I	A ZD_1	2.073	1.526	0.547		50.118	已知 A 点高程为 50.118m
II	ZD_1 ZD_2	1.624	1.407	0.217			
III	ZD_2 ZD_3	1.678	1.392	0.286			
IV	ZD_3 ZD_4	1.595	1.402	0.193			
V	ZD_4 B	0.921	1.503		0.582	50.779	
$\sum$		7.891	7.230	1.243	0.582		
计算检核		$\sum a - \sum b = +0.661$m　　$\sum h = +0.661$m　　$H_B - H_A = +0.661$m					

3)水准测量的检核方法

(1)计算检核

在实际工作中,先把水准测量的数据记录在水准测量手簿中,然后再计算高差,记录和计算过程中总是难免出错的,为了及时检查高差是否计算正确,就要进行计算检核。

$$\sum h_{测} = \sum a - \sum b$$

比较公式等号左右两侧计算结果,相等表示高差计算正确,否则计算错误。

（2）测站检核

计算检核只能检核高差计算的正确与否,但如果某一站的高差由于某种原因测错了,那计算检核就无能为力了。因此,我们对每一站的高差都要进行测站检核,常见的检核方法有变动仪器高法和双面尺法。

①变动仪器高法是指在同一个测站上用不同的仪器高度测两次,对测得的高差进行检核。改变仪器的高度(两次仪器高度差至少10cm,前后尺保持不动),测出两次高差,理论上这两次测得的高差应该相同。但由于误差的存在,两次测得的高差会存在差值。若差值小于6mm(等外水准),认为高差正确,取平均值作为该站高差,否则重测。

②双面尺法是指在每一测站上用同一仪器高度分别用黑、红面各进行一次读数,测出两次高差,相互进行校核。若同一水准尺红面与黑面读数(加常数后)之差,不超过3mm,且两次高差之差值小于5mm(四等水准),则认为高差正确,取黑、红面高差的平均值作为该测站高差。

（3）成果校核

计算校核能发现计算有没有错误,而测站校核也只能检核每一个测站上是否误差超限,但对于一条水准路线来说,这些不足以说明所测水准点的高差的精度符合要求,同时由于观测时受到观测条件(如仪器、人为、外界环境等)的影响,随着测站数的增多,误差会逐渐累积,这种累积可能导致测量成果超出限差要求,因此还需要进行水准测量路线成果检核。所谓水准路线,就是进行水准测量所经过的路线,如图2-14所示,常见的类型有:附合水准路线、闭合水准路线以及支水准路线。

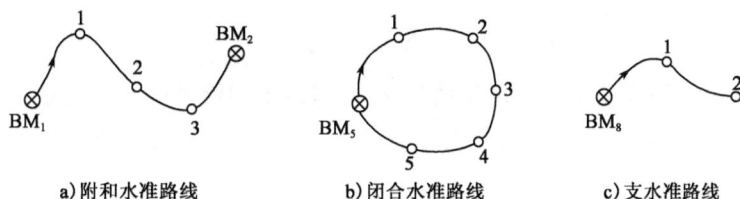

a)附和水准路线   b)闭合水准路线   c)支水准路线

图2-14　水准路线的分类

①附合水准路线

即从一已知水准点 BM_1 出发,沿着各个待定高程的点进行水准测量,最后附合到另一个已知高程的水准点 BM_2 上,称为附和水准路线。显然,从 BM_1 测到 BM_2 的高差之和为两个水准点之间的已知高差,即 $\sum h_{测} = H_{终} - H_{始}$,这就是附和水准路线的测量成果正确与否的检验标准。

②闭合水准路线

即从已知水准点 BM_5 出发,沿环线对各个待定高程的点进行水准测量,最后又回到出发

点 BM_5,称为闭合水准路线。显然有:$\sum h_测 = 0$,这就是闭合水准路线的测量成果正确与否的检验标准。

③支水准路线

即从已知水准点 BM_8 出发,沿着各个待定高程的点逐站进行水准测量,既不附和到另外一个已知高程的水准点上,又不回到原来的水准点上,称为支水准路线。支水准路线应进行往返测量。显然:理论上往返测得的高差代数和的绝对值应相等,即 $|\sum h_往| = |\sum h_返|$,这就是支水准路线的检核条件。

2.3.3 水准测量的内业

水准测量的外业测量数据经校核后,如果符合要求,就可以进行内业的计算。水准测量的内业计算工作主要包括:水准路线高差闭合差的计算与调整以及各待测点的高程计算。

1)计算步骤

(1)水准路线高差闭合差的计算与调整

若两个水准点之间高差的测量值与理论值不相等,其差值被称为高差闭合差,用符号 f_h 表示。

①高差闭合差的计算

高差闭合差的计算与测量的水准路线类型有关。

附合水准路线:

$$f_h = \sum h_测 - (H_终 - H_始) \tag{2-7}$$

闭合水准路线:

$$f_h = \sum h_测 \tag{2-8}$$

支水准路线来:

$$f_h = \sum h_往 + \sum h_返 \tag{2-9}$$

高差闭合差可以用来衡量测量成果的精度,在各种不同性质的水准测量中,都规定了高差闭合差的限值,这个限值称为高差闭合差的容许值,用 $f_{h容}$ 表示。在等外水准测量中,高差闭合差的容许值规定如下:

$$\left.\begin{array}{l} f_{h容}(\text{mm}) = \pm 40\sqrt{L} \quad (\text{平地}) \\ f_{h容}(\text{mm}) = \pm 12\sqrt{n} \quad (\text{山地}) \end{array}\right\} \tag{2-10}$$

式中:L——路线长(km);

n——测站数总和。

若 $f_h < f_{h容}$,则符合精度要求,可以进行高差闭合差的调整。

②高差闭合差调整

当高差闭合差在容许值范围内时,测量成果精度满足要求,可把高差闭合差按一定规律分配到各测段的高差上。显然,高程测量的误差是随水准路线的长度或测站数的增加而增加,所以分配的原则是将闭合差以相反的符号根据各测段路线的长度或测站数成正比分配到各测段的高差上,这就是正比例反符号的原则,故各测段高差的改正数可以按如下方法计算。

如果各测段的长度已知,可以按每一测段路线长度成比例分配:

$$V_i = -\frac{L_i}{\sum L_i}f_h \qquad (2\text{-}11)$$

如果各测段的测站数已知,可以按每测段的测站数成比例分配:

$$V_i = -\frac{n_i}{\sum n_i}f_h \qquad (2\text{-}12)$$

式中:L_i、n_i——各测段路线之长和测站数;

$\sum L_i$、$\sum n_i$——水准路线总长和测站总数。

检核:

$$\sum V_i = -f_h$$

(2)计算改正后的各段高差

计算:

$$h_i' = h_i + V_i \quad (h_i' \text{为第} i \text{段改正后的高差})$$

检核:

$$\sum h_i' = H_{终} - H_{始}$$

(3)推算各未知点的高程

计算:

$$H_1 = H_{起} + h_1'$$
$$H_2 = H_1 + h_2'$$
$$H_3 = H_2 + h_3'$$
$$\cdots$$
$$H_{终} = H_{n-1} + h_n'$$

检核:

$$H_{终计算} = H_{终已知}$$

2)计算示例

A、B 为已知水准点,$H_A = 65.476\text{m}$,$H_B = 68.923\text{m}$,点 1、2、3 为待测水准点,各测段高差、测站数、距离如图 2-15 所示。测量成果计算见表 2-2。

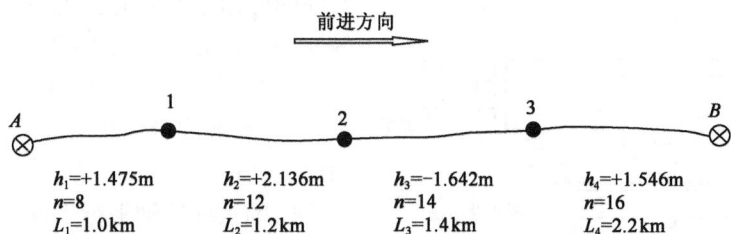

图 2-15　水准测量路线图

附合水准测量成果计算　　　　　　　　　　　表 2-2

测段	点名	距离（km）	测站数	实测高差（m）	改正数（m）	改正后的高差（m）	高程（m）	备注
(1)	(2)	(3)	(4)	(5)	(6)	(7)	(8)	(9)
1	A	1.0	8	+1.475	-0.012	+1.463	65.476	已知
2	1	1.2	12	+2.136	-0.014	+2.122	66.939	
3	2	1.4	14	-1.642	-0.016	-1.658	69.061	
4	3	2.2	16	+1.546	-0.026	+1.520	67.403	
Σ	B	5.8	50	+3.515	-0.068	+3.447	68.923	

辅助计算	$f_h = +68mm$　　$L = 5.8km$　　$\overline{v} = -\dfrac{f_h}{L} = -11.72mm/km$ $f_{h容} = \pm 40\sqrt{5.8}\,mm \approx \pm 96mm$

2.4 微倾式水准仪的检验与校正

为保证测量工作能得出正确的成果,工作前必须对所使用的仪器进行检验和校正。

2.4.1 水准仪应满足的条件

微倾式水准仪的主要轴线如图 2-16 所示,它们之间应满足的几何条件是:
(1)圆水准器轴平行于仪器竖轴的检校。
(2)十字丝横丝应垂直于仪器竖轴的检校。
(3)水准管轴应平行于视准轴的检校。

2.4.2 水准仪的检验与校正

上述水准仪应满足的条件,在仪器出厂时已经经过检验和校正得到满足,但是由于仪器长时间的使用以及运输过程中受到振动和碰撞等原因,各轴线之间的关系可能发生变化,若不及时检验校正,将会影响测量成果的精度,因此,在水准测量之前,应对水准仪进行认真的检验和校正。

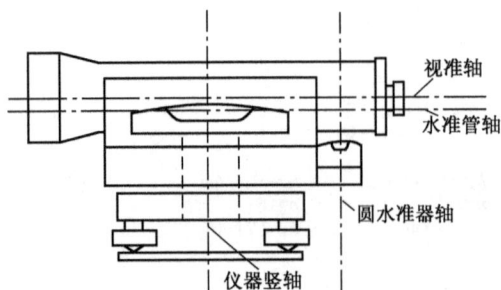

图 2-16 水准仪的主要轴线

1)圆水准器轴平行于仪器竖轴的检校
目的:使圆水准器轴平行于仪器竖轴,圆水准器气泡居中时,仪器竖轴便位于铅垂位置。
检验方法:旋转脚螺旋使圆水准器气泡居

中,然后将望远镜绕竖轴旋转180°,若气泡仍居中,则表示圆水准器轴已平行于仪器竖轴,若气泡偏离中央则需进行校正。

校正方法:用脚螺旋使气泡向中央方向移动偏离量的一半,然后拨圆水准器的校正螺旋使气泡居中。由于一次拨动不易使圆水准器校正得很完善,所以需重复上述的检验和校正,使仪器上部旋转到任何位置气泡都能居中为止。

检校原理:若圆水准器轴与仪器竖轴没有平行,构成 α 角,当圆水准器的气泡居中时,其仪器竖轴与铅垂线成 α 角[图2-17a)]。若仪器上部绕竖轴旋转180°,因仪器竖轴位置不变,故圆水准器轴与铅垂线成 2α 角[图2-17b)]。当用脚螺旋使气泡向零点移回偏离量的一半,则竖轴将变动 α 角而处于铅垂方向,而圆水准器轴与仪器竖轴仍保持 α 角[图2-17c)]。此时拨圆水准器的校正螺旋,使圆水准器气泡居中,则圆水准器轴亦处于铅垂方向,从而使它平行于仪器竖轴[图2-17d)]。

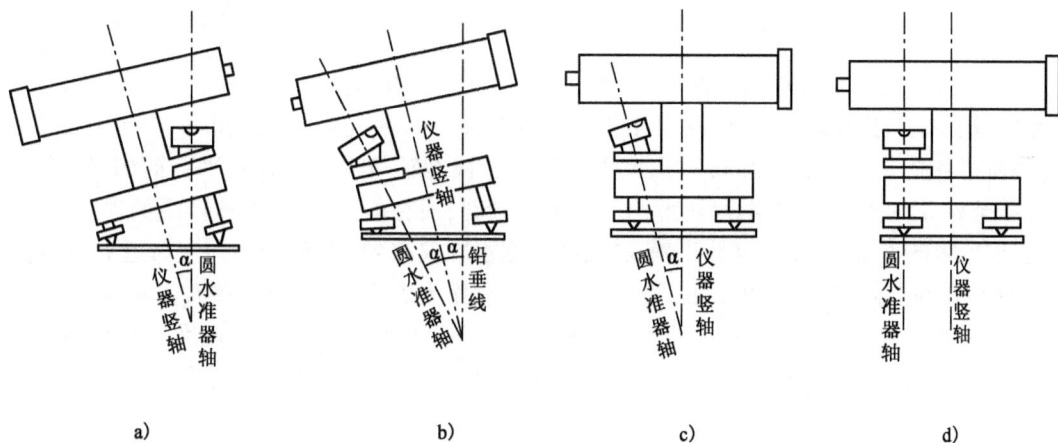

图2-17　圆水准器轴平行于仪器竖轴的检验

2)十字丝横丝垂直于仪器竖轴的检校

目的:使十字丝的横丝垂直于仪器竖轴,当仪器精平后,横丝严格水平,用横丝上任意位置观测所得读数均相同。

检验方法:先用横丝的一端照准一固定的目标,然后用微动螺旋转动望远镜,如果目标点始终在横丝上[图2-18a)],说明横丝已与竖轴垂直。若目标偏离了横丝[图2-18b)],则说明横丝与仪器竖轴没有垂直,应予校正。

校正方法:打开十字丝分划板的护罩,可见到3个或4个分划板的固定螺丝(图2-19)。松开这些固定螺丝,用手转动十字丝分划板座,反复试验使目标点始终在横丝上,不偏离,则校正完成。最后旋紧所有固定螺丝。

检校原理:若横丝垂直于仪器竖轴,横丝的一端照准目标后,当望远镜绕仪器竖轴旋转时,横丝在垂直于仪器竖轴的平面内移动,所以目标始终与横丝重合。若横丝不垂直于仪器竖轴,望远镜旋转时,横丝上各点不在同一平面内移动,因此目标与横丝的一端重合后,在其他位置的目标将偏离横丝。

27

3）水准管轴平行于视准轴的检校

目的：使水准管轴平行于视准轴，当水准管气泡符合时，视准轴就处于水平位置。若水准管轴与视准轴不平行，存在一个夹角，称为 i 角。

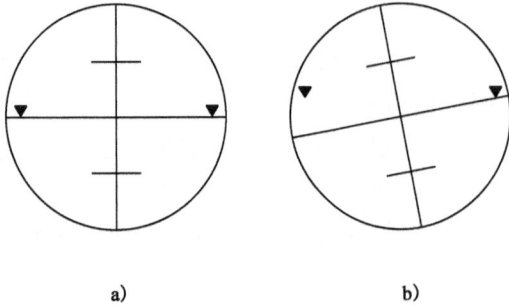

a)   b)

图 2-18　十字丝横丝应垂直于仪器竖轴的检验

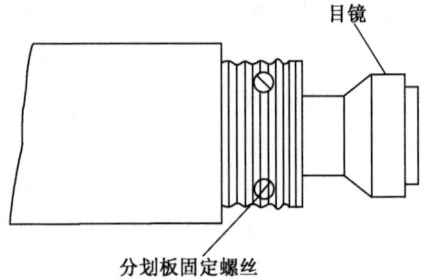

图 2-19　十字丝横丝应垂直于仪器竖轴的校正

检验方法：在平坦地面选相距 40～60m 的 A、B 两点，在两点打入木桩或设置尺垫。水准仪首先置于离 A、B 等距的 Ⅰ 点，测得 A、B 两点的高差 $h_I = a_1 - b_1$ [图 2-20a)]。重复测 2～3次，当所得各高差之差小于 3mm 时取其平均值。若视准轴与水准管轴不平行而构成 i 角，由于仪器至 A、B 两点的距离相等，因此由于视准轴倾斜，而在前、后视读数所产生的误差 δ 也相等，所以所得的 h_I 是 A、B 两点的正确高差，然后把水准仪移到 AB 延长方向上靠近 B 的 Ⅱ 点，再次测 A、B 两点的高差 [图 2-20b)]，必须仍把 A 点作为后视点，故得高差 $h_{II} = a_2 - b_2$。如果 $h_I = h_{II}$，说明在测站 Ⅱ 所得的高差也是正确的，这也说明在测站 Ⅱ 观测时视准轴是水平的，故水准管轴与视准轴是平行的，即 $i = 0$。如果 $h_I \neq h_{II}$，则说明存在 i 角的误差，由图 2-20b)可知：

$$i = \frac{\chi_A}{S + S'} \cdot \rho''$$ (2-13)

而 $\rho'' = 206\ 265''$，$\chi_A = a_2 - a_2{}'$。

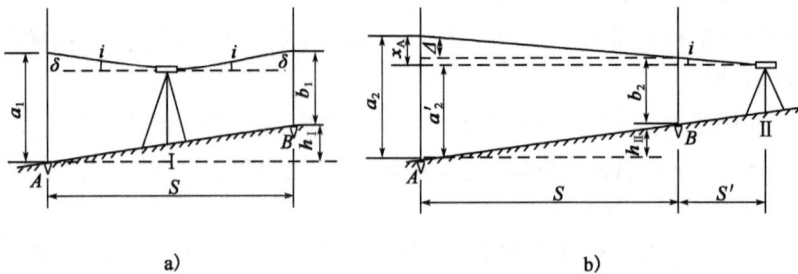

a)   b)

图 2-20　水准管轴应平行于视准轴的检验

图中 Δ 即为仪器分别在 Ⅱ 和 Ⅰ 点所测高差之差，S 为 A、B 两点间的距离，S' 不超过 3m。对于一般水准测量，要求 i 角不大于 20″，否则应进行校正。

校正方法：当仪器存在 i 角时，在远点 A 的水准尺读数 a_2 将产生误差 χ_A，为了使水准管轴和视准轴平行，用微倾螺旋使远点 A 的读数从 a_2 改变到 $a_2{}'$，$a_2{}' = a_2 - \chi_A$。此时视准轴由倾斜位置改变到水平位置,但水准管也会随之变动而气泡不再符合。用校正针拨动水准管一端的校正螺旋使气泡符合,则水准管轴也处于水平位置,从而使水准管轴平行于视准轴。水准管的校正螺旋校正时先松左右两校正螺旋,然后拨上下两校正螺旋使气泡符合。拨动上下校正螺旋时,应先松一个再紧另一个逐渐改正,当最后校正完毕时,所有校正螺旋都应适度旋紧。以上检验校正也需要重复进行,直到 i 角小于 20″为止。

2.5 精密水准仪和水准尺

国家一等、二等水准测量以及某些工程测量对于测量数据的精度要求很高,但是普通的水准仪和水准尺不能达到这种精度要求,因而必须使用精密的测量仪器和工具才能实现这种测量精度。

2.5.1 精密水准仪

1)精密水准仪的结构

精密水准仪的构造与微倾式水准仪类似,但各个部位的精度都高于微倾式水准仪,并且结构更为稳定,受外界环境的影响较小。我国的精密水准仪可按照其精度的不同分为 S05、S1、S3 等数个等级。其中字母 S 表示"水准"。S05 表示水准测量时,每公里的往返平均高差的中误差不超过 0.5mm。

望远镜:精密水准仪的望远镜具有较大的物镜,并且一般采用 40 倍的放大率,因而能够提供更加清晰的影像。

基座:精密水准仪的基座结构十分稳定,仪器内部的结构不易受外部环境(如风力、温度等)变化的影响。

水准器:精密水准仪的管水准器的分划值多为 10″/2mm,因而灵敏度更高。为便于操作,可通过微倾螺旋来快速调节管水准器气泡精确居中。

2)精密水准仪的使用方法

精密水准仪的使用方法与普通水准仪的使用方法类似,但因其具有更为精密的光学测微器,可以测得精确度更高的读数。其测微器的最小分划值是 0.1mm,因而能够在读数时精读到 0.1 毫米位并估读到 0.01 毫米位。

自动安平的精密水准仪的补偿器装置也必须具有同等精密度。

2.5.2 精密水准尺

精密水准仪必须与精密水准尺配套使用,才能够保证测量精度。

精密水准尺是在木制的尺身的沟槽内引张一个因瓦合金带。因瓦合金带上刻有分划线,分划注记标在木质尺身上。这样可避免因尺身变形而产生的读数误差。精密水准尺的分划值必须保证相当的精确度,即分划的偶然中误差应保证在 8 ~ 11μm。精密水准尺的尺身必须经过特殊处理,在使用中不会轻易出现弯曲变形。为避免尺根部在使用中被磨损,可在底部加装耐磨的金属板。精密水准尺上还应加装可保证尺身处于竖直状态的圆水准器装置。精密水准尺一般采用黄底黑格分划,有助于精确照准并读数。

2.6 自动安平水准仪

2.6.1 自动安平水准仪

自动安平水准仪的结构特点是没有管水准器和微倾螺旋(区别于微倾水准仪)。它是在水准仪视准轴有稍微倾斜的时候通过一个自动补偿装置使视线水平(注意不要超过补偿限度)。

国产自动安平水准仪的型号是在 DS 中加字母 Z,即为 DSZ05,DSZ1,DSZ3,DSZ10。其中 Z 代表"自动安平"汉语拼音的第一个字母。

自动安平水准仪用补偿器代替水准器,能使仪器的视准轴,在 1~2s 内自动、精确、可靠地安放在水平位置(图 2-21)。

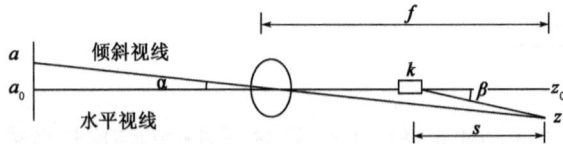

图 2-21　自动安平水准仪补偿器工作原理

2.6.2 自动安平水准仪的使用

自动安平水准仪的使用方法较微倾式水准仪简便。首先也是用脚螺旋使圆水准器气泡居中,完成仪器的粗略整平。然后用望远镜照准水准尺,消除视差后即可用十字丝横丝读取水准尺读数,所得的就是水平视线读数。由于补偿器有一定的工作范围,即能起到补偿作用的范围,所以使用自动安平水准仪时,要防止补偿器贴靠周围的部件,不处于自由悬挂状态。有的仪器在目镜旁有一按钮,它可以直接触动补偿器。读数前可轻按此按钮,以检查补偿器是否处于正常工作状态,也可以消除补偿器有轻微的贴靠现象。如果每次触动按钮后,水准尺读数变动后又能恢复原有读数则表示工作正常。如果仪器上没有这种检查按钮,可用脚螺旋使仪器竖轴在视线方向稍作倾斜,若读数不变则表示补偿器工作正常。由于要确保补偿器处于工作范围内,使用自动安平水准仪时应十分注意圆水准器的气泡居中。

由于使用自动安平水准仪不需要对仪器进行精确整平,可以大大地提高水准测量的速度,因而自动安平水准仪被广泛地用于各种测量工作中。

2.7 水准测量的误差分析

水准测量的误差包括仪器误差、观测误差和外界环境的影响,这 3 类误差都将直接影响水准测量的成果质量,因此必须找到消除或减小误差的方法,以提高水准测量成果的质量。

2.7.1 仪器误差

1)仪器校正后的残余 i 角误差

原因:i 角误差检校后的残余值。

方法:观测时注意使前、后视距相等,可消除或减弱其影响。

2)水准尺误差

原因:水准尺分划不准确、尺长变化、尺弯曲等。

方法:检验水准尺上真长与名义长度,加尺长改正数。

3)水准尺的零点差

可通过在一测段中采用偶数站的方法予以消除。

2.7.2　观测误差

1)气泡居中误差

调节圆水准器和管水准器的气泡居中时应认真操作,或是仪器安装用精度较高的水准管。

2)读数误差

主要取决于人眼的分辨能力。因此,应仔细辨别所估读的毫米位读数。

3)水准尺倾斜(尤其注意前后倾斜)

立尺人员必须严格按照规定立尺,保证测量过程中水准尺处于竖直状态。

4)视差的影响

读数前应严格消除视差。

测量过程中须严格认真操作、读数,来避免观测误差的影响。

2.7.3　外界环境的影响

1)仪器下沉

将仪器置在软土或植被上时容易发生下沉,采用"后—前—前—后"的观测顺序,可以削弱其影响。

2)尺垫下沉

采用往返观测取观测高差的中数可以削弱其影响。

3)地球曲率和大气折光影响

地球曲率影响:

$$C = \frac{D^2}{2R} \tag{2-14}$$

前后视距相等可消除地球曲率影响,即地球曲率对前后尺读数影响相同。

大气折光影响:

$$r = \frac{D^2}{2 \times 7R} \tag{2-15}$$

由于大气折光,视线会发生弯曲。越靠近地面,光线折射的影响也就越大。因此要求视线要高于地面 0.3m 以上,前后视距相等也可削减该影响。

两差影响:

$$f = c - r = \frac{0.43D^2}{R}$$

4)温度影响

观测时应注意给仪器撑伞遮阳。尽量避免在温差过大的时间段内测量。

【思考题与习题】

2-1 水准仪有哪些主要轴线？各轴线之间应满足什么条件？其中哪几条是主条件？

2-2 水准仪上圆水准器与管水准器的作用有何不同？什么是水准器分划值？

2-3 什么是视准轴？什么是视差？出现视差的原因是什么？怎样才能消除视差？

2-4 在水准测量中为什么要使用转点？

2-5 水准测量时为何要求选择按照一定的路线进行施测？水准测量路线包括哪几种？

2-6 试简述水准测量中的计算校核方法。

2-7 水准测量时,为什么要保持前、后视距相等？

2-8 水准测量中的测站检核有哪几种？如何进行？

2-9 自动安平水准仪主要有哪些特点？

2-10 设 A 为后视点, B 为前视点, A 点的高程是 $+20.123$ m。当后视读数为 1.456m,前视读数为1.579m时,问 A、B 两点的高差是多少？B、A 两点的高差又是多少？绘图说明 B 点比 A 点高还是低？B 点的高程是多少？

2-11 根据表2-3中的附合水准测量数据,计算并调整高差闭合差,最后求出各点高程。A、B 两点为已知高程点, $H_A = 23.456$ m, $H_B = 25.080$ m。

水准测量高程计算　　　　　　　　　　　表2-3

测段	测点	测站数	实测高差 （m）	高差改正数 （mm）	改正后高差 （m）	高程 （m）
Ⅰ	BM$_A$	7	−0.442			
	1					
Ⅱ		5	+0.244			
	2					
Ⅲ		6	+0.663			
	3					
Ⅳ		8	+1.165			
	BM$_B$					
Σ	—					
辅助 计算						

2-12 设 A、B 两点相距90m,水准仪安置于中点 C,测得 A 尺上的读数 a_1 为 1.423m, B 尺上的读数 b_1 为1.215m,仪器搬到 B 点附近,又测得 B 尺上读数 b_2 为1.556m, A 尺读数为 a_2 为 1.759m。试问水准管轴是否平行于视准轴？如不平行,应如何校正？

2-13 试分析水准尺倾斜误差对水准尺读数的影响,并推导出其计算公式。

2-14 调整如图 2-22 所示的闭合水准测量路线的观测成果,并求出各点高程, $H_1 = 48.966\mathrm{m}$, $h_1 = +1.324\mathrm{m}$, $n_1 = 10$ 站; $h_2 = -1.342\mathrm{m}$, $n_2 = 8$ 站; $h_3 = +1.688\mathrm{m}$, $n_3 = 9$ 站; $h_4 = -1.795\mathrm{m}$, $n_4 = 10$ 站; $h_5 = +0.158\mathrm{m}$, $n_5 = 14$ 站。

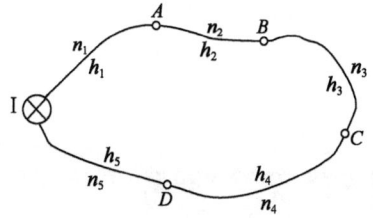

图 2-22 闭合水准路线图

第 3 章

角度测量

在确定地面点的位置时,常常要进行角度测量。角度测量最常用的仪器是经纬仪。角度测量分为水平角测量与竖直角测量。

3.1 光学经纬仪及其使用

3.1.1 经纬仪概述

经纬仪的种类繁多,如按读数系统区分,可分成光学经纬仪和电子经纬仪。由于电子经纬仪与光学经纬仪测角原理相同,而光学经纬仪更容易理解构造和原理,所以本书重点介绍光学经纬仪,电子经纬仪将在本章以南方电子经纬仪为例作简要介绍。

光学经纬仪按精度,分为 DJ07、DJ1、DJ2、DJ6 等级别。其中 D、J 分别为"大地测量"和"经纬仪"的汉语拼音第一个字母,07、1、2、6 等数字,表示该仪器所能达到的精度指标。如 DJ07 和 DJ6 分别表示水平方向测量一测回的方向中误差不超过 $\pm 0.7''$ 和 $\pm 6''$ 的大地测量经纬仪。表 3-1 列出了各等级经纬仪的主要技术参数和用途。

经纬仪系列技术参数及用途   表 3-1

参 数 名 称		经 纬 仪 等 级		
		DJ1	DJ2	DJ6
一测回水平方向中误差(″)		±1	±2	±6
望远镜物镜有效孔径(不小于)(mm)		60	40	40
望远镜放大倍数		30	28	20
水准管分划值不大于	水平度盘	6″/2mm	20″/2mm	30″/2mm
	数值度盘	10″/2mm	20″/2mm	30″/2mm
主要用途		二等平面控制测量及精密工程测量	三、四等平面控制测量及一般工程测量	图根控制测量及一般工程测量

3.1.2 DJ6 级光学经纬仪的构造

各种型号的 DJ6(以后简称 J6 级)光学经纬仪的构造大致相同,主要由基座、水平度盘和照准部 3 部分组成,如图 3-1 所示。

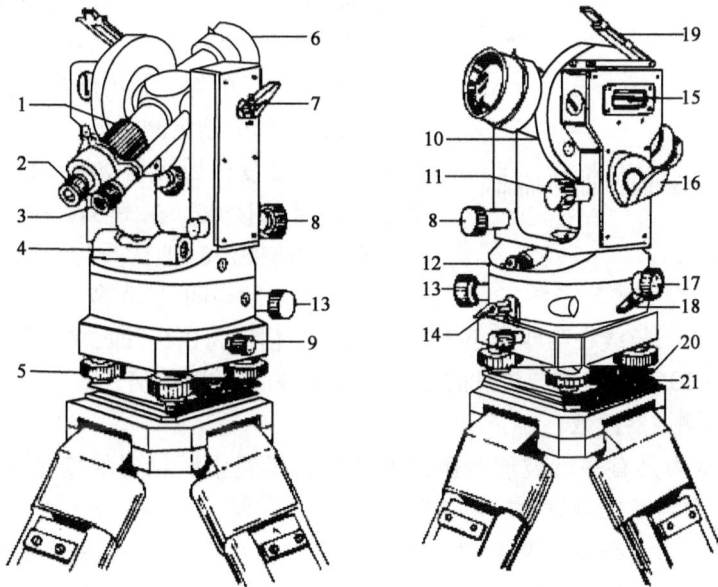

图 3-1 光学经纬仪

1-对光螺旋;2-目镜;3-读数显微镜;4-照准部水准管;5-脚螺旋;6-望远镜物镜;7-望远镜制动螺旋;8-望远镜微动螺旋;
9-轴座连接螺旋;10-竖直度盘;11-竖盘指标水准管微动螺旋;12-光学对中器目镜;13-水平微动螺旋;14-水平制动螺旋;
15-竖盘指标水准管;16-反光镜;17-度盘变换手轮;18-保险手柄;19-竖盘指标水准管反光镜;20-底板;21-三角压板

1）基座

基座由轴座、连接板、三角压板、脚螺旋组成,其功能用来支承整个仪器,并借助连接螺旋使经纬仪与脚架结合精确。脚螺旋用来粗平仪器,并配合对中器完成精确对中。轴座固定螺旋用于照准部和基座固结,使用仪器时,切勿松动该螺旋,以免照准部与基座分离。

2）水平度盘

水平度盘是玻璃制成的圆盘,在其上刻有分划,从 0° ~ 360°,顺时针方向注记,基本分划为 1°,用来测量水平角。

3）照准部

照准部的旋转轴,其几何中心线称为竖轴。照准部上有望远镜、横轴、望远镜制动螺旋、望远镜微动螺旋、竖直度盘、照准部水平制动螺旋、照准部水平微动螺旋、读数显微镜、管水准器。读数显微镜用来读取水平度盘和竖直度盘读数。水平制动螺旋和水平微动螺旋,用来控制照准部在水平方向的转动。照准部上的管水准器,用以精确整平仪器。

4）度盘读数装置和读数方法

光学经纬仪的度盘读数装置包括光路系统和测微器。水平度盘和垂直度盘上的分划线(度盘刻度)经照明后通过一系列棱镜和透镜最后成像于望远镜目镜旁的读数显微镜内。DJ6级光学经纬仪有"测微尺"和"平行玻璃测微器"两类读数测微装置。

(1)分微尺测微器读数

如图 3-2 所示为具有度盘分微尺测微器的经纬仪的读数显微镜的视场。有"水平"字样或者"H"字样的窗口是水平度盘分划及其分微尺的像,而有"竖直"字样或"V"字样的窗口是垂直度盘分划及其分微尺的像。其中度盘的像仅见相邻两度的分划,细小的分划为测微尺。度盘读数方法如下:按测微尺与度盘分划线相交处读取"分"数,1/10 分的小数用目估读取。在图 3-2 中,"度"为小刻度 0 ~ 6 夹住的长线 58,即读数为 58°,而 58 长线在小刻度 5 和 6 之间说明是 50 多"分",细数 5 后面小格

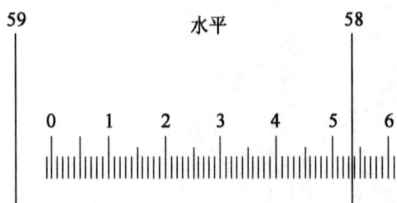

图 3-2　分微尺测微器水平读数

为 3 整格,所以为 53′,长线在第四个小格的一半位置,估读为 0.5′,即 30″。所以图 3-2 所示水平角度数为 58°53′30″。这里需要注意的是,秒估读都为 6″ 的整数倍。

(2)平行玻璃测微器读数

如图 3-3 所示为具有平行玻璃测微器的读数显微镜中所见到的度盘分划和测微尺分划的像。上窗口为测微尺分划,中窗口为垂直度盘分划,下窗口为水平度盘分划。安装于度盘读数光路中的平行玻璃测微器与安装于支架上的测微轮相连。测角时,望远镜瞄准目标后,转动测微轮带动平行玻璃,使度盘分划线的像被指标双线夹住,然后读数。整度及二分之一度数(30′)根据被夹住的度盘分划线读出,30′ 以下的度数从测微分划尺上读得。

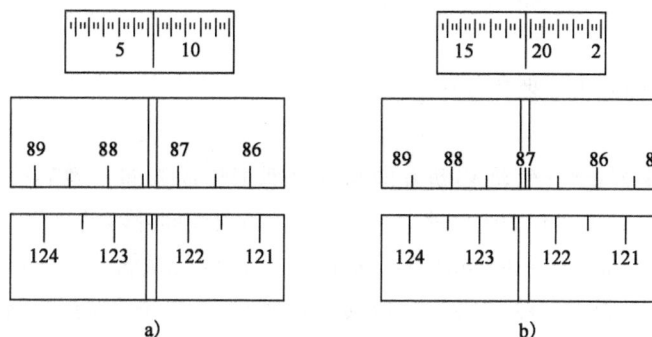

图 3-3 平行玻璃测微器读数窗

3.2 水平角观测

3.2.1 水平角测量原理

水平角是从一点出发的两条方向线组成的空间角在水平面上的投影,用 β 表示,其范围为 $0° \sim 360°$。

设 O、A、B 为地面上任意三点。O 为测站点,A、B 为目标点,则从 O 点观测 A、B 的水平角为 OA、OB 两方向线垂直投影在任意水平面 H 上所成的 $\angle aob$,如图 3-4 所示。也可以说,地面上一点到两目标的方向线间所夹的水平角,就是过这两方向线所作两竖直面间的二面角。

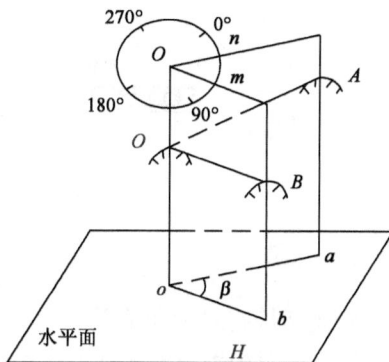

图 3-4 水平角原理图

为了测出水平角的大小,以过 O 点的铅垂线为中心,水平放置一个带有刻度的圆盘,通过 OA、OB,各作一竖直面,设这两个竖直面在刻度盘上截取的读数分别为 n 和 m,则水平角 β 之值为

$$\beta = m - n \qquad (3-1)$$

3.2.2 经纬仪的使用

用经纬仪观测水平角,应先将仪器安置在角的顶点上,安置仪器包括对中和整平两项内容。对中的目的是使仪器的中心与测站点位于同一铅垂线上。整平是利用基座上 3 个脚螺旋使照准部水准管气泡居中,从而使竖轴竖直和水平度盘水平。

现将经纬仪的使用步骤分述如下:

1)安置仪器

先将三脚架张开,使其高度适中,架头大致水平,目估对中,架在测站上。

2)精确对中

旋转光学对中器的目镜,使分划板的刻划圈清晰;再推进或拉出对中器,使测站点成像清晰;然后再旋转脚螺旋使光学对中器对准测站点。

3)粗平

通过伸缩架腿,使圆水准器泡居中。

4)精平

整平时使用左手拇指弦(气泡移动方向与左手拇指移动方向一致),先转动照准部,使照准部水准管与任意一对脚螺旋的连线平行,两手同时向内或向外转动这两个脚螺旋,使水准管气泡居中,然后将照准部旋转90°,如图3-5所示,使水准管与两脚螺旋连线垂直,转动第三个脚螺旋,使水准管气泡居中。然后将照准部转至任意位置,检查气泡是否仍然居中。若不居中,则按以上步骤反复进行,直到照准部转至任意位置气泡皆居中为止。整平误差,即整平后气泡的偏离量,最大不应超过一格。

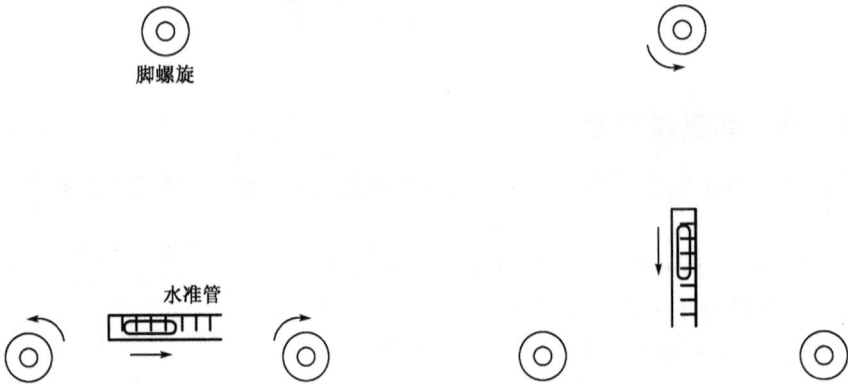

图 3-5　水准仪管水准器整平

5)重新检查对中和精平

用光学对中器观察测站点是否偏离分划板圆圈中心。如果偏离,则稍微松开三脚架连接螺旋,前后左右平移仪器,使其精确对中,不可转动,然后用左手拇指法重新整平仪器。

6)瞄准

先松开望远镜制动螺旋和水平制动螺旋,将望远镜指向天空,调节目镜调焦螺旋使十字丝清晰(这项工作不需每次瞄准都做)。然后通过望远镜上的瞄准器粗瞄目标,使目标成像在望远镜视场中央部位,旋紧望远镜制动螺旋和照准部水平制动螺旋。转动物镜调焦螺旋,使目标成像清晰并消除视差。最后,用望远镜微动螺旋和水平微动螺旋精确瞄准目标。测水平角瞄准目标时,尽量瞄准目标底部,用单纵丝对准目标或双纵丝夹住目标,如图3-6所示。测竖直角瞄准目标时,用横丝很切目标或者十字丝交叉点瞄准目标。

3.2.3　水平角观测方法

水平角观测方法,一般根据测量工作要求的精度、使用的仪器、观测目标的多少而定。现将常用的两种方法分述如下。

1)测回法

测回法用于观测两个方向之间的单角。如图 3-7 所示,设要测的水平角为 $\angle AOB$,在 O 点安置经纬仪,在 A、B 点上设置观测标志进行观测。水平角记录手簿见表 3-2。

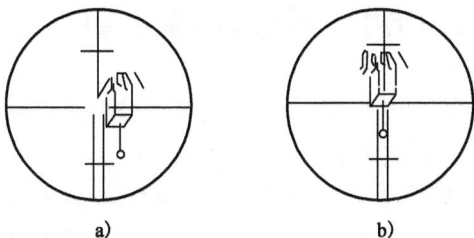

图 3-6 经纬仪瞄准目标

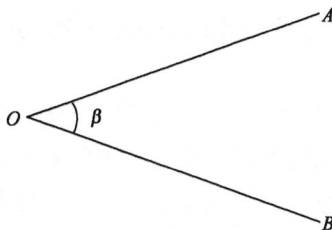

图 3-7 水平角

水平角记录手簿 表 3-2

测站	竖盘位置	目标	水平度盘读数 ° ′ ″	半测回角值 ° ′ ″	一测回角值 ° ′ ″	各测回平均角值 ° ′ ″	备注
O	左	A_1	00 06 00				
		B_1	73 48 00	73 42 00			
					73 42 15		
	右	A_1	180 05 30				
		B_1	253 48 00	73 42 30			
						73 42 10	
O	左	A_2	90 05 30				
		B_2	163 47 30	73 42 00			
					73 42 06		
	右	A_2	270 05 48				
		B_2	343 48 00	73 42 12			

注:上、下半测回合称一测回。一测回角值为 $\beta = (\beta_L + \beta_R)/2$。

操作步骤如下:

(1)盘左位置(正镜)用前述方法精确瞄准左方目标 A,读取水平度盘读数 a_1,记入观测手簿。

（2）松开水平制动螺旋,顺时针方向转动照准部,同法瞄准右方目标 B,读取水平度盘读数 b_1,记入观测手簿,以上称上半测回。上半测回水平角值 $\beta_L = b_1 - a_1$,记入手簿。

（3）松开望远镜制动螺旋,纵转望远镜成盘右位置（竖盘在望远镜右边,亦称倒镜）,逆时针旋转,按上述方法先瞄准右方目标点 B,读取水平度盘读数 b_2,再逆时针旋转瞄准左方目标点 A,读取水平度盘读数 a_2,将读数分别记入手簿。以上称下半测回。其角值 $\beta_R = b_2 - a_2$,记入手簿。

同一测回中,上、下半测回角值之差和各测回间角值之差均不应大于相应细则、规范所规定的容许值,否则应重测。如合乎要求,则分别取平均值记入手簿。

当测角精度要求较高时,往往要观测几个测回,为了减少度盘分划误差的影响,各测回间应根据测回数 n,按 $180°/n$ 变换水平度盘位置。例如,要观测 3 个测回,则第一测回的起始方向读数可安置在略大于 0°,第二测回起始方向读数应安置在略大于 $180°/3 = 60°$,第三测回起始方向读数应安置在略大于 120°。

水平度盘读数的方法因仪器构造的不同而异。对复测经纬仪:于盘左位置,松开水平制动螺旋,转动照准部瞄准左侧目标,按进复测手轮,并在读数显微镜中对到所需的度盘读数,然后,弹开复测手轮。

2）方向观测法

方向观测法简称方向法,适用于观测两个以上的方向。当方向多于 3 个时,每半测回都从一个选定的起始方向（零方向）开始观测,在依次观测所需的各个目标之后,应再次观测起始方向（称为归零）,此方法称为全圆方向法。操作步骤如下:

（1）如图 3-8 所示,安置经纬仪于 O 点,盘左位置,将度盘置于略大于 0°处,观测所选定的起始方向 A,读取水平度盘读数 a,记入观测手簿。

（2）顺时针方向转动照准部,依次瞄准 B、C、D 各点,分别读取读数 b、c、d,同样记入手簿。

（3）为了校核再次瞄准目标 A,读取读数 a',此次观测称归零。读数记入手簿。A 与 a' 之差的绝对值称上半测回归零差,归零差不超过表 3-4 的规定,则进行下半测回观测,如归零差超限,此时半测回应重测。上述操作称上半测回。

（4）纵转望远镜成盘右位置。逆时针方向依次瞄准 A、D、C、B、A 各点,并将读数记入手簿,称下半测回。如需观测几个测回,则各测回仍按 $180°/n$ 变动水平度盘起始位置。

现就表 3-3 说明全圆方向法的计算步骤,具体如下:

（1）计算两倍照准差（$2c$）值:

$$2c = 盘左读数 - （盘右读数 \pm 180°） \quad (3-2)$$

上式中盘右读数大于 180° 时取" $-$ "号,盘右读数小于 180° 时取" $+$ "号。按各方向计算 $2c$ 并填入记录手簿。方向观测法的技术要求见表 3-4 中的规定。超过限差时,应在原度盘位置上重测。

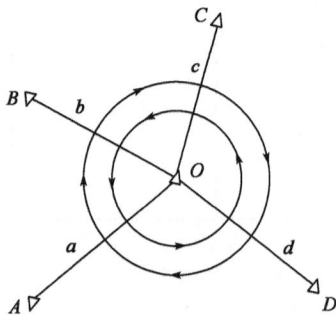

图 3-8　方向观测法示意图

方向观测法观测手簿 表3-3

测站	测回	目标	读数 盘左	读数 盘右	$2c = $左$-$（右$\pm180°$）	平均读数$=$[左$+$（右$\pm180°$）]/2	归零后的方向值	各测回归零方向值的平均值	略图及角值
			° ′ ″	° ′ ″	″	° ′ ″	° ′ ″	° ′ ″	° ′ ″
0	1					(00 01 27)			
		A	0 01 24	180 01 36	−12	00 01 30	00 00 00	0 00 00	
		B	85 53 12	265 53 36	−24	85 53 24	85 51 57	85 51 48	
		C	144 42 36	324 43 00	−24	144 42 48	144 41 21	144 41 16	
		D	284 33 12	104 33 42	−30	284 33 27	284 32 00	284 31 56	
		A	0 01 18	180 01 30	−12	00 01 24			
	2					(90 02 39)			
		A	90 02 30	270 02 48	−12	90 02 36	00 00 00		
		B	175 54 06	355 54 30	−24	175 54 18	85 51 39		
		C	234 43 42	54 44 00	−18	234 43 51	144 41 12		
		D	14 34 18	194 34 42	−24	14 34 30	284 31 51		
		A	90 02 30	270 02 54	−24	90 02 42			

水平角方向观测法的技术要求 表3-4

仪器	半测回归零差(″)	一测回内$2c$互差(″)	同一方向值各测回互差(″)
J2	12	18	12
J6	18		24

（2）计算各方向的平均读数：

$$平均读数 = [盘左读数 + （盘右读数 \pm 180°）] \div 2 \tag{3-3}$$

计算的结果称为方向值，填入记录手簿。起始方向有两个平均值，应将此两数值再次平均，所得的值作为起始方向的方向值，填入记录手簿，并括以括号。

（3）计算归零后的方向值。将各方向的平均读数减去起始方向的平均读数（括号内），即得各方向的归零方向值，填入记录手簿。起始方向的归零值为零。

（4）计算各测回归零后方向值的平均值。取各测回同一方向归零后的方向值的平均值作为该方向的最后结果，填入记录手簿。在取平均值之前，应计算同一方向归零后的方向值各测回之间的差数有无超限，如果超限，则应重测。

（5）计算各目标间水平角值。将记录手簿中相邻两方向值相减即可求得各目标间水平角值，注于记录手簿略图的相应位置。

41

3.3 竖直角观测

3.3.1 竖直角

竖直角是同一竖直面内目标视线与水平线的夹角,用 α 表示,其范围为 $0° \sim \pm 90°$。图 3-9 表示一个竖直剖面,OO' 为水平线,视线 OM 向上倾斜,竖直角为仰角,符号为正;视线 ON 向下倾斜,为俯角,符号为负。

3.3.2 竖直度盘

光学经纬仪的竖盘装置包括竖直度盘、竖盘指标水准管和竖盘指标水准管微动螺旋。竖盘固定在横轴的一端,随望远镜仪器在竖直面内转动。分微尺的零分划线是竖盘读数的指标,可以把它看成是与竖盘指标水准管连成一体的。指标水准管气泡居中,指标即处于正确位置,此时,当望远镜转动时,竖盘随之转动而指标不动,因而可读得望远镜不同位置的竖盘读数,以计算竖直角。

光学经纬仪的竖盘是由玻璃制成,刻划的注记有顺时针方向与逆时针方向两种。视线水平时盘左读数为 90°,如图 3-10) 所示。现在国产 J2、J6 级经纬仪的竖盘注记多为顺时斜注记的形式。

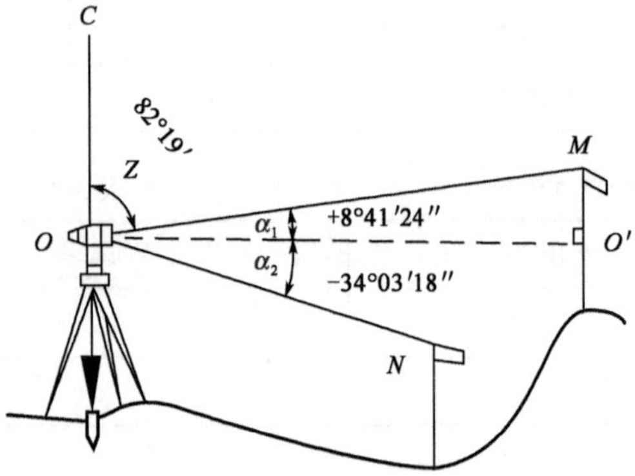

图 3-9 竖直角

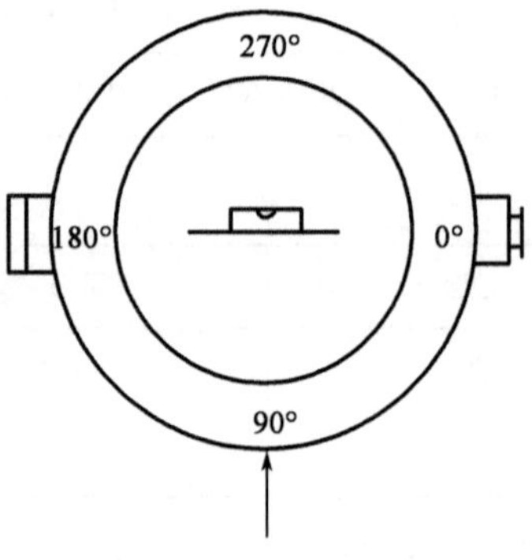

图 3-10 竖直度盘

3.3.3 竖直角计算公式

竖直角与水平角一样,其角值也是度盘上两个方向读数之差。不同的是竖直角的两个方向中必有一个是水平方向。任何类型的经纬仪,制作上都要求当竖盘指标水准管气泡居中,望远镜视准轴水平时,其竖盘读数是一个固定值(90°、270° 中的一个)。因此,在观测竖直角时,只要观测目标点一个方向并读取竖盘读数便可算得该目标点的竖直角,而不必观测水平方向。

竖直角 α 是固定值与观测目标的读数之差,应按竖盘注记的形式来确定。在观测之前,盘左将望远镜大致放平,此时竖盘读数为 90°。然后将望远镜上仰,若读数变小,则度盘注记为顺时针。

如图3-11所示这种刻划形式的竖盘,计算公式为:

盘左

$$\alpha_{\mathrm{L}} = 90° - L \tag{3-4}$$

盘右

$$\alpha_{\mathrm{R}} = R - 270° \tag{3-5}$$

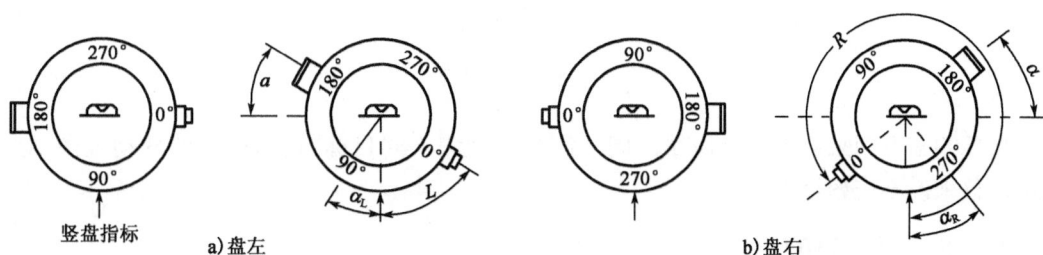

a)盘左   b)盘右

图3-11 竖盘计算

由于存在测量误差,实测值α_{L}常不等于α_{R},其差值不超容许值,取一测回竖角为:

$$\alpha = \frac{\alpha_{\mathrm{L}} + \alpha_{\mathrm{R}}}{2} = \frac{1}{2}(R - L - 180°) \tag{3-6}$$

3.3.4 竖盘指标差

视线水平时,竖盘读数应为定值,盘左为$90°$,盘右为$270°$,事实上,此条件常不满足,指标不能恰好指在$90°$或$270°$,而与$90°$或$270°$相差一个角度x,x称为竖盘指标差。

竖盘指标差x是由竖盘指标偏离正确位置造成的,如图3-12所示,则正确的竖直角应为:

$$\alpha_{\mathrm{L}} = 90° - (L - x) \tag{3-7}$$

同样,盘右时正确的竖直角应为:

$$\alpha_{\mathrm{R}} = (R - x) - 270° \tag{3-8}$$

此时α_{L}、α_{R}已不是正确的竖直角。

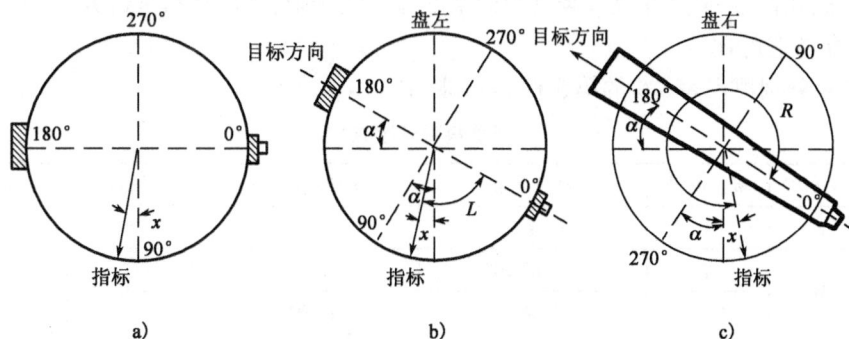

a)   b)   c)

图3-12 竖盘指标差

将式(3-7)、式(3-8)相加并除以 2,得:

$$\alpha = \frac{\alpha_L + \alpha_R}{2} = \frac{1}{2}(R - L - 180°) \tag{3-9}$$

与式(3-6)完全相同。可见在竖直角观测中,用正倒镜观测取其均值可以消除竖盘指标差的影响,提高成果质量。

将式(3-7)和式(3-8)相减,可得:

$$x = \frac{\alpha_R - \alpha_L}{2} \tag{3-10}$$

$$x = \frac{R + L - 360°}{2} \tag{3-11}$$

指标差 x 可用来检查观测质量。同一测站上观测不同目标时,指标差的变动范围,对 J6 级经纬仪来说不应超过 15″。

3.3.5 竖直角的观测

竖直角观测和计算的方法如下:

(1)仪器安置于测站点上,盘左瞄准目标点 M,使十字丝中丝精确地切于目标顶端,如图 3-13 所示由 a)到 b)。

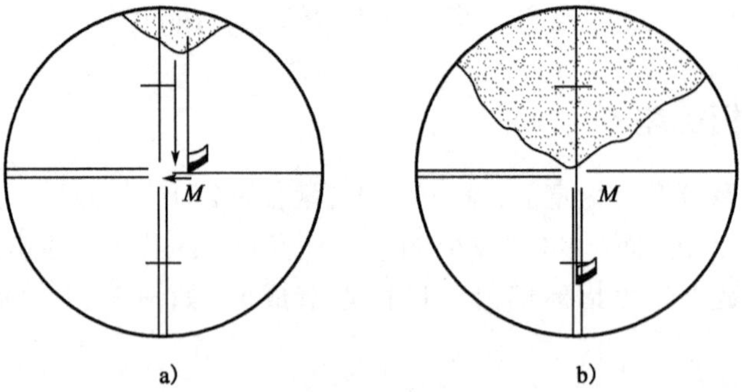

图 3-13 目标点 M 瞄准

(2)转动竖盘指标水准管微动螺旋,使竖盘指标水准管气泡居中,读取竖盘读数 L,记入竖直角观测手簿。

(3)盘右,再瞄准 M 点并调节竖盘指标水准管气泡居中,读取竖盘读数 R,记入观测手簿。

(4)计算竖直角 α。

计算结果分别填入表 3-5 的第 5 栏、第 7 栏中。

竖直角观测手簿   表 3-5

测站	目标	竖盘位置	竖盘读数	半测回竖直角	指标差	一测回竖直角
1	2	3	4	5	6	7
O	*M*	左	102°03′30″	−12°03′30″	−15″	−12°03′45″
		右	257°56′00″	−12°04′00″		
	N	左	86°18′06″	+3°41′54″	−21″	+3°41′33″
		右	273°41′12″	+3°41′12″		

低处目标 N 的观测、计算方法与此相同。

3.3.6　竖盘指标自动归零的补偿装置

观测竖直角时,为使指标处于正确位置,每次读数都要将竖盘指标水准管的气泡调节居中,这很不方便。所以有些经纬仪在竖盘光路中安装补偿器,用以取代水准管,使仪器在一定的倾斜范围内能读得相应于指标水准管气泡居中时的读数,称为竖盘指标自动归零。这种补偿装置的原理与水准仪中的自动安平补偿原理基本相同。

竖盘补偿装置的构造有多种,如图 3-14 所示是其中的一种,它在指标 A 和竖盘间悬吊一透镜,当视线水平时,指标 A 处于铅垂位置,通过透镜 O 读出正确读数,如 90°。当仪器稍有倾斜,因无水准管指示,指标处于不正确位置 A' 处。但悬吊的透镜因重力作用而由 O 移到 O' 处。此时,指标 A' 通过透镜 O' 的边缘部分折射,仍能读出 90° 的读数,从而达到竖盘指标自动归零的目的。

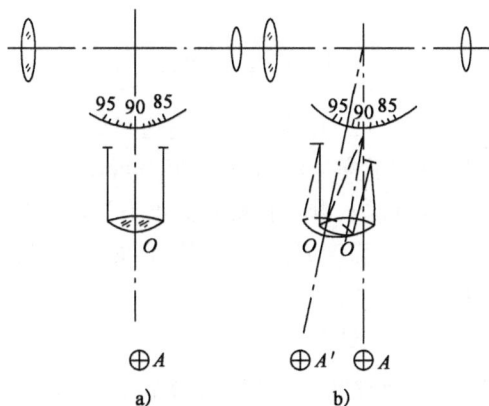

图 3-14　竖盘指标补偿

竖盘指标自动归零的补偿范围一般为 2'。

3.4　电子经纬仪

电子经纬仪与光学经纬仪的区别在于电子经纬仪使用电子测角系统代替了光学经纬仪的光学测角系统。这样能将测量结果直接显示出来,实现了读数自动化,并且可以将数据输入计算机进行处理和绘图。电子经纬仪(图 3-15)比光学经纬仪方便、快捷、精确,下面以南方电子经纬仪为例,简要介绍电子经纬仪的使用。

以测回法测水平角为例,具体使用如下:

1)安置仪器

(1)对中整平后,按开关键开机后,上下转动望远镜几周,然后使仪器水平盘转动几周,完成仪器初始化工作,直至显示水平度盘角值、竖直度盘角值为止,如图 3-16 所示。

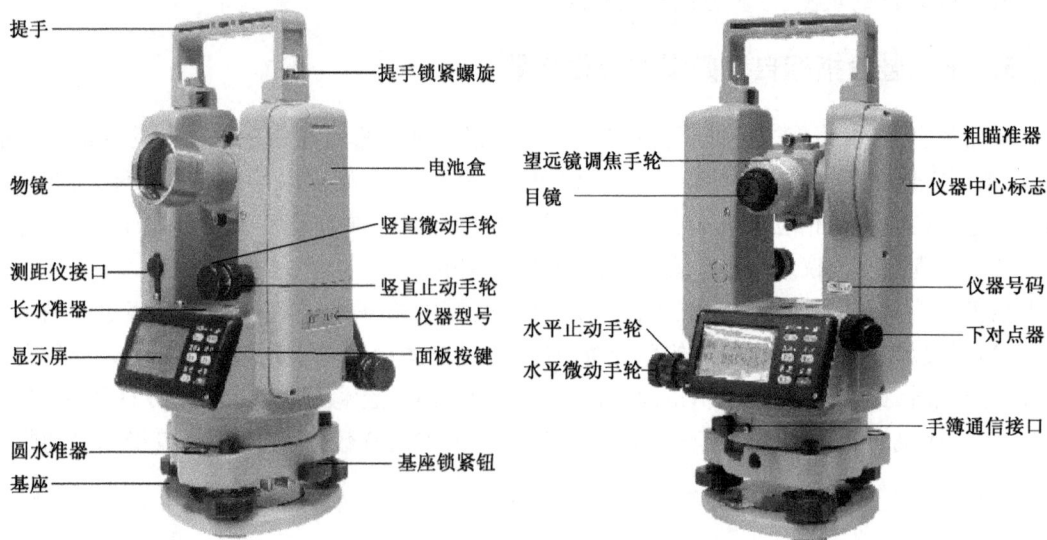

图 3-15 电子经纬仪

图 3-16 电子经纬仪显示屏

（2）用盘左瞄准左边目标 A，若要配置度盘为 $0°00'00''$，则按"置零"键，显示屏第三行水平角度值显示 $000°00'00''$，记下此读数；顺时针旋转瞄准右边的目标 B，记下水平读数；倒镜用盘右瞄准 B，记下读数；逆时针旋转瞄准左边的目标 A，记下水平读数。

说明：

①若要配置度盘为 $0°02'00''$，则旋转固定仪器，用水平微动螺旋使读数为 $0°02'00''$，再按"锁定"键锁定此读数，瞄准目标 A 后，再按"锁定"键解除锁定。

②在测量过程中，要注意保持水平读数处于"水平$_右$"，若出现"水平$_左$"，则按"左右"键。

2）角度测量

（1）盘左盘右观测

"盘左"是指观测者用望远镜时观测时，竖盘在望远镜的左边；"盘右"指的是观测者用望远镜观测时，竖盘在望远镜的右边。取盘左和盘右读数的平均数作为观测值，可以有效地消除仪器相应的系统误差对成果的影响。因此，在进行水平和竖直角观测时，要在完成盘左观测之后，纵转望远镜180°再完成盘右观测。

（2）水平角置零

将望远镜十字丝中心照准目标 A 后，按"置零"键两次，使水平角读数为 $0°00'00''$。如：照准目标 A 水平角显示为 $50°10'20''$，按两次"置零"键，显示目标 A 水平角为 $0°00'00''$。

"置零"键只对水平角有效。除已显示"锁定"状态外，任何时候水平角均可置零。若在操作过程中误按"置零"键盘，只要不按第二次就没关系，当鸣响停止，便可以继续以后的操作。

（3）水平角与竖直角测量

①设置水平角与竖直角天顶为0。

顺时针方向转动照准部（水平右），以十字丝中心照准目标 A，按两次"置零"键，目标 A 的水平角度设置为 $0°00'00''$，作为水平角起算的零方向。照准目标 A 时的具体步骤及显示为：

垂直 93°20′30″	按两次 "置零" 键 $\longrightarrow$	垂直 93°20′30″	A 方向竖直角（天顶距）值
水平右 10°50′40″		水平右 00°00′00″	A 方向水平角已置零

顺时针方向转动照准部（水平右），以十字丝中心照准目标 B 时显示为：

垂直 91°05′10″	B 方向竖直角（天顶距）值
水平右 50°10′20″	AB 方向间右旋水平角值

②水平角锁定与解除锁定。

在观测水平角过程中，若需要保持所测（或对某方向需预置）水平角时，按两次"锁定"键即可。水平角被锁定后，屏幕显示"锁定"符号，再转动仪器水平角也不发生变化。当照准至所需方向后，再按一次"锁定"键，解除锁定功能，此时仪器照准方向的水平角就是原锁定的水平角值。

"锁定"键对竖直角或距离无效。若在操作过程中误按"锁定"键，只要不按第二次就没有关系，当鸣响停止便可继续以后的操作。

③重复角度测量。

开机使仪器处于测量角度模式。按下"切换"键再按下"复测"键，仪器置于复测模式，照准第一目标 A。按下"左右"键，将显示调整为"水平右"，按下"置零"键，将第一目标读数置为 $0°00'00''$。用水平固定螺旋和微动螺旋照准第二目标 B。按下"锁定"键，将水平角保持并存入仪器中。用水平固定螺旋和微动螺旋再次照准目标 A。按下"左右"键，将显示调整为"水平右"，按下"置零"键，将第一目标读数置为 $0°00'00''$。用水平固定螺旋和微动螺旋照准第二目标 B。按下"锁定"键，将水平角保持并存入仪器中。这时显示出角度平均值。重复以上步骤，可进行所需要的复测次数的测量（复测次数应该限定在8次以内，超过8次，将自动退出复测模式）。测量完成后按下"切换"，"复测"键退出复测模式。

3.5 光学经纬仪的检验和校正

前已述及，经纬仪在使用之前要经过检验，必要时需对其可调部件加以校正，使之满足要求。经纬仪的检验、校正项目很多，现只介绍几项主要轴线间几何关系（图 3-17）的检校，即照准部水准管轴垂直于仪器的竖轴（$LL \perp VV$），横轴垂直于视准轴（$HH \perp CC$），横轴垂直于竖轴（$HH \perp VV$），以及十字丝竖丝垂直于横轴的检校。另外，由于经纬仪要观测竖直角，竖盘指标差的检验和校正也在此介绍。

3.5.1 照准部水准管轴应垂直于仪器竖轴的检验和校正

检验:将仪器大致整平。转动照准部使水准管平行于一对脚螺旋的连线,调节脚螺旋使水准管气泡居中。转动照准部180°,此时如气泡仍然居中则说明条件满足,如图3-18a)所示,如果偏离量超过一格,应进行校正。

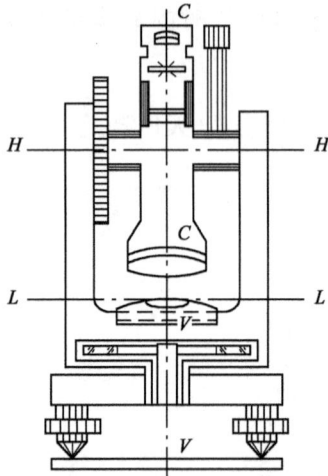

校正:如图3-18b)所示,水准管轴水平,但竖轴倾斜,设其与铅垂线的夹角为 α。将照准部旋转180°,如图3-18c)所示,竖轴位置不变,但气泡不再居中,水准管轴与水平面的交角为 2α,通过气泡中心偏离水准管零点的格数表现出来。改正时,先用拨针拨动水准管校正螺丝,使气泡退回偏离量的一半(等于 α),如图3-18d)所示,此时几何关系即得到满足。再用脚螺旋调节水准管气泡居中,如图3-18e)所示,这时水准管轴水平,竖轴竖直。

此项检验校正需反复进行,直到照准部转至任何位置,气泡中心偏离零点均不超过一格为止。

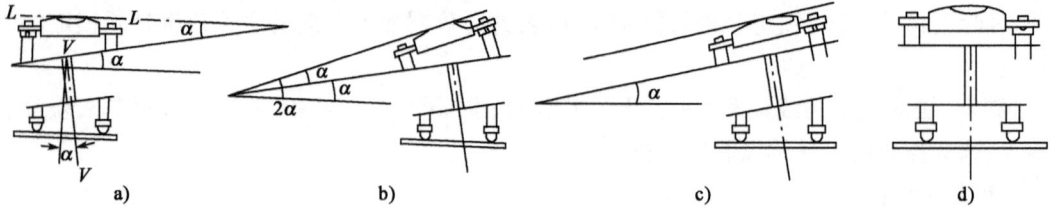

图 3-17 经纬仪轴系关系图

图 3-18 水准管轴与仪器竖轴

a) b) c) d)

3.5.2 十字丝竖丝应垂直于仪器横轴的检验校正

检验:用十字丝交点精确照准远处一清晰目标点 A。旋紧水平制动螺旋与望远镜制动螺旋,慢慢转动望远镜微动螺旋,如点 A 不离开竖丝,则条件满足,如图3-19a)所示,否则需要校正,如图3-19b)所示。

校正:旋下目镜分划板护盖,松开4个压环螺丝(图3-20),慢慢转动十字丝分划板座,然后再作检验,待条件满足后再拧紧压环螺丝,旋上护盖。

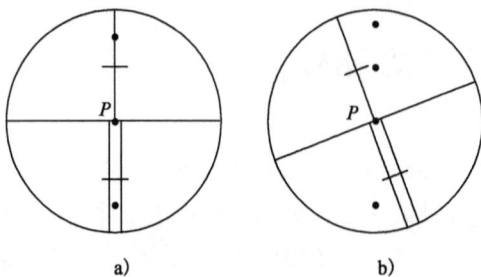

a) b)

压环螺丝

校正螺丝

压环

图 3-19 十字丝与仪器横轴

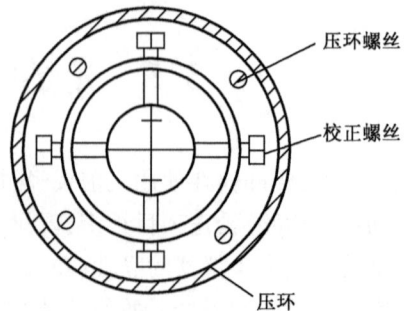

图 3-20 视准轴校正

3.5.3 视准轴应垂直于横轴的检验和校正

检验：检验 J6 级经纬仪常用四分之一法。

选择一平坦场地，如图 3-21 所示，A、B 两点相距 60～100m，安置仪器于中点 O，在 A 点立一标志，在 B 点横置一根刻有毫米分划的小尺，使尺子与 OB 垂直。标志、小尺应大致与仪器同高。盘左瞄准 A 点，纵转望远镜在 B 点尺上读数 B_1。盘右再瞄准 A 点，纵转望远镜，在小尺上读数 B_2。若 B_1 与 B_2 重合，则条件满足。如不重合，由图 3-21 可见，$\angle B_1 O B_2 = 4C$，由此算得：

$$C'' = \frac{B_1 B_2}{4D}\rho'' \qquad (3-12)$$

式中 D 为 O 点至小尺的水平距离。若 $C'' > 60''$，则必须校正。

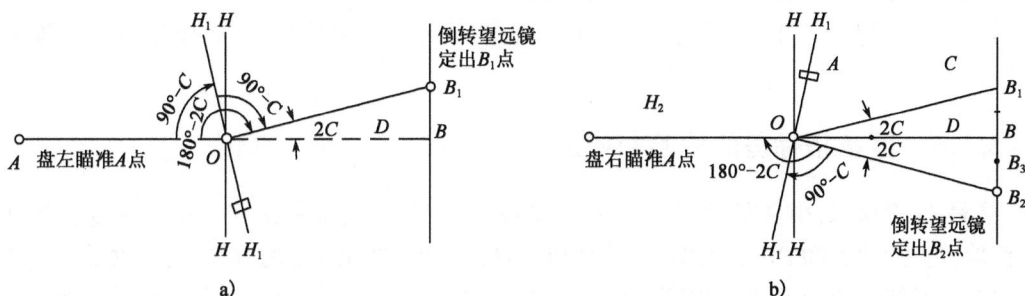

图 3-21 四分之一法

校正：在尺上定出一点 B_3，使 $B_2 B_3 = B_1 B_2/4$，OB_3 便和横轴垂直。用拨针拨动图 3-21 中左右两个十字丝校正螺丝，一松一紧，左右移动十字丝分划板，直至十字丝交点与 B_3 影像重合。这项检校也需反复进行。

3.5.4 横轴与竖轴垂直的检验和校正

检验：在距一高目标约 50m 处安置仪器，如图 3-22 所示。盘左瞄准高处一点 P，然后将望远镜放平，由十字丝交点在墙上定出一点 P_1。盘右再瞄准 P 点，再放平望远镜，在墙上又定出一点 P_2（P_1、P_2 应在同一水平线上，且与横轴平行），则 i 角可依下式计算：

$$i'' = \frac{P_1 P_2}{2} \cdot \frac{\rho''}{D} \cdot \cot\alpha \qquad (3-13)$$

式中：α——P 点的竖直角；

D——仪器至 P 点的水平距离。

式（3-13）可由图 3-22 得出，由图 3-22 知：

$$2(i) = \frac{P_1 P_2}{D} \qquad (3-14)$$

再由式（3-13）得：$(i)'' = i''\tan\alpha$

故：

$$i'' = (i)''\cot\alpha = \frac{P_1 P_2}{2} \cdot \frac{\rho''}{D} \cdot \cot\alpha$$

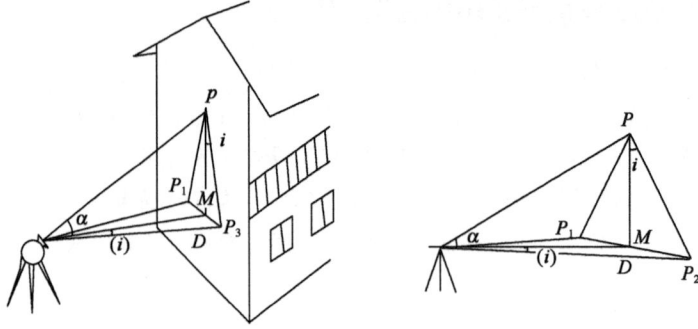

图 3-22 横轴与竖轴检验

对 J6 级经纬仪，i 角不超过 20″ 可不校正。

校正：此项校正应打开支架护盖，调整偏心轴承环。如需校正，一般应交专业维修人员处理。

3.5.5 竖盘指标差的检验和校正

检验：安置仪器，用盘左、盘右两个镜位观测同一目标点，分别使竖盘指标水准管气泡居中，读取竖盘读数 L 和 R，用式(3-11)计算指标差 x。如 x 超出 ±1′ 的范围，则需改正。

校正：经纬仪位置不动（此时为盘右，且照准目标点），不含指标差的盘右读数应为 $R - x$。转动竖直度盘指标水准管微动螺旋，使竖盘读数为 $R - x$，这时指标水准管气泡必然不再居中，可用拨针拨动指标水准管校正螺旋使气泡居中，可用拨针拨动指标水准管校正螺旋使气泡居中。这项检验校正也需反复进行。

3.5.6 光学对中器的检验校正

常用的光学对中器有两种：一种是装在仪器的照准部上；另一种装在仪器的三角基座上。无论哪一种，都要求其视准轴与经纬仪的竖直轴重合。

1）装在照准部上的光学对中器

检验：安置经纬仪于三脚架上，将仪器大致整平（不要求严格整平）。在仪器下方地面上放一块画有"十"字的硬纸板。移动纸板，使对中器的刻划圈中心对准"十"字影像，然后转动照准部 180°。如刻划圈中心不对准"十"字中心，则需进行校正。

校正：找出"十"字中心与刻划圈中心的中点 P。松开两支架间圆形护盖上的两颗螺钉，取下护盖。调节螺钉可使刻划圈中心前后移动或使刻划圈中心左右移动。直至刻划圈中心与 P 点重合为止。

2）三角基座上的光学对中器

检验：先校水准器。沿基座的边缘，用铅笔把基座轮廓画在三脚架顶部的平面上。然后在地面放一张毫米纸，从光学对中器视场里标出刻划圈中心在毫米纸上的位置；稍松链接螺旋，转动基座 120° 后固定。每次需把基座底板放在所画的轮廓线里并整平，分别标出刻划圈中心在毫米纸上的位置，若 3 点不重合，则找出示误三角形的中心以便改正。

校正:用拨针或螺丝刀转动光学对中器的调整螺丝,使其刻划圈中心对准示误三角形中心点。

3.6 角度测量的误差分析及注意事项

水平角观测存在许多误差,研究这些误差的成因及性质,从而找出削弱其影响的方法,以提高水平角观测成果的质量,是测量工作的一个重要内容。

3.6.1 仪器误差

如图 3-17 所示,经纬仪有照准部水准管轴 LL,竖轴 VV,横轴 HH 及视准轴 CC(这里的竖轴及横轴不是指旋转轴的实体,而指其几何轴线)等几条主要轴线。这些轴线应满足一定的几何关系。在水平角测量原理中提到,经纬仪能置平,且置平后望远镜高低俯仰时,其视准轴应划出一竖直面。要满足这一基本条件则必须要求:竖直轴处在竖直状态,即要求 $VV \perp LL$(因仪器整平是靠照准部水准管气泡居中指示的,也就是说仪器整平时,LL 处于水平位置);横轴处于水平位置,即 $HH \perp VV$;视准轴垂直于横轴,即 $CC \perp HH$。下面分析当这些条件不满足时所产生的误差。

1) 视准轴误差

望远镜视准轴不垂直于横轴时,其偏离垂直位置的角值 C 称视准误差或照准差。如图 3-23所示,经纬仪整置后,LL 水平,VV 竖直,HH 水平。当视准轴位置正确时,旋转望远镜,它将划出一竖直面 OPB。如其位置不正确,则视准轴划出的是一个圆锥面(过 P_1 的一条曲线,即为平面 Q 与此圆锥面的交线)。如果用该仪器观测同一竖直面内不同竖角的目标,将有不同的水平度盘读数。

设欲观测竖角为 α 的 P 点的水平方向,过 P 点作一竖直面 Q 平行于横轴 HH,当无视准差时,望远镜抬起 α 角刚好瞄准 P 点;当存在视准差时,望远镜瞄到的是 P_1 点,$\angle P_1OP = C$。要瞄准 P 点,必定要转动照准部,使水平度盘读数改变值 $(C) = \angle B_1OB$(B_1、B 分别为 P_1、P 在过 O 点的水平面上的垂直投影)。由于 C 及 (C) 都很小,所以有:

$$(C)'' = \frac{B_1B}{OB}\rho'', \quad C'' = \frac{P_1P}{OP}\rho''$$

因

$$B_1B = P_1P, \quad OB = OP\cos\alpha$$

故

$$(C)'' = \frac{P_1P \cdot \rho''}{OP\cos\alpha} = \frac{C''}{\cos\alpha} \quad (3-15)$$

此值随竖直角 α 而改变,当 $\alpha = 0$ 时,$(C)'' = C''$。水平角是由两个水平方向读数之差算得的,故视准差对水平角的影响为两个方向 $(C)''$ 值之差。$(C)''$ 的符号,正倒镜相反,所以视准误差的影响可用正倒镜观测取其平均值来消除。

2) 横轴误差(支架差)

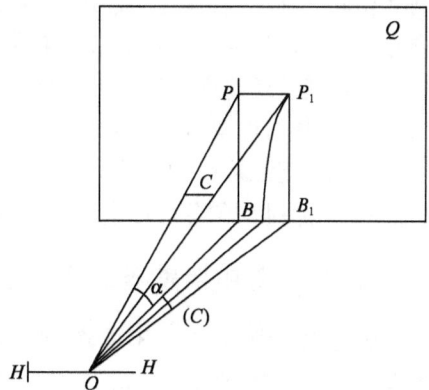

图 3-23 视准轴误差

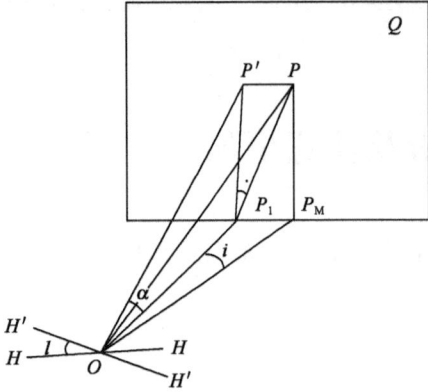

图 3-24　横轴误差

当横轴与竖轴垂直时,仪器整平后,横轴 HH 水平,转动望远镜,视准轴可以划出一个竖直面 $OP'P_1$,如图 3-24 所示。竖轴与横轴不垂直时,仪器整平后,则横轴 $H'H'$ 不水平,而有一偏离值 i,称横轴误差或支架差。转动望远镜,视准轴划出的是一个倾斜平面 OP_1P。OP_1 是水平线,Q 是竖直面且与 HH 平行。$\angle P'P_1P = i$。当无支架差时,从 OP_1 位置抬起 α 角将瞄准 P' 点,有支架差时,从 OP_1 位置抬起望远镜则瞄准的是 P 点。要瞄准 P' 点,需要转过一个角度 $(i)'' = \angle P_1OP_M$。P_M 是 P 点在水平面 HOP_1 上的垂直投影,此 (i) 角即为支架差 i 对观测方向的水平度盘读数的影响。由图 3-24 知:

$$i'' = \frac{P'P}{P_1P'} \cdot \rho'' = \frac{P_1P_M}{P_1P'} \cdot \rho''$$

$$(i)'' = \frac{P_1P_M}{OP_1} \cdot \rho'' = \frac{P'P_1}{OP_1} \cdot \frac{P_1P_M}{P'P_1} \cdot \rho'' = \frac{P'P_1}{OP_1} \cdot i''$$

因

$$\frac{P'P_1}{OP_1} = \tan\alpha$$

故

$$(i)'' = i''\tan\alpha \tag{3-16}$$

视线水平时,$\alpha = 0$,$(i) = 0$,不受影响。横轴误差对水平角的影响,为两个方向的 (i) 值之差。由于正倒镜时 (i) 的符号相反,所以此误差的影响可在正倒镜观测取平均值时消除。

3) 竖轴误差

观测水平角时,仪器竖轴不处于铅垂方向,而偏离一个角度 δ,称竖轴误差。竖轴不垂直于照准部水准管轴或安置仪器时没有严格整置照准部水准管气泡居中都会产生竖轴误差。竖轴误差主要是影响横轴水平,其对水平角影响,也可用式(3-16)分析,但其 i'' 值是随横轴的位置而变化的,其范围为 $0'' \sim \delta''$(δ'' 是竖轴倾斜以秒表示的角值)。但是,由于竖轴倾斜方向正、倒镜相同,所以竖轴误差不能用正倒镜观测取平均值的办法消除。因而观测前应检校仪器,观测时应严格保持照准部水准管气泡居中。偏离量不得超过一格。

仪器误差还有许多项。如照准部旋转中心应与度盘分划中心一致,若不一致则产生照准部偏心差;还有度盘刻划不均匀的误差等,此处不再一一分析。顺便指出,单指标仪器前者可通过正倒镜观测取平均值消除,对径符合读数的仪器,则在读数中自行消除,对径不符合读数的仪器,可通过均匀分配度盘位置得以削弱。

3.6.2　对中误差与目标偏心

观测水平角时,对中不准确,使得仪器中心与测站点的标志中心不在同一铅垂线上即是对中误差,也称测站偏心。如图 3-25 所示,B 为测站点,A、C 为目标点,B' 为对中误差,其长度以 e 表示,称偏心距。由图 3-25 可知,观测角值 β' 与正确角值 β 存在下列关系:

$$\beta = \beta' + (\varepsilon_1 + \varepsilon_2)$$

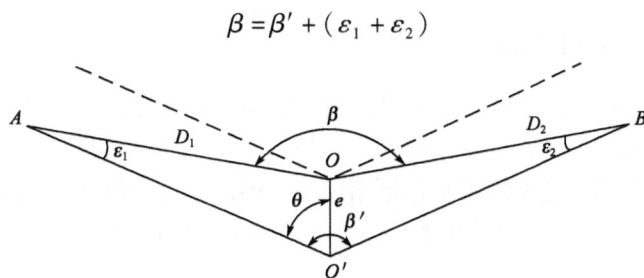

图 3-25 对中误差与目标偏心

因 ε_1、ε_2 很小,可写成:

$$\varepsilon_1'' = \frac{\rho''}{D_1} \cdot e \cdot \sin\theta$$

$$\varepsilon_2'' = \frac{\rho''}{D_2} \cdot e \cdot \sin(\beta' - \theta)$$

对中误差对水平角的影响为:

$$\varepsilon'' = \varepsilon_1'' + \varepsilon_2'' = \rho'' \cdot e \cdot \left[\frac{\sin\theta}{D_1} + \frac{\sin(\beta' - \theta)}{D_2} \right] \tag{3-17}$$

当 $\beta = 180°$,$\theta = 90°$ 时,ε 角值最大,此时:

$$\varepsilon'' = \rho'' \cdot e \cdot \left(\frac{1}{D_1} + \frac{1}{D_2} \right)$$

设 $e = 3mm$,$D_1 = D_2 = 100mm$,则 $\varepsilon'' = 12''$。四边越短,其 ε 值越大。这项误差不能靠观测方法消除,所以对中应当仔细,尤其是对于短边更是如此。

当照准的目标与其他面标志中心不在一条铅垂线上时,两点位置的差异称目标偏心或照准点偏心。其影响类似于对中误差,边长越短,偏心距越大,影响也越大,此处不再推导其具体公式。需要指出的是,当以花杆、测钎等作观测目标时,必须竖直地立于点的中心,必要时可以悬吊垂球。观测时,应瞄准其底部,以减小误差,边越短越应注意。

3.6.3 观测误差

1)瞄准误差

人眼分辨两个点的最小视角约为 $60''$,通常以此作为眼睛的鉴别角。当使用放大倍率为 V 的望远镜瞄准目标时,鉴别能力可提高 V 倍,这时该仪器的瞄准误差为:

$$m_r = \frac{\pm 60''}{V} \tag{3-18}$$

J6 级经纬仪,一般 $V = 26$,则 $m_r = \pm 2.3''$。

瞄准误差无法消除,只有从照准目标的形状、大小、颜色、亮度及照准方法上改进,并仔细瞄准以减小其影响。

2)读数误差

用分微尺测微器读数,可估读到最小格值的十分之一,以此作为读数误差 m_0。

$$m_0 = \pm 0.1t \tag{3-19}$$

式中:t——分微尺最小格值。

设 $t = 1'$,则读数误差 $m_0 = \pm 0.1' = \pm 6''$。

3.6.4 外界条件的影响

观测在一定的外界条件下进行,外界条件对观测质量有直接影响,如松软的土壤和大风影响仪器的稳定,日晒和温度变化影响水准管气泡的运动,大气层受地面热辐射的影响会引起目标影像的跳动等,这些都会给观测水平角带来误差。因此,要选择目标成像清晰稳定的有利时间观测,设法克服或避开不利条件的影响,以提高观测成果的质量。

【思考题与习题】

3-1 什么是水平角?什么是竖直角?水平角和竖直角的角值范围分别是多少?经纬仪为什么既能测水平角又能测竖直角?

3-2 经纬仪对中的目的是什么?对中的方法有哪些?经纬仪整平的目的是什么?如何整平仪器?

3-3 经纬仪包括哪些基本操作步骤?

3-4 水平角测量的方法有哪些?各适合于什么场合?

3-5 测回法的基本操作步骤如何?在水平角测量中,为什么要配置水平度盘的起始位置?若测回数为6,则各测回的起始读数分别是多少?

3-6 如何判断竖盘注记形式并写出竖直角的计算公式?什么是竖盘指标差?在竖直角测量中如何消除指标差的影响?

3-7 水平角测量的误差来源有哪些?在观测中应如何消除或削弱这些误差的影响?

3-8 整理表3-6中测回法测水平角的成果。

测回法观测手簿   表3-6

测 站	竖盘位置	目标	水平度盘读数 (° ′ ″)	半测回角值 (° ′ ″)	一测回角值 (° ′ ″)	各测回平均角值 (° ′ ″)
第一测回 C	左	B	0 00 42			
		D	183 33 24			
	右	B	180 01 12			
		D	3 34 00			
第二测回 C	左	B	90 01 48			
		D	273 34 42			
	右	B	270 02 18			
		D	93 35 06			

3-9 整理表3-7中方向观测法测水平角的成果。

方向法观测手簿 表 3-7

| 测站 | 测回数 | 目标 | 水平盘读数 | | 2C (′ ″) | 平均读数 (° ′ ″) | 一测回归零方向值 (° ′ ″) | 各测回平均方向值 (° ′ ″) | 角值 (° ′ ″) |
			盘 左 (° ′ ″)	盘 右 (° ′ ″)					
P	1	C	0 02 36	180 02 36					
		D	70 23 36	250 23 42					
		B	228 19 24	28 19 30					
		A	254 17 54	74 17 54					
		C	0 02 30	180 02 36					
P	2	C	90 03 12	270 03 12					
		D	160 24 06	340 23 54					
		B	318 20 00	138 19 54					
		A	344 18 30	164 18 24					
		C	90 03 18	270 03 12					

3-10 整理表 3-8 中竖直角测量的成果。

竖直角观测手簿 表 3-8

测站	目标	竖盘位置	竖盘读数 (° ′ ″)	半测回竖直角 (° ′ ″)	指标差 (′ ″)	一测回竖直角 (° ′ ″)	备 注
Q	M	左	75 30 04				竖盘为顺时针注记形式
		右	284 30 17				
	N	左	101 17 23				
		右	258 42 50				

第4章

距离测量与直线定向

距离测量是确定地面点相对位置的 3 项基本外业工作之一,也就是确定空间两点在某基准面(参考椭球面或水平面)上的投影长度,即水平距离。在测区面积不大的情况下,可用水平面代替水准面作为基准面,两点间连续投影在水平面上的长度称为水平距离。不在同一水平面上的两点间直线的长度称为两点间的倾斜距离。

测量地面两点间的水平距离是确定地面点位的基本测量工作。距离测量的方法与采用的仪器和工具有关。测量中经常采用的方法有:钢尺量距,其精度为千分之一至几万分之一,若用铟瓦基线尺量距,精度可达几十万分之一;视距量距,其测距精度为 1/300 ~ 1/200;光电测距,其精度为几千分之一到几十万分之一。采用何种仪器与工具测距取决于测量工作的性质、要求和条件。

4.1 钢 尺 量 距

4.1.1 地面上点的标志

要丈量地面上两点间的水平距离,就需要用标志把点固定下来,标志的种类应根据测量的具体要求和使用年限来选择采用。点的标志可分为临时性和永久性两种。临时性标志可采用木桩打入地中,桩顶略高于地面,并在桩顶钉一小钉或画一个十字表示点的位置,如图4-1a)所示。永久性标志可用石桩或混凝土桩,在石桩顶刻十字或在混凝土桩顶埋入刻有十字的钢柱以表示点位,如图4-1b)所示。

为了能明显地看到远处目标,可在桩顶的点位上竖立标杆,标杆的顶端系一红白小旗,可用标杆架或拉绳将标杆竖立在点上,如图4-2所示。

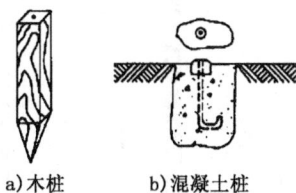

a)木桩　　　b)混凝土桩

图4-1　标志示意图(一)

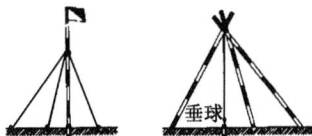

图4-2　标志示意图(二)

4.1.2　量距工具

通常使用的量距工具为钢尺、皮尺和测绳,还有测钎、标杆和垂球等辅助工具。

钢尺如图4-3所示,由带状薄钢条制成,钢尺宽10~15mm,厚0.2~0.4mm,有手柄式和皮盒式两种,长度有20m、30m、50m等。尺的基本分划为厘米,在每米及每分米处有数字注记。一般钢尺在起点处一分米内有毫米分划;有的钢尺,整个尺长内都刻有毫米分划。

图4-3　钢尺(一)

根据尺的零点位置不同,钢尺可分为端点尺和刻线尺。端点尺是以尺的最外端作为零点,如图4-4a)所示,当从建筑物墙边开始丈量时使用端点尺很方便。刻线尺是以尺前端某一条刻线作为起点,如图4-4b)所示。使用钢尺时必须注意钢尺的零点位置,以免发生错误。

皮尺,主要材质有PVC塑料、玻璃丝纤维,尺带宽度有10mm、12.5mm、13mm,长度有10m、20m、30m、50m、100m等不同规格。

标杆又称花杆,长为2m或3m,直径为3~4cm,用木杆或玻璃钢管或空心钢管制成,杆上按20cm间隔涂上红白漆,杆底为锥形铁脚,用于显示目标和直线定线,如图4-5a)所示。

测钎用粗铁丝制成,如图4-5b)所示。长为30cm或40cm,上部弯一个小圈,可套入环内,一般一组测钎为6根或11根。在丈量时用它来标定尺端点位置和计算所量过的整尺段数。

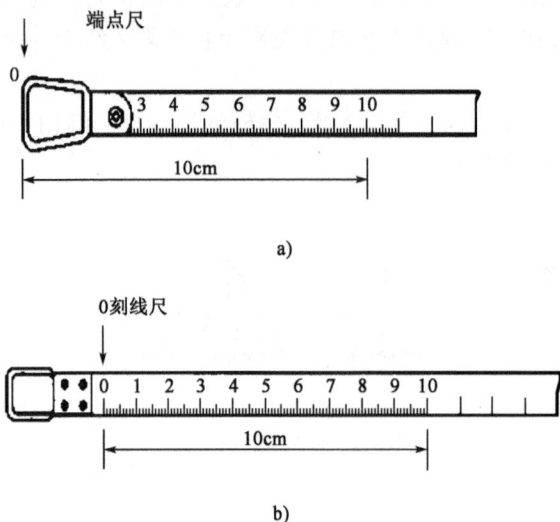

图 4-4　钢尺(二)

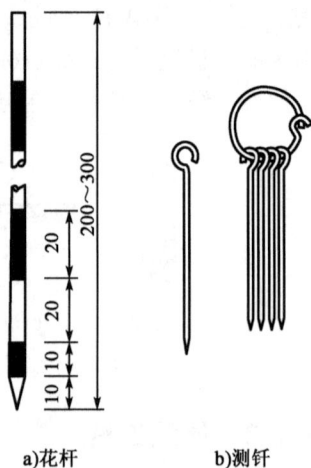

图 4-5　花杆与测钎(尺寸单位:cm)

垂球是由金属制成的,似圆锥形,上端系有细线,是对点的工具。有时为了克服地面起伏的障碍,垂球常挂在标杆架上使用,如图 4-2 所示。

4.1.3　直线定线

直线定线就是当两点间距离较长或地势起伏较大时,要分成几段进行距离丈量,为了使所量距离为直线距离,需要在两点连线方向上竖立一些标志,并把这些标志标定在已知直线上。直线定线一般可采用以下两种方法。

1)目估法

在丈量精度不高时,可用目估法定线。

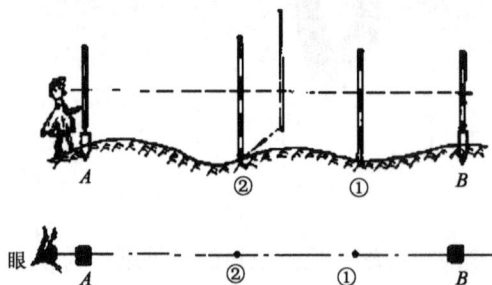

图 4-6　目估法定线

如图 4-6 所示,设 A、B 为直线的两端点,需要在 A、B 之间标定①、②等点,使其与 A、B 成一直线。其定线方法是:先在 A、B 点上竖立标杆,观测者站在 A 点后 1~2m 处,由 A 端瞄向 B 点,使单眼的视线与标杆边缘相切,以手势指挥①点上的持标杆者左右移动,直至 A、①、B 三点在一条直线上,然后将标杆竖直地插在①点上。用同样的方法标定②点,最后把①、②点都标定在直线 AB 上。

2)经纬仪法

在一点上架设经纬仪,用经纬仪照准另一点,将照准部水平方向制动,然后用经纬仪指挥在视线上定点。如果丈量精度要求较高时,则要用经纬仪定线,如图 4-7 所示。

4.1.4　量距方法

钢尺量距的基本要求是"直、平、准"。直,即要量两点之间的直线长度,要求定线直;平,即要量出两点之间的水平距离,要求尺身水平;准,要求对点、投点、读数要准确,要符合精度要求。

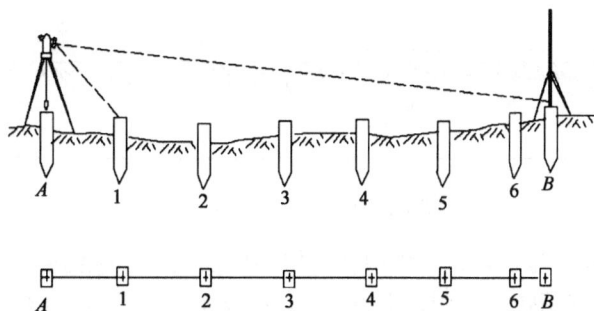

图4-7 经纬仪法定线

目估定线或经纬仪定线后即可进行丈量工作。丈量工作一般需要 3 人,分别担任前司尺员(前尺手)、后司尺员(后尺手)和记录员。丈量方法依地形而有所不同。

1)平坦地区的距离丈量

要丈量平坦地面上 A、B 两点间的距离,其做法是:丈量前,先将待测距离的两个端点 A、B 用木桩(桩上钉一小钉)标定出来,然后在端点的外侧各立一根标杆,进行直线定线,如图 4-8a)所示,清除直线上的障碍物,然后进行丈量。丈量时后尺手持尺的零端,把零点对准 A 点,并在 A 点上插一测钎,如图 4-8b)所示。前尺手持尺的末端并携带一组测钎的其余 5 根(或 10 根),沿 AB 方向前进,行至一尺段处停下。后尺手指挥前尺手将钢尺拉在 AB 直线方向上,当两人同时把尺拉紧、拉平和拉稳后,前尺手在尺的末端刻线处竖直地插下一测钎,得到 1 点,这样就量完第一尺段。随后,后尺手拔起 A 点的测钎与前尺手共同举尺前进,用同样的方法,继续向前量第 2、第 3……第 N 尺段。量完每一尺段时,后尺手必须将插在地面上的测钎拔出收好,用来计算量过的整尺段数。最后量不足一整尺段的距离,如图 4-9 所示。当丈量到 B 点时,由前尺手用尺上某一整数分划线对准终点 B,后尺手对准 n 点在尺上读出读数,两数相减,即可求得不足一整尺段的余长,设为 q。则 AB 的水平距离可按下式计算:

$$D = nl + q \qquad (4\text{-}1)$$

式中:l——整尺段的长度;

n——丈量的整尺段数;

q——余长。

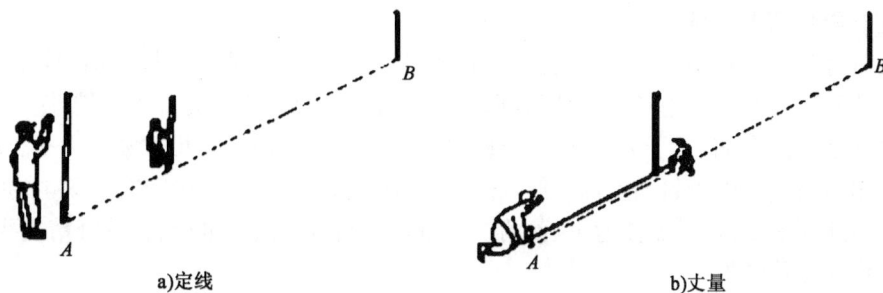

a)定线 b)丈量

图4-8 距离丈量示意图(一)

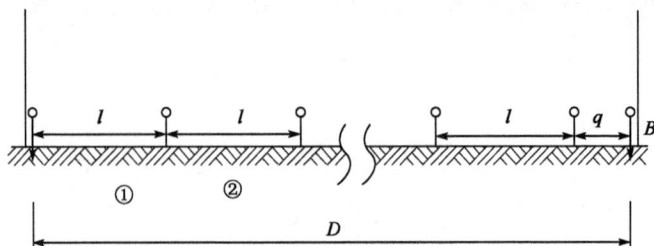

图 4-9　距离丈量示意图(二)

上述过程称为往测。为了防止丈量中发生错误以及提高量距精度,距离要进行往返丈量。返测时应重新定线,接着调转尺头用以上方法,从 B 至 A 进行返测,直至 A 点为止。然后再根据式(4-1)计算出返测的距离。一般往返各丈量一次称为一测回,在符合精度要求时,取往返距离的平均值作为丈量结果。量距成果精度以相对误差表示,通常化为分子为 1 的分子形式。例如某距离 AB,往测时为 327.47m,返测时为 327.45m,距离平均值为 327.41m,则相对误差为:

$$K = \frac{|D_往 - D_返|}{D_{平均}} = \frac{|327.47 - 327.35|}{327.41} = \frac{1}{2\,700}$$

在平坦地区,钢尺量距的相对误差一般不应大于 1/3 000;在量距困难地区,其相对误差也不应大于 1/1 000 当量距的相对误差没有超出上述规定时,可取往返测距离的平均值作为成果。

【例 4-1】　用钢尺丈量两点间的直线距离,往测距离为 225.30m,返测距离为 225.38m,规定其相对误差不应大于 1/2 000。问题:(1)所丈量成果是否满足精度要求?(2)按此规定,若丈量 100m 的距离,往返丈量的较差最大可允许相差多少毫米?

解:由题意知:

$$D_{平均} = \frac{1}{2}(D_往 + D_返) = \frac{1}{2} \times (225.3 + 225.38) = 225.34(m)$$

因

$$K_允 = \frac{1}{2\,000}$$

$$K = \frac{|D_往 - D_返|}{D_{平均}} = \frac{|225.3 - 225.38|}{225.34} = \frac{1}{2\,800} < K_允$$

故,所丈量的成果满足精度要求。

2)在倾斜地面上丈量

当地面稍有倾斜时,可把尺一端稍许抬高,就能按整尺段依次水平丈量,如图 4-10a)所示,分段量取水平距离,最后计算总长。若地面倾斜较大,可将一整尺段距离分段丈量,使尺子一端靠高点桩顶,对准端点位置,尺子另一端用垂球线紧靠尺子的某分划,将尺拉紧且水平。放开垂球线,使它自由下坠,垂球尖端位置,即为低点桩顶。然后量出两点的水平距离,如图 4-10b)所示。

在倾斜地面上丈量,仍需往返进行,两次丈量均从高点向低点进行,在符合精度要求时,取其平均值作为丈量结果。

当倾斜地面的坡度均匀,大致成一倾斜面时,可以沿斜坡丈量 AB 的斜距 L,测得 A、B 两点间的高差 h,则水平距离为:

a)缓坡丈量 b)陡坡丈量

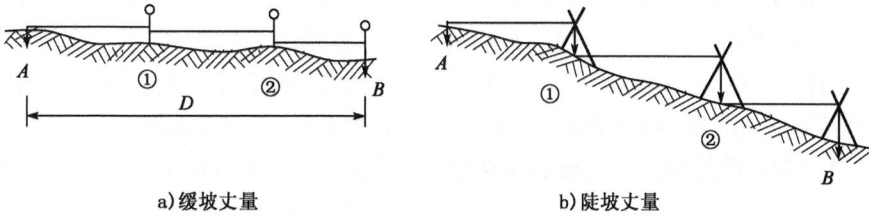

图 4-10 平坦地区与倾斜地面丈量

$$D=\sqrt{L^2 - h^2} \qquad (4-2)$$

或

$$D = L + \Delta D_h$$

图 4-11 斜量法丈量倾斜地面

式中:ΔD_h——量距的倾斜改正,如图 4-11 所示。

$$\Delta D_h = D - L = (L^2 - h^2)^{\frac{1}{2}} - L = L\left[\left(1 - \frac{h^2}{L^2}\right)^{\frac{1}{2}} - 1\right]$$

将 $\left(1 - \frac{h^2}{L^2}\right)^{\frac{1}{2}}$ 展开为级数,则有:

$$\left(1 - \frac{h^2}{L^2}\right)^{\frac{1}{2}} = 1 - \frac{h^2}{2L^2} - \frac{h^4}{8L^4} - \cdots$$

一般 h 与 L 相比总是很小,式中二次项以上的各项可略去不计,故倾斜改正数为:

$$\Delta D_h = -\frac{h^2}{2L}$$

若测得地面的倾角 α,则有:

$$D = L\cos\alpha \qquad (4-3)$$

用一般方法量距,量距精度只能达到 1/5 000 ~ 1/1 000,当量距精度要求更高时,例如 1/40 000 ~ 1/10 000,就要求采用精密量距法进行丈量,由于精密量距法野外工作相当繁重,同时,鉴于目前测距仪和全站仪已经较为普及,要达到更高的测距精度已是很容易的事,故精密量距法不再介绍。

4.1.5 距离丈量的注意事项

1)影响量距成果的主要因素

(1)尺身不平。

(2)定线不直。定线不直使丈量沿折线进行,如图 4-12 所示的虚线位置,其影响和尺身不水平的误差一样,在起伏较大的山区或直线较长或精度要求较高时应采用有关仪器定线。

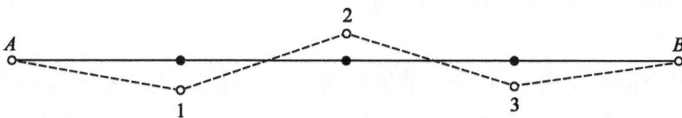

图 4-12 定线误差示意图

（3）拉力不均。钢尺的标准拉力多是100N,故一般丈量中只要保持拉力均匀即可。

（4）对点和投点不准。丈量时用测钎在地面上标志尺端点位置,若前、后尺手配合不好,插钎不直,很容易造成3～5mm误差。如在倾斜地区丈量,用垂球投点,误差可能更大。在丈量中应尽力做到对点准确,配合协调,尺要拉平,测钎应直立,投点要准确。

（5）丈量中常出现的错误。主要有认错尺的零点和注字,例如6误认为9;记错整尺段数;读数时,由于精力集中于小数而对分米、米有所疏忽,把数字读错或读颠倒;记录员听错、记错等。为防止错误就要认真校核,提高操作水平,加强工作责任心。

2）注意事项

（1）丈量距离会遇到地面平坦、起伏或倾斜等各种不同的地形情况,但不论何种情况,丈量距离有3个基本要求:"直、平、准"。

（2）丈量时,前后尺手要配合好,尺身要水平,尺要拉紧,用力要均匀,投点要稳,对点要准,尺稳定时再读数。

（3）钢尺在拉出和收卷时,要避免钢尺打卷。在丈量时,不要在地上拖拉钢尺,更不要扭折,防止行人踩踏和车压,以免折断。

（4）尺子用过后,要用软布擦干净后,涂防锈油,再卷入盒中。

4.2　直 线 定 向

确定直线与标准方向之间的夹角称为直线定向。要确定直线的方向,首先要选定一个标准方向作为直线定向的依据,然后测出这条直线方向与标准方向之间的水平角,则直线的方向便可确定。

4.2.1　标准方向

在测量工作中以子午线方向为标准方向。子午线分真子午线、磁子午线和坐标纵轴方向3种。

1）真子午线方向

通过地面上某点指向地球北极的真子午线切线方向,称为该点的真子午线方向,它是通过天文测量或陀螺经纬仪测定。真子午线的切线方向如图4-13所示。

2）磁子午线方向

地面上某点当磁针自由静止时所指的方向,称为该点的磁子午线方向（图4-14）。磁子午线方向可用罗盘仪测定。由于地球的磁南、北极与地球的南、北极是不重合的,其夹角称为磁偏角,以 δ 表示。当磁子午线北端偏于真子午线方向以东时,称为东偏;当磁子午线北端偏于真子午线方向以西时,称为西偏;在测量中以东偏为正,西偏为负。磁偏角在不同地点有不同的角值和偏向,我国磁偏角的变化范围在 $+6°$（西北地区）～ $-10°$（东北地区）之间。

3）坐标纵轴方向

高斯平面直角坐标系中每一个投影带的中央子午线投影为坐标纵轴方向,由于地面上各点子午线都是指向地球的南北极,所以不同地点的子午线方向不是互相平行的,这就给计算工作带来不便,因此在普通测量中一般均采用坐标纵轴方向作为标准方向,这样测区内地面各点的标准方向就都是互相平行的。在局部地区,也可采用假定的临时坐标纵轴方向,作为直线定向的标准方向。

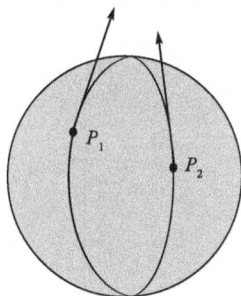

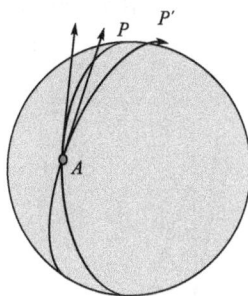

图4-13 真子午线方向　　　图4-14 磁子午线方向
P-北极;P′-磁北极

综上所述,不论任何标准方向,都是指向北(或南)的,由于我国位于北半球,所以常把北方向作为标准方向。

4.2.2 直线方向的表示法

测量工作中,直线方向常用方位角来表示。方位角就是以标准方向北端起顺时针量到某直线的水平夹角。所以,方位角的取值范围为0°～360°,如图4-15所示。直线 OM 的方位角为 A_{OM};直线 OP 的方位角为 A_{OP}。

以真子午线方向(简称真北)为标准方向的方位角称为真方位角,用 A 表示;以磁子午线方向(简称磁北)为标准方向的方位角称为磁方位角,用 A_m 表示;以坐标纵轴方向(简称轴北)为标准方向的方位角称为坐标方位角,以 α 表示。

4.2.3 几种方位角之间的关系

1)真方位角与磁方位角之间的关系

由于地磁南北极与地球的南北极并不重合,因此,过地面上某点的真子午线方向与磁子午线方向常不重合,两者之间的夹角称为磁偏角,用 δ 表示。磁针北端偏于真子午线以东称为东偏,偏于真子午线以西称为西偏。直线的真方位角与磁方位角之间可用下式进行换算:

$$A = A_m + \delta \qquad (4-4)$$

2)真方位角与坐标方位角之间的关系

中央子午线在高斯平面直角坐标系中是一条直线,作为

图4-15 直线方向

该带的坐标纵轴,而其他子午线投影后为收敛于两极的曲线,如图4-16所示。图中 P_1、P_2 等点的真子午线方向与中央子午线之间的夹角,称为子午线收敛角,用 γ 表示。γ 角有正有负。在中央子午线以东地区,各点的坐标纵轴偏在子午线的东边,γ 为正值;在中央子午线以西地区,γ 为负值。某点的子午线收敛角 γ,可以用该点的高斯平面直角坐标为引数,在测量计算用表中查到,也可以用下式计算:

$$\gamma = (L - L_0)\sin B \qquad (4-5)$$

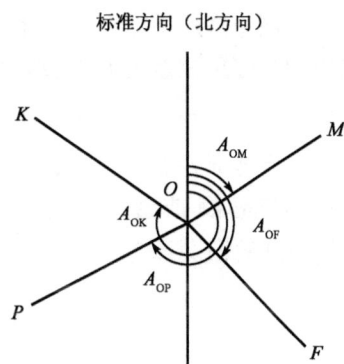

式中：L_0——中央子午线的经度；

L、B——计算点的经度和纬度。

真方位角与坐标方位角之间的关系，如图 4-17 所示，可用下式换算：

$$A_{12} = \alpha_{12} + \gamma \tag{4-6}$$

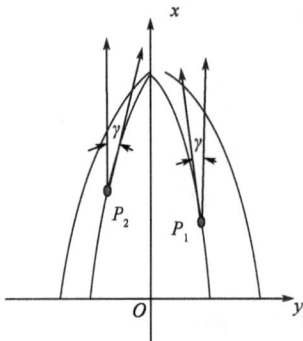

图 4-16　坐标北与真北的关系

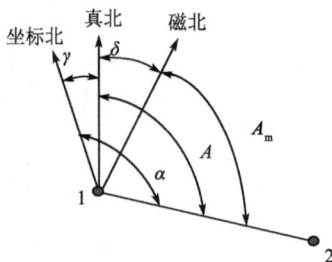

图 4-17　三北方向的关系

3）坐标方位角与磁方位角的关系

若已知某点的磁偏角 δ 与子午线收敛角 γ，则坐标方位角与磁方位角之间的换算式为：

$$\alpha = A_m + \delta - \gamma \tag{4-7}$$

4.2.4　正、反坐标方位角

测量工作中的直线都是具有一定方向的，每条直线段都有两个端点，如图 4-18 所示，若点 1 为直线的起点，点 2 为直线的终点，直线段从起点 1 到终点 2 直线的前进方向，则在起点 1 处的坐标方位角 α_{12} 为直线 12 正方位角，在终点 2 处的坐标方位角 α_{21} 为直线 12 反方位角。由于在同一高斯平面直角坐标系内，各点处坐标纵轴方向都是平行的，所以同一直线段的正、反坐标方位角相差为 180°，即

$$\alpha_{12} = \alpha_{21} \pm 180° \tag{4-8}$$

由于地面各点的真（或磁）子午线收敛于两极，并不互相平行，致使直线的反真（或磁）方位角不与正真（或磁）方位角差 180°，给测量计算带来不便，故测量工作中均采用坐标方位角进行直线定向。

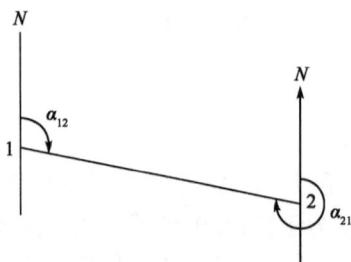

4.2.5　坐标方位角的推算

图 4-18　坐标方位角

为了整个测区坐标系统的统一，在测量实际工作中，每条直线的坐标方位角不是直接测定的，而是通过与已知点（其坐标为已知）或边的连测，用与相邻边的水平夹角推算出的。

α_{12} 已知，测定了 12 边与 23 边的转折角为 β_2（右角）、23 边与 34 边的转折角为 β_3（左角），现推算 α_{23}、α_{34}。

若 β 角位于推算路线前进方向的左侧，称为左角。若 β 角位于推算路线前进方向的右侧，称为右角。

由图 4-19 可以看出：

$$\left.\begin{array}{l} \alpha_{23} = \alpha_{12} + 180° - \beta_2 \\ \alpha_{34} = \alpha_{23} + 180° + \beta_3 \end{array}\right\} \tag{4-9}$$

计算中，如果 $\alpha + 180°$ 小于 $\beta_右$，应先加 360° 再减 $\beta_右$，若计算结果 α 值大于 360° 应减去 360°。

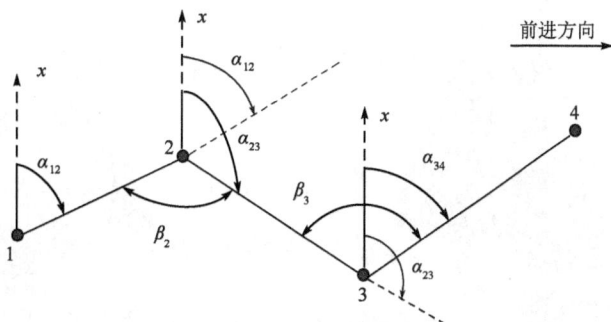

图 4-19 坐标方位角的推算

由以上计算过程，可以推算坐标方位角的一般公式为：

$$\alpha_前 = \alpha_后 + 180° \pm \beta(左角 " + "，右角 " - ") \tag{4-10}$$

4.3 全站仪简介

4.3.1 概述

全站型电子速测仪简称全站仪,它是一种可以同时进行角度(水平角、竖直角)测量、距离(斜距、平距、高差)测量和数据处理,由机械、光学、电子元件组合而成的测量仪器。由于只需一次安置,仪器便可以完成测站上所有的测量工作,故被称为"全站仪"。

全站仪的结构原理如图 4-20 所示。图中上半部分包含有测量的 4 大光电系统,即水平角测量系统、竖直角测量系统、水平补偿系统和测距系统。通过键盘可以输入操作指令、数据和设置参数。以上各系统通过 I/O 接口接入总线与微处理机联系起来。

微处理机(CPU)是全站仪的核心部件,主要由寄存器系列(缓冲寄存器、数据寄存器、指令寄存器)、运算器和控制器组成。微处理机的主要功能是根据键盘指令启动仪器进行测量工作,执行测量过程中的检核和数据传输、处理、显示、储存等工作,保证整个光电测量工作有条不紊地进行。输入/输出设备是与外部设备连接的装置(接口),输入/输出设备使全站仪能与磁卡和微机等设备交互通信、传输数据。

目前,世界上许多著名的测绘仪器生产厂商均生产有各种型号的全站仪,如图 4-21 所示,是中国南方测绘

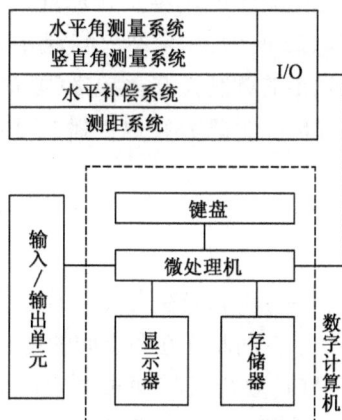

图 4-20 全站仪结构原理

仪器公司生产的 NTS-340 系列全站仪。

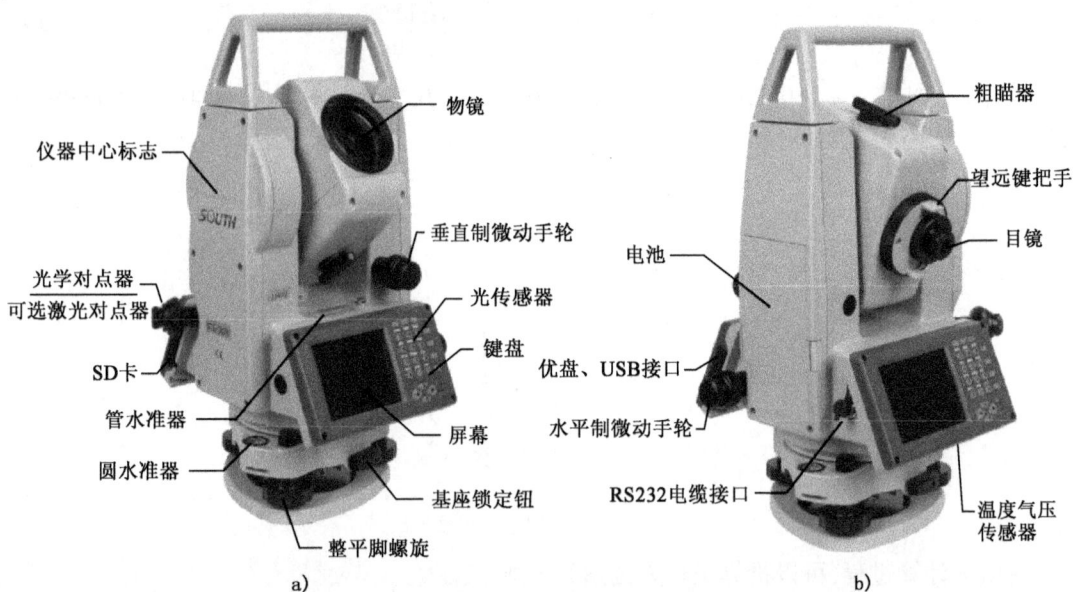

图 4-21　NTS-340 系列全站仪部件名称

4.3.2　全站仪的测量功能与原理

全站仪的基本测量功能有:角度(水平角、竖直角)测量、距离测量、坐标测量。

1)角度测量

光学经纬仪是通过光学元件,利用几何光学的放大和折射来进行水平和竖直刻度盘读数的。而全站仪则利用光电转换原理和微处理机,自动对度盘进行读数并显示出来,使观测时操作简单,避免产生读数误差。

2)距离测量

(1)测距原理概述

光电测距的基本工作原理是利用已知光速 c,测定它在两点间传播的时间 t,计算距离。如图 4-22 所示,用全站仪测定 A、B 两点的距离,在 A 点安置全站仪,在 B 点安置棱镜。由全站仪发出的调制光波,经过距离 D 到达棱镜,经棱镜反射后回到仪器接收系统。如果能测出调制光波在距离 D 往返传播的时间 t,距离 D 按下式计算:

$$D = \frac{1}{2}ct \tag{4-11}$$

式中:c——调制光在大气中的传播速度;

　　　t——调制光在两点间的传播时间。

目前,要想直接通过测定时间 t 来达到较高的测距精度是很难做到的,因此采用间接测时的方法,即通过测定连续调制光信号在测线上往返传播的相位差进行测距,称为相位法测距。光电测距系统多以发光二极管作为光源,给发光二极管加上频率为 f 的交变

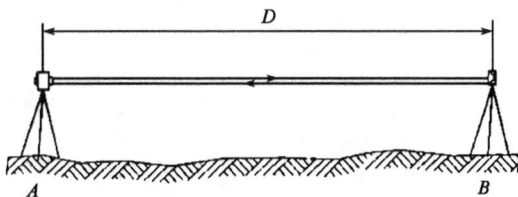

图 4-22　光点测距示意图

电流,其发出光的强度也按频率 f 发生变化,这种光称为调制光。通过测量连续的调制光信号在待测距离上往返传播所产生的相位变化来间接地测定信号传播的时间,从而求得被测距离。

(2)水平距离和高差测量

如图 4-23 所示,在 A 点安置全站仪,B 点安置棱镜,全站仪可根据测得的斜距 S 和视线方向的竖直角 α 自动计算水平距离 D 和高差 h:

$$D = S\cos\alpha \tag{4-12}$$

$$h = S\sin\alpha + h_i - h_r \tag{4-13}$$

或

$$h = D\tan\alpha + h_i - h_r \tag{4-14}$$

式中:h_i——仪器高;

h_r——棱镜高。

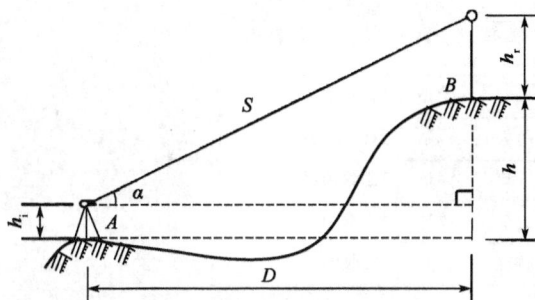

图 4-23　光电测距平距高差测量示意图

式(4-12)~式(4-14)是未考虑大气折光和地球曲率改正时的计算公式,全站仪在进行距离测量时,已顾及大气折光和地球曲率改正,大气折光和地球曲率改正均由全站仪自行完成。

3)坐标测量

全站仪可直接测算测点的三维坐标 (X,Y,H)。如图 4-24 所示,A 为测站点,B 为后视点,两点坐标分别为 (X_A,Y_A,H_A) 和 (X_B,Y_B,H_B),求测点 P 的坐标。

在测站 A 安置全站仪后,设定测站点的三维坐标,并设置已知方向 AB 的水平度盘读数为其坐标方位角 α_{AB},当照准目标 P 时,便可自动计算 P 点的坐标。

需要说明的是,全站仪上多用 (N,E,Z) 表示点的三维坐标,其中 N 对应 X,E 对应 Y,Z 对应 H。

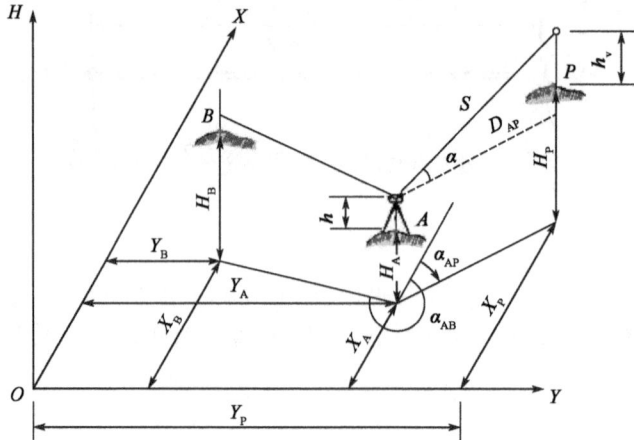

图 4-24　全站仪坐标测量示意图

4.3.3　全站仪的操作与使用

不同型号的全站仪,其具体操作方法会有较大的差异。下面以 NTS-340 系列全站仪为例简要介绍全站仪的基本操作与使用方法。

1)全站仪的显示窗及操作键

全站仪的显示窗及操作键,如图 4-25 所示。操作键的功能见表 4-1。

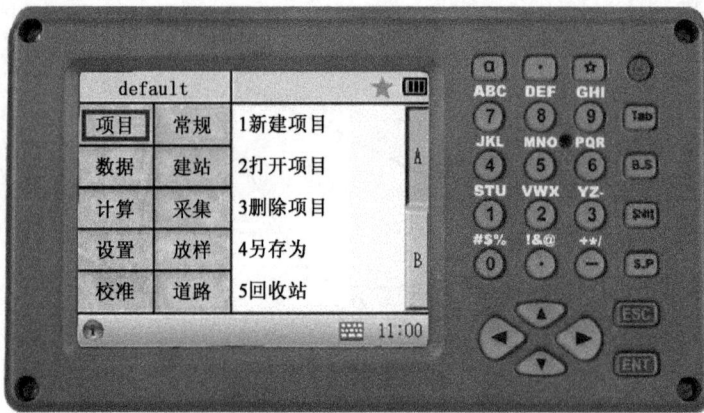

图 4-25　NTS-340 系列全站仪显示窗及操作键

操 作 键 的 功 能　　　　　　　　　　表 4-1

操作键	功　　能	操作键	功　　能
α	输入字符时,在大小写输入之间进行切换	⏻	电源开关,短按切换不同标签页,长按开关电源
·	打开软键盘	Tab	是屏幕的焦点在不同的控件之间切换
☆	打开和关闭快捷键功能菜单	B.S	退格键

操作键	功　　能	操作键	功　　能
Shift	在输入字符和数字之间进行切换	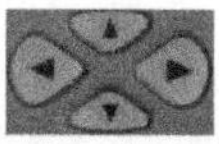 ◀▲▼▶	在不同的控件之间进行跳转或者移动光标
S.P	空格键	0 ~ 9	输入数字和字母
ESC	退出键	·	输入小数点
ENT	确认键	—	输入负号或者其他字母

2）测前的准备工作

（1）安置仪器

将全站仪连接到三脚架上，对中并整平。多数全站仪有双轴补偿功能，所以仪器整平后，在观测过程中，既使气泡稍有偏离，对观测也无影响。

操作参考：仪器的整平与对中。

①利用垂球对中与整平。

a. 安置三脚架。

a）首先将三脚架打开，使三脚架的三条腿近似等距，并使顶面近似水平，拧紧 3 个固定螺旋。

b）使三脚架的中心与测点近似位于同一铅垂线上。

c）踏紧三脚架使之牢固地支撑于地面上。

b. 将仪器安置到三脚架上。

将仪器小心地安置到三脚架上，松开中心连接螺旋，在架头上轻移仪器，直到锤球对准测站点标志中心，然后轻轻拧紧连接螺旋。

c. 利用圆水准器粗平仪器。

a）旋转两个脚螺旋 A、B，使圆水准器气泡移到与上述两个脚螺旋中心连线相垂直的一条直线上。

b）旋转脚螺旋 C，使圆水准器气泡居中。

d. 利用长水准器精平仪器。

a）松开水平制动螺旋、转动仪器使管水准器平行于某一对脚螺旋 A、B 的连线。再旋转脚螺旋 A、B，使管水准器气泡居中。

b）将仪器绕竖轴旋转 90°（100gon），再旋转另一个脚螺旋 C，使管水准器气泡居中。

c）再次旋转 90°，重复 a）、b），直至 4 个位置上气泡居中为止。

②利用光学对中器对中。

a. 架设三脚架。

将三脚架伸到适当高度，确保三腿等长、打开，并使三脚架顶面近似水平，且位于测站点的正上方。将三脚架腿支撑在地面上，并旋紧 3 个固定螺旋。

b. 安置仪器和对点。

将仪器小心地安置到三脚架上,拧紧中心连接螺旋,调整光学对点器,使十字丝成像清晰。双手握住另外两条未固定的架腿,通过对光学对点器的观察调节该两条腿的位置。当光学对点器大致对准测站点时,使三脚架三条腿均固定在地面上。调节全站仪的 3 个脚螺旋,使光学对点器精确对准侧站点。

c. 利用圆水准器粗平仪器。

调整三脚架 3 条腿的高度,使全站仪圆水准气泡居中。

d. 利用管水准器精平仪器。

a)松开水平制动螺旋,转动仪器,使管水准器平行于某一对角螺旋 A、B 的连线。通过旋转角螺旋 A、B,使管水准气泡居中。

b)将仪器旋转 90°,使其垂直于角螺旋 A、B 的连线。旋转角螺旋 C,使管水准气泡居中。

e. 精确对中与整平。

通过对光学对点器的观察,轻微松开中心连接螺旋,平移仪器(不可旋转仪器),使仪器精确对准测站点。再拧紧中心连接螺旋,再次精平仪器。重复此项操作到仪器精确整平对中为止。

③利用激光对点器对中(选配)。

a. 架设三脚架。

将三脚架伸到适当高度,确保三腿等长、打开,并使三脚架顶面近似水平,且位于测站点的正上方。将三脚架腿支撑在地面上,并旋紧 3 个固定螺旋。

b. 安置仪器和对点。

将仪器小心地安置到三脚架上,拧紧中心连接螺旋,打开激光对点器。双手握住另外两条架腿,通过对激光对点器光斑的观察调节该两条腿的位置。当激光对点器光斑大致对准侧站点时,使三脚架 3 条腿均固定在地面上。调节全站仪的 3 个脚螺旋,使激光对点器光斑精确对准侧站点。

c. 利用圆水准器粗平仪器。

调整三脚架 3 条腿的高度,使全站仪圆水准气泡居中。

d. 利用管水准器精平仪器。

a)松开水平制动螺旋,转动仪器,使管水准器平行于某一对角螺旋 A、B 的连线。通过旋转角螺旋 A、B,使管水准气泡居中。

b)将仪器旋转 90°,使其垂直于角螺旋 A、B 的连线。旋转角螺旋 C,使管水准气泡居中。

④精确对中与整平。

通过对激光对点器光斑的观察,轻微松开中心连接螺旋,平移仪器(不可旋转仪器),使仪器精确对准侧站点。再拧紧中心连接螺旋,再次精平仪器。重复此项操作到仪器精确整平对中为止。

⑤按 ESC 键退出,激光对点器自动关闭。

注:也可使用电子气泡代替上面的利用管水准器净瓶仪器部分。超出 ±4′范围会自动进入电子水泡界面。

(2)开机

按 POWER 或 ON 键,开机后仪器进行自检,自检结束后进入测量状态。有的全站仪自检结束后须设置水平度盘与竖盘指标,设置水平度盘指标的方法是旋转照准部,听到鸣响即设置完成;设置竖盘指标的方法是纵转望远镜,听到鸣响即设置完成。设置完成后显示窗才能显示水平度盘与竖直度盘的读数。

3)全站仪的基本操作与使用方法

(1)基础操作说明

①按▲▼◄►键可以在不同的菜单之间进行切换。

②在主界面下按数字键 1~5 选择对应菜单下的子菜单选项。

③按 Tab 键可以在屏幕的不同区域之间进行跳转。

④可以通过触摸笔对控件进行点击操作。

⑤ESC 对应屏幕中的 ✕ 按钮,按下可以返回到上一个界面。

⑥ENT 在一些页面下对应 ✓ 按钮,可保存当前页面的设置及修改。

⑦在输入时先选定要输入的文本框,当看到光标闪烁时开始输入。

⑧如果发现触摸屏的点击位置有所偏差,请进行触摸屏的检校。

⑨当弹出警告、提示或者错误信息时,等待 1s 左右,消息将自动消失,然后可进行下一步的操作。

(2)水平角测量

①按角度测量键,使全站仪处于角度测量模式,照准第一个目标 A。

②设置 A 方向的水平度盘读数为 $0°00'00''$。

③照准第二个目标 B,此时显示的水平度盘读数即为两方向间的水平夹角。

(3)距离测量

①设置棱镜常数。测距前须将棱镜常数输入仪器中,仪器会自动对所测距离进行改正。

②设置大气改正值或气温、气压值,光在大气中的传播速度会随大气的温度和气压而变化,15℃ 和 760mmHg 是仪器设置的一个标准值,此时的大气改正为 0ppm。实测时,可输入温度和气压值,全站仪会自动计算大气改正值(也可直接输入大气改正值),并对测距结果进行改正。

③量仪器高、棱镜高并输入全站仪。

④距离测量。照准目标棱镜中心,按测距键,距离测量开始,测距完成时显示斜距、平距、高差。全站仪的测距模式有精测模式、跟踪模式、粗测模式 3 种。精测模式是最常用的测距模式,测量时间约为 2.5s,最小显示单位为 1mm;跟踪模式,常用于跟踪移动目标或放样时连续测距,最小显示一般为 1cm,每次测距时间约为 0.3s;粗测模式,测量时间约为 0.7s,最小显示单位为 1cm 或 1mm。在距离测量或坐标测量时,可按测距模式(MODE)键选择不同的测距模式。

应注意,有些型号的全站仪在距离测量时不能设定仪器高和棱镜高,显示的高差值是全站仪横轴中心与棱镜中心的高差。

(4)坐标测量

①设定测站点的三维坐标。

②设定后视点的坐标或设定后视方向的水平度盘读数为其方位角。当设定后视点的坐标时,全站仪会自动计算后视方向的方位角,并设定后视方向的水平度盘读数为其方位角。

71

③设置棱镜常数。

④设置大气改正值或气温、气压值。

⑤量仪器高、棱镜高并输入全站仪。

⑥照准目标棱镜,按坐标测量键,全站仪开始测距并计算显示测点的三维坐标。

4.3.4 全站仪使用的注意事项与维护

1)全站仪保管的注意事项

(1)仪器的保管由专人负责,每天现场使用完毕带回办公室;不得放在现场工具箱内。

(2)仪器箱内应保持干燥,要防潮防水并及时更换干燥剂。仪器须放置专门架上或固定位置。

(3)仪器长期不用时,应一月左右定期通风防霉并通电驱潮,以保持仪器良好的工作状态。

(4)仪器放置要整齐,不得倒置。

2)使用时应注意事项

(1)开工前应检查仪器箱背带及提手是否牢固。

(2)开箱后提取仪器前,要看准仪器在箱内放置的方式和位置,装卸仪器时,必须握住提手,将仪器从仪器箱取出或装入仪器箱时,请握住仪器提手和底座,不可握住显示单元的下部。切不可拿仪器的镜筒,否则会影响内部固定部件,从而降低仪器的精度。应握住仪器的基座部分,或双手握住望远镜支架的下部。仪器用毕,先盖上物镜罩,并擦去表面的灰尘。装箱时各部位要放置妥帖,合上箱盖时应无障碍。

(3)在太阳光照射下观测仪器,应给仪器打伞,并带上遮阳罩,以免影响观测精度。在杂乱环境下测量,仪器要有专人守护。当仪器架设在光滑的表面时,要用细绳(或细铅丝)将三脚架3个脚连起来,以防滑倒。

(4)当架设仪器在三脚架上时,尽可能用木制三脚架,因为使用金属三脚架可能会产生振动,从而影响测量精度。

(5)当测站之间距离较远,搬站时应将仪器卸下,装箱后背着走。行走前要检查仪器箱是否锁好,检查安全带是否系好。当测站之间距离较近,搬站时可将仪器连同三脚架一起靠在肩上,但仪器要尽量保持直立放置。

(6)搬站之前,应检查仪器与脚架的连接是否牢固,搬运时,应把制动螺旋略微旋紧,使仪器在搬站过程中不致晃动。

(7)仪器任何部分发生故障,不应勉强使用,应立即检修,否则会加剧仪器的损坏程度。

(8)元件应保持清洁,如沾染灰沙必须用毛刷或柔软的擦镜纸擦掉。禁止用手指抚摸仪器的任何光学元件表面。清洁仪器透镜表面时,请先用干净的毛刷扫去灰尘,再用干净的无线棉布沾酒精由透镜中心向外一圈圈地轻轻擦拭。除去仪器箱上的灰尘时切不可用任何稀释剂或汽油,而应用干净的布块沾中性洗涤剂擦洗。

(9)潮湿环境中工作,作业结束,要用软布擦干仪器表面的水分及灰尘后装箱。回到办公室后立即开箱取出仪器放于干燥处,彻底晾干后再装箱内。

(10)冬天室内、室外温差较大时,仪器搬出室外或搬入室内,应隔一段时间后才能开箱。

【思考题与习题】

4-1 直线定线的方法有哪两种？如何定线？

4-2 丈量 AB 线段,往测的结果为245.456m,返测的结果为245.448m,计算 AB 的长度并评定其精度。

4-3 五边形的各内角为: $\beta_1 = 95°$, $\beta_2 = 130°$, $\beta_3 = 65°$, $\beta_4 = 127°$, $\beta_5 = 123°$, 已知 $\alpha_{12} = 30°$, 见图4-25,求其他各边的坐标方位角。

4-4 已知 $\alpha_{12} = 60°$, β_2 及 β_3 的角值均标准在图4-26上,试求2-3边的正坐标方位角及3-4边的反坐标方位角。

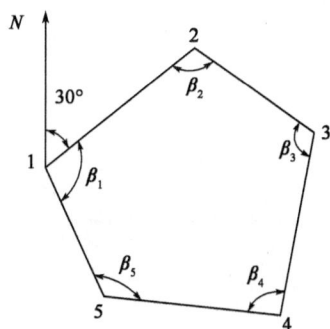

图4-25 题4-3图

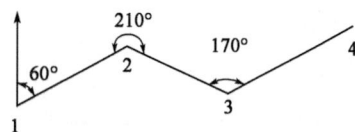

图4-26 题4-4图

第 5 章

GPS 原理与应用

5.1 GPS 概述

GPS(Global Positioning System) 即全球定位系统,是由美国建立的一个卫星导航定位系统。从 1989 年 2 月 14 日第一颗卫星发射成功,到 1994 年 3 月 28 日完成第 24 颗卫星的发射,GPS 共发射了 24 颗卫星,其中的工作卫星 21 颗,备用卫星 3 颗,目前在轨卫星数已超过 32 颗。卫星均匀分布在 6 个相对于赤道的倾角为 55°的近似圆形轨道上,每个轨道上有 4 颗卫星运行,它们距地球表面的平均高度约为 20 200km, 运行速度为 3 800m/s,运行周期为 11h58min。每颗卫星可覆盖全球 38% 的面积,卫星的分布,可保证在地球上的任意地点、任意时刻、在高度 15°以上的天空能同时观测到 4 颗以上卫星,如图 5-1 所示。

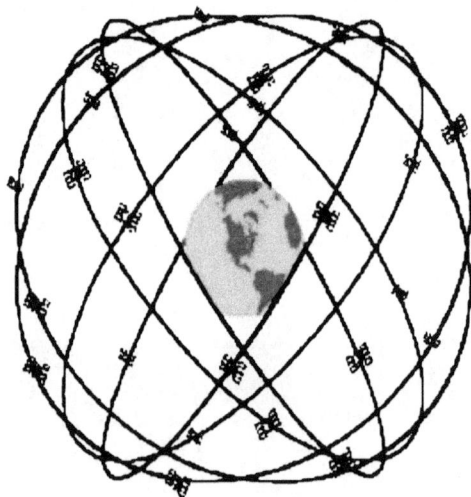

图 5-1 GPS 卫星

5.1.1 GPS 系统的组成

GPS 系统主要由三大部分组成,即空间卫星部分、地面监控部分和用户部分。

(1)空间卫星部分。GPS 的空间部分是由 24 颗 GPS 工作卫星所组成,这些 GPS 工作卫星共同组成了 GPS 卫星星座,每颗 GPS 工作卫星都发出用于导航定位的信号。GPS 用户正是利用这些信号来进行工作的。

(2)地面监控部分。GPS 的控制部分由分布在全球的由若干个跟踪站所组成的监控系统所构成,根据其作用的不同,这些跟踪站又被分为主控站、监控站和注入站。主控站有一个,位于美国科罗拉多的法尔孔空军基地,它的作用是根据各监控站对 GPS 的观测数据计算出卫星的星历和卫星钟的改正参数等,并将这些数据通过注入站注入卫星中;同时,它还对卫星进行控制,向卫星发布指令,当工作卫星出现故障时,调度备用卫星,替代失效的工作卫星工作;另外,主控站也具有监控站的功能。监控站有五个,除了主控站外,其他四个分别位于夏威夷、阿松森群岛、狄哥伽西亚、卡瓦加兰,监控站的作用是接收卫星信号,监测卫星的工作状态;注入站有三个,它们分别位于阿松森群岛、狄哥伽西亚、卡瓦加兰,注入站的作用是将主控站计算出的卫星星历和卫星钟的改正数等注入卫星中。

(3)用户部分。GPS 的用户部分由 GPS 接收机、数据处理软件及相应的用户设备如计算机气象仪器等所组成。它的作用是接收 GPS 卫星所发出的信号,利用这些信号进行导航定位等工作。

以上这三个部分共同组成了一个完整的 GPS 系统。

5.1.2 GPS 定位技术的特点

相对于经典的测量技术来说,GPS 定位技术主要有以下特点。

(1)观测站之间无需通视。既要保持良好的通视条件,又要保障测量控制网的良好结构,这一直是经典测量技术在实践方面的问题之一。而 GPS 测量不需观测站之间互相通视,因而不再需要建造觇标,这一优点既可大大减少测量工作的经费和时间,同时也使点位的选择变得更加灵活。

不过也应指出,GPS 测量虽不要求观测站之间相互通视,但必须保持观测站的上空开阔(净空),以便接收 GPS 卫星信号时不受干扰。

(2)定位精度高。大量试验表明,目前在小于 50km 的基线上,其相对定位精度可达 $2 \times 10^{-6} \sim 1 \times 10^{-6}$,而在 100~500km 的基线上可达 $1 \times 10^{-7} \sim 1 \times 10^{-6}$。随着观测技术与数据处理方法的改善,可望在大于 1 000km 的距离上,相对定位精度达到或优于 1×10^{-8}。

(3)观测时间短。目前,利用经典的静态定位方法,完成一条基线的相对定位所需要的观测时间,根据要求精度的不同,一般为 1~3h。为了进一步缩短观测时间,提高作业速度,近年来发展的短基线(不超过 20km)快速相对定位法,其观测时间仅需数分钟。

(4)提供三维坐标。GPS 测量中,在精确测定观测站平面位置的同时,可以精确测定观测站的大地高程。GPS 测量的这一特点,不仅为研究大地水准面的形状和确定地面点的高程开辟了新途径,同时也为其在航空物探、航空摄影测量及精密导航中的应用,提供了重要的高程数据。

(5)操作简单。GPS 测量的自动化程度很高,在观测中测量员的主要任务只是安装并开关仪器、量取仪器高、监视仪器的工作状态和采集环境的气象数据,而其他观测工作,如卫星的捕获、跟踪观测和记录等均由仪器自动完成。另外,GPS 用户接收机一般重量较轻,体积较小,携带和搬运都很方便。

(6)全天候作业。GPS 测量工作,可以在任何地点、任何时间连续地进行,一般不受天气状况的影响。因此,GPS 定位技术的发展是对经典测量技术的一次重大突破。一方面,它使经典的测量理论与方法产生了深刻的变革;另一方面,也进一步加强了测量学与其他学科之间的相互渗透,从而促进了测绘科学技术的现代化发展。

5.1.3　GPS 测量的误差来源

GPS 测量是利用接收机接收卫星播发的信息来确定点的三维坐标。影响测量结果的误差来源于 GPS 卫星、卫星信号的传播过程和地面接收设备。在高精度的 GPS 测量中(地球动力学研究),还应考虑与地球整体运动有关的地球潮汐、负荷潮及相对论效应等。为了便于理解,通常将各种误差的影响投影到观测站至卫星的距离上,以相应距离误差来表示,称之为等效距离误差。表 5-1 列出了 GPS 测量的误差类型及等效的距离误差。

GPS 测量误差分类及对距离的影响　　　　　　　　　　表 5-1

项　　目	误 差 本 源	对距离测量的影响(m)
卫星部分	星历误差;钟误差;相对林效应	1.5～15
信号传播	电离层;对流层;多路径效应	1.5～15
信号接收	钟的误差;位置误差;天线相位中心变化	1.5～5
其他影响	地球潮汐;负荷潮	1.0

若根据误差的性质,上述误差可分为系统误差和偶然误差两类。偶然误差主要包括信号的多路径效应及观测误差等,系统误差主要包括卫星的轨道误差、卫星钟差、接收机钟差以及大气折射误差等。其中系统误差远大于偶然误差,它是 GPS 测量的主要误差源,同时系统误差有一定的规律可循,根据其产生的原因可采取不同的措施加以消除或减弱,主要的措施如下:

(1)建立系统误差模型,对观测量进行修正。

(2)引入相应的未知参数,在数据处理中同其他未知参数一并求解。

(3)将不同观测站对相同卫星进行的同步观测值求差。

5.2　GPS 定位的基本原理

利用 GPS 进行定位的基本原理,就是把卫星视为"飞行"的控制点,在已知其瞬时坐标(可根据卫星轨道参数计算)的条件下,以 GPS 卫星和用户接收机天线之间的距离(或距离差)为观测量,进行空间距离后方交会,从而确定用户接收机天线所处的位置。其测定空间距离的方法主要有伪距测量和载波相位测量两种。GPS 按定位模式不同,可分为绝对定位和相对定位

（又称差分定位）。按待定点的状态不同，可分为静态定位、快速定位和动态定位。

5.2.1 伪距测量和载波相位测量

（1）伪距测量是通过测定某颗卫星发射的 GPS 测距码信号到达接收机天线的传播时间和电磁波在大气中的传播速度而解得卫星至接收机天线的距离。由于存在卫星钟误差、接收机钟误差以及卫星信号在大气中传播的延误误差，接收机的时间测定存在误差，所以求得的距离并非测站至卫星的真正几何距离，通常称之为"伪距"。利用伪距作空间交会来定点位的方法称为伪距定位法。

伪距测量定位法的优点是对定位的条件要求低，数据处理简单，不存在"整周模糊度"的问题，容易实现实时定位。缺点是时间不易测准，观测值精度低。单伪距测量还可用于在载波相位测量中解决整周模糊问题。

（2）载波相位测量。载波相位测量是测定卫星的 GPS 载波信号在传播路程上的相位变化（一种间接测定时间的方法），以解得卫星至接收机天线的距离，如图 5-2 所示。利用电磁波的相位法测距，通常只能测定不足一整周的相位差 $\Delta\Phi$，无法确定整周数 N_0。

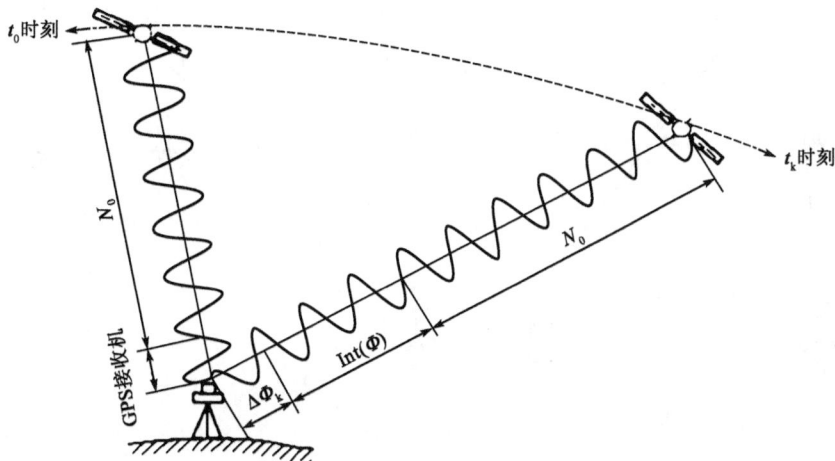

图 5-2 载波相位测距原理

当接收机连续跟踪卫星信号，不断测定相位差时，从观测初始时刻 t_0 至某一时刻 t_k 的累计整周相位 Int(Φ) 可以用整波计数器测定。如果观测过程中跟踪卫星信号没有中断，则初始时刻整周相位 N_0 是未知数，但在观测过程中为一常数，称为"整周模糊度"（整周未知数）。确定整周模糊度常用的方法有以下几种：伪距法；采用两台仪器同时观测同一卫星的相对定位法；将整周未知数作为数据处理中的待定参数来求定的方法。

5.2.2 绝对定位和相对定位

1）绝对定位

绝对定位又称单点定位，是一台 GPS 接收机进行定位的模式，用伪距测量或载波相位测量的方法确定接收机天线的绝对坐标。由于受卫星星历误差、大气延迟误差等影响，定位精度为米级。一般用于飞机、船舶、车辆等交通工具的定位以及勘探作业等。

2）相对定位

相对定位又称差分定位,是不同测站采用两台或两台以上 GPS 接收机同步跟踪相同卫星信号,以载波相位测量方法确定多台接收机(多个测站点)天线间的相对位置(三维坐标差或基线向量),地面点中如有已知坐标点,根据 GPS 测定的相对位置,即可求得待定点的绝对坐标。

由于多台接收机同步观测相同的卫星,因此接收机的钟差、卫星的钟差、卫星星历误差和大气(电离层和对流层)对于电磁波的延迟改正几乎是相同的。通过多个载波相位观测值的线性组合,解算各个测点的坐标时,可以消除或削弱上述各项误差,从而达到较高的定位精度($\pm 1 \sim \pm 5mm$),因而被广泛应用于大地测量、工程测量和地形测量等方面。

载波相位观测值的线性组台方式有卫星间求差、测站间求差等的单差法和双差法等。

(1)单差法。单差法是在两个测站 T_1,T_2 同步观测同一卫星 S_i,如图 5-3a)所示,按所得的相位观测值 Φ,求测站(接收机)间的一次差(站间差分)$\Delta\Phi$。此时,卫星钟差对 Φ_1、Φ_2 的影响相同,因此 $\Delta\Phi$ 可消除卫星钟差。当两测站相距较近(例如,小于 10km)时,大气延迟的影响也明显削弱。

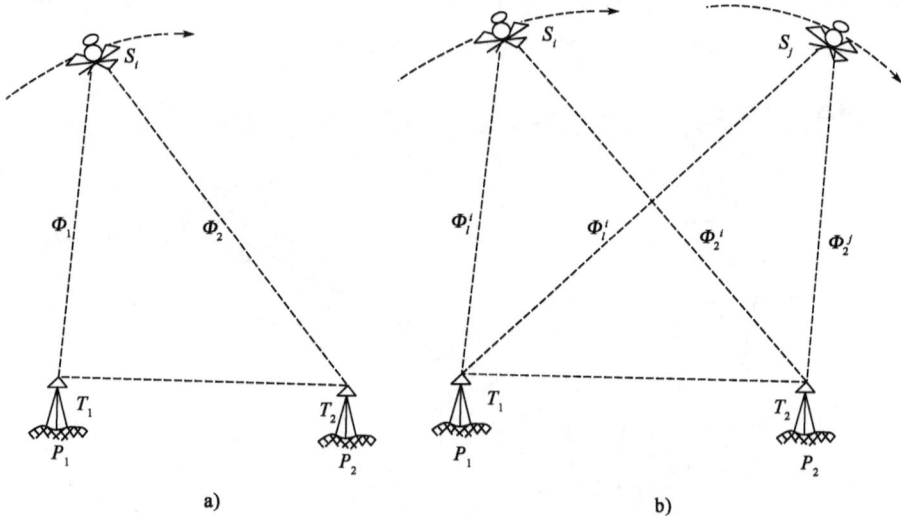

图 5-3 载波相位定位

(2)双差法。双差法为两个测站 T_1,T_2 同步观测一组卫星 S_i,S_j,……如图 5-3b)所示,得到单差值之差,即在接收机和卫星间求二次差,其结果称为站间星间双差观测值。双差法除了有单差法的消除误差功能外,还可以消除两个接收机间的相对钟差改正数。因此,在 GPS 相对定位中,都采用双差法作为基线向量解算的基本方法,双差计算模型在接收机所附软件中应用广泛。

5.3 静态定位和动态定位

5.3.1 静态定位

静态定位是在 GPS 定位过程中测站接收机天线的位置相对固定,用多台接收机在不同的测站上进行相对定位的同步观测,测量时间为几分钟至几小时。通过大量的重复观测测定测站间的相对位置,其中包括与若干已知点的联测,以求得待定点的坐标,成果处理是在外业观测结束以后(非实时的后处理),测量的精度较高,一般用于控制测量。

5.3.2 实时动态定位

实时动态定位的原理:将测站分为基准站(一般选测站坐标已知的点)和流动站(用户站,测站坐标待定的点),如图5-4所示;在基准站上安置GPS接收机,对所有可观测卫星进行连续观测;根据基准站的已知三维坐标,求出各观测值的校正值(距离改正数、坐标改正数等),并通过无线电台将校正值实时发送给各用户的流动观测站,此过程称为数据通信链;流动站接收机将其接收的GPS卫星信号与通过无线电台传来的校正值进行差分计算,实时解算得到流动站点的三维坐标。实时动态定位作业效率高,精度低于动态定位,一般用于细部测量。

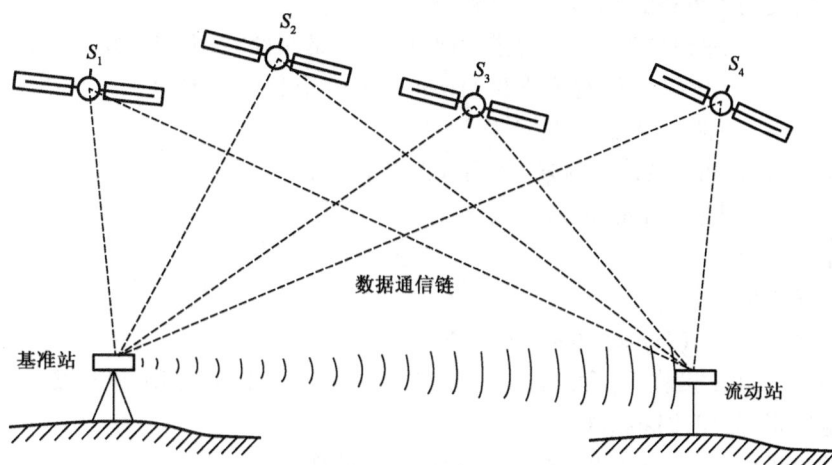

图5-4 实时动态定位

5.4 Trimble 5700 GPS 接收机的使用

5.4.1 Trimble 5700 GPS 接收机简介

Trimble 5700 GPS 接收机(图5-5)是 Trimble 公司在 2001 年最新推出的双频大地测量 GPS 系统。它采用半集成、模块化设计(非常简单的拼装)。GPS接收机和无线电调制解调器、电源系统内置为一体,接收机和天线分离。Trimble 5700 GPS 接收机,采用了多种世界领先的专利技术,成为最新一代双频 GPS测量系统的典范。

Trimble 5700 GPS 接收机技术指标如下。

图5-5 GPS 接收机

标准特性：

镁铝合金封装

内置 USB(通用串行总线)数据快速传输

单一按键执行缺省测量模式,文件删除以及 PC 卡格式化

RTCM   V2 格式输入、输出

CMRll、CMR + 输入、输出

10Hz NMEA-0183 输出

内置 Flash PC 卡存储器

RTK/OTF(on the fly)

先进特性：

先进的 Maxwell 4 技术

高精度的多重相关 L1/L2 伪距测量

无滤波,无平滑的伪距测量数据用于低噪声、低多路径、低时域相关和高功态测量

低噪声的 L1/L2 载波观测值在 1Hz 带宽内优于 1mm 的精度

Trimble 低仰角信号跟踪技术

支持 GSM 和 CDPD 调制方式用于 eRTK 和 VRS

双事件标表(even makers)输入

技术指标：

物理指标

尺寸:11.9cm(W) ×6.6cm(H) ×20.8cm(L)

质量:1.4kg 接收机(含内置电台,内置充电器)4kg RTK 移动站(全部)

电气指标(CE Mark、FCC、认证)

接收机电源:10.5 ~28V 直流,带过电保护功能。

功耗:2.5W 静态

　　　 3.5W 动态

电池:>8h,RTK 操作(内置电台,TSCI 手簿)

环境

工作温度: -40 ~ +65℃

存储温度: -40 ~ +80℃

湿度:100% 全密封,防水,可漂浮。MIL-STD-810F

防震:2m 下落

性能指标：

静态(后处理)

模式:静态,快速静态

精度:

水平:5mm +0.5ppm

垂直:5mm +1ppm

角度:1rad +5/基线长度

动态(后处理)

模式:连续,走走停停

精度:

水平:1mm + 1ppm

垂直:2mm + 1ppm

测量时间:

连续:1s

走停:2s

最快采样率:20Hz

RTK RTD 测量

模式:RTK RTD

RTD 精度 0.2m + 1ppm

eRTK 精度:(最大距离 30km)

模式	延迟	精度
水平:1Hz	0.4s	1cm + 1ppm
20Hz	0.02s	1cm + 1ppm
垂直:1Hz	0.4s	1cm + 2ppm
20Hz	0.021s	2cm + 2ppm

初始化

模式:自动动态初始化(OTF),静态初始化

可信度:≥99.9%

时间:<1min(典型),10s + 0.5/基线长

WAAS 差分位置改正精度 <5M

一般性能

通道:24 通道(Total Station)

跟踪信号:GPSL1C/A 码,L1/L2 全波位

数据记录:①接收机中的 Flash PC 卡

②TSCl 手簿中

③TSCl 手簿选件 PC 卡中

数据存储:接收机 2500h(L1/L2,6 颗星,15s 采样间隔);TSCl 60h(典型)

数据输入、输出:RTCM SCl04 2.20,NEMA0188 2.20,1PPS 输出

显示、按键:5 个 LED 指示灯,1 个功能按键

天线指标

天线类型:L1/L2 零相位微对中天线

尺寸:15.2cm(D) ×5.7cm(H)

质量:0.45kg

使用温度:-40 ~ +70℃

存储温度:-55 ~ +80℃

湿度:100% 防水,无冷凝

5.4.2 Trimble 5700 GPS 静态测量

GPS 静态定位在测量中主要用于测定各种用途的控制点。其中,较为常见的方面是利用 GPS 建立各种类型和等级的控制网,在这些方面,GPS 技术已基本上取代了常规的测量方法,成了主要手段。

1) 布设 GPS 基线向量网的工作步骤

布设 GPS 基线向量网主要分测前、测中和测后三个阶段进行。

(1) 测前工作。一项 GPS 测量工程项目,往往是由工程发包方、上级主管部门或其他单位或部门提出,由 GPS 测量队伍具体实施。对于一项 GPS 测量工程项目,一般有如下一些要求。

①测区位置及其范围。包括测区的地理位置、范围、控制网的控制面积。

②用途和精度等级。包括控制网将用于何种目的,其精度要求是多少,要求达到何种等级。

根据我国 1992 年所颁布的全球定位系统测量规范,GPS 基线向量网被分成了 A、B、C、D、E 5 个级别。

GPS 网的精度指标,通常是以网中相邻点之间的距离误差来表示的,其具体形式为:

$$\sigma = \sqrt{a^2 + (bD)^2} \tag{5-1}$$

式中:σ——网中相邻点间的距离中误差(mm);

    a——固定误差(mm);

    b——比例误差($\times 10^{-6}$);

    D——相邻点间的距离(km)。

对于不同等级的 GPS 网,参见表 5-2 中的精度要求。

不同等级 GPS 网的精度要求 表 5-2

测量分类	固定误差 a(mm)	比例误差 b($\times 10^{-6}$)	相邻点距离(km)
A	≤5	≤0.1	100 ~ 2 000
B	≤8	≤1	15 ~ 250
C	≤10	≤5	5 ~ 40
D	≤10	≤10	2 ~ 15
E	≤10	≤20	1 ~ 10

注:A 级网一般为区域或国家框架网、区域动力学网;B 级网为国家大地控制网或地方框架网;C 级网为地方控制网和工程控制网;D 级网为工程控制网;E 级网为测图网。

③点位分布及点的数量。包括控制网的点位分布、点的数量及密度要求,是否有对点位分布有特殊要求的区域。

对选点要求如下:

a. 为保证对卫星的连续跟踪观测和卫星信号的质量。要求测站上空应尽可能地开阔,在 10° ~ 15° 高度角以上不能有成片的障碍物。

b. 为减少各种电磁波对 GPS 卫星信号的干扰,在测站周围约 200m 的范围内不能有强电磁波干扰源,如大功率无线电发射设施、高压输电线等。

c. 为避免或减少多路径效应的发生,测站应远离对电磁波信号反射强烈的地形、地物,如高层建筑、成片水域等。

d. 为便于观测作业和今后的应用,测站应选在交通便利、上点方便的地方。

e. 测站应选择在易于保存的地方。

④提交成果的内容。包括用户需要提交哪些成果,所提交的坐标成果分别属于哪些坐标系,所提交的高程成果分别属于哪些高程系统,除了提交最终的结果外,是否还需要提交原始数据或中间数据等。

⑤时限要求。包括对提交成果的时限要求,即何时是提交成果的最后期限。

⑥投资经费。包括对工程的经费投入数量。

⑦技术设计。负责 GPS 测量的单位在获得了测量任务后,需要根据项目要求和相关技术规范进行测量工程的技术设计。

⑧测绘资料的搜集与整理。在开始进行外业测量之前,现有测绘资料的搜集与整理也是一项极其重要的工作。需要收集整理的资料主要包括测区及周边地区可利用的已知点的相关资料(点之记、坐标等)和测区的地形图等。

⑨仪器的检验。对将用于测量的各种仪器包括 GPS 接收机及相关设备、气象仪器等进行检验,以确保它们能够正常工作。

⑩踏勘、选点埋石。在完成技术设计和测绘资料的搜集与整理后,需要根据技术设计的要求对测区进行踏勘,并进行选点埋石工作。

(2)测量实施。

①实地了解测区情况。由于在很多情况下,选点埋石和测量是分别由两个不同的队伍或两批不同的人员完成的,因此,当负责 GPS 测量作业的队伍到达测区后,需要先对测区的情况作详细了解。主要需要了解的内容包括点位情况(点的位置、上点的难度等)、测区内经济发展状况、民风民俗、交通状况、测量人员生活安排等。这些对于今后测量工作的开展是非常重要的。

②卫星状况预报。根据测区的地理位置以及最新的卫星星历,对卫星状况进行预报,作为选择合适的观测时间段的依据。所需预报的卫星状况有卫星的可见性、可供观测的卫星星座、随时间变化的 PDOP 值、随时间变化的 RDOP 值等。对于个别有较多或较大障物的测站,需要评估障碍物对 GPS 观测可能产生的不良影响。

③确定作业方案。根据卫星状况、测量作业的进展情况以及测区的实际情况,确定出具体的作业方案,以作业指令的形式下达给各个作业小组,根据情况,作业指令可逐天下达,也可一次下达多天的指令。作业方案的内容包括作业小组的分组情况,GPS 观测的时间段以及测站等。

④外业观测。各 GPS 观测小组在得到作业指挥员所下达的作业指令后,应严格按照作业指令的要求进行外业观测。在进行外业观测时,外业观测人员除了严格按照作业规范、作业指令进行操作外,还要根据一些特殊情况,灵活地采取应对措施。在外业中常见的情况有不能按时开机、仪器故障和电源故障等。

⑤数据传输与转储。在一段外业观测结束后,应及时地将观测数据传输到计算机中并根据要求进行备份,在数据传输时需要对照外业观测记录手簿,检查所输入的记录是否正确。数据传输与转储应根据条件,及时进行。

⑥基线处理与质量评估。对所获得的外业数据及时地进行处理,解算出基线向量,并对解算结果进行质量评估。作业指挥员需要根据基线解算情况做下一步 GPS 观测作业的安排。

重复确定作业方案、外业观测、数据传输与转储以及基线处理与质量评估四步,直至完成所有 GPS 观测工作。

(3)测后工作。

①结果分析(网平差处理与质量评估)。对外业观测所得到的基线向量进行质量检验,并对由合格的基线向量所构建成的 GPS 基线向量网进行平差解算,得出网中各点的坐标成果。如果需要利用 GPS 测定网中各点的正高或正常高,还需要进行高程拟合。

②技术总结。根据整个 GPS 网的布设及数据处理情况,进行全面的技术总结。

③成果验收。

2)静态外业操作

在进行野外观测之前,最好提前 1d 做星历预报以选择星况最好的观测时段,同时根据星况做好次日外业时间安排。静态外业操作流程如下:

①对中,整平。

②量取天线高,三个方向取均值。

③开机。

④按记录按钮。

⑤测完以后先关机,再搬站,迁站前再测天线高。

在野外观测时,需要记录以下资料,以方便以后处理,它们分别是:

①点名称。

②天线高。

③开机时间。

④关机时间。

⑤接收机序列号(S/N)后四位数字。

注:野外观测的时候开机时要提高警惕性,按下电源按钮 5 个 LED 灯一亮就松手,不要按住长时间不松手,这样会导致接收机内以前的文件丢失,再则,野外观测时量取仪器高的时候,建议统一测量斜高,大圆盘天线从测点量到槽口的底部,小圆盘天线从测点量到槽口的顶部。

3)观测数据后处理准备工作

(1)建立地方坐标系。野外观测的静态数据都是基于 WGS84 椭球的,但当地坐标系依赖的椭球一般情况下都是克拉索夫斯基椭球(长半轴:6 378 245m,扁率:298.3)或 IAG75 椭球(长半轴:61 378 140m,扁率:298.257)。北京 54 坐标系常用的椭球是克拉索夫斯基椭球,而西安 80 坐标系常用的椭球是 IAG75 椭球。

(2)数据下传。将接收机内的数据文件下传到你的台式计算机前,先新建一个文件夹用来存放野外的原始数据。当利用 DATA TRANSFER 下传数据时,可以选择有用的文件下传,同时系统会提示选择存放原始文件的目标文件夹。为避免数据丢失,建议对原始数据做备份。另外,在野外的记录资料应及时整理成文档资料保留下来。

4)静态数据后处理步骤

(1)新建项目。

(2)数据导入。

(3)基线处理。

(4)闭合差处理。

(5)无约束平差。

(6)约束平差。

(7)成果的导出。

5.4.3 Trimble 5700 GPS 动态测量

工作流程如下：

(1)新建任务/选择任务。

(2)键入控制点的坐标。

(3)配置基准站(只做一次,以后就不需要了)。

(4)启动基准站。

(5)配置流动站(只做一次,以后就不需要了)。

(6)启动流动站。

(7)点校正。

(8)测量/放样。

5.5 GPS 静态定位在测量中的应用

5.5.1 全国性的 GPS 网建立

1991 年国际大地测量协会(LAG)决定在全球范围内建立一个 IGS(为国际 GPS 地球动力学服务)观测网,并于 1992 年 6~9 月实施了第一期会战联测,我国借此机会由多家单位合作,在全国范围内组织了一次盛况空前的"中国 92GPS 会战",目的是在全国范围内确定精确的地心坐标,建立起我国新一代地心参考框架,并求出该系统与原有国家坐标系统的转换参数,以优于 1×10^{-8} 量级的相对精度确定测站间基线向量,布设成国家 A 级网,作为国家高精度卫星大地网的骨架,并奠定地壳运动及地球动力学研究的基础。

建成后的国家 A 级网共由 28 个点组成,经过精细的数据处理,平差后在 ITRF91 地心参考框架中的点位精度优于 0.1m,边长相对精度一般优于 1×10^{-8},随后在 1993 年和 1995 年又两次对 A 级网进行了复测,其点位精度已提高到厘米级,边长相对精度达 3×10^{-9}。

作为我国高精度坐标框架的补充以及为满足国家建设的需要,在国家 A 级网的基础上建立了国家 B 级网(又称国家高精度 GPS 网)。布设工作从 1991 年开始,经过 5 年努力完成外业工作,内业计算也已基本完成。全国基本均匀布点,共布测 730 个点左右,总独立基线数 2 200 多条,平均边长在我国东部地区为 50km,中部地区为 100km,西部地区为 150km。经整体平差后,点位地心坐标精度达 ±0.1m,GPS 基线边长相对中误差可达 2×10^{-8},高程分量相对中误差为 3×10^{-8}。

5.5.2 在隧道贯通控制测量中的应用

隧道的贯通测量,是铁路、公路隧道和海底隧道工程,以及城市地铁等地下工程的重要任务。隧道贯通测量的基本要求是,在隧道两端的开挖面处(有时还有中间开挖面),通过联测建立起始的基准方向,以控制隧道开挖的方向,保证隧道的准确贯通。经典的测量方法,由于要求控制点之间必须通视,致使测量工作变得很复杂。在此 GPS 测量的特点具有特别重要的意义。

在横跨英法海峡的欧洲海底隧道工程中,GPS 成果被应用。在隧道的初步设计阶段,曾用经典方法在两岸各布设了一个平面测量控制网,经平差后,其相对误差达 4×10^{-6},也就是说,对约 50km 长的隧道,其横向与纵向中误差可达约 20cm。为了改善隧道控制测量的精度,在1987 年,在两岸使用了 T14100GPS 接收机,同时观测了 3 个控制点,并将观测结果与经典网进行了联合平差,结果使控制网的相对精度提高到 1×10^{-6}。由此,上述隧道的纵向与横向中误差降为 5cm,显著地改善了控制网的精度,从而保障了隧道的准确贯通。在此,GPS 精密定位技术,在欧洲隧道这一世界性的伟大工程中做出了具有深远意义的贡献。

5.5.3 GPS 在工程变形监测中的应用

工程变形包括建筑物的位移和由于人为因素而造成的建筑物或地壳的形变。由于 GPS测量具有高精度的三维定位功能,所以它是监测各种工程变形的极为有效的手段。工程变形主要类型包括:大坝的变形、陆地建筑物的变形和沉陷、海上建筑物的沉陷、资源开采区的地面沉降等。

隔河岩水库大坝监测(隔河岩水库位于湖北省长阳县境内,是清江中游的一个水利水电工程,坝长 653m,坝高 151m)成功应用了 GPS 精密定位技术,与经典测量方法相比,不仅可以满足大坝变形监测工作的精度要求(0.199~1.099m),而且便于实现监测工作的自动化。

5.6 GPS-RTK 定位技术在测量中的应用

实时动态定位测量称 RTK(Real Time Kinematic)测量,是卫星动态相对定位的一种技术。其方法是至少在一个已知点(固定点)上安置卫星定位接收机和无线电发射装置,将接收到的卫星观测数据和已知点的坐标等有关信息按照一定的编码格式发射;另外,在位置待定的流动站上安置便于移动的 GPS 接收机、无线电接收装置和控制器,利用接收到的卫星数据和已知点发射的数据在控制器上进行实时处理,现场解算出流动站的三维坐标,可达到厘米级精度。

GPS-RTK 定位技术就是基于载波相应观测值的实时动态定位技术,基准站通过数据链将其观测值和测站坐标信息一起传送给流动站。流动站通过数据链接收来自基准站的数据,并结合本站 GPS 观测数据,在系统内组成差分观测值进行实时处理,获得流动站的坐标。流动站可处于暂时静止状态,也可处于运动状态。

5.6.1 RTK 技术在图根控制测量中的应用

常规控制测量如三角测量、导线测量,均需要测站之间相互通视,这样不但费工费时,而且精度不均匀,外业测量中不可能知道测量成果的精度。而 GPS 静态相对定位虽然无须测站之间通视,但却需要事后进行数据处理,不能实现实时定位并知道定位精度,必须经过内业处理后方可得到测量结果和相应的精度,若此时发现精度不合乎要求,则必须进行外业返工测量。而用 GPS-RTK 技术进行图根控制测量,既可实时知道定位结果,又可知道定位精度,这样可大大提高作业效率。

目前 GPS-RTK 技术进行实时定位精度可达厘米级,因此,对于一般的图根控制测量的精度是完全可以满足的。

5.6.2 GPS-RTK 技术在碎部测量中的应用

碎部测量一般是首先根据控制点进行图根点加密,然后在图根点上用经纬仪或平板仪进行碎部测图。这种方法均要求测站与碎部点之间相互通视,且至少应有 2~3 人操作。

利用 RTK 技术进行土地资源调查(碎部测量)时,只要在基准站上安置 1 台 GPS 接收机,流动站仅需 1 人背着仪器在待测的碎部点上滞留 1~2s 并同时输入特征编码,通过电子手簿或便携微机记录,在点位精度合乎要求的情况下,即可将某一个区域内的地形点位通过专业绘图软件绘制成地形图。

5.6.3 GPS 用于道路工程定线测量

利用 GPS 的实时动态定位技术(RTK)可以高效、方便地进行道路中线测量。由于 GPS 测量可以同时测定三维坐标,因此,在测定中线平面位置的同时,也能测定其高程。

【思考题与习题】

5-1 GPS 有几颗工作卫星?距离地表的平均高度是多少?

5-2 与常规测量相比,GPS 测量有哪些优点?

5-3 简述 GPS-RTK 测量方法。

5-4 绝对定位和相对定位有何区别?

5-5 什么是伪距?

第6章

测量误差的基本理论

6.1 测量误差概述

6.1.1 测量误差的概念

自然界任何客观事物或现象都具有不确定性,加之因科学技术的发展水平,导致人们认识能力的局限性,只能不断地接近客观事物或现象的本质,而不能使之穷尽。即人们对客观事物或现象的认识总会存在不同程度的误差。这种误差在对变量进行观测和量测的过程中反映出来,称为测量误差。

本章主要讨论普通测量中的测量误差。

6.1.2 观测与观测值的分类

1)等精度观测和不等精度观测

按测量时所处的条件,观测可分为等精度观测和不等精度观测。

构成测量工作的要素包括观测者、测量仪器和外界条件,通常将这些测量工作的要素统称为观测条件。在相同的观测条件下,即用同一精度等级的仪器、设备,用相同的方法和在相同的外界条件下,由具有大致相同技术水平的人所进行的观测称为等精度观测,其观测值称为等精度观测值或等精度观测值。反之,则称为不等精度观测,其观测值称为不等精度观测值。例如,两人用 DJ6 经纬仪各自测得的一测回水平角度属于同精度观测值;若一人用 DJ2 经纬仪、另一人用 DJ6 经纬仪测得的一测回水平角度,或都用 DJ6 经纬仪但一人测两测回,另一人测四测回,各自所得到的均值则属于不等精度观测值。

2)直接观测和间接观测

按观测量与未知量之间的关系,观测可分为直接观测和间接观测,相应的观测值称为直接观测值和间接观测值。

为确定某未知量而直接进行的观测,即被观测量就是所求未知量本身,称为直接观测,其观测值称为直接观测值。通过被观测量与未知量的函数关系来确定未知量的观测称为间接观测,其观测值称为间接观测值。例如,为确定两点间的距离,用钢尺直接丈量属于直接观测;而视距测量则属于间接观测。

3)独立观测和非独立观测

按各观测值之间相互独立或依存关系可分为独立观测和非独立观测。

各观测量之间无任何依存关系,是相互独立的观测,称为独立观测,其观测值称为独立观测值。若各观测量之间存在一定的几何或物理条件的约束,则称为非独立观测,其观测值称为非独立观测值。如对某一单个未知量进行重复观测,各次观测是独立的,各观测值属于独立观测值。观测某平面三角形的三个内角,因三角形内角之和应满足 180°这个几何条件,则属于非独立观测,三个内角的观测值属于非独立观测值。

6.1.3 测量误差及其来源

1)测量误差的定义

测量中的被观测量,客观上都存在着一个真实值,简称真值。对该量进行观测得到观测值。真值与观测值之差,称为真误差,即

$$真误差 = 真值 - 观测值 \tag{6-1}$$

2)测量误差的反映

测量中不可避免地存在着测量误差。例如,为求某段距离,往返丈量若干次;为求某角度,重复观测几测回。这些重复观测的观测值之间存在着差异。又如,为求某平面三角形的三个内角,只要对其中两个内角进行观测就可得出第三个内角值。但为检验测量结果,对三个内角均进行观测,这样三个内角之和往往与真值 180°产生差异。第三个内角的观测是"多余观测"。这些"多余观测"导致的差异,事实上就是测量误差。换句话说,测量误差正是通过"多余观测"产生的差异反映出来的。

3)测量误差的来源

产生测量误差的原因很多,其来源概括起来有以下 3 个方面。

(1)测量仪器

任何仪器因只具有一定限度的精度,使得观测值的精度受到限制。例如,在用只刻有厘米分划的普通水准尺进行水准测量时,就难以保证估读的毫米值完全准确。同时,仪器因装配、搬运、磕碰等原因存在着自身的误差,如水准仪的视准轴不平行于水准管轴等,就会使观测结果产生误差。

(2)观测者

由于观测者的视觉、听觉等感官的鉴别能力有一定的局限,所以在仪器的安置、使用中都会产生误差,如整平误差、照准误差、读数误差等。同时,观测者的工作态度、技术水平和观测时的身体状况等,也对观测结果的质量有直接影响。

(3)外界环境条件

测量工作都是在一定的外界环境条件下进行的,如温度、风力、大气折光等因素,这些因素的差异和变化都会直接对观测结果产生影响,必然给观测结果带来误差。

测量工作由于受到上述3方面因素的影响,观测结果总会产生这样或那样的观测误差,即在测量工作中观测误差是不可避免的。测量外业工作的责任就是要在一定的观测条件下,确保观测成果具有较高的质量,将观测误差减小或控制在允许的限度内。

6.1.4 测量误差的种类

按测量误差对测量结果影响性质的不同,测量误差可分为系统误差和偶然误差两类。

1)系统误差

在相同的观测条件下,对某量进行的一系列观测中,若误差数值大小和正负符号固定不变或按一定规律变化的误差,称为系统误差。

系统误差具有累积性,它随着单一观测值观测次数的增多而积累。系统误差的存在,必将给观测成果带来系统的偏差。

为了提高观测成果的准确度,首先要根据数理统计的原理和方法判断一组观测值中是否含有系统误差,其大小是否在允许的范围以内;然后采用适当的措施,消除或减弱系统误差的影响,通常有以下3种方法:

(1)用计算方法加以改正

如用钢尺量距时,通过对钢尺的检定求出尺长改正数。对观测结果加尺长改正数和温度变化改正数,来消除尺长误差和温度变化引起的误差这两种系统误差。

(2)用观测方法加以改正

采用此方法,可使系统误差在观测值中以相反的符号出现,使之加以抵消。如水准测量时,采用前、后视距相等的对称观测,以消除由于视准轴不平行于水准管轴所引起的系统误差;经纬仪测角时,用盘左、盘右两个观测值取中数的方法,可以消除视准轴误差等系统误差的影响。

(3)检校仪器。

将仪器存在的系统误差降低到最小限度,或限制在允许的范围内,以减弱其对观测结果的影响。如经纬仪照准部水准管轴不垂直于竖轴的误差对水平角的影响,可通过精确检校仪器并在观测中仔细整平的方法,来减弱其影响。

系统误差的计算和消除,取决于我们对它的了解程度。用不同的测量仪器和测量方法,系统误差的存在形式不同,消除系统误差的方法也不同,必须根据具体情况进行分析研究,采取不同措施,使系统误差减小到对测量数据可以忽略不计的程度。

2)偶然误差

在相同的观测条件下,对某量进行一系列观测,单个误差的出现没有一定的规律性,其数值的大小和符号都不固定,表现出偶然性,这种误差称为偶然误差。

例如,用经纬仪测角时,就单一观测值而言,由于受照准误差、读数误差、外界条件变化所引起的误差、仪器自身不完善引起的误差等综合影响,测角误差的大小和正负号都不能预知,具有偶然性。所以,测角误差属于偶然误差。

偶然误差反映了观测结果的精密度。精密度是指在同一观测条件下,用同一观测方法对某量进行多次观测时,各观测值之间相互的离散程度。

由于观测者使用仪器不正确或疏忽大意,如测错、读错、听错、算错等造成的错误,或因外界条件发生意外的显著变动引起的差错,称粗差。粗差的数值往往偏大,使观测结果显著偏离真值。因此,一旦发现含有粗差的观测值,应将其从观测成果中剔除出去。一般地讲,只要严格遵守测量规范,工作中仔细谨慎,并对观测结果作必要的检核,粗差是可以发现和避免的。

在观测过程中,系统误差和偶然误差往往是同时存在的。当观测值中有显著的系统误差时,偶然误差就居于次要地位,观测误差呈现出系统的性质;反之,呈现出偶然的性质。因此,对一组剔除了粗差的观测值,首先应寻找、判断和排除系统误差,或将其控制在允许的范围内,然后根据偶然误差的特性对该组观测值进行数学处理,求出最接近未知量真值的估值,称为最可靠值;同时,评定观测结果质量的优劣,即评定精度。这项工作在测量上称为测量平差,简称平差。本章主要讨论偶然误差及其平差。

6.1.5 偶然误差的特性及其概率密度函数

由前所述,偶然误差单个出现时不具有规律性,但在相同条件下重复观测某一量时,所出现的大量的偶然误差却具有一定的统计性规律。这种规律性可根据概率原理,用统计学的方法来分析研究。

例如,在相同条件下对某一个平面三角形的三个内角重复观测了358次,由于观测值含有误差,故每次观测所得的三个内角观测值之和一般不等于180°,按式(6-2)算得三角形各次观测的真误差 Δ_i:

$$\Delta_i = 180° - (a_i + b_i + c_i) \tag{6-2}$$

式中:a_i、b_i、c_i——三角形三个内角的各次观测值($i=1,2,\cdots,358$)。

现取误差区间为 $0.2''$,将误差按数值大小及符号进行排列,统计出各区间的误差个数 k 及相对个数($n=358$),见表6-1。

误 差 统 计 表 表6-1

误差区间	负 误 差		正 误 差	
	个数 k	相对个数	个数 k	相对个数
0.0~0.2	45	0.126	46	0.128
0.2~0.4	40	0.112	41	0.115
0.4~0.6	33	0.092	33	0.092
0.6~0.8	23	0.064	21	0.059
0.8~1.0	17	0.047	16	0.045
1.0~1.2	13	0.036	13	0.036
1.2~1.4	6	0.017	5	0.014
1.4~1.6	4	0.011	2	0.006
1.6以上	0	0.000	0	0.000
总和	181	0.505	177	0.495

从表6-1的统计数字可以总结出,在相同的条件下进行独立观测而产生的一组偶然误差具有以下4个统计特性:

(1)有界性。在一定的观测条件下,偶然误差的绝对值不会超过一定的限度,即偶然误差是有界的。

(2)单峰性。绝对值小的误差比绝对值大的误差出现的机会大。

(3)对称性。绝对值相等的正、负误差出现的机会相等。

(4)补偿性。在相同条件下,对同一量进行重复观测,偶然误差的算术平均值随着观测次数的无限增加而趋于零,即

$$\lim_{n \to \infty} \frac{\Delta_1 + \Delta_2 + \cdots + \Delta_n}{n} = \lim_{n \to \infty} \frac{[\Delta]}{n} = 0 \tag{6-3}$$

式中:[ ]——表示求和。

上述误差的补偿性是由误差的对称性推导得出的,它说明偶然误差具有补偿性。这个特性对深入研究偶然误差具有十分重要的意义。

表6-1 中相对个数称为频率。若以横坐标 $\frac{k}{n}$ 表示偶然误差的大小,纵坐标表示 $\frac{频率}{组距}$,即 $\frac{k}{n}$ 再除以 dΔ(本例取 dΔ = 0. 2″),则纵坐标 $\frac{k}{0.2n}$ 代表之值,可绘出误差统计直方图,见图6-1。

显然,图中所有矩形面积的总和等于1,而每个长方条的面积(图6-1 中斜线所示的面积)等于 $\frac{k}{0.2n} \times 0.2 = \frac{k}{n}$,即为偶然误差出现在该区间的频率。例如,偶然误差出现在 + 0.4″ ~ + 0.6″区间内的频率为 0.092。若使观测次数 $n \to \infty$,并将区间 dΔ 分得无限小(d$\Delta \to \infty$),此时各组内的频率趋于稳定而成为概率。直方图顶端连线将变成一个光滑的对称曲线(图6-2),该曲线称为高斯偶然误差分布曲线,在概率论中称为正态分布曲线。也就是说,在一定的观测条件下,对应着一个确定的误差分布。曲线的纵坐标 y 是 $\frac{概率}{间距}$,它是偶然误差 Δ 的函数,记为 $f(\Delta)$。图6-2 中斜线所表示的长方条面积 $f(\Delta_i)$dΔ,为偶然误差出现在微小区间 $\left(\Delta_i - \frac{1}{2}d\Delta, \Delta_i + \frac{1}{2}d\Delta\right)$ 内的概率,记为 $P(\Delta_i) = f(\Delta_i)d\Delta$,称为概率元素。

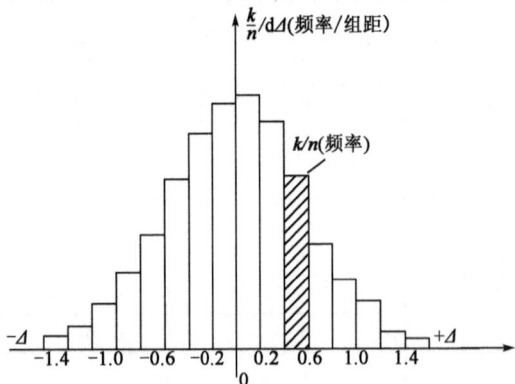

图 6-1 误差统计直方图

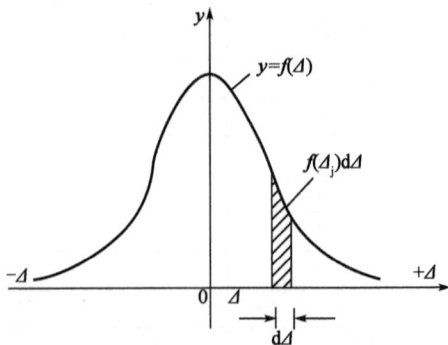

图 6-2 误差正态分布曲线

偶然误差出现在微小区间 dΔ 内的概率的大小与 $f(\Delta_i)$ 值有关。$f(\Delta_i)$ 越大,表示偶然误差出现在该区间内的概率越大,反之则越小。因此 $f(\Delta)$ 称为偶然误差的概率密度函数,简称密度函数,其公式为:

$$f(\Delta) = \frac{1}{\sqrt{2\pi}\,\sigma} e^{-\frac{\Delta^2}{2\sigma^2}} \tag{6-4}$$

式中:σ——观测误差的标准差。

由偶然误差的特性可知,当观测次数无限增加时,偶然误差的算术平均值必然趋近于零。但实际上,对任何一个未知量不可能进行无限次观测,通常为有限次观测,因而不能以严格的数学理论去理解这个表达式,它只能说明这个趋势。但是,由于其正的误差和负的误差可以相互抵消,因此,我们可以采用多次观测,取观测结果的算术平均作为最终结果。

由于偶然误差本身的特性,它不能用计算改正和改变观测方法来简单地加以消除,只能用偶然误差的理论加以处理,以减弱偶然误差对测量成果的影响。

因为偶然误差对观测值的精度有较大影响,为了提高精度,削减其影响,一般采用以下措施:

(1)在必要时或仪器设备允许的条件下适当提高仪器等级。

(2)进行多余观测。例如测一个平面三角形,只需测得其中两个角即可决定其形状。但实际上还要测出第三个角,使观测值的个数大于未知量的个数,以便检查三角形内角和是否等于180°,从而根据闭合差评定测量精度和分配闭合差。

(3)求最可靠值。一般情况下,未知量真值无法求得,通过多余观测,求出观测值的最或是值,即最可靠值。最常见的方法是求得观测值的算术平均值。

学习误差理论知识的目的,使我们能了解误差产生的规律,正确地处理观测成果,即根据一组观测数据,求出未知量的最可靠值,并衡量其精度;同时,根据误差理论制定精度要求,指导测量工作选用适当观测方法,以符合规定精度。

6.2 衡量精度的标准

6.2.1 精度

在测量中,用精度来评价观测成果的优劣。精确度是准确度与精密度的总称。准确度主要取决于系统误差的大小;精密度主要取决于偶然误差的分布。对基本排除系统误差,而以偶然误差为主的一组观测值,用精密度来评价该组观测值质量的优劣。精密度简称精度。

在相同的观测条件下,对某量进行一组观测,这一组中的每一个观测值都具有相同的精度。为了衡量观测值精度的高低,可以采用误差分布表或绘制频率直方图来评定,但这样做十分不便,有时也不可能。因此,需要建立一个统一的衡量精度的标准,给出一个数值概念,使该标准及其数值大小能反映出误差分布的离散或密集的程度,称为衡量精度的指标。

6.2.2 中误差

设在相同观测条件下,对任一个未知量进行了 n 次观测,其观测值分别为 l_1、l_2、$\cdots$、l_n。若

该未知量的真值为 X,由式(6-1)可得相应的 n 个观测值的真误差。为了避免正负误差相抵消并明显地反映观测值中较大误差的影响,通常是以各个真误差的平方和的平均值再开方作为评定该组每一观测值的精度的标准,即

$$m = \pm \sqrt{\frac{\Delta_1^2 + \Delta_2^2 + \cdots + \Delta_n^2}{n}} = \pm \sqrt{\frac{[\Delta\Delta]}{n}} \tag{6-5}$$

式中:m——中误差。

由于是等精度观测,因此中误差是指该组每一个观测值都具有这个值的精度,也称为观测值中误差。

从式(6-5)可以看出误差与真误差的关系,中误差不等于真误差,它仅是一组真误差的代表值;中误差 m 值的大小反映了这组观测值精度的高低,而且它能明显地反映出测量结果中较大误差的影响。因此,一般都采用中误差作为评定观测质量的标准。

例如,设有甲、乙两个小组,对三角形的内角和进行了 9 次观测,分别求得其真误差为:

甲组:$-5''$, $-6''$, $+8''$, $+6''$, $+7''$, $-4''$, $+3''$, $-8''$, $-7''$

乙组:$-6''$, $+5''$, $+4''$, $-4''$, $-7''$, $+4''$, $-7''$, $-5''$, $+3''$

试比较这两组观测值的中误差。

根据式(6-5)有:

$$m_甲 = \pm \sqrt{\frac{(-5)^2 + (-6)^2 + (+8)^2 + (+6)^2 + (+7)^2 + (-4)^2 + (+3)^2 + (-8)^2 + (-7)^2}{9}}$$

$$= \pm 6.2''$$

$$m_乙 = \pm \sqrt{\frac{(-6)^2 + (+5)^2 + (+4)^2 + (-4)^2 + (-7)^2 + (+4)^2 + (-7)^2 + (-5)^2 + (+3)^2}{9}}$$

$$= \pm 5.2''$$

从计算结果可以看出 $|m_甲| > |m_乙|$,说明乙组的观测精度比甲组高。

6.2.3 容许误差

在观测现场,观测者如何判断每一个观测值是否满足规范要求呢?由偶然误差的第一个特性可知,在一定观测条件下,偶然误差的绝对值不会超过一定的限值。如果在测量工作中某观测值的误差超过了这个限值,就认为这次观测的质量不符合要求,该观测结果应该舍去重测。这个界限称为容许误差或限差。那么应该如何确定这个限值呢?根据误差理论和实践的统计证明:在等精度观测的一组误差中,绝对值大于 1 倍中误差的偶然误差,其出现的机会为32%;大于 2 倍中误差的偶然误差,其出现的机会只有5%;大于 3 倍中误差的偶然误差,其出现的机会仅有 0.3%,即大约 300 多次观测中,才可能出现 1 次大于 3 倍中误差的偶然误差。因此,在观测次数不多的情况下,可认为大于 3 倍中误差的偶然误差实际上是不可能出现的。故通常以 3 倍中误差作为偶然误差的限差,即

$$\Delta_容 = 3m \tag{6-6}$$

在对精度要求较高时,常取 2 倍中误差作为容许误差,即

$$\Delta_容 = 2m \tag{6-7}$$

6.2.4 相对误差

前面提及的真误差、中误差都是绝对误差,单纯比较绝对误差的大小,有时还不能判断观测结果精度的高低。例如,丈量两段距离,第一段的长度为 100m,其中误差为 ±2cm;第二段长度为 200m,其中误差为 ±3cm。如果单纯用中误差的大小评定其精度,就会得出前者精度比后者高的结论。实际上,丈量的误差与长度有关,距离越大,误差的积累越大。因此,必须用相对误差来评定其精度。相对误差就是中误差的绝对值与相应观测量之比。相对误差是一个无量纲数,在测量上通常以分子为 1 的分数式表示,即

$$K = \frac{|m|}{D} = \frac{1}{\frac{D}{|m|}} \tag{6-8}$$

式中:m——中误差;

D——观测值。

在上例中,第一段的相对误差为:

$$K_1 = \frac{0.02\text{m}}{100\text{m}} = \frac{1}{5\,000}$$

第二段的相对误差为:

$$K_2 = \frac{0.03\text{m}}{200\text{m}} = \frac{1}{6\,600}$$

显然后者精度高于前者。

6.2.5 算术平均值

设在相同的观测条件下,对某一未知量进行了 n 次观测,得观测值 l_1、l_2、$\cdots$、l_n,则该量的最可靠值就是算术平均值 x,即

$$x = \frac{l_1 + l_2 + \cdots + l_n}{n} = \frac{[l]}{n} \tag{6-9}$$

算术平均值就是最可靠值的原理,简要说明如下。

若 Δ_1、Δ_2、$\cdots$、Δ_n 表示 n 次等精度观测值 l_1、l_2、$\cdots$、l_n 的真误差,X 为该量的真值,则有:

$$\left.\begin{aligned} \Delta_1 &= X - l_1 \\ \Delta_2 &= X - l_2 \\ &\cdots \\ \Delta_n &= X - l_n \end{aligned}\right\} \tag{6-10}$$

将上列等式相加并除以 n,得:

$$\frac{[\Delta]}{n} = X - \frac{[l]}{n}$$

根据偶然误差的第四个特性,有:

$$\lim_{n \to \infty} \frac{[\Delta]}{n} = 0$$

由此得出:

$$X = \lim_{n \to \infty} \frac{[l]}{n}$$

即

$$\lim_{n \to \infty} x = X \tag{6-11}$$

从式(6-11)可见,当观测次数 n 趋于无限多时,算术平均值就是该量的真值。但实际工作中观测次数总是有限的,这样算术平均值不等于真值,但它与所有观测值比较都更接近于真值。因此,可认为算术平均值是该量的最可靠值,故又称为最或然值。

6.2.6 观测值改正数

在实际工作中,未知量的真值往往是不知道的,因此真误差 Δ_i 也无法求得,因而不能直接求观测值的中误差。但未知量的最或是值 x 与观测值 l_i 之差 v_i 是可以求得的,v_i 称为观测值改正数,即

$$\left. \begin{array}{l} v_1 = x - l_1 \\ v_2 = x - l_2 \\ v_n = x - l_n \end{array} \right\} \quad (i = 1,2,\cdots,n) \tag{6-12}$$

求和得:

$$[v] = nx - [l]$$

两边除以 n 得:

$$\frac{[v]}{n} = x - \frac{[l]}{n}$$

由 $x = \dfrac{[l]}{n}$ 得:

$$[v] = 0 \tag{6-13}$$

由式(6-13)可知,对于任何一组等精度观测值,其改正数代数和等于零,这就是观测值改正数的特性。根据这一结论可检查计算的算术平均值和改正数是否正确。

6.2.7 由观测值改正数计算观测值中误差

现在研究改正数 v 与真误差 Δ 之间的关系,从而导出以改正数表示观测值中误差的公式。根据真误差定义得:

$$\left. \begin{array}{l} \Delta_1 = X - l_1 \\ \Delta_2 = X - l_2 \\ \cdots \\ \Delta_n = X - l_n \end{array} \right\} \tag{6-14}$$

由式(6-14)与式(6-12)对应相减得:

$$\left. \begin{array}{l} \Delta_1 = v_1 + (X - x) \\ \Delta_2 = v_2 + (X - x) \\ \cdots \\ \Delta_n = v_n + (X - x) \end{array} \right\}$$

上式两边平方并相加得:

$$[\Delta\Delta] = [vv] + n(X - x)^2 + 2(X - x)[v]$$

因为$[v]=0$,所以:

$$[\Delta\Delta] = [vv] + n(X-x)^2$$

上式两边除以n得:

$$\frac{[\Delta\Delta]}{n} = \frac{[vv]}{n} + (X-x)^2 \tag{6-15}$$

$(X-x)$是算术平均值的真误差,以δ表示,则:

$$\delta^2 = (X-x)^2 = \left(X - \frac{[l]}{n}\right)^2 = \frac{1}{n^2}(nX - [l])^2$$

$$= \frac{1}{n^2}(X - l_1 + X - l_2 + \cdots + X - l_n)^2 = \frac{1}{n^2}(\Delta_1 + \Delta_2 + \cdots + \Delta_n)^2$$

$$= \frac{1}{n^2}(\Delta_1^2 + \Delta_2^2 + \cdots + \Delta_n^2 + 2\Delta_1\Delta_2 + 2\Delta_2\Delta_3 + \cdots + 2\Delta_{n-1}\Delta_n)$$

$$= \frac{[\Delta\Delta]}{n^2} + \frac{2}{n^2}(\Delta_1\Delta_2 + \Delta_2\Delta_3 + \cdots + \Delta_{n-1}\Delta_n)$$

由于Δ_1、Δ_2、$\cdots$、Δ_n是偶然误差,故$\Delta_1\Delta_2$、$\Delta_2\Delta_3$、$\cdots$、$\Delta_{n-1}\Delta_n$也具有偶然误差的性质。根据偶然误差的第四个特性,当n相当大时,其总和接近于零;当n为较大有限值时,其值也远远比$[\Delta\Delta]$小,可以略而不计。因而式(6-15)可以近似地写成:

$$\frac{[\Delta\Delta]}{n} = \frac{[vv]}{n} + \frac{[\Delta\Delta]}{n^2} \tag{6-16}$$

根据中误差定义,得:

$$m^2 = \frac{[vv]}{n} + \frac{m^2}{n}$$

$$m = \pm\sqrt{\frac{[vv]}{n-1}} \tag{6-17}$$

式(6-17)即为利用观测值改正数计算中误差的公式。

6.2.8 算术平均值中误差

算术平均值x的中误差m_x,可由下式计算:

$$m_x = \frac{m}{\sqrt{n}} \tag{6-18}$$

或

$$m_x = \sqrt{\frac{[vv]}{n(n-1)}} \tag{6-19}$$

其公式证明见6.3.2[例6-3]。

6.3 误差传播定律及其应用

6.3.1 误差传播定律

前面阐述了用中误差作为衡量观测值精度的指标。但在实际测量工作中,某些量的大小往往不是直接观测到的,而是通过一定的函数关系间接计算求得的。表述观测值函数的中误差与观测值中误差之间关系的定律称为误差传播定律。

设 Z 为独立变量 x_1、x_2、$\cdots$、x_n 的函数,即

$$Z = f(x_1, x_2, \cdots, x_n)$$

式中:Z——不可直接观测的未知量,真误差为 Δ_z,中误差为 m_z;

x_i——可直接观测的未知量,$i = 1, 2, \cdots, n$,相应的观测值为 l_i,真误差为 Δ_i,中误差为 m_i。

当各观测值带有真误差 Δ_i 时,函数也随之带有真误差 Δ_z。

$$Z + \Delta_z = (x_1 + \Delta_1, x_2 + \Delta_2, \cdots, x_n + \Delta_n)$$

按泰勒级数展开,取近似值:

$$Z + \Delta_z = f(x_1, x_2, \ldots, x_n) + \left(\frac{\partial f}{\partial x_1}\Delta_1, \frac{\partial f}{\partial x_2}\Delta_2, \ldots, \frac{\partial f}{\partial x_n}\Delta_n\right)$$

即

$$\Delta_z = \left(\frac{\partial f}{\partial x_1}\Delta_1, \frac{\partial f}{\partial x_2}\Delta_2, \ldots, \frac{\partial f}{\partial x_n}\Delta_n\right)$$

若对各独立变量都测定了 k 次,则其平方和关系式为:

$$\sum_{j=1}^{k}\Delta_{zj}^2 = \left(\frac{\partial f}{\partial x_1}\right)^2\sum_{j=1}^{k}\Delta_{1j}^2 + \left(\frac{\partial f}{\partial x_2}\right)^2\sum_{j=1}^{k}\Delta_{2j}^2 + \cdots + \left(\frac{\partial f}{\partial x_n}\right)^2\sum_{j=1}^{k}\Delta_{nj}^2 +$$

$$2\left(\frac{\partial f}{\partial x_1}\right)\left(\frac{\partial f}{\partial x_2}\right)\sum_{j=1}^{k}\Delta_{1j}\Delta_{2j} + 2\left(\frac{\partial f}{\partial x_1}\right)\left(\frac{\partial f}{\partial x_3}\right)\sum_{j=1}^{k}\Delta_{1j}\Delta_{3j} + \cdots$$

由偶然误差的特性可知,当观测次数 $k \to \infty$ 时,上式中各偶然误差 Δ 的交叉项总和均趋向于零,又

$$\frac{\sum_{j=1}^{k}\Delta_{zj}^2}{k} = m_z^2, \qquad \frac{\sum_{j=1}^{k}\Delta_{ij}^2}{k} = m_i^2$$

则

$$m_z^2 = \left(\frac{\partial f}{\partial x_1}\right)^2 m_1^2 + \left(\frac{\partial f}{\partial x_2}\right)^2 m_2^2 + \cdots + \left(\frac{\partial f}{\partial x_n}\right)^2 m_n^2$$

或

$$m_z = \sqrt{\left(\frac{\partial f}{\partial x_1}\right)^2 m_1^2 + \left(\frac{\partial f}{\partial x_2}\right)^2 m_2^2 + \cdots + \left(\frac{\partial f}{\partial x_n}\right)^2 m_n^2} \tag{6-20}$$

式(6-20)即为观测值中误差与其函数中误差的一般关系式,称中误差传播公式。据此可以推出下列简单函数式的中误差传播公式,见表6-2。

中误差传播公式　　　　　　　　　　　　　　　　表6-2

函数名称	函 数 式	中误差传播公式
倍数函数	$Z = Ax$	$m_z = \pm Am$
和差函数	$Z = x_1 \pm x_2$	$m_z = \pm\sqrt{m_1^2 + m_2^2}$
	$Z = x_1 \pm x_2 \pm \cdots \pm x_n$	$m_z = \pm\sqrt{m_1^2 + m_2^2 + \cdots + m_n^2}$
线性函数	$Z = A_1x_1 \pm A_2x_2 \pm \cdots \pm A_nx_n$	$m_z = \pm\sqrt{A_1^2m_1^2 + A_2^2m_2^2 + \cdots + A_n^2m_n^2}$

6.3.2　误差传播定律的应用

中误差传播公式在测量中应用十分广泛。利用这个公式不仅可以求得观测值函数的中误差,还可以用来研究容许误差值的确定以及分析观测可能达到的精度等。下面举例说明其应用方法。

【例 6-1】 在 1∶500 地形图上量得某两点间的距离 $d = 234.5\text{mm}$,其中误差 $m_d = \pm0.2\text{mm}$,求该两点间的地面水平距离 D 及其中误差 m_D。

解:
$$D = 500d = 500 \times 0.2345 = 11\,725 \quad (\text{m})$$
$$m_D = \pm500m_d = \pm500 \times 0.0002 = \pm0.10 \quad (\text{m})$$

【例 6-2】 设对某一个三角形观测了其中 α、β 两个角,测角中误差分别为 $m_\alpha = \pm3.5''$,$m_\beta = \pm6.2''$,试求 γ 角的中误差 m_γ。

解:
$$\gamma = 180° - \alpha - \beta$$
$$m_\gamma = \pm\sqrt{m_\alpha^2 + m_\beta^2} = \pm\sqrt{3.5^2 + 6.2^2} = \pm7.1''$$

【例 6-3】 试推导出算术平均值中误差的公式。

解: 算术平均值:
$$x = \frac{[l]}{n} = \frac{1}{n}l_1 + \frac{1}{n}l_2 + \cdots + \frac{1}{n}l_n$$

设 $\dfrac{1}{n} = k$,则:
$$x = kl_1 + kl_2 + \cdots + kl_n$$

因为等精度观测,各观测值的中误差相同,即 $m_1 = m_2 = \cdots = m_n$,得算术平均值的中误差为:

$$
\begin{aligned}
M &= \pm\sqrt{k^2m_1^2 + k^2m_2^2 + \cdots + k^2m_n^2} \\
&= \pm\sqrt{\frac{1}{n^2}(m^2 + m^2 + \cdots + m^2)} \\
&= \pm\sqrt{\frac{m^2}{n}}
\end{aligned}
$$

所以
$$M = \pm\frac{m}{\sqrt{n}} \qquad\qquad (6\text{-}21)$$

式(6-21)表明,在相同的观测条件下,算术平均值的中误差与观测次数的平方根成反比。设观测值的中误差 $m = 1$,则算术平均值的中误差 M 与观测次数 n 的关系如图 6-3 所示。由图 6-3 可以看出,随着观测次数的增加,算术平均值的精度固然随之提高;但是当观测次数增加到一定数值后(例如 $n = 10$),算术平均值精度的提高是很微小的。因此,不能单以增加观测次数来提高观测成果的精

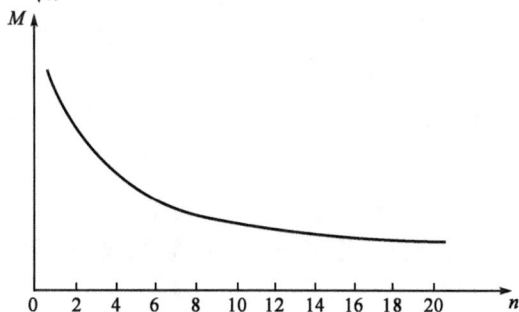

图 6-3　M 与 $\sqrt{n}$ 成反比

度,还应设法提高观测本身的精度。例如,采用精度较高的仪器,提高观测技能,在良好的外界条件下进行观测等。

【例6-4】 推导用三角形闭合差计算测角中误差公式。

解: 设等精度观测了 n 个三角形的内角,其测角中误差为 m_β,各三角形闭合差为 f_{β_1}、f_{β_2}、$\cdots$、$f_{\beta_n}(f_{\beta_i} = a_i + b_i + c_i - 180°)$,按中误差定义得三角形内角和的中误差 $m\sum$ 为:

$$m\sum = \pm \sqrt{\frac{[f_\beta f_\beta]}{n}}$$

由于内角和 $\sum$ 是每个三角形各观测角之和,即

$$\sum_i = a_i + b_i + c_i$$

其中误差为:

$$m\sum = \pm \sqrt{3} m_\beta$$

故测角中误差为:

$$m_\beta = \pm \sqrt{\frac{[f_\beta f_\beta]}{3n}} \tag{6-22}$$

式(6-22)称为菲列罗公式,通常用在三角测量中评定测角精度。

【例6-5】 分析水准测量精度。

解: 设在 A、B 两水准点间安置了 n 站,每个测站后视读数为 a,前视读数为 b,每次读数的中误差均为 $m_读$。由于每个测站高差为:

$$h = a - b$$

根据误差传播定律,求得一个测站所测得的高差中误差 m_h 为:

$$m_h = m_读 \sqrt{2}$$

如果采用黑、红双面尺或两次仪器高法测定高差,并取两次高差的平均值作为每个测站的观测结果,则可求得每个测站高差平均值的中误差 $m_站$ 为:

$$m_站 = \frac{m_h}{\sqrt{2}} = m_读$$

由于 A、B 两水准点间共安置了 n 个测站,可求得 n 站总高差的中误差 m 为:

$$m = m_站 \sqrt{n} = m_读 \sqrt{n} \tag{6-23}$$

即水准测量高差的中误差与测站数的平方根成正比。

设每个测站的距离 S 大致相等,全长 $L = nS$,将 $n = L/S$ 代入式(6-23):

$$m = m_站 \sqrt{1/S} \sqrt{L}$$

式中:$1/S$——每公里测站数;

$m_站 \sqrt{1/S}$——每公里高差中误差,以 u 表示,则:

$$m = \pm u \sqrt{L} \tag{6-24}$$

即水准测量高差的中误差与距离平方根成正比。

由此,现行规范中规定,普通(图根)水准测量容许高差闭合差分别为:

平地

$$f_{h容} = \pm 40 \sqrt{L} (mm)$$

山地

$$f_{\text{h容}} = \pm 12\sqrt{n} \, (\text{mm})$$

【例6-6】 分析水平角测量的精度。

解：(1)DJ6级光学经纬仪一测回的测角中误差。

DJ6级光学经纬仪通过盘左、盘右(即一测回)观测同一方向的中误差 $m_{\text{方}} = \pm 6''$ 作为出厂精度,也就是一测回方向中误差为 $\pm 6''$。由于水平角为两个方向值之差,$\beta = b - a$,故其中误差应为:

$$m_{\beta} = m_{\text{方}}\sqrt{2} = \pm 6''\sqrt{2} = \pm 8.5''$$

即 DJ6级光学经纬仪一测回的测角中误差为 $\pm 8.5''$。考虑仪器本身误差及其他不利因素,取 $m_{\beta} = \pm 10''$。以2倍中误差作为容许误差,则:

$$m_{\beta容} = 2m_{\beta} = \pm 20''$$

因而规范中当用 DJ6级光学经纬仪施测一测回时,测角中误差规定为 $\pm 20''$。

(2)三角形角度容许闭合差。

用 DJ6级光学经纬仪等精度观测三角形的三个内角,各角均用一测回观测,其三角形闭合差为:

$$W = (a_i + b_i + c_i) - 180°$$

已知测角中误差

$$m_{\beta} = m_a = m_b = m_c$$

按误差传播定律,三角形闭合差的中误差为:

$$m_{W} = \sqrt{3}\, m_{\beta}$$

以 $m_{\beta} = \pm 8.5''$ 代入,得:

$$m_{W} = \pm 8.5'' \times \sqrt{3} = \pm 15''$$

考虑仪器本身误差和其他不利因素,$m_{W} = \pm 20''$。取3倍中误差为容许误差,则规范规定用 DJ6级光学经纬仪施测一测回,三角形最大闭合差(容许闭合差)为 $\pm 60''$。

【例6-7】 分析距离测量精度。

解：(1)钢尺量距的精度。

用尺长为 L 的钢尺丈量长度为 D 的距离,共丈量 n 个尺段,若已知每个尺段的中误差为 m,则:

$$D = L_1 + L_2 + \cdots + L_n$$

按误差传播定律

$$m_{D} = m\sqrt{n}$$

其中,n 为整尺段数,所以,将其代入上式得:

$$m_{D} = \frac{m}{\sqrt{L}}\sqrt{D}$$

在一定的观测条件下,采用同一把钢尺和相同的操作方法,式中的 m 和 L 应为常数,令 $u = \dfrac{m}{\sqrt{L}}$,则:

$$m_{D} = u\sqrt{D} \tag{6-25}$$

即丈量距离中误差与所量距离平方根成正比。

式(6-25)中,当 $D=1$ 时即 u 为丈量单位长度的中误差。例如 $D=1\text{km}$,u 则为丈量 1km 的中误差。

在实际工作中,通常以两次丈量结果的较差与长度之比来评定精度,则:

$$m_{\Delta D} = \sqrt{2}\,m_D = \sqrt{2}\,u\,\sqrt{D}$$

以 2 倍中误差作为容许误差,则:

$$\Delta D_{容} = \pm 0.005\sqrt{2}\cdot\sqrt{D} = 0.007\sqrt{D}$$

在地形良好地区,一般用钢尺丈量一尺段,完全可达到 $2u = \pm 0.005m$。

以常用长度 $D=200\text{m}$ 代入,则:

$$K_{容} = \frac{\Delta D_{容}}{D} = \frac{1}{2\ 020}$$

因此,距离丈量规定相对误差不低于 1/2 000。

(2)视距测量的测距精度。

按倾斜视距公式:

$$D = Kl\cos^2\alpha$$

$$\frac{\partial D}{\partial l} = K\cos^2\alpha$$

$$\frac{\partial D}{\partial\alpha} = -Kl\sin 2\alpha$$

水平距离中误差为:

$$m_D = \pm\sqrt{\left(\frac{\partial D}{\partial l}\right)^2 m_1^2 + \left(\frac{\partial D}{\partial\alpha}\right)^2\left(\frac{m_\alpha}{\rho''}\right)^2}$$

$$= \pm\sqrt{(K\cos^2\alpha)^2 m_1^2 + (Kl\sin 2\alpha)^2\left(\frac{m_\alpha}{\rho''}\right)^2}$$

由于根式内第二项的值很小,为讨论方便将其略去,则:

$$m_D = \pm\sqrt{(K\cos^2\alpha)^2 m_1^2} = \pm K\cos^2\alpha\cdot m_1 \tag{6-26}$$

式中: m_n ——标尺视间隔 n 的读数中误差。

因为 l = 下丝读数 − 上丝读数,所以:

$$m_1 = \pm m_{读}\sqrt{2} \tag{6-27}$$

式中: $m_{读}$ ——视距丝读数的中误差。

人眼的最小可分辨视角为 60″。DJ6 级经纬仪望远镜放大倍数为 24 倍,则人的肉眼通过望远镜来观测时,可达到的分辨视角 $\gamma = \frac{60''}{24} = 2.5''$。因此,一根视距丝的读数误差为 $\frac{2.5''}{206\ 265''}\times D \approx 12.1\times 10^{-6}D$,以它作为读数误差的 $m_{读}$ 代入式(6-27)后可得:

$$m_1 = \pm 12.1\times 10^{-6}D\sqrt{2} \approx \pm 17.11\times 10^{-6}D$$

又因视距测量时,一般情况下 α 值都不大,当 α 很小时。为讨论方便起见,将式(6-26)写为:

$$m_D = \pm 17.11\times 10^{-4}D$$

则相对中误差为：

$$\frac{m_D}{D} = \pm 17.11 \times 10^{-4} = \pm 0.001\ 71 \approx \frac{1}{584}$$

再考虑到其他因素的影响，可以认为视距精度约为 1/300。

6.4 权

当各观测量的精度不相同时，不能按算术平均值、中误差以及算术平均值的中误差来计算观测值的最或是值和评定其精度。计算观测量的最或然值应考虑到各观测值的质量和可靠程度，显然对精度较高的观测值，在计算最或然值时应占有较大的比重，反之，精度较低的应占较小的比重，为此的各个观测值要给定一个数值来比较它们的可靠程度，这个数值在测量计算中被称为观测值的权（Weight）。显然，观测值的精度越高，中误差就越小，权就越大，反之亦然。

在测量计算中，给出了用中误差求权的定义公式：

$$P_i = \frac{\mu^2}{m_i^2} \qquad (i = 1, 2, \cdots, n) \tag{6-28}$$

式中：P_i——观测值的权；

μ——任意常数；

m_i——各观测值对应的中误差。

在用式(6-28)求一组观测值的权 P_i 时，必须采用同一 μ 值。

当取 $P = 1$ 时，μ 就等于 m，即 $\mu = m$，通常称数字为 1 的权为单位权，单位权对应的观测值为单位权观测值。单位权观测值对应的中误差 μ 为单位权中误差。

当已知一组非等精度观测值的中误差时，可以先设定 μ 值，然后按式(6-28)计算各观测值的权。

例如：已知三个角度观测值的中误差分别为 $m_1 = \pm 3''$、$m_2 = \pm 4''$、$m_3 = \pm 5''$，它们的权分别为：

$$P_1 = \frac{\mu^2}{m_1^2}, \quad P_2 = \frac{\mu^2}{m_2^2}, \quad P_3 = \frac{\mu^2}{m_3^2}$$

若设 $\mu = \pm 3''$，则 $P_1 = 1$，$P_2 = 9/16$，$P_3 = 9/25$；若设 $\mu = \pm 1''$，则 $P_1' = 1/9$，$P_2' = 1/16$，$P_3' = 1/25$。

上例中 $P_1 : P_2 : P_3 = P_1' : P_2' : P_3' = 1 : 0.56 : 0.36$。可见，$\mu$ 值取得不同，权值也不同，但不影响各权之间的比例关系。

当 $\mu = \pm 3''$ 时，P_1 就是该问题中的单位权，$m_1 = \pm 3''$ 就是单位权中误差。

中误差是用来反映观测值的绝对精度，而权是用来比较各观测值相互之间的精度高低。因此，权的意义在于它们之间所存在的比例关系，而不在于它本身数值的大小。

对某量进行了 n 次非等精度观测，观测值分别为 L_1、L_2、$\cdots$、L_n，相应的权为 P_1、P_2、$\cdots$、P_n，则加权平均值 x 就是非等精度观测值的最或是值，计算公式为：

$$x = \frac{P_1 L_1 + P_2 L_2 + \cdots + P_n L_n}{P_1 + P_2 + \cdots + P_n} = \frac{[PL]}{P} \tag{6-29}$$

显然,当各观测值为等精度时,其权为 $P_1 = P_2 = \cdots = P_n = 1$,上式就与求算术平均值 $x = \frac{[L]}{n}$ 一致。

设 L_1、L_2、$\cdots$、L_n 的中误差为 m_1、m_2、$\cdots$、m_n,则根据误差传播定律,由式(6-29)可导出加权平均值的中误差为:

$$M^2 = \frac{P_1^2}{[P]^2}m_1^2 + \frac{P_2^2}{[P]^2}m_2^2 + \cdots + \frac{P_n^2}{[P]^2}m_n^2 \tag{6-30}$$

而 $m_i^2 = \frac{M^2}{P_i}$。

由式(6-28)有 $P_i m_i^2 = \mu^2$,代入式(6-30)得:

$$M_x^2 = \frac{\mu^2}{[P]^2}(P_1 + P_2 + \cdots + P_n) = \frac{\mu^2}{[P]}$$

$$M_x = \pm \frac{\mu}{\sqrt{[P]}} \tag{6-31}$$

实际计算时,式(6-31)中的单位权中误差 μ 一般用观测值的改正数来计算,其公式为:

$$\mu = \pm \sqrt{\frac{[PVV]}{n-1}} \tag{6-32}$$

【例6-8】 如图 6-4 所示,从已知水准点 A、B、C 经三条水准路线,测得 E 点的观测高程 H_i 及水准路线长度 S_i。求 E 点的最或是高程及其中误差。

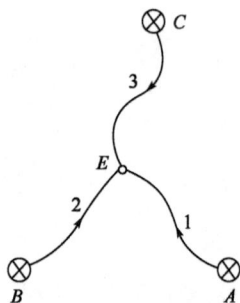

图 6-4　水准路线

解:计算见表 6-3,计算中的定权公式为 $P_i = 1/S_i$。

平 差 计 算　　　　表 6-3

路线	E 点高程 H (m)	路线长 (km)	$P = \frac{1}{S}$	V (mm)	PVV	精 度 评 定
1	527.459	4.5	0.22	10	22.00	$\mu = \pm\sqrt{\dfrac{122}{2}} = 7.81(\text{mm})$
2	527.484	3.2	0.31	−15	69.75	
3	527.458	4.0	0.25	11	30.25	$M_F = \pm\dfrac{7.81}{\sqrt{0.78}} = 8.84(\text{mm})$
	$X = 527.469$		0.78		122	

最后结果可写成 $H_E = 527.469\text{m} \pm 0.009\text{m}$。

[思考题与习题]

6-1　在角度测量中采用正倒镜观测、水准测量中前后视距相等,这些规定都是为了消除什么误差?

6-2　在水准测量中,有下列各种情况使水准尺读数带有误差,试判别误差的性质:①视准轴与水准管轴不平行;②仪器下沉;③读数不正确;④水准尺下沉。

6-3 偶然误差和系统误差有什么不同？偶然误差具有哪些特性？

6-4 什么是中误差？为什么中误差能作为衡量精度的标准？

6-5 函数 $z = z_1 + z_2$，其中 $z_1 = x + 2y$，$z_2 = 2x - y$，x 和 y 相互独立，其 $m_x = m_y = m$，求 m_z。

6-6 进行三角高程测量,按计算高差,求高差中误差。

6-7 用经纬仪观测某角共 8 个测回,结果如下:56°32′13″,56°32′21″,56°32′17″,56°32′14″,56°32′19″,56°32′23″,56°32′21″,56°32′18″。试求该角最或是值及其中误差。

6-8 用水准仪测量 A、B 两点高差 9 次,得下列结果(以 m 为单位):1.253,1.250,1.248,1.252,1.249,1.247,1.250,1.249,1.251,试求 A、B 两点高差的最或是值及其中误差。

6-9 用经纬仪测水平角,一测回的中误差 $m = \pm 15″$。欲使测角精度达到 $m = \pm 5″$,需观测几个测回?

6-10 用同一台经纬仪分三次观测同一角度,其结果为 $\beta_1 = 30°24′36″$(6 测回),$\beta_2 = 30°24′34″$(4 测回),$\beta_3 = 30°24′38″$(8 测回)。试求单位权中误差、加权平均值中误差、一测回观测值的中误差。

第 7 章

小区域控制测量

为了减少测量工作中的误差累计,应遵循"从整体到局部、由高级到低级、先控制后碎部"的原则。因此,在测图和放样之前,应首先在测区内进行控制测量,建立控制网,然后根据控制网进行碎部测量和测设。控制测量包括平面控制测量和高程控制测量。测定控制点平面位置$(x、y)$的工作,称为平面控制测量,常用的方法有三角测量、导线测量、GPS测量等;测定控制点高程(H)的工作,称为高程控制测量,常用的方法有水准测量、三角高程测量等。

7.1 概　　述

7.1.1　平面控制测量

1)国家平面控制网

国家平面控制网是在全国范围布设的平面控制网,全国各种比例尺测图都以国家控制网作为基本控制。我国的国家平面控制网是采用逐级控制、分级布设的原则建立起来的,依照施测精度分为一、二、三、四4个等级,其中低级点受高级点逐级控制。

国家平面控制网,主要布设成三角网,如图7-1所示。一等三角网沿经线和纬线布设成纵横交叉的三角锁系,锁长200～250km,锁内由近于等边的三角形组成,边长为25～30km,它是国家平面控制网的骨干;二等三角网布设于一等三角锁环内,构成全面三角网,平均边长为13km,是国家平面控制网的全面基础;三、四等三角网为二等三角网的进一步加密,采用插网或插点方法布设,其中三等三角网平均边长为8km,四等三角网平均边长为2～6km,四等控制点每点控制面积为15～20km^2,可以满足1∶10 000和1∶5 000比例尺地形测图的需要。

建立国家平面控制网,主要采用三角测量的方法,西部困难地区采用精密导线测量法,目前我国正采用GPS控制测量逐步取代三角测量。我国国家A级和B级GPS大地控制网分别于1996年和1997年建成并先后交付使用。2003年完成了2 000国家GPS网的计算。2 000国家GPS网共有28个GPS连续运行站、2 518个GPS网点。国家GPS网依据相对定位的精度指标分为A、B、C、D、E 5个等级。

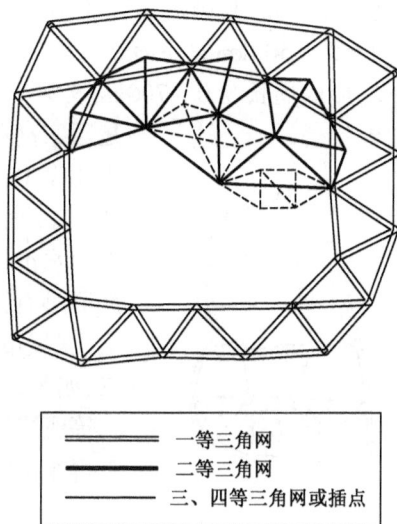

图7-1 国家平面控制网

图例:一等三角网 / 二等三角网 / 三、四等三角网或插点

2) 城市控制网

城市控制网是在城市地区,在国家控制网的控制下而建立起来的控制网,主要为测绘大比例尺地形图和工程建设服务。城市控制网的建立方法与国家控制网基本相同,但其精度要求不同;与国家控制网一样,城市控制网也要分级建立,以满足不同的目的和需要。国家控制网和城市控制网的测量工作均由专门的测绘单位承担,控制点的平面位置和高程,也由相应的测绘部门统一管理。

3) 图根控制网

直接供测图使用的控制点,称为图根控制点,简称图根点,由图根点构成的控制网称为图根控制网。测定图根点位置的工作,称为图根控制测量。图根控制网一般应与上述控制网连接,如连接有困难时,也可建立独立控制网。图根点的密度和精度应满足测图比例尺要求和地形的复杂程度。一般地,平坦开阔地区图根点的密度应满足表7-1的规定;地形复杂地区、城市建筑密集区和山区,可适当加大图根点的密度。

开阔地区图根点密度 表7-1

测图比例尺	1∶500	1∶1 000	1∶2 000	1∶5 000
图根点密度(点/km^2)	150	50	15	5

7.1.2 高程控制测量

国家高程控制网是用精密水准测量方法建立的,它是在全国范围内,由一系列按国家统一规范测定高程的水准点构成的,所以又称为国家水准网。国家水准网按照由高级到低

107

级,逐级控制分级布设的原则分为一、二、三、四4个等级,其布设如图7-2所示。其中,一等水准网精度最高,是国家高程控制网的骨干,它沿地质构造稳定和坡度平缓的交通路线布设成周长约1 500km的环形路线。二等水准网布设于一等水准环内,一般沿铁路、公路和河流布设,形成周长500~700km的环线,它是国家高程控制网的全面基础。三、四等水准网是国家高程控制网的进一步加密,直接为测绘地形图和各种工程建设提供高程起算数据,三、四等水准路线应附合于高等级水准点之间,并尽可能交叉,构成闭合环。高程控制网的建立主要采用水准测量和三角高程测量的方法,在地形起伏较大、直接水准测量有困难的地区通常采用三角高程测量。

《城市测量规范》(CJJ/T 8—2001)将城市水准测量分为二、三、四等。根据城市范围的大小,城市首级高程控制网可布设成二等或三等水准网,用三等或四等水准网进一步加密,在四等以下再布设图根水准网。

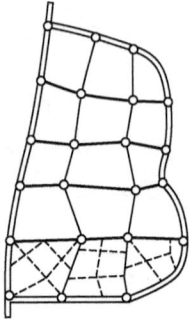

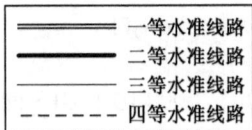

图7-2 国家高程控制网

7.1.3 小区域控制网

在面积小于15km² 范围内为地形测图或工程测量建立的控制网,称为小区域控制网。在这个范围内,水准面可视为水平面,可采用独立平面直角坐标系计算控制点的坐标。建立小区域控制网时,应尽量与国家或城市已建立的高级控制网联测,将国家或城市控制网的高级控制点的坐标和高程,作为小区域控制网的起算和校核数据。如果测区内或测区附近没有高级控制点,或附近有高级控制点而联测较为困难时,为了满足建设的需要,也可建立独立控制网。此时,控制网的起算坐标和高程可自行假定,坐标方位角可用测区中央的磁方位角代替。

小区域控制网包括小区域平面控制网和小区域高程控制网两种。小区域平面控制网,应根据测区面积的大小按精度要求分级建立。在测区范围内建立的精度最高的平面控制网,称为首级控制网;在测区内直接为测图而建立的控制网,称为图根控制网,其面积和等级的关系见表7-2。小区域平面控制网的建立主要采用导线测量和小三角测量的方法。

小区域平面控制网的建立　　　　表7-2

测区面积(km²)	首级控制网	图根控制网
2~15	一级小三角或一级导线	二级图根
0.5~2	二级小三角或二级导线	二级图根
0.5以下	图根控制	

小区域高程控制网,也应根据测区面积的大小和工程要求分级建立,通常采用三、四等水准测量和三角高程测量的方法,以国家水准点或城市等级水准点为基础,在测区范围内建立三、四等水准路线或水准网,再以三、四等水准点为基础,建立图根高程控制点。

7.2 导线测量外业

7.2.1 导线测量概述

导线测量是建立小区域平面控制网常用的一种方法,特别是在地物分布复杂的建筑区、视线障碍较多的隐蔽区和带状地区,多采用导线测量的方法。

导线是指将测区内相邻控制点连成直线而构成的折线图形,这些控制点称为导线点,相邻导线点间的连线则称为导线边。导线测量的任务就是要确定各导线点的平面坐标,为此,应首先已知一个高等级控制点的坐标、一条高级导线边的方位角,然后测定各导线边的长度和各转折角值,根据已知导线边的方位角推算出各导线边的坐标方位角,再结合已测定的各边长度计算出坐标增量,由已知高等级控制点的坐标依次推算出各导线点的坐标。所以,导线测量的工作就是依次测定各导线边的水平距离和两相邻导线边的水平夹角。导线分精密导线和普通导线,前者多用于国家或城市平面控制测量,后者多用于小区域或图根平面控制测量。

7.2.2 导线的形式

根据测区的地形以及已知高级控制点的情况,导线可布设成以下几种基本形式。

1)闭合导线

如图7-3a)所示,导线从已知控制点 B 出发,经过 1、2、3、4 最后仍回到起点 B,形成一个闭合多边形,这样的导线称为闭合导线。闭合导线本身存在着严密的几何条件,具有检核作用,是小区域控制测量的常用布设形式,但由于它起止于同一点,易产生图形整体偏转。

2)附合导线

如图7-3b)所示,导线从已知控制点 B 出发,经过 1、2、3 点,最后附合到另一已知点 C 上,这样的导线称为附合导线。由于附合导线附合在两个已知点上,所以具有较好的检核条件,是小区域控制测量的首选方案。

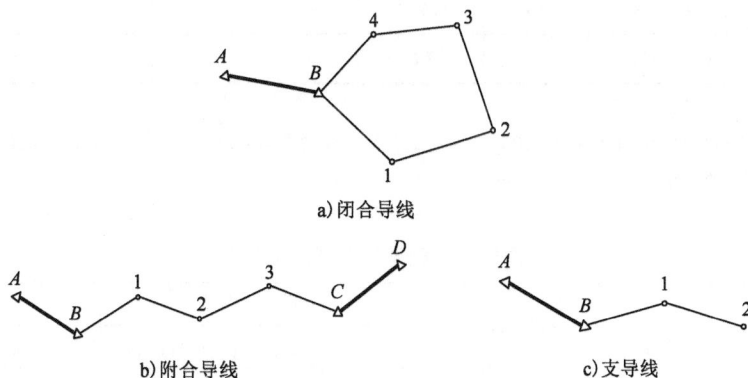

图7-3 导线形式

3）支导线

如图7-3c）所示，导线由一已知点出发，既不附合到另一已知点，又不回到原起始点，这样的导线称为支导线。支导线没有图形检核条件，因此发生错误时不易被发现，一般只能用在无法布设附合或闭合导线的少数特殊情况，并且要对导线边数进行限制，一般不超过两个点。图7-3c）中的1、2点即为两个支导线点。

以上是常用的导线布设形式，除此以外根据测区的具体情况，导线还可以布设成结点导线（图7-4）和导线网（图7-5）。

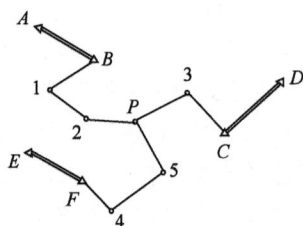

图7-4　结点导线　　　　　　　图7-5　导线网

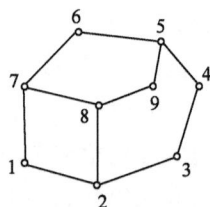

7.2.3　导线测量的技术要求

用经纬仪测角、钢尺量边的导线称为经纬仪导线，用光电测距仪测边的导线称为光电测距导线，各等级导线测量的主要技术要求见表7-3、表7-4。

导线测量的主要技术要求　　　　　　　　　　　　　表7-3

等级	导线长度（km）	平均边长（km）	测角中误差（"）	测距中误差（mm）	测距相对中误差	测 回 数			方位角闭合差（"）	导线全长相对闭合差
						1"级仪器	2"级仪器	6"级仪器		
三等	14	3	1.8	20	1/150 000	6	10	—	$3.6\sqrt{n}$	≤1/55 000
四等	9	1.5	2.5	18	1/80 000	4	6	—	$5\sqrt{n}$	≤1/35 000
一级	4	0.5	5	15	1/30 000	—	2	4	$10\sqrt{n}$	≤1/15 000
二级	2.4	0.25	8	15	1/14 000	—	1	3	$16\sqrt{n}$	≤1/10 000
三级	1.2	0.1	12	15	1/7 000	—	1	2	$24\sqrt{n}$	≤1/5 000

注：1. 表中 n 为测站数。

2. 当测区测图的最大比例尺为1:1 000时，一、二、三级导线的平均边长及总长可适当放长，但最大长度不应大于表中规定长度的2倍。

3. 测角的1"、2"、6"级仪器分别包括全站仪、电子经纬仪和光学经纬仪，在本教材的后续引用中均采用此形式。

图根导线测量的主要技术要求　　　　　　　　　　　表7-4

导线长度（m）	相对闭合差	测角中误差（"）		方位角闭合差（"）	
		一般	首级控制	一般	首级控制
≤α×M	≤1/(2 000×α)	30	20	$60\sqrt{n}$	$40\sqrt{n}$

注：1. α为比例系数，取值宜为1，当采用1:500、1:1 000比例尺测图时，其值可在1～2间选用。

2. M为测图比例尺的分母；但对于工矿区现状图测量，不论测图比例尺大小，M均应取值为500。

3. 隐蔽或施测困难地区导线相对闭合差可放宽，但不应大于1/(1 000×α)。

当导线平均边长较短时,应控制导线边数,但不得超过表7-3中相应等级导线长度和平均边长算得的边数;当导线长度小于表7-3规定长度的1/3时,导线全长的绝对闭合差不应大于13cm。另外,导线网中结点与结点、结点与高级点之间的导线长度不应大于表7-3中相应等级规定长度的0.7倍。

7.2.4 导线测量的外业工作

1)踏勘选点及建立标志

在踏勘选点前,应调查收集测区已有地形图和高一级控制点的成果资料,把控制点展绘在地形图上,然后根据测图要求,在地形图上拟定导线的等级、形式、初步布设方案,再到实地踏勘、核对、修改、落实点位。若测区范围内无可供参考的地形图时,可通过踏勘,根据已知控制点的分布、测区地形条件及测图和施工需要等具体情况,直接在实地选定导线点的位置。

现场踏勘选点时,应注意下列事项:

(1)相邻导线点间应通视良好、地势平坦,便于测角和量距,其视线距障碍物的距离,三、四等不宜小于1.5m;四等以下宜保证便于观测,以不受旁折光的影响为原则;如采用钢尺量距丈量导线边长,则沿线地势应较平坦,没有丈量的障碍物。

(2)点位应选在质地坚硬、稳固可靠、便于保存标志和安置仪器的地方。

(3)视野应相对开阔,便于测量和放样。

(4)导线边长要大致相等,一般为50~350m,不能差距过大。

(5)导线点应有足够的密度,且分布均匀,便于控制整个测区。

导线点选定后,要在每个点位上打一大木桩,桩顶钉一小钉,作为临时性标志;若导线点需要保存的时间较长,就要埋设混凝土桩,桩顶刻"十"字,作为永久性标志。导线点埋设后,应量出导线点与附近固定而明显的地物点的距离,绘制草图,注明尺寸,称之为"点之记",如图7-6所示。还可以在点位附近的房角或电线杆等明显地物上用红油漆标明指示导线点的位置,以便于观测时寻找。三、四等点应绘制点之记,其他控制点可视需要而定。

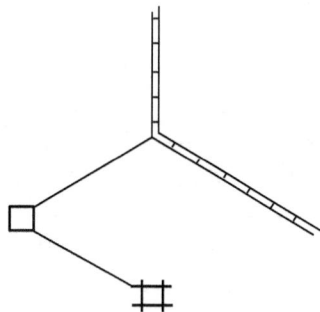

图7-6 点之记

2)量边

导线边长是指相邻两导线点间的水平距离。一级及以上等级控制网的测距边,应采用全站仪或光电测距仪进行测距,一级以下也可采用普通钢尺进行量距。采用光电测距仪测定时,需同时观测竖直角,供倾斜改正之用。若用钢尺丈量,需对钢尺进行检定,并且对一、二、三级导线,应按精密方法进行丈量;对图根导线,可用一般方法往返丈量后取平均值,其相对误差不应大于1/3 000。钢尺量距结束后,应进行尺长改正、温度改正和倾斜改正。

各等级边长测距的主要技术要求,应符合表7-5的规定。

测距的主要技术要求 表 7-5

平面控制网等级	仪器型号	观测次数		总测回数	一测回读数较差（mm）	单程各测回较差（mm）	往返较差（mm）
		往	返				
三等	≤5mm 级仪器	1	1	6	≤5	≤7	≤2(a+b×D)
	≤10mm 级仪器			8	≤10	≤15	
四等	≤5mm 级仪器	1	1	4	≤5	≤7	
	≤10mm 级仪器			6	≤10	≤15	
一级	≤10mm 级仪器	1	—	2	≤10	≤15	—
二、三级	≤10mm 级仪器	1	—	1	≤10	≤15	

注：1. 测距的 5mm 级仪器和 10mm 级仪器，是指当测距长度为 1km 时，仪器的标称精度 m_D 分别为 5mm 和 10mm 的电磁波测距仪器（$m_D = a + b \times D$）。

2. 测回是指照准目标一次，读数 2～4 次的过程。

3. 根据具体情况，边长测距可采取不同时间段测量代替往返观测。

4. 计算测距往返较差的限差时，a、b 分别为相应等级所使用仪器标称的固定误差和比例误差。

普通钢尺量距的主要技术要求，应符合表 7-6 的规定。

普通钢尺量距的主要技术要求 表 7-6

等级	边长量距较差相对误差	作业尺数	量距总次数	定线最大偏差（mm）	尺段高差较差	读定次数	估读值至（mm）	温度读数值至（℃）	同尺各次或同段各尺的较差（mm）
二级	1/20 000	1～2	2	50	≤10	3	0.5	0.5	≤2
三级	1/10 000	1～2	2	70	≤10	2	0.5	0.5	≤3

注：当检定钢尺时，其丈量的相对误差不应大于 1/100 000。

3）测角

导线转折角测量主要是测定由相邻导线边构成的水平角。导线转折角分为左角和右角，在导线前进方向左侧的水平角称为左角，右侧的水平角称为右角。附合导线一般多测量导线的左角，闭合导线均测多边形的内角。对于支导线因无校核条件，须同时观测左角和右角，如果观测没有误差，同一导线点的左角与右角之和应等于 360°，若不等时，其圆周角闭合差应不超过 ±40″。

导线转折角的观测方法可采用 DJ2 或 DJ6 级经纬仪按方向观测法进行。观测的方向数不多于 3 个时，可不归零；观测的方向数多于 6 个时，可进行分组观测。分组观测应包括两个共同方向（其中一个为共同零方向），其两组观测角之差，不应大于同等级测角中误差的 2 倍，分组观测的最后结果，应按等权分组观测进行测站平差。水平角的观测值应取各测回的平均数作为测站成果。方向观测法的技术要求，参照表 7-7 的规定，其测角中误差和测回数可参考表 7-3。

水平角方向观测法的技术要求　　　　　　表7-7

等　级	仪器型号	光学测微器两次重合读数之差(")	半测回归零差(")	一测回内2C互差(")	同一方向值各测回较差(")
四等及以上	1"级仪器	1	6	9	6
	2"级仪器	3	8	13	9
一级及以下	2"级仪器	—	12	18	12
	6"级仪器	—	18	—	24

注:1. 全站仪、电子经纬仪水平角观测时不受光学测微器两次重合读数之差指标的限制。

　　2. 当观测方向的垂直角超过±3°的范围时,该方向2C互差可按相邻测回同方向进行比较,其值应满足表中一测回内2C互差的限值。

测角时,为了便于瞄准,可用测钎作为照准标志,也可在标志点上用仪器的脚架吊一垂球线作为照准标志。

4)连测

对于与高级控制点连接的导线,需要测出连接角和连接边,其目的是传递坐标方位角和坐标,以使导线的精度得到可靠的校核。若测区附近无高级控制点时,可用罗盘仪测定起始边的磁方位角,用磁方位角代替坐标方位角,并假定起始点的坐标。

7.3　导线测量内业

导线测量内业计算的目的是计算出导线点的平面坐标(x、y),检验导线的精度是否满足要求。计算之前,应先全面复核外业观测资料,检查各项数据是否齐全,计算成果是否符合精度要求,起算数据是否准确等,确认各项数据合格无误后方可进行内业计算。内业计算中数字取值精度的要求,应符合表7-8的规定。

内业计算中数字取值精度的要求　　　　　　表7-8

等　级	观测方向值及各项修正数(")	边长观测值及各项修正数(m)	边长与坐标(m)	方位角(")
二等	0.01	0.000 1	0.001	0.01
三、四等	0.1	0.001	0.001	0.1
一级及以下	1	0.001	0.001	1

注:导线测量内业计算中数字取值精度,不受二等取值精度的限制。

7.3.1　坐标计算基本公式

1)坐标正算

根据直线起始点坐标、长度及其坐标方位角计算直线终点坐标的过程,称为坐标正算。如图7-7所示,现有直线AB,已知其起始点A的坐标为(x_A,y_A),AB的边长为D_{AB},坐标方位角为

α_{AB},要求计算终点 B 的坐标。

Δx_{AB}、Δy_{AB} 称为坐标增量,分别等于直线端点的纵坐标值和横坐标值之差,由图 7-7 可看出其计算公式为:

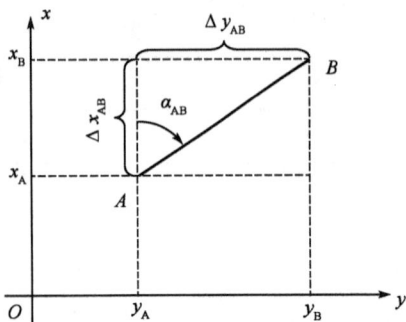

$$\left.\begin{aligned} \Delta x_{AB} &= x_B - x_A = D_{AB}\cos\alpha_{AB} \\ \Delta y_{AB} &= y_B - y_A = D_{AB}\sin\alpha_{AB} \end{aligned}\right\} \tag{7-1}$$

图 7-7 坐标正、反算

按式(7-1)计算的坐标增量,由于 α 角所在象限不同,算得的坐标增量也有正、负之分。

则 B 点坐标的计算公式为:

$$\left.\begin{aligned} x_B &= x_A + \Delta x_{AB} = x_A + D_{AB}\cos\alpha_{AB} \\ y_B &= y_A + \Delta y_{AB} = y_A + D_{AB}\sin\alpha_{AB} \end{aligned}\right\} \tag{7-2}$$

【例 7-1】 已知 A 点的坐标 $x_A = 125.63\,\mathrm{m}$,$y_A = 632.17\,\mathrm{m}$,AB 的边长 $D_{AB} = 200\,\mathrm{m}$,坐标方位角 $\alpha_{AB} = 35°16'30''$,试计算 B 点的坐标。

解:根据式(7-2)得:

$$x_B = x_A + D_{AB}\cos\alpha_{AB} = 125.63 + 200 \times \cos35°16'30'' = 288.91(\mathrm{m})$$

$$y_B = y_A + D_{AB}\sin\alpha_{AB} = 632.17 + 200 \times \sin35°16'30'' = 747.67(\mathrm{m})$$

即 B 点坐标为:$B(288.91, 747.67)$。

2)坐标反算

根据直线起点和终点坐标,计算直线边长和坐标方位角的过程,称为坐标反算。如图 7-7 所示,已知直线 AB 两端点的坐标分别为 (x_A, y_A) 和 (x_B, y_B),则 AB 边长 D_{AB} 和坐标方位角 α_{AB} 的计算公式为:

$$D_{AB} = \sqrt{\Delta x_{AB}^2 + \Delta y_{AB}^2} \tag{7-3}$$

$$\alpha_{AB} = \arctan\left|\frac{\Delta y_{AB}}{\Delta x_{AB}}\right| \tag{7-4}$$

应说明的是按式(7-4)直接计算出的坐标方位角 α 可能会存在于四个象限中,应根据坐标增量 Δx_{AB}、Δy_{AB} 的正、负号判断直线所在的象限,再按下列 5 种情况计算具体数值。

(1)$\Delta x_{AB} > 0$ 且 $\Delta y_{AB} \geq 0$ 时,$\alpha_{AB} = \arctan\dfrac{\Delta y_{AB}}{\Delta x_{AB}}$。

(2)$\Delta x_{AB} = 0$ 且 $\Delta y_{AB} > 0$ 时,$\alpha_{AB} = 90°$。

(3)$\Delta x_{AB} = 0$ 且 $\Delta y_{AB} < 0$ 时,$\alpha_{AB} = 270°$。

(4)$\Delta x_{AB} < 0$ 时,$\alpha_{AB} = 180° + \arctan\dfrac{\Delta y_{AB}}{\Delta x_{AB}}$。

(5)$\Delta x_{AB} > 0$ 且 $\Delta y_{AB} < 0$ 时,$\alpha_{AB} = 360° + \arctan\dfrac{\Delta y_{AB}}{\Delta x_{AB}}$。

【例 7-2】 已知 $x_A = 342.62\,\mathrm{m}$、$y_A = 816.35\,\mathrm{m}$,$x_B = 256.48\,\mathrm{m}$、$y_B = 659.18\,\mathrm{m}$,试计算 AB 边的坐标方位角 α_{AB} 和水平距离 D_{AB}。

解:(1)计算坐标增量

$$\Delta x_{AB} = x_B - x_A = 256.48 - 342.62 = -86.14(\text{m})$$
$$\Delta y_{AB} = y_B - y_A = 659.18 - 816.35 = -157.17(\text{m})$$

由表 7-9 可判断直线 AB 在第Ⅲ象限。

(2)计算坐标方位角 α_{AB}

$$\alpha_{AB} = 180° + \arctan\frac{\Delta y_{AB}}{\Delta x_{AB}} = 180° + 61°16'27'' = 241°16'27''$$

(3)计算 AB 的距离

$$D_{AB} = \sqrt{\Delta x_{AB}^2 + \Delta y_{AB}^2} = \sqrt{(-86.14)^2 + (-157.17)^2} = 179.23(\text{m})$$

7.3.2 闭合导线坐标计算

某图根闭合导线如图 7-8 所示,已知 1 点坐标为(700.00,700.00),起始边坐标方位角为 $\alpha_{12} = 290°06'01''$,图中其余各项数据均从外业观测手簿中获得。现以图中数据为例,说明闭合导线坐标计算步骤。

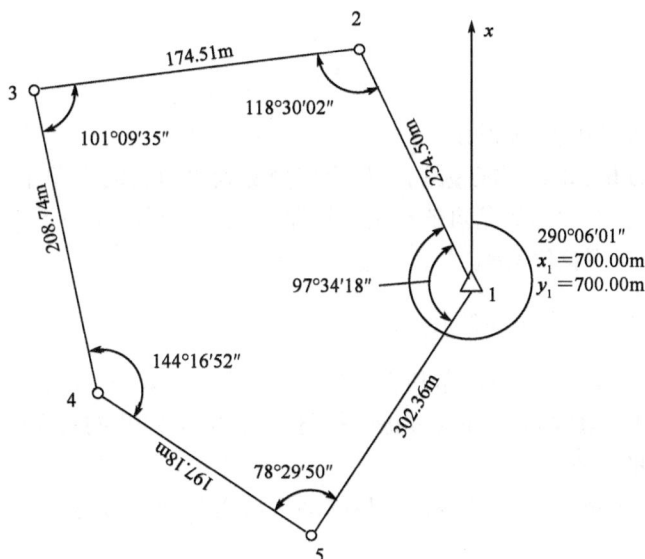

图 7-8 图根闭合导线

1)准备工作

将校核过的外业观测数据及起算数据填入"闭合导线坐标计算表"中,见表 7-10,起算数据用双线标明。

2)角度闭合差的计算及角度的调整

(1)角度闭合差的计算

多边形内角和的理论值为:

$$\sum\beta_{理} = (n-2)×180° \tag{7-5}$$

式中:n——多边形的内角个数。

由于观测角度时不可避免地含有误差,因此多边形内角和的实测值 $\sum\beta_{测}$ 与理论值 $\sum\beta_{理}$ 往往不相符,其差值称为角度闭合差,以 f_β 表示,即

$$f_\beta = \sum\beta_{测} - \sum\beta_{理} \tag{7-6}$$

115

对于本例

$$\sum\beta_{理} = (n-2)\times180° = 540°$$

$$\sum\beta_{测} = 540°00'37''$$

$$f_\beta = \sum\beta_{测} - \sum\beta_{理} = +37''$$

各级导线规定了其相应的角度闭合差的容许值 $f_{\beta容}$，见表 7-3。对于图根导线，角度闭合差的容许值 $f_{\beta容}$ 的计算公式为：

$$f_{\beta容} = \pm60''\sqrt{n} \tag{7-7}$$

若 f_β 超过 $f_{\beta容}$，则说明所测角度不符合精度要求，应分析原因进行个别返工，甚至全部重测；若 f_β 不超过 $f_{\beta容}$，则说明所测角度符合精度要求，应进行角度闭合差的调整。本例 $f_{\beta容} = \pm134''$，有 $f_\beta < f_{\beta容}$，所以测角精度合格。这项计算应填在计算表下方的辅助计算栏内。

（2）角度的调整

当 f_β 满足要求时，说明测角精度合格，即可进行角度闭合差的调整。由于角度观测通常都是在相同的条件下进行的，故角度闭合差调整时可将 f_β 反符号平均分配到各个角度观测值中，各角改正数为：

$$v_\beta = \frac{-f_\beta}{n} \tag{7-8}$$

式中：v_β——各角度观测值的改正数。

改正数应取至秒位，如若不能整除，可将余数分配到含短边的大角中，这是由于仪器对中和目标偏心的原因，含有短边的角可能产生的误差较大。改正后应使 $\sum v_\beta = -f_\beta$，即改正后的角度总和 $\sum\beta_{改}$ 应等于理论值 $\sum\beta_{理}$。

本例中 $v_\beta = \dfrac{-f_\beta}{n} = \dfrac{-37''}{5} = -7''余-2''$。

注意到含有短边的角为 2 点内角和 3 点内角，故其改正数为 $-8''$，其余各角均为 $-7''$，将角度改正数与对应的观测值相加即得改正后的角度值，见表 7-10 的第 3 列。

3）坐标方位角的计算

根据起始边的已知坐标方位角和改正后的多边形内角，按下列公式推算其他各导线边的坐标方位角。

$$\alpha_{前} = \alpha_{后} + 180° - \beta_{右} \tag{7-9a}$$

或

$$\alpha_{前} = \alpha_{后} - 180° + \beta_{左} \tag{7-9b}$$

式中：$\alpha_{前}$、$\alpha_{后}$——导线前进方向的前一条导线边的坐标方位角和与之相连的后一条导线边的坐标方位角；

$\beta_{左}$、$\beta_{右}$——前、后两条导线边所夹的左角、右角。

闭合导线各点顺时针编号时，内角为右角，应按公式（7-9a）推算各边方位角；反之，逆时针编号时，内角是左角，应按公式（7-9b）推算各边方位角。本例为逆时针编号，故按公式（7-9b）计算：

$$\alpha_{23} = \alpha_{12} - 180° + \beta_2 = 228°35'55''$$

$$\alpha_{34} = \alpha_{23} - 180° + \beta_3 = 149°45'22''$$

$$\alpha_{45} = \alpha_{34} - 180° + \beta_4 = 114°02'07''$$

$$\alpha_{51} = \alpha_{45} - 180° + \beta_5 = 12°31'50''$$

$$\alpha'_{12} = \alpha_{51} - 180° + \beta_1 = 290°06'01''$$

在坐标方位角的推算过程中必须注意：

（1）当计算出的 $\alpha_{前}$ 出现负值时应加上 360°，当 $\alpha_{前}$ 大于 360°时应减去 360°。

（2）推算出各导线边的坐标方位角后，还应再次推算出起始边的坐标方位角，它应与起始边已知的坐标方位角相等，否则应重新检查计算。

例如，本例中已算出 $\alpha_{51} = 12°31'50''$，再次算出 $\alpha'_{12} = 290°06'01''$，与已知的 α_{12} 值完全符合，说明计算无误。

4）坐标增量的计算及其调整

（1）坐标增量的计算

根据推算出的各导线边的坐标方位角和测得的相应边的边长，按式(7-1)即可计算出各边的坐标增量。本例中，导线边 1-2 的坐标增量为：

$$\Delta x_{12} = D_{12}\cos\alpha_{12} = 234.50 \times \cos290°06'01'' = +80.59(\text{m})$$
$$\Delta y_{12} = D_{12}\sin\alpha_{12} = 234.50 \times \sin290°06'01'' = -220.22(\text{m})$$

用同样的方法，计算出其他各边的坐标增量值，填入表 7-10 的第 6、7 两列。

（2）坐标增量闭合差的计算

从图 7-9a)中可以看出，由于闭合导线起闭于同一点，所以其纵横坐标增量代数和理论上都应为零，即

$$\left.\begin{array}{l} \sum \Delta x_{理} = 0 \\ \sum \Delta y_{理} = 0 \end{array}\right\} \tag{7-10}$$

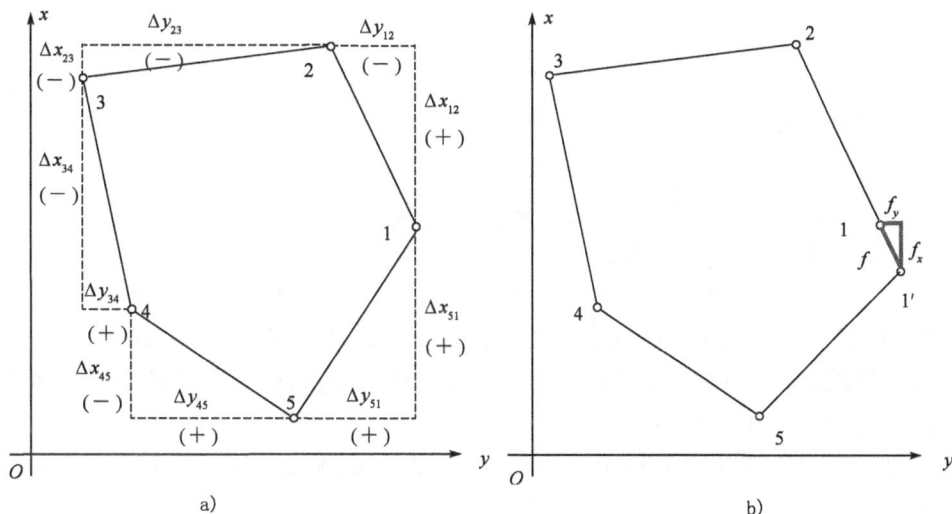

图 7-9　坐标增量闭合差

由于测边的过程中不可避免地存在着误差，角度虽然经过调整，但也不可能与实际完全相符，因此按此边长和改正后的角值计算出的坐标增量，其代数和往往不等于零而等于某一数值 f_x 和 f_y，该数值分别称为纵、横坐标的坐标增量闭合差，即

$$\left.\begin{array}{l} f_x = \sum \Delta x_{测} \\ f_y = \sum \Delta y_{测} \end{array}\right\} \tag{7-11}$$

f_x、f_y 的存在使得导线不能闭合,如图 7-9b) 所示,1-1′ 之长度 f 称为导线全长闭合差,其计算式为:

$$f = \sqrt{f_x^2 + f_y^2} \tag{7-12}$$

f 反映了测边和测角误差对导线所产生的总的影响,导线越长这种影响也越大,所以以衡量导线测量的精度应该考虑到导线的全长,用导线全长相对闭合差 K 来表示,即

$$K = \frac{f}{\sum D} = \frac{1}{T} \tag{7-13}$$

式中:$\sum D$——导线总长;

T——整数。

相对闭合差 K 通常用分子为 1 的分数来表示,分母越大,说明导线的精度越高。

导线等级不同,K 值有不同的规定,见表 7-3 和表 7-4。若 K 超过容许值,应对内业计算和外业工作进行检查,若 K 在容许范围内时,则说明导线测量符合精度要求,可以进行下一步工作——坐标增量的调整。

(3) 坐标增量的调整

坐标增量闭合差调整的原则是将 f_x 和 f_y 以相反的符号,按与边长成正比分配到各边的坐标增量中去。以 v_{xi}、v_{yi} 分别表示第 i 条导线边的纵、横坐标增量改正数,计算式为:

$$\left. \begin{array}{l} v_{xi} = \dfrac{-f_x}{\sum D} \cdot D_i \\[3mm] v_{yi} = \dfrac{-f_y}{\sum D} \cdot D_i \end{array} \right\} \tag{7-14}$$

式中:D_i——第 i 条导线边的边长。

计算时,改正数应取位至坐标增量计算的最末一位(厘米或毫米)。由于计算时四舍五入,最后结果可能相差小数最末一位的一个单位,应进行补偿,使得:

$$\begin{cases} \sum v_{xi} = -f_x \\ \sum v_{yi} = -f_y \end{cases} \tag{7-15}$$

即改正后的坐标增量总和应等于零。

本例中应在表 7-10 的辅助计算栏内计算下列各项:在 6、7 列下方计算坐标增量的总和,该值即为坐标增量闭合差 f_x 和 f_y;按式(7-12)、式(7-13)计算导线全长闭合差和导线全长相对闭合差,并判断精度。满足精度要求后,按式(7-14)计算各边坐标增量改正数,写在相应的坐标增量上方,并按式(7-15)校核。

各边坐标增量值加改正数即得各边的改正后坐标增量 $\Delta_{x改}$ 和 $\Delta_{y改}$,填入表 7-10 中的第 8、9 列。

5) 坐标计算

根据起点的已知坐标及改正后的坐标增量,用式(7-16)依次推算其余各点坐标。

$$\left. \begin{array}{l} x_{前} = x_{后} + \Delta x_{改} \\ y_{前} = y_{后} + \Delta y_{改} \end{array} \right\} \tag{7-16}$$

式中:$(x_{前}, y_{前})$、$(x_{后}, y_{后})$——沿导线前进方向前一导线点的坐标和与之相邻的后一导线点的坐标。

算得的坐标值填入表 7-10 中的第 10、11 两列。最后应再次计算起始点的坐标,其值应与原已知值完全一致,以作校核。

表 7-10

闭合导线坐标计算表

点号	角度观测值 (° ′ ″)	调整后角值 (° ′ ″)	坐标方位角 (° ′ ″)	边长 (m)	坐标增量 (m)		调整后坐标增量 (m)		坐标 (m)		点号
					Δx	Δy	Δx	Δy	Δx	Δy	
1	2	3	4	5	6	7	8	9	10	11	12
1			290 06 01	234.50	+0.06 / +80.59	+0.06 / −220.22	+80.65	−220.16	700.00	700.00	1
2	−7 / 118 30 02	118 29 55	228 35 56	174.51	+0.05 / −115.41	+0.05 / −130.90	−115.36	−130.85	780.65	479.84	2
3	−8 / 101 09 35	101 09 27	149 45 23	208.74	+0.06 / −180.33	+0.06 / +105.14	−180.27	+105.20	665.29	348.99	3
4	−8 / 144 16 52	144 16 44	114 02 07	197.18	+0.05 / −80.31	+0.05 / +180.08	−80.26	+180.13	485.02	454.19	4
5	−7 / 78 29 50	78 29 43	12 31 50	302.36	+0.08 / +295.16	+0.08 / +65.60	+295.24	+65.68	404.76	634.32	5
1	−7 / 97 34 18	97 34 11	290 06 01						700.00	700.00	1
2											2
Σ	540 00 37	540 00 00		ΣD=1 117.29	−0.30	−0.30	0	0			

$\sum\beta_{测}=540°00'37''$，$\sum\beta_{理}=540°00'00''$，$f_\beta=\sum\beta_{测}-\sum\beta_{理}=+37''$，$f_{\beta容}=\pm60''\sqrt{5}=\pm134''$，$f_\beta<f_{\beta容}$，测角精度合格

$f_x=-0.30$，$f_y=-0.30$，$f=\sqrt{f_x^2+f_y^2}=0.42$，$K=\dfrac{f}{\sum D}=\dfrac{0.42}{1\,117.29}=\dfrac{1}{2\,660}<\dfrac{1}{2\,000}$，导线精度合格

需要注意的是,因为坐标增量的调整,致使与其相应的导线边长和方位角发生变化,故求得各点坐标后,还应按坐标反算公式反算出平差后的各导线边长和方位角;但在图根控制测量中,因调整数较小,可不进行反算。

7.3.3　附合导线的坐标计算

附合导线的坐标计算与闭合导线的坐标计算基本相同,仅在角度闭合差的计算与坐标增量闭合差的计算方面稍有差别,下面结合图7-10着重介绍其不同点。

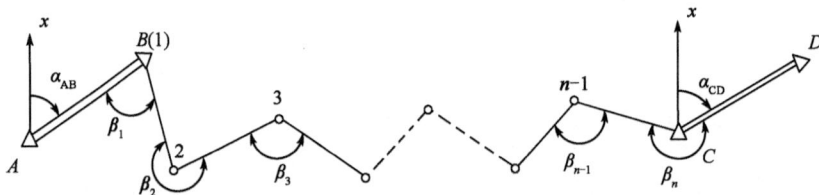

图7-10　附合导线

1)角度闭合差的计算

根据已知点坐标进行坐标反算,求得始边 AB 与终边 CD 的坐标方位角 α_{AB} 和 α_{CD},作为高级边的已知数据。

假定所测的均为导线的右角,则根据导线的右角,依次推算各导线边的坐标方位角如下:

$$\alpha'_{12} = \alpha_{AB} + 180° - \beta_1$$
$$\alpha'_{23} = \alpha_{12} + 180° - \beta_2$$
$$\vdots$$
$$\alpha'_{n-1,n} = \alpha_{n-2,n-1} + 180° - \beta_{n-1}$$
$$\alpha'_{CD} = \alpha_{n-1,n} + 180° - \beta_n$$

等号两边相加得:

$$\alpha'_{CD} = \alpha_{AB} + n \cdot 180° - \sum_{i=1}^{n} \beta_i$$

即得终边坐标方位角的计算式:

$$\alpha'_{终} = \alpha_{始} + n \cdot 180° - \sum_1^n \beta_右 \text{ 或 } \alpha'_{终} = \alpha_{始} + n \cdot 180° + \sum_1^n \beta_左$$

式中:n——包括连接角在内的导线转折角的个数。

由于终边的坐标方位角已知,因此计算的 $\alpha'_{终}$ 与已知的 $\alpha_{终}$ 之差,即为附和导线的角度闭合差。

$$f_\beta = \alpha'_{终} - \alpha_{终} \tag{7-17}$$

角度闭合差的分配与闭合导线相同,但应注意的是,如果观测的是左角,则将角度闭合差反号平均分配到各左角上,如果观测的是右角,则将角度闭合差同号平均分配到各右角上。

2)坐标增量闭合差的计算

按附合导线的要求,各边坐标增量代数和的理论值应等于终、始两点的已知坐标值之差,即

表 7-11

附合导线坐标计算表

点号	角度观测值(右角)(° ′ ″)	改正后角值(° ′ ″)	方位角(° ′ ″)	边长(m)	计算坐标增量(m) Δx	Δy	改正后坐标增量(m) Δx	Δy	坐标(m) Δx	Δy	点号
1	2	3	4	5	6	7	8	9	10	11	12
A			137 52 00						2 365.16	1 181.77	A
B	+10 267 29 50	267 30 00	50 22 00	133.84	+3 +85.37	+6 +103.08	+85.40	+103.14	1 771.03	1 719.24	B
2	+10 203 29 20	203 29 30	26 52 30	154.71	+3 +138.00	+7 +69.94	+138.03	+70.01	1 855.43	1 822.38	2
3	+10 184 29 20	184 29 30	22 23 00	80.74	+2 +74.66	+3 +30.75	+74.68	+30.78	1 944.46	1 892.39	3
4	+10 179 15 50	179 16 00	23 07 00	148.93	+3 +136.97	+6 58.47	+137.00	+58.53	2 069.14	1 923.17	4
5	+10 81 16 20	81 16 30	121 50 30	147.16	+3 -77.64	+6 125.01	-77.61	+125.07	2 206.14	1 981.70	5
C	+10 167 07 20	167 07 30							2 128.53	2 106.77	C
D			134 43 00						1 465.71	2 776.18	D
Σ	1 083 08 00			∑D = 665.38	+357.36	+387.25					

$f_\beta = \sum\beta_{右测} - \sum\beta_{右理} = \sum\beta_{右测} - (\alpha_{始} - \alpha_{终} + n\cdot180°) = 1\,083°08'00'' - 1\,083°09'00'' = -1'$, $f_{\beta限} = \pm60''\sqrt{6} = \pm146''$, $f_\beta < f_{\beta限}$,测角精度合格

$\sum\Delta x_{理} = x_C - x_B = 2\,128.53 - 1\,771.03 = 357.50$,$f_x = \sum\Delta x_{测} - \sum\Delta x_{理} = 357.36 - 357.50 = -0.14$

$\sum\Delta y_{理} = y_C - y_B = 2\,106.77 - 1\,719.24 = 387.53$,$f_y = \sum\Delta y_{测} - \sum\Delta y_{理} = 387.25 - 387.53 = -0.28$

$f = \sqrt{f_x^2 + f_y^2} = 0.31$,$K = \dfrac{f}{\sum D} = \dfrac{0.31}{655.38} = \dfrac{1}{\dfrac{655.38}{0.31}} = \dfrac{1}{2\,146} < \dfrac{1}{2\,000}$,导线精度合格

$$\left.\begin{aligned} \sum \Delta x_{\text{理}} &= x_{\text{终}} - x_{\text{始}} \\ \sum \Delta y_{\text{理}} &= y_{\text{终}} - y_{\text{始}} \end{aligned}\right\} \tag{7-18}$$

若坐标增量总和的计算值与理论值不相等,其差值就是附合导线的坐标增量闭合差 f_x、f_y,即

$$\left.\begin{aligned} f_x &= \sum \Delta x_{\text{测}} - \sum \Delta x_{\text{理}} = \sum \Delta x_{\text{测}} - (x_{\text{终}} - x_{\text{始}}) \\ f_y &= \sum \Delta y_{\text{测}} - \sum \Delta y_{\text{理}} = \sum \Delta y_{\text{测}} - (y_{\text{终}} - y_{\text{始}}) \end{aligned}\right\} \tag{7-19}$$

坐标增量闭合差的调整方法与闭合导线完全相同。表 7-11 是一个附合导线的算例,表中第 4、10、11 列内带有横线的数字均为高级控制网的已知数据。

7.4　三角测量

三角测量是建立平面控制的一种方法,主要用于丘陵地区或山区的测图控制和施工控制测量。将测区各控制点组成相互连接的若干个三角形而构成三角网,这些三角形的顶点,称为三角点。三角测量可用于建立国家平面控制网和小区域平面控制网。建立国家平面控制网的三角测量等级一般为一等、二等、三等、四等三角测量;建立小区域控制网的三角测量称为小三角测量,其等级为一级、二级和图根小三角测量。与导线测量相比,三角测量具有量距工作量少而测角的任务较重的特点。

7.4.1　三角网的布设形式

根据测区地形条件、已有高级控制点分布情况及工程性质等要求,三角网可布设成以下几种形式。

1)三角锁

如图 7-11a)所示,它是由若干个单三角形组成带状图形,两端各设有一条基线 AB 和 CD,单三角锁是在隧道勘测和施工时常用的形式,还用于在独立地区建立首级控制。

2)中点多边形

如图 7-11b)所示,它是由几个三角形共一个顶点组成的中点多边形,OA 为基线,它是小区域的方圆测区建立测图控制时常用的形式。

3)大地四边形

如图 7-11c)所示,它是以 AB 为基线具有对角线的四边形,它是建立桥梁控制网常用的形式。

4)线形三角锁

如图 7-11d)所示,它是在两个高级控制点 A、B 之间布设的小三角锁。其特点是只需观测三角形内角以及定向角 φ_1 与 φ_2,不需要丈量基线就能解算出各点坐标;是加密控制点的一种形式。

根据测区大小和精度要求,小三角测量分为一级、二级两个等级,各级的主要技术指标参照表 7-12。

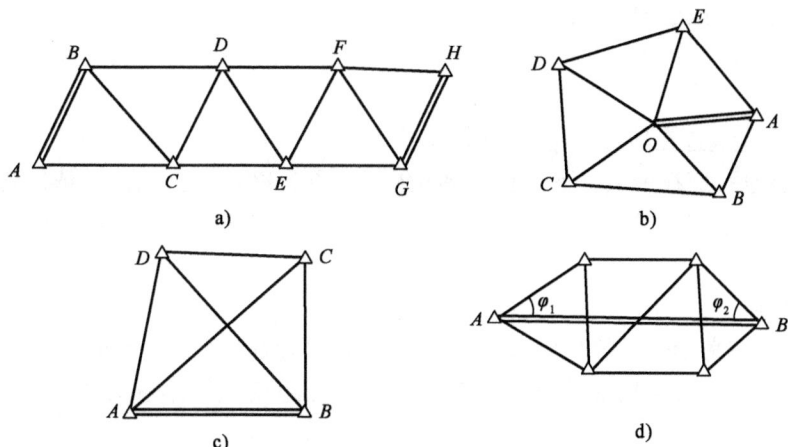

图 7-11　三角网布设形式

7.4.2　三角测量的技术要求

各等级三角测量的主要技术要求,应符合表 7-12 的规定。

三角测量的主要技术要求　　　　　　　表 7-12

等　级	平均边长（km）	测角中误差（"）	测边相对中误差	最弱边边长相对中误差	测　回　数			三角形最大闭合差（"）
					1"级仪器	2"级仪器	6"级仪器	
二等	9	1	≤1/250 000	≤1/120 000	12	—	—	3.5
三等	4.5	1.8	≤1/150 000	≤1/70 000	6	9	—	7
四等	2	2.5	≤1/100 000	≤1/40 000	4	6	—	9
一级	1	5	≤1/40 000	≤1/20 000	—	2	4	15
二级	0.5	10	≤1/20 000	≤1/10 000	—	1	2	30

注:当测区测图的最大比例尺为 1:1 000 时,一、二级的边长可适当放长,但最大长度不应大于表中规定的 2 倍。

三角网中的角度宜全部观测,边长可根据需要选择观测或全部观测;观测的角度和边长均应作为三角网中的观测量参与平差计算。首级控制网定向时,方位角传递宜联测 2 个已知方向。

7.4.3　三角测量的外业

三角测量的外业工作主要包括选点、丈量基线和观测水平角。

1)选点

与导线测量相似,作业前应进行资料收集和现场踏勘,对收集到的相关控制资料和地形图(以 1:10 000 ~ 1:100 000 为宜)应进行综合分析,并在图上进行网形设计和精度估算,在满足精度要求的前提下,合理确定网的精度等级和观测方案,然后到野外踏勘选点,根据实际地形选定布网方案及点位。

选定三角点时应注意以下几点:

(1)首级控制网中的三角形,宜布设为近似等边三角形,其平均边长应符合表 7-12 的规定;三角形的内角不应小于 30°,当受地形条件限制时,个别角可放宽,但不应小于 25°。

(2)三角点应选在土质坚实、视野开阔、便于保存点位和便于测图的地方,并且相邻三角点之间应通视良好,便于角度观测。

(3)为桥梁、隧道布设的三角网,应尽量将桥梁轴线的端点或隧道进出口控制点选为三角点。

(4)基线位置应选在地势平坦、便于量距的地段。

三角点选定后,应在地上打下木桩或埋设标石(图 7-12)作为标志,并依次进行编号绘制点位略图。观测时,为了照准的需要,应在三角点上设立标杆[图 7-13a)]或觇标[图 7-13b)]。

2)丈量基线

基线是推算三角形边长的起始边,其精度高低直接影响整个三角网的精度。因此,丈量基线应使用检定过的钢尺按精密量距的方法进行,或用测距仪、全站仪采用对向观测法测量。

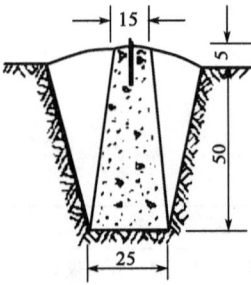

图 7-12　标石图(尺寸单位:cm)

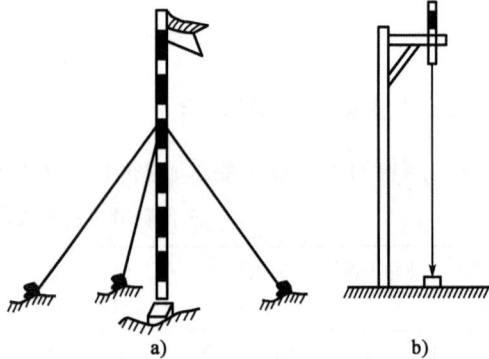

图 7-13　对点方式图

3)观测水平角

三角网的水平角观测,宜采用 DJ6 或 DJ2 型经纬仪或全站仪按方向观测法进行,二等三角网亦可采用全组合观测法。当观测方向少于或等于 3 个时,可用测回法观测。当一个三角形的内角测出后,应立即计算角度闭合差。若超过限差规定,应及时分析原因重测;若三角形的闭合差均满足要求,按菲列罗公式计算测角中误差:

$$m_\beta = \pm \sqrt{\frac{[f_\beta f_\beta]}{3n}} \tag{7-20}$$

式中:$[f_\beta f_\beta]$——各三角形角度闭合差的平方和;

n——三角形个数。

用式(7-20)算出的测角中误差不应超过表 7-12 中的规定。若为独立的三角锁,还应用罗盘仪测定起始边的磁方位角。

7.4.4　三角测量的内业计算

三角测量可以避免繁重的测距工作,因此,在 20 世纪 90 年代以前三角测量应用广泛。但随着电磁波测距仪的迅速发展,测距精度越来越高,测距工作变得十分简捷,三角测量的应用逐渐减少。用于建立国家平面控制网的三角测量内业计算必须采用严密平差法;用于建立小区域平面控制网的小三角测量可用近似平差法。目前,商用的平差软件很多,鉴于这种情况,三角测量的内业计算方法的内容应省略。

7.5 三、四等水准测量

在测地形图和施工测量中,三、四等水准测量通常作为首级高程控制的主要方法。三、四等水准测量通常采用 DS3 级水准仪和双面尺法进行观测,观测前应先布置一定密度的水准点,水准点应选在地基稳固,能长久保存和便于观测的地方,水准点间的距离一般为 2~4km,在城市建筑区为 1~2km。

三、四等水准测量的路线应尽量避开土质松软的地段,当作为加密国家控制点时,可布设成附合水准路线或结点网,若独立的作为测区首级高程控制,则应布设成闭合水准路线,在山区、带状区域可布设成水准支线。

7.5.1 主要技术指标

有关三、四等水准测量的技术指标及观测要求见表 7-13。

三、四等水准测量的技术指标及观测要求 表 7-13

等级 项目	三 等	四 等
1. 水准仪型号	DS3	DS3
2. 测站观测顺序	后→前→前→后	后→后→前→前
3. 视距读数法	三丝读数(下—上)	三丝读数(下—上)
4. 视线离地面最低高度	0.3m	0.2m
5. 视线长度	75m	100m
6. 前后视较差	≤ ±3m	≤ ±5m
7. 前后视累计差	≤ ±6m	≤ ±10m
8. 黑、红面读数较差	≤ ±2mm	≤ ±3mm
9. 黑、红面所测高差较差	≤ ±3mm	≤ ±5mm
10. 高差闭合差	≤ ±12$\sqrt{L}$mm	≤ ±20$\sqrt{L}$mm

7.5.2 观测方法与数据记录

三、四等水准测量主要采用双面水准尺观测法。首先在测站上安置仪器,大致检查前后视距是否超限,若超限则需移动前视尺或水准仪,然后按顺序进行观测:

1)四等水准测量

照准后视尺黑面,读下、上、中丝读数(1)、(2)、(3)。

照准后视尺红面,读中丝读数(4)。

照准前视尺黑面,读下、上、中丝读数(5)、(6)、(7)。

照准前视尺红面,读中丝读数(8)。

2)三等水准测量

照准后视尺黑面,读下、上、中丝读数(1)、(2)、(3)。

照准前视尺黑面,读下、上、中丝读数(5)、(6)、(7)。

照准前视尺红面,读中丝读数(8)。

照准后视尺红面,读中丝读数(4)。

上述观测顺序分别简称为"后、后、前、前"(四等)和"后、前、前、后"(三等),其优点是可以减弱仪器下沉误差的影响。测得上述 8 个数据后,应立即进行计算和检核,符合规定要求后方可迁至下一测站,否则应重新观测。三、四等水准测量除各种限差有所区别外,观测方法基本相同,其观测记录及数据计算见表 7-14。

四等水准测量还可以采用单面尺按变更仪器高法进行,此时观测顺序为"后、前、变仪器高、前、后",变仪器高前读三丝读数,之后只读中丝读数。

四等水准测量记录、计算表(双面尺法)　　　　　　　表 7-14

测站编号	测点编号	后尺 下丝 上丝	前尺 下丝 上丝	方向及尺号	水准尺读数(m)		K +黑 -红 (mm)	高差中数 (m)	备注
		后视距(m)	前视距(m)		黑面	红面			
		视距差 d	$\sum d$						
		(1)	(5)	后	(3)	(4)	(13)		
		(2)	(6)	前	(7)	(8)	(14)	(18)	
		(9)	(10)	后－前	(15)	(16)	(17)		
		(11)	(12)						
1	BM$_1$～Z$_1$	1.991 1.625	0.858 0.490	后 K_6 前 K_7	1.808 0.674	6.495 5.461	0 0	+1.134 0	
		36.6 -0.2	36.8 -0.2	后－前	+1.134	+1.034	0		
2	Z$_1$～Z$_2$	1.671 1.297	0.844 0.458	后 K_7 前 K_6	1.484 0.651	6.271 5.339	0 -1	+0.832 5	K_6 =4.687 K_7 =4.787
		37.4 -1.2	38.6 -1.4	后－前	+0.833	+0.932	1		
3	Z$_2$～Z$_3$	2.143 1.602	0.949 0.418	后 K_6 前 K_7	1.873 0.684	6.559 5.472	+1 -1	+1.188 0	
		54.1 +1.0	53.1 -0.4	后－前	+1.189	+1.087	+2		
4	Z$_3$～BM$_3$	2.019 1.634	2.153 1.776	后 K_7 前 K_6	1.826 1.966	6.613 6.654	0 -1	-0.140 5	
		38.5 +0.8	37.7 +0.4	后－前	-0.140	-0.041	1		

计算与校核:

$\sum (9) = 166.6$m
$-\ \underline{\sum (10) = 166.2}$m
$+0.4$m

末站(12) = +0.4m

总视距 = $\sum (9) + \sum (10) = 332.8$m

总高差 = $\sum (18) = +3.014$m

总高差 = $\dfrac{1}{2}[\sum (15) + \sum (16)] = +3.014$m + 0.4m

总高差 = $\dfrac{1}{2}\{\sum [(3)+(4)] - \sum [(7)+(8)]\}$

$= \dfrac{1}{2}(32.929 - 26.901) = +3.014$ (m)

7.5.3 计算与检核

1）测站计算与检核

（1）视距计算与检核

后视距：$(9) = [(1) - (2)] \times 100$

前视距：$(10) = [(5) - (6)] \times 100$

后、前视距差：$(11) = (9) - (10)$

后、前视距累积差：$(12) = $ 本站$(11) + $ 上一站(12)

式中"100"为视距乘常数，表7-14中前后视距均以 m 为单位，各项数据的限差要求见表7-13。

（2）同一水准尺黑、红面读数检核

后视尺黑、红面读数差：$(13) = (3) + K_1 - (4)$

前视尺黑、红面读数差：$(14) = (7) + K_2 - (8)$

上两式中的 K_1、K_2 称为尺常数，分别等于两水准尺的黑、红面的起点读数差（4.687 或 4.787）。通过尺常数可以检核黑、红面观测读数是否正确，即黑面中丝读数加尺常数，再减去红面中丝读数的结果是否为零。但由于误差的影响，一般不为零，其限差要求见表7-13。

（3）高差计算与检核

黑面高差：$(15) = (3) - (7)$

红面高差：$(16) = (4) - (8)$

黑、红面高差之差：$(17) = (15) - [(16) \pm 0.100] = (13) - (14)$

由于两水准尺的红面起始读数相差 0.100m，故实际的高差值与红面测得的高差值相差 0.100m，即$(16) \pm 0.100$，正负号的选取应根据后、前视尺的 K 值来确定。当检核（表7-13）符合要求后，取黑、红面高差的平均值作为该站的高差，即$(18) = [(15) + (16) \pm 0.100]/2$。

2）测段计算与检核

每一测段（两水准点之间的线路）完成后应作下列检核：

（1）总视距的计算与检核

末站的$(12) = \sum(9) - \sum(10)$

总视距（水准路线总长度）$= \sum(9) + \sum(10)$

（2）总高差的计算与检核

当测站数为偶数时：

$$总高差 = \sum(18) = \frac{1}{2}\{\sum[(3) + (4)] - \sum[(7) + (8)]\} = \frac{1}{2}[\sum(15) + \sum(16)]$$

当测站数为奇数时：

$$总高差 = \sum(18) = \frac{1}{2}[\sum(15) + \sum(16) \pm 0.100]$$

7.5.4 成果整理

三、四等水准测量每一测段应进行往返观测，成果整理时应首先检验往返测高差不符值（往、返测高差之差），如果在容许范围内，则取往返测高差的平均值作为测段高差。水准路线观测完毕后应立即计算高差闭合差并进行成果检核，若满足要求，则可进行闭合差的调整和高程的计算。

7.6　三角高程测量

在地形起伏较大的地区,如采用水准测量方法测量高程,虽然精度高,但施测起来比较困难,而且由于水准测量受视线长度的限制,每站施测路线较短,测定地面点高程的进度也比较缓慢,此时宜采用三角高程测量的方法。三角高程测量方法受地形条件的限制较少,适用于三、四等及以下精度的高程测量。

7.6.1　三角高程测量基本原理

三角高程测量是根据两点间的水平距离或倾斜距离和竖直角,计算两点间的高差。如图 7-14 所示,已知 A 点的高程 H_A,欲测定 B 点的高程 H_B,可在 A 点上安置经纬仪或测距仪,量取仪器高 i(即仪器水平轴至测点 A 的高度),并在 B 点设置观测标志(称为觇标)。用望远镜中丝瞄准觇标的顶部 N 点,测出竖直角 α,量取觇标高 v(即觇标顶部 N 至目标点 B 的高度),再根据 A、B 两点间的水平距离 D,即可计算 A、B 两点间的高差 h_{AB}:

$$h_{AB} = D \cdot \tan\alpha + i - v \tag{7-21}$$

则 B 点的高程 H_B 为:

$$H_B = H_A + h_{AB} = H_A + D \cdot \tan\alpha + i - v \tag{7-22}$$

若是用测距仪或全站仪测得 A、B 两点间的斜距 S,则:

$$h_{AB} = S \cdot \sin\alpha + i - v \tag{7-23}$$

$$H_B = H_A + h_{AB} = H_A + S \cdot \sin\alpha + i - v \tag{7-24}$$

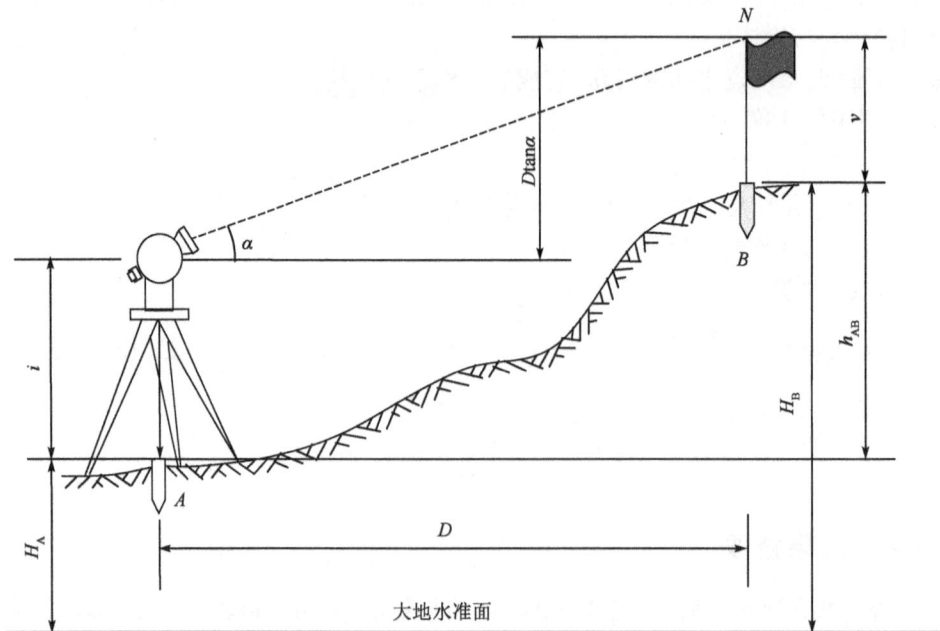

图 7-14　三角高程测量原理

上述高差和高程的计算式是在两个假定的基础上推导出来的,即假定视线在空间是一条严格的直线;假定 A、B 两点之间的水准面可以用水平面代替。这两个假定在精度要求不高、距离较短时是成立的,但当 A、B 两点间距离较长时,进行三角高程测量就必须考虑地球曲率和大气折光的影响。具体地,若两点间距离大于 300m 时,应对所求高差加上球气差改正数 f:

$$f = 0.43\frac{D^2}{R} \tag{7-25}$$

式中:D——两点间水平距离;

R——地球半径,取 6 371km。

考虑了地球曲率和大气折光影响的 A、B 两点间高差 h_{AB} 为:

$$h_{AB} = D \cdot \tan\alpha + f + i - v = D \cdot \tan\alpha + 0.43\frac{D^2}{R} + i - v \tag{7-26}$$

三角高程测量一般应进行直、反觇观测(又称为双向观测或对向观测),凡仪器设置在已知高程点,观测该点与未知高程点之间的高差称为直觇;反之,仪器设置在未知高程点,测定该点与已知高程点之间的高差称为反觇。

如果在 A、B 两点间进行对向观测,A 点高程已知,B 点高程未知,当进行直觇观测时,由式(7-26)可知高差 h_{AB} 为:

$$h_{AB} = D_{AB} \cdot \tan\alpha_{AB} + 0.43\frac{D_{AB}^2}{R} + i_A - v_B \tag{7-27}$$

在 A、B 两点间进行反觇观测时,其高差 h_{BA} 为:

$$h_{BA} = D_{BA} \cdot \tan\alpha_{BA} + 0.43\frac{D_{BA}^2}{R} + i_B - v_A \tag{7-28}$$

取直、反觇高差的平均值,可得对向观测计算高差的基本公式为:

$$h_{AB(对向)} = \frac{1}{2}(h_{AB} - h_{BA})$$

$$= \frac{1}{2}D_{AB}(\tan\alpha_{AB} - \tan\alpha_{BA}) + \frac{1}{2}(i_A - v_B) + \frac{1}{2}(i_B - v_A) \tag{7-29}$$

由式(7-29)可知,三角高程测量采用对向观测可以抵消球气差的影响。

7.6.2 三角高程测量技术要求

三角高程测量中,如果两点间的水平距离(或斜距)是用测距仪或全站仪测定的,称为光电测距三角高程测量。当前利用光电测距进行三角高程测量已经相当普遍。试验表明,当观测精度 $m_\alpha \le \pm 2.0''$、边长在 2km 范围内时,光电测距三角高程测量完全可以替代四等水准测量;如果缩短边长或提高竖直角的测定精度,还可以进一步提高测定高差的精度。

光电测距三角高程测量,宜在平面控制点的基础上布设成三角高程网或高程导线。实际观测时,垂直角的对向观测,当直觇完成后应即刻进行返觇测量;仪器、反光镜或觇牌的高度,应在观测前后各量测一次并精确至 1mm,取其平均值作为最终高度。光电测距三角高程测量和观测的主要技术要求见表 7-15 和表 7-16。

光电测距三角高程测量的主要技术要求　　　　表 7-15

等 级	每千米高差全中误差(mm)	边长(km)	观测次数	对向观测高差较差(mm)	附合或环形闭合差(mm)
四等	10	≤1	对向观测	$40\sqrt{D}$	$20\sqrt{\sum D}$
五等	15	≤1	对向观测	$60\sqrt{D}$	$30\sqrt{\sum D}$

注:1. D 为测距边长度(km)。

2. 起讫点的精度等级,四等应起讫于不低于三等水准的高程点上,五等应起讫于不低于四等的高程点上。

3. 线路长度不应超过相应等级水准路线的总长度。

光电测距三角高程观测的主要技术要求　　　　表 7-16

等级	垂 直 角 观 测				边 长 测 量	
	仪器精度	测回数	指标差较差(″)	测回较差(″)	仪器精度	观测次数
四等	2″级	3	≤7″	≤7″	≤10mm 级仪器	往返各一次
五等	2″级	2	≤10″	≤10″	≤10mm 级仪器	往一次

如果两点间水平距离是用钢尺测定的,称为经纬仪三角高程测量,其精度一般只能满足图根高程的精度标准,图根三角高程测量的主要技术要求见表 7-17。

图根三角高程测量的主要技术要求　　　　表 7-17

每公里高差中误差(mm)	附合路线长度(km)	仪器	竖直角测回数(中丝法)	指标差较差(″)	竖直角较差(″)	对向观测高差较差(mm)	附合或环形闭合差(mm)
20	5	DJ6	2	25	25	$80\sqrt{D}$	$40\sqrt{\sum D}$

注: D 为测距边长度(km)。

7.6.3　三角高程测量观测与计算

三角高程测量一般分为两级,即四等和五等三角高程测量,它们可作为测区的首级控制。若用三角高程测量方法确定导线点的高程,则三角高程路线可与导线重合。当三角高程点是平面控制测量的导线点或三角点时,水平距离一般不另行观测,可采用平面控制测量中已确定的水平距离。三角高程路线也可以根据实际需要,布设独立的闭合或附合高程路线,此时需要观测竖直角,并同时进行距离观测。三角高程测量的观测如下:

(1)在测站点 A 上置仪器,在目标点 B 上安置觇标,量取仪器高 i 和觇标高 v,读数至毫米。

(2)用经纬仪或测距仪(全站仪)观测竖直角 α,用测距仪测定两点间斜距 S 或用钢尺测定两点间水平距离 D,各项较差及测回数应符合表 7-15 和表 7-16 规定。

(3)将经纬仪搬至 B 点,同法对 A 点进行观测。

采用全站仪进行三角高程测量时,可先将球气差改正数参数及其他参数输入仪器,然后直接测定测点高程。

外业观测结束后,按式(7-21)～式(7-26)计算高差和所求点高程,计算实例见表 7-18。

三角高程测量计算　　　　　　　　　　　　　　　　　　　　表 7-18

起算点	A		B	
所求点	B		C	
直反觇	直　觇	反　觇	直　觇	反　觇
竖直角 α	2°35′12″	−2°35′36″	−3°54′54″	3°54′30″
平距 D(m)	220.270	220.266	276.325	276.307
$D\tan\alpha$(m)	9.951	−9.977	−18.911	18.877
仪器高 i(m)	1.350	1.391	1.573	1.504
觇标高 v(m)	1.402	1.300	1.549	1.499
球气差改正 f(m)	0.003	0.003	0.005	0.005
单向高差 h(m)	9.902	−9.883	−18.882	18.887
平均高差 $h_{均}$(m)	9.893		−18.885	

通常,三角高程路线起止于已知高程点,每条边均要进行对向观测,取对向观测所得高差平均值作为高差结果,符号以直觇为准。

三角高程路线的成果计算与水准路线的计算基本相同,即高差闭合差按与边长成正比原则反符号分配到各高差之中,然后用改正后的高差,从起算点推算各点高程。

【思考题与习题】

7-1　控制测量的概念是什么?

7-2　导线的布设形式有哪几种?导线测量的外业工作包括哪些内容?

7-3　什么是坐标正算?什么是坐标反算?公式各是什么?

7-4　导线计算的目的是什么?计算中要计算哪些闭合差,如何处理?

7-5　闭合导线与附合导线的计算有哪些不同?

7-6　高程控制测量有哪些方法?

7-7　如果采用双面尺法进行四等水准测量,有哪些计算和检核?

7-8　如图 7-15 所示的图根导线,试求:①该闭合导线各点坐标。

已知 $\alpha_{AB}=234°20′18″$,$\beta_0=301°42′30″$,$x_B=1\,647.76$m,$y_B=1\,428.55$m。

7-9　根据图 7-16 中所注有关数据,计算各图根导线点的坐标。

7-10　在 A 点上安置经纬仪,其高度为 1.30m,照准 B 点,觇标高为 3.80m,测得竖直角为 14°06′28″;又在 B 点上安置经纬仪,其高度为 1.40m,照准 A 点,觇标高为 4.00m,测得竖直角为 −13°19′05″。AB 间的水平距离为 341.22m,A 点的高程为 300.00m,试计算 B 点的高程。

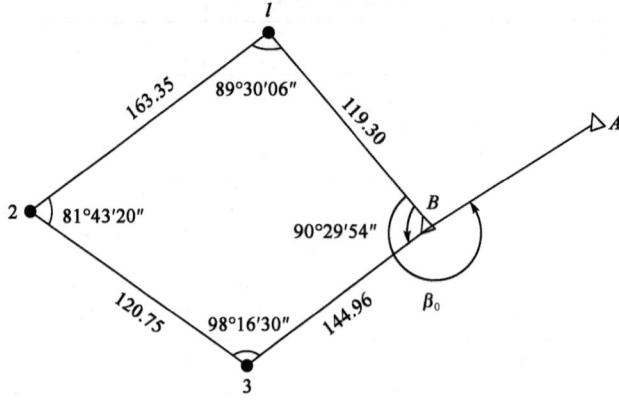

图 7-15　题 7-8 图

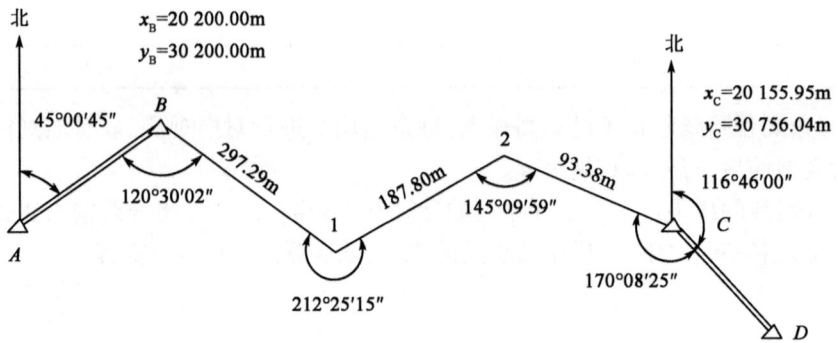

图 7-16　题 7-9 图

第8章

大比例尺地形图的测绘与应用

地球表面的形体复杂多样,归纳起来可以分为地物和地貌两大类。地物是指地面上天然或人工形成的物体,如湖泊、河流、海洋、房屋、道路、桥梁等;地貌是指地表高低起伏的形态,如山地、丘陵和平原等。地形是地物和地貌的总称。地形图是按一定的比例尺,用规定的符号表示的地物、地貌平面位置和高程的正射投影图。

8.1　地形图的比例尺

8.1.1　地图比例尺

图上某一线段的长度与地面上相应线段的水平距离之比,称为地图的比例尺。常见的比例尺形式有两种:数字比例尺和图示比例尺。

1)数字比例尺

以分子为1的分数形式表示的比例尺称为数字比例尺。设图上一线段长为 d,相应的实地水平距离为 D,则该图比例尺为:

$$\frac{d}{D} = \frac{1}{M} \tag{8-1}$$

式中:M——比例尺分母。

比例尺的大小视分数值的大小而定。M 越大,比例尺越小;M 越小,比例尺越大,如数字比例尺 $1:500 > 1:1\ 000$。

地形图按比例尺分为三类:$1:500$、$1:1\ 000$、$1:2\ 000$、$1:5\ 000$ 的地形图为大比例尺地形图;$1:1$ 万、$1:2.5$ 万、$1:5$ 万、$1:10$ 万的地形图为中比例尺地形图;$1:20$ 万、$1:50$ 万、$1:100$ 万的地形图为小比例尺地形图。

2)图示比例尺

直线比例尺是最常见的图示比例尺。图 8-1 为 $1:1\ 000$ 的直线比例尺,绘制时,先在图上绘两条平行线,再把它分成若干相等的线段,称为比例尺的基本单元,通常为 2cm。而每一基本单元所代表的实地长度为 $2cm \times 1\ 000 = 20m$。

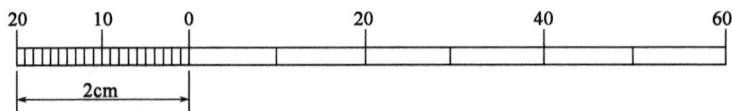

图 8-1　图示比例尺

8.1.2　比例尺精度

地物地貌在图上表示的精确与详尽程度与比例尺有关。测图用的比例尺越大,就越能表示出测区地面的详细情况,但测图所需的工作量也就越大。因此,测图比例尺关系到实际需要、成图时间和测量费用。人眼在图上能分辨的最小距离为 0.1mm,因此在地形图上 0.1mm 所代表的地面上的实地距离称为比例尺精度,即

比例尺精度 $= 0.1M$　(mm)

根据比例尺精度可以知道地面上量距应准确到什么程度,比例尺越大,表示地形变化的状况越详细,精度越高。所以测图比例尺应根据用图的需要来确定,工程常用的几种大比例尺地形图的比例尺精度,如表 8-1 所示。

几种大比例尺地形图的比例尺精度　　　　表 8-1

比例尺	$1:500$	$1:1\ 000$	$1:2\ 000$	$1:5\ 000$
比例尺精度(m)	0.05	0.10	0.20	0.50

8.2　地形图的分幅和编号

由于图纸的尺寸有限,不可能将测区内的所有地形都绘制在一幅图内,因此,需要分幅测绘地形图。地形图的分幅可以分为两种:一种是按经纬线分幅的梯形分幅法,另一种是按坐标格网划分的矩形分幅法。

8.2.1　梯形分幅与编号

1)$1:100$ 万地形图的编号

目前,我国采用的地形图分幅方案,是按照国际统一规定进行 1:100 万地形图的分幅编号,然后以 1:100 万地形图为基准,再进行更大比例尺地形图的分幅。由赤道起向南北两极每隔纬差 4°为一列,直到南北 88°(南北纬 88°至南北两极地区,采用极方位投影单独成图),将南北半球各划分为 22 列,分别用拉丁字母 A、B、C、D、…、V 表示。从经度 180°起向东每隔 6°为一行,绕地球一周共有 60 行,分别以数字 1、2、3、4、…、60 表示。这样,每幅百万分之一地图经差为 6°,纬差为 4°。由于南北两半球的经度相同,规定在南半球的图号前加一个 S,北半球的图号前不加任何符号。一般把列数的字母写在前,行数的数字写在后,中间用一条短线连接。例如北京某地的经度为东经 116°24′20″,纬度为 39°56′30″,所在的 1:100 万比例尺图的图号为 J-50(图 8-2)。

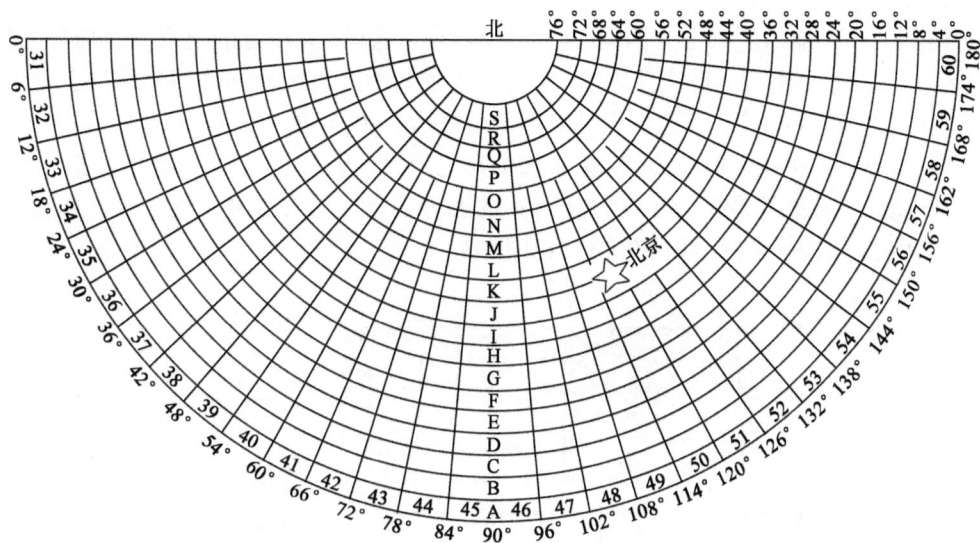

图 8-2 1:100 万地形图国际分幅

由于地球的经线向两极收敛,随着纬度的增加,同是 6°的经差但其纬线弧长已逐渐缩小,则地形图所表达的范围会越来越小,因此规定在纬度 60°~76°间的图幅采用双幅合并(经差为 12°,纬差为 4°);在纬度 76°~88°间的图幅采用四幅合并(经差为 24°,纬差为 4°)。这些合并图幅的编号,列数不变,行数(无论包含两个或四个)并列写在其后。例如北纬 80°~84°、西经 48°~72°的一幅百万分之一的地图编号应为 U-19、20、21、22。

基本比例尺地形图的图幅大小及其图幅间的数量关系见表 8-2。

基本比例尺地形图的图幅大小及其图幅间的数量关系 表 8-2

比例尺	图幅大小		图幅间的数量关系					
	经度	纬度						
1:100 万	6°	4°	1					
1:50 万	3°	2°	4	1				
1:20 万	1°	40′	36	9	1			

续上表

比例尺	图 幅 大 小		图幅间的数量关系					
	经度	纬度						
1:10 万	30′	20′	144	36	4	1		
1:5 万	15′	10′	576	144	16	4	1	
1:2.5 万	7.5′	5′	2 304	576	64	16	4	1
1:1 万	3′45″	2.5′	9 216	2 304	256	64	16	4

2)1:50 万、1:20 万、1:10 万地形图的编号

一幅 1:100 万地形图划分为四幅 1:50 万地形图,这样 1:50 万的地形图,每幅的经差为 3°,纬差为 2°,并分别用 A、B、C、D 表示,其编号是在 1:100 万地形图的编号后加上它本身的序号,例如某地所在的 1:50 万比例尺地形图的编号为 J-50-A,见图 8-3。

一幅 1:100 万地形图划分为 36 幅 1:20 万地形图(从左至右),分别用带括号的数字 [1]~[36]表示,其编号是在 1:100 万地形图的编号后加上它本身的序号,例如某地所在的 1:50万比例尺地形图的编号为 J-50-[2],见图 8-3。

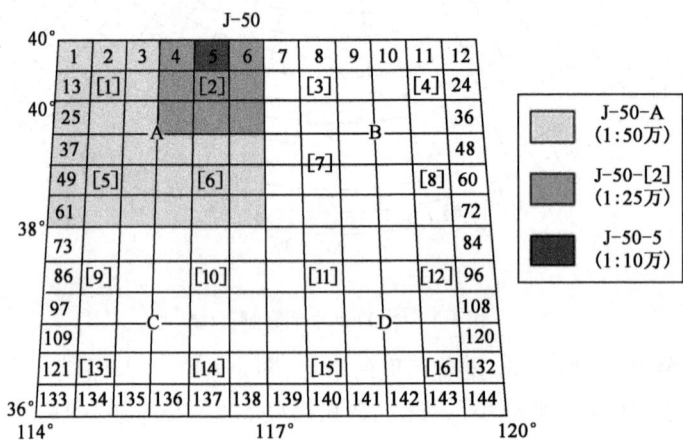

图 8-3 1:50 万、1:25 万、1:10 万比例尺地形图的分幅与编号

一幅 1:100 万地形图划分为 144 幅 1:10 万地形图(从左至右),这样每幅 1:10 万地形图经差为 30′,纬差为 20′。分别用数字 1~144 表示,其编号是在 1:100 万地形图的编号后加上它本身的序号,例如某地所在的 1:50 万比例尺地形图的编号为 J-50-5,见图 8-3。

3)1:5 万、1:2.5 万、1:1 万地形图的编号

1:5 万、1:2.5 万、1:1 万的地形图分幅编号是以 1:10 万地形图为基础的。

一幅 1:10 万地形图可划分为四幅 1:5 万地形图,分别用 A、B、C、D 表示,其编号是在 1:10 万地形图的编号后加上它本身的序号,例如某地所在的 1:50 万比例尺地形图的编号为 J-50-5-B,见图 8-4。

一幅 1:5 万地形图划分为四幅 1:2.5 万地形图,分别用 1、2、3、4 表示,其编号是在 1:5 万

地形图的编号后加上它本身的序号,例如某地所在的1:50万比例尺地形图的编号为J-50-5-4,见图8-4。

1:1万地形图的编号,是以一幅1:10万地形图划分为64幅1:1万地形图,则每幅1:1万地形图的经差为3′45″,纬差为2.5′,并分别以带括号的数字(1)～(64)表示,其编号是在1:10万地形图的图号后加上1:1万地形图的序号,例如某地所在的1:50万比例尺地形图的编号为J-50-5-(24),见图8-4。

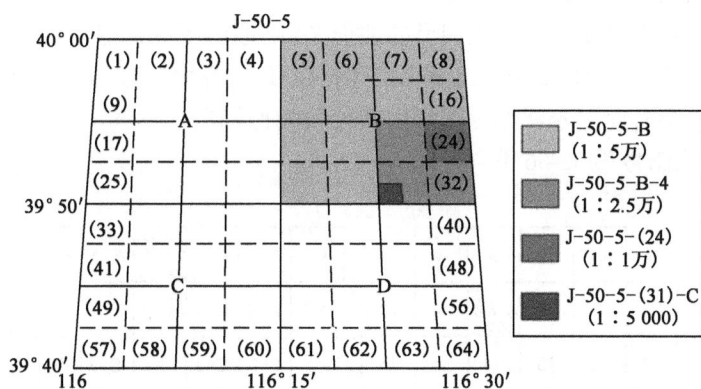

图8-4 1:5万、1:2.5万、1:1万、1:5 000比例尺地形图的分幅与编号

4)1:5 000地形图的编号

一幅1:1万地形图划分为4幅1:5 000地形图,分别用小写拉丁字母a、b、c、d表示,其编号是在1:1万地形图的图号后加上它本身的序号,例如某地所在的1:50万比例尺地形图的编号为J-50-5-(31)-c,见图8-4。

8.2.2 矩形分幅与编号

大比例尺地形图的图幅大多采用矩形分幅,它是按统一的直角坐标网格划分的。图幅大小可分为40cm×40cm、40cm×50cm或50cm×50cm。图幅大小见表8-3。

几种大比例尺地形图的图幅大小 表8-3

比 例 尺	图幅大小(cm×cm)	实地面积(km)²	1:5 000图幅内的分幅数
1:5 000	40×40	4	1
1:2 000	50×50	1	4
1:1 000	50×50	0.25	16
1:500	50×50	0.062 5	64

采用矩形分幅时,地形图图幅的编号有以下几种方式:

1)按图廓西南角坐标编号

采用图廓西南角坐标公里数编号法时,x坐标在前,y坐标在后,1:500地形图取至0.01km(如10.40-21.75),1:1 000、1:2 000地形图取至0.1km(如10.0-21.0)。

2）按流水号编号

带状测区或小面积测区,可按测区统一顺序进行编号,一般从左到右,从上到下用数字 1、2、3、4…编定,如图 8-5a）中所示晕线图号为 8。

3）按行列号编号

行列编号法一般以代号（如 A、B、C、D…）为横行,由上到下排列,以数字 1、2、3…为代号的纵列,从左到右排列来编定,先行后列,如图 8-5b）中所示晕线图号为 A-4。

4）以 1∶5 000 比例尺图为基础编号

如果整个测区测绘有几种不同比例尺的地形图,则地形图的编号可以以 1∶5 000 比例尺地形图为基础。以某 1∶5 000 比例尺地形图图幅西南角坐标值编号,如图 8-5c）中 1∶5 000 地形图图幅编号为 32-56,此图号就作为图幅内其他较大比例尺地形图的基本图号,编号方法如图8-5d）中所示晕线图号为 32-56-Ⅳ-Ⅲ-Ⅳ。

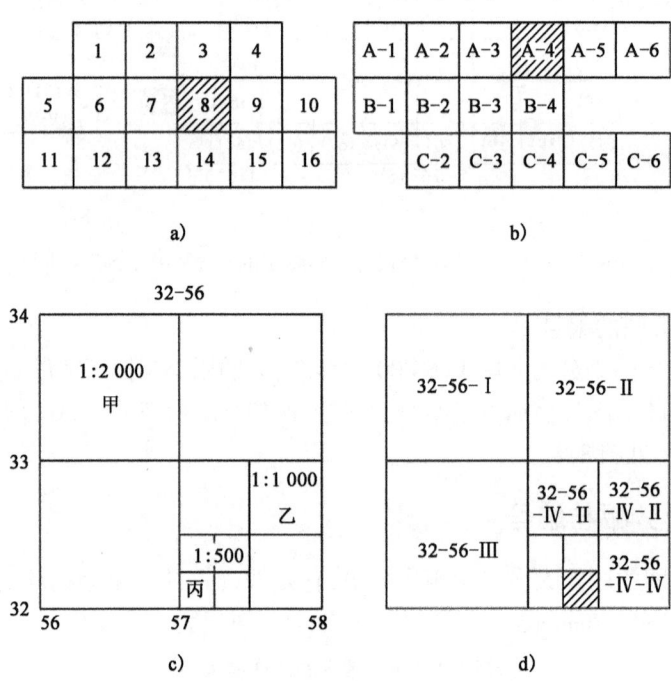

图 8-5 矩形分幅与编号

8.3 地形图的符号

实地的地物和地貌使用各种符号表示在图上的,这些符号总称为地形图图式。图式由国家测绘局统一制定,它是测绘和使用地形图的重要依据。表 8-4 所示为国家标准《国家基本比例尺地图图式 第 1 部分:1∶500 1∶1 000 1∶2 000 地形图图式》（GB/T 20257.1—2007）中的部分地形图图式。地形图符号有三类:地物符号、地貌符号和注记符号。

地 形 图 图 式

表 8-4

编号	符号名称	1:500 1:1 000 1:2 000	编号	符号名称	1:500 1:1 000 1:2 000
1	一般房屋 混-房屋结构； 1-房屋层数； 2-地下房屋层数	a 混1 b 混3-2 3 0.6 2.0 1.0	12	天然草地	2.0 ‖ ‖ 1.0 ‖10.0 ‖ ‖—10.0‖
2	简单房屋	简	13	篱笆	10.0 1.0 0.6
3	台阶	0.6 1.0 1.0	14	围墙 a.依比例 b.不依比例	a 10.0 0.5 b —— 0.3 10.0 0.5
4	行树 a.乔木行树 b.灌木行树	a ○ ○ ○ ○ b	15	斜坡 a.未加固的 b.已加固的	2.0 4.0 a b
5	活树篱笆	6.0 1.0 …○…○…○…○…○…○ 0.6	16	内部道路	1.0 1.0
6	高压输电线	a 35 4.0	17	陡坎 a.未加固的 b.已加固的	a 2.0 b 2.0
7	配电线	a 8.0	18	栅栏、栏杆	10.0 1.0
8	电杆	1.0○	19	路灯	1.4 0.3 2.8 0.8 1.0
9	水准点	2.0 ● $\dfrac{\text{II京石5}}{32.805}$	20	消火栓	1.6 2.0 1.0
10	图根点 1.埋石的 2.不埋石的	1 2.0 ◈ $\dfrac{12}{275.46}$ 2 2.0 ○ $\dfrac{19}{84.47}$	21	等高线 a.首曲线 b.计曲线 c.间曲线	a 0.15 b 25 0.3 c 0.15 1.0 6.0
11	旗杆	1.6 4.0 1.0 1.0	22	高程点及其 注记	0.5 • 1 520.3 • -15.3

8.3.1　地物符号

地物符号是用来表示地物的类别、形状、大小及位置的,分为比例符号、非比例符号和半比例符号。

1)比例符号

可以按测图比例尺缩小,用规定符号画出的地物符号称为比例符号,如房屋、较宽的道路、稻田、花圃、湖泊等。

2)非比例符号

有些地物,如三角点、导线点、水准点、独立树、路灯、检修井等,其轮廓较小,无法将其形状和大小按照地形图的比例尺绘到图上,则不考虑其实际大小,而是采用规定的符号表示。这种符号称为非比例符号。

3)半比例符号

对于一些带状延伸地物,如小路、通信线、管道、垣栅等,其长度可按比例缩绘,而宽度无法按比例表示的符号称为半比例符号。

8.3.2　注记符号

有些地物除了用相应的符号表示外,对于地物的性质、名称等在图上还需要用文字和数字加以注记,称为地物注记。诸如城镇、工厂、河流、道路的名称;桥梁的长宽及载重量;江河的流向、流速及深度;道路的去向及森林、果树的类别等,都以文字或特定符号加以说明。

8.3.3　地貌符号

地貌形态多种多样,在地图上表示地貌的方法很多,而测量工作中通常用等高线表示。因为用等高线表示地貌,不仅能表示地面的起伏形态,还能表示出地面的坡度和地面的高程。

1)等高线的概念

等高线是地面上高程相等的相邻各点所连的闭合曲线。等高线表示地貌的原理如图 8-6 所示,设想用一系列间距相等的水平截面去截某一高地,把其接口边线投影到同一个水平面上,且按比例缩小描绘到图纸上,即等高线图。由此可见,等高线为一组高度不同的空间平面曲线,地形图上表示的仅是它们在投影面上的投影,在没有特别指明时,通常简称地形图上的等高线为等高线。

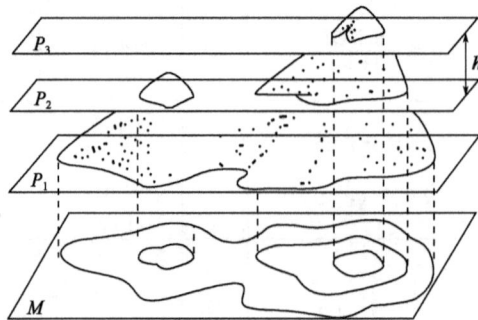

图 8-6　等高线表示地貌的原理

2）等高距与示坡线

地形图上相邻等高线间的高差,称为等高距。同一幅地形图的等高距是相同的,因此地形图的等高距也称为基本等高距。大比例尺地形图常用的基本等高距为 0.5m、1m、2m、5m 等。等高距越小,用等高线表示的地貌细部就越详尽;等高距越大,地貌细部表示的越粗略。但是,当等高距过小时,图上的等高线过于密集,将会影响图面的清晰度。

测绘地形图时,要根据测图比例尺、测区地面的坡度情况和按国家规范要求选择合适的基本等高距,见表8-5。

基本等高距表（单位:m）

表8-5

比例尺 地形类别	1:500	1:1 000	1:2 000	1:5 000
平坦地	0.5	0.5	1	2
丘陵	0.5	1	2	5
山地	1	1	2	5
高山地	1	2	2	5

相邻等高线之间的水平距离称等线高平距。在同一幅地形图上,等高线平距越小表示坡度越大,反之坡度越小。因此可根据图上等高线的疏密程度来判断坡度的陡缓。

由等高线的原理可知,洼地和山头的等高线在外形上非常相似。它们之间的区别在于,山头地貌是里面的等高线高程大[图8-9b）],洼地地貌是里面的等高线高程小[图8-9a）]。为了便于区别这两种地貌,就在某些等高线的斜坡下降方向绘一短线来表示坡向,并把这种短线称为示坡线。盆地的示坡线一般选择在最高、最低两条等高线上表示,能明显地表示出坡度方向即可。山头的示坡线仅表示在高程最大的等高线上。

3）等高线的分类

为了更好地显示地貌特征,便于识图和用图,地形图上主要采用以下四种等高线(图8-7)。

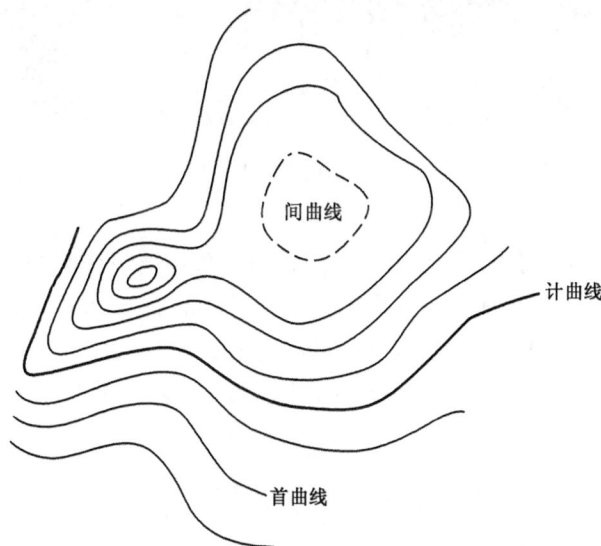

图8-7 等高线分类

首曲线:按基本等高距测绘的等高线,用0.15mm宽的细实线绘制。

计曲线:为了识图和用图时等高线计数方便,通常将基本等高线从零米起算,每隔四条首曲线加粗一条等高线,该等高线称为计曲线。计曲线的高程值总是为等高距的5倍。计曲线用0.3mm宽的粗实线绘制。

间曲线:对于坡度很小的局部区域。当用基本等高线不足以反映地貌特征时,可按1/2基本等高距加绘一条等高线,该等高线称为间曲线。间曲线用0.15mm宽的长虚线绘制,可以不闭合。

助曲线:当用间曲线仍不能表示应该表示的微型地貌时,还可以在间曲线的基础上再加绘等高距为1/4基本等高距的等高线,称为助曲线。助曲线可不闭合而绘至坡度变化均匀为止,但一般应对称。

4)典型地貌的等高线

地球表面高低起伏的形态千变万化,但经过仔细研究分析就会发现它们都是由几种典型的地貌综合而成的。了解和熟悉典型地貌的等高线,有助于正确地识读、应用和测绘地形图。典型地貌主要有:山头和洼地、山脊和山谷、鞍部、陡崖和悬崖等,如图8-8所示。

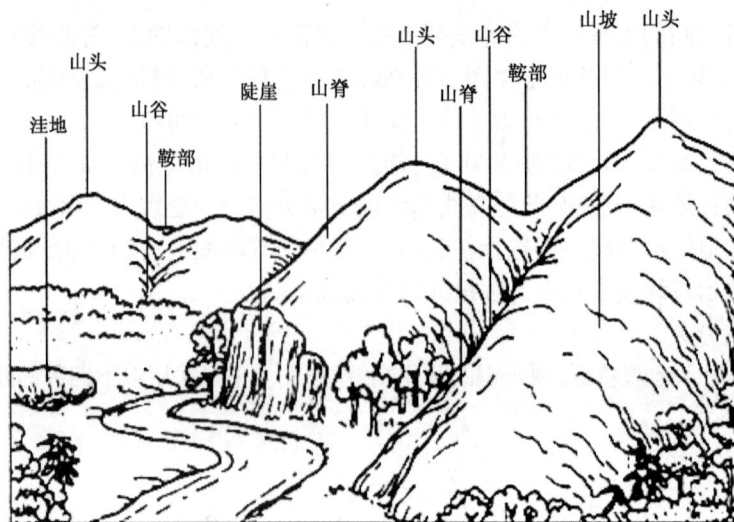

图8-8 典型地貌

(1)山头和洼地

图8-9a)、b)分别表示山头和洼地的等高线,它们都是一组闭合曲线。在地形图上区别山头和洼地的方法是:山头的等高线由外圈向内圈高程逐渐增加,洼地的等高线由外圈向内圈高程逐渐减小,这样就可以根据高程注记区分山头和洼地。

如果等高线上没有高程注记,也可以用示坡线来指示斜坡向下的方向。在山头、洼地的等高线上绘出示坡线,有助于地貌的识别。

(2)山脊和山谷

山坡的坡度和走向发生改变时,在转折处就会出现山脊或山谷地貌。如图8-10a)所示。

山脊是沿着一个方向延伸的高地。山脊的最高棱线称为山脊线,也称分水线。山脊的等高线均向下坡方向凸出,两侧基本对称。

山谷是沿着一个方向延伸的洼地,位于两个山脊之间。山谷线是谷底点的连线,也称集水线。山谷的等高线均凸向高处,两侧也基本对称。

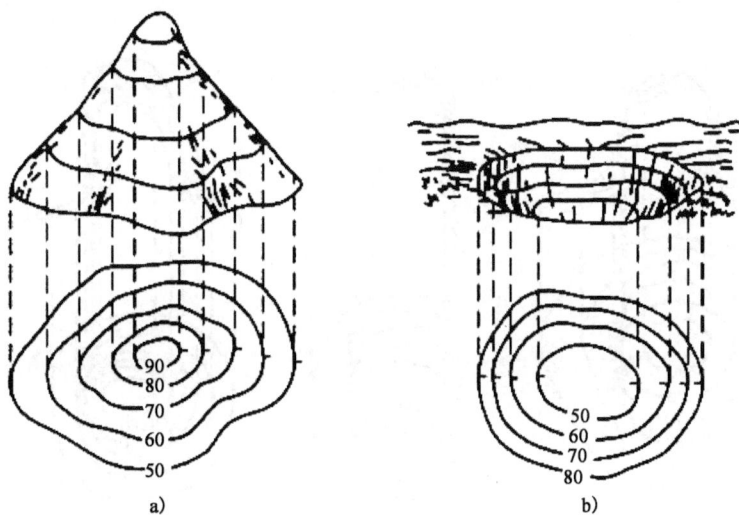

图 8-9 山地和洼地等高线

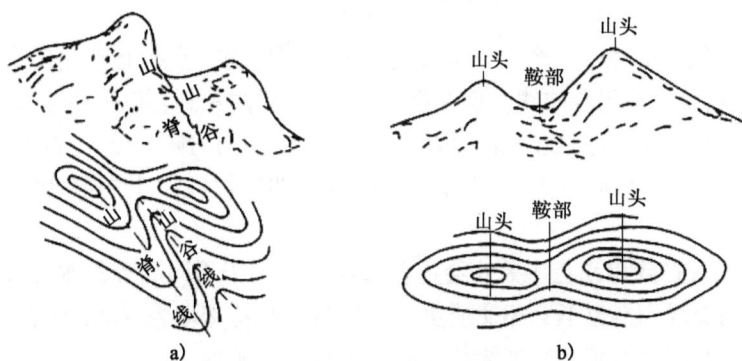

图 8-10 山谷、山脊和鞍部等高线

(3)鞍部

相邻两个山头之间呈马鞍形的低凹部分称为鞍部。鞍部是山区道路选线的重要位置,鞍部左右两侧的等高线是近似对称的两组山脊线和两组山谷线。鞍部等高线的特点是在一圈大的闭合曲线内,套有两组小的闭合曲线,如图 8-10b)所示。

(4)陡崖和悬崖

陡崖是坡度在 70°以上的陡峭崖壁,有石质和土质之分。如果用等高线表示,将是非常密集或重合为一条线,因此采用陡崖符号来表示,如图 8-11a)、b)所示。

悬崖是上部突出、下部凹进的陡崖。悬崖上部的等高线投影到水平面时,与下部的等高线相交,下部凹进的等高线部分用虚线表示,如图 8-11c)所示。

5)等高线的特性

根据等高线原理,可归结出等高线的特性如下:

(1)同一条等高线上各点的高程相等。因为等高线是水平面与地表面的交线,而在同一个水平面的高程是一样的,所以等高线的这个特性是显然的。但是不能得出结论说:凡是高程相等的点一定位于同一等高线上。当同一水平截面横截两个山头时,会得出同样高程的两条等高线。

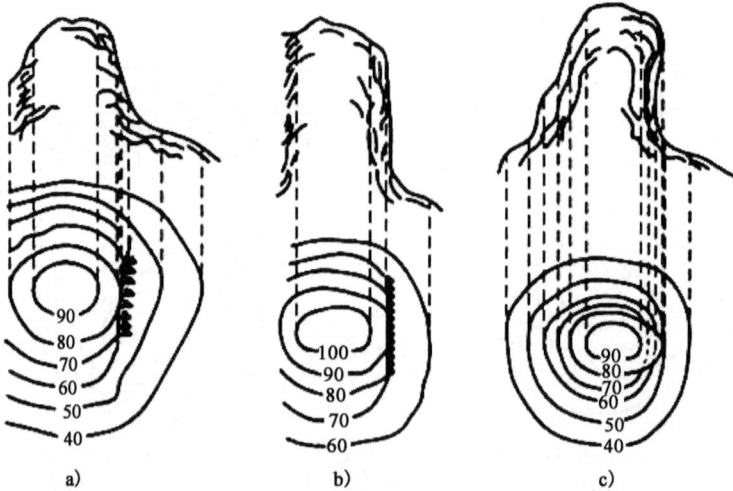

图 8-11　陡崖和悬崖等高线

(2)等高线是闭合曲线。一个无限伸展的水平面与地表的交线必然是闭合的。所以某一高程的等高线必然是一条闭合曲线。但在测绘地图时,应注意到:其一,由于图幅范围的限制,等高线不一定在图面内闭合而被图廓线截断;其二,为使图面清晰易读,等高线应该遇到房屋、公路等地物符号及注记时断开;其三,由于间曲线与助曲线仅应用于局部地区,故可在不需要表示的地方中断。

(3)等高线只有在陡崖或悬崖处才会重合或相交。由于不同高程的水平面不会相交或重合,它们与地表的交线当然也不会相交或重合。但是一些特殊地貌,如陡壁、陡坎、悬崖的等高线就会重叠在一起,这些地貌必须加绘相应的地貌符号以表示。

(4)等高线与山脊线和山谷线正交(在交点处,山脊线和山谷线与等高线的切线垂直相交)。山脊等高线应凸向低处,山谷等高线应凸向高处。

(5)在同一幅地形图内,基本等高距是相同的,因此,等高线平距大表示地面坡度小;等高线平距小则表示地面坡度大;平距相等则坡度相同。倾斜平面的等高线是一组间距相等且平行的直线。

(6)等高线的绘制。

经过地形测量之后,我们可以得到一些地形特征点,如山顶、山脚、鞍部以及一些地形的变换点。根据这些地形特征点,我们可以勾画出等高线,具体步骤如下:

①首先用铅笔勾画出山脊线、山谷线这些地性线。山脊线可以用实线、山谷线可以用虚线表示。

②在相邻两个碎部点的连线上,按照平距和高差成比例的关系,目估内插出两点间各条等高线通过的位置。

③将高程相等的相邻点连接成光滑曲线,即为等高线。

8.4　大比例尺地形图的测绘

控制测量工作结束后,就可根据图根控制点测定地物、地貌特征点的平面位置和高程,并按规定的比例尺和符号缩绘成地形图。测绘地形图的方法有经纬仪测绘法、光电测距仪测绘法、小平板仪与经纬仪联合测绘法和摄影测量方法等。本章主要介绍大比例尺地形图测绘的各项工作,并简介地籍测量。

8.4.1　测图前的准备工作

测图前,除做好仪器、工具及资料的准备工作外,还应着重做好测图板的准备工作。它包括图纸准备、绘制坐标格网及展绘控制点等工作。

1)图纸准备

为了保证测图的质量,应选用质地较好的图纸。对于临时性测图,可将图纸直接固定在图板上进行测绘;对于需要长期保存的地形图,为了减少图纸变形,应将图纸裱糊在锌板、铝板或胶合板上。

目前,各测绘部门大多采用聚酯薄膜,其厚度为 $0.07 \sim 0.1$mm,表面经打毛后,便可代替图纸用来测图。聚酯薄膜具有透明度好、伸缩性小、不怕潮湿、牢固耐用等优点。如果表面不清洁,还可用水洗涤,并可直接在底图上着墨复晒蓝图。但聚酯薄膜有易燃、易折和老化等缺点,故在使用过程中应注意防火防折,防止接触高温。测图时,在测图板上先垫一张硬胶板和浅色薄纸,衬在聚酯薄膜下面,然后用胶带纸或铁夹将其固定在图板上,即可进行测图。

2)绘制坐标格网

为了准确地将图根控制点展绘在图纸上,首先要在图纸上精确地绘制10cm×10cm的直角坐标格网。绘制坐标格网可用坐标仪或坐标格网尺等专用仪器工具,如无上述仪器工具,则可按下述对角线法绘制。

如图 8-12 所示,先在图纸上画出两条对角线,以交点 O 为圆心,取适当长度为半径画弧,在对角线上交得 A、B、C、D 点,用直线连接各点,得矩形 $ABCD$。再从 A、D 两点起各沿 AB、DC 方向每隔10cm 定一点;从 A、B 两点起各沿 AD、BC 方向每隔10cm 定一点,连接各对应边的相应点,即得坐标格网。坐标格网画好后,要用直尺检查各格网的交点是否在同一直线上,其偏离值不应超过 0.2mm。用比例尺检查 10cm 小方格网的边长,其值与理论值相差不应超过 0.2mm。小方格网对角线长度(14.14cm)误差不应超过0.3mm。如超过限差,应重新绘制。

3)展绘控制点

展点前,要按图的分幅位置,将坐标格网线的坐标值注在相应格网边线的外侧。展点时,先要根据

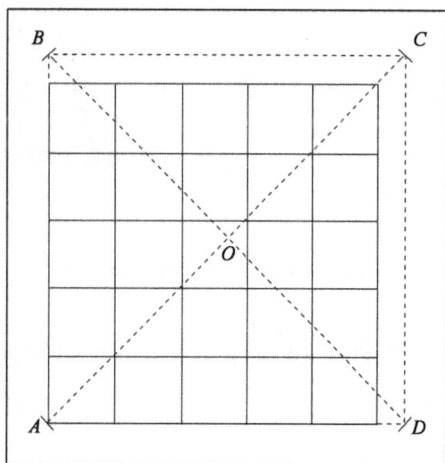

图 8-12　对角线法绘制坐标格网

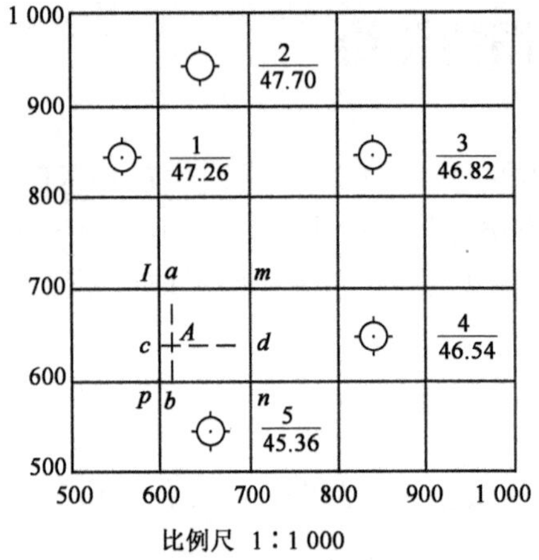

图 8-13 展绘控制点

控制点的坐标,确定所在的方格(图 8-13)。如控制点 A 的坐标 $x_A = 647.43\mathrm{m}$,$y_A = 634.52\mathrm{m}$,可确定其位置应在 $plmn$ 方格内。然后按 y 坐标值分别从 l、p 点按测图比例尺向右各量 34.52m,得 a、b 两点。同法,从 p、n 点向上各量 47.43m,得 c、d 两点。连接 ab 和 cd,其交点即为 A 点的位置。同法将图幅内所有控制点展绘在图纸上,并在点的右侧以分数形式注明点号及高程,如图中 1、2、3、4、5 点。最后用比例尺量出各相邻控制点之间的距离,与相应的实地距离比较,其差值不应超过图上 0.3mm。

8.4.2 视距测量

视距测量是用望远镜内视距丝装置,根据几何光学原理同时测定距离和高差的一种方法。这种方法具有操作方便,速度快,不受地面高低起伏限制等优点。虽然精度较低,但能满足测定碎部点位置的精度要求,因此被广泛应用于碎部测量中。

视距测量所用的主要仪器、工具是经纬仪和视距尺。

1)视距测量原理

(1)视线水平时的距离与高差公式

如图 8-14 所示,欲测定 A、B 两点间的水平距离 D 及高差 h,可在 A 点安置经纬仪,B 点立视距尺,设望远镜视线水平,瞄准 B 点视距尺,此时视线与视距尺垂直。若尺上 M、N 点成像在十字丝分划板上的两根视距丝 m、n 处,那么尺上 MN 的长度可由上、下视距丝读数之差求得。上、下丝读数之差称为视距间隔或尺间隔。

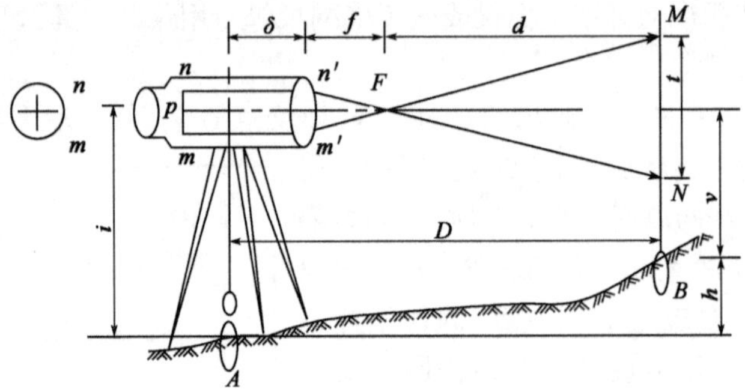

图 8-14 视线水平视距测量

图 8-14 中 l 为视距间隔,p 为上、下视距丝的间距,f 为物镜焦距,δ 为物镜至仪器中心的距离。

由相似三角形 $m'n'F$ 与 MNF 可得:

$$\frac{d}{f} = \frac{l}{p}, \quad d = \frac{f}{P}l$$

由图看出

$$D = d + f + \delta$$

则 A、B 两点间的水平距离为:

$$D = \frac{f}{P}l + f + \delta$$

令 $\frac{f}{p} = K, f + \delta = C,$ 则：

$$D = Kl + C \tag{8-2}$$

式中：K、C——视距乘常数和视距加常数。

现代常用的内对光望远镜的视距常数，设计时已使 $K = 100$，C 接近于零，所以式（8-2）可改写为：

$$D = Kl \tag{8-3}$$

同时，由图 8-14 可以看出 A、B 的高差为：

$$h = i - v \tag{8-4}$$

式中：i——仪器高，是桩顶到仪器横轴中心的高度；

　　　v——瞄准高，是十字丝中丝在尺上的读数。

（2）视距倾斜时的距离与高差公式

在地面起伏较大的地区进行视距测量时，必须使视线倾斜才能读取视距间隔，如图 8-15 所示。由于视线不垂直于视距尺，故不能直接应用上述公式。如果能将视距间隔 MN 换算为与视线垂直的视距间隔 $M'N'$，就可按式（8-3）计算倾斜距离 L，再根据 L 和竖直角 α 算出水平距离 D 及高差 h。因此解决这个问题的关键在于求出 MN 与 $M'N'$ 之间的关系。

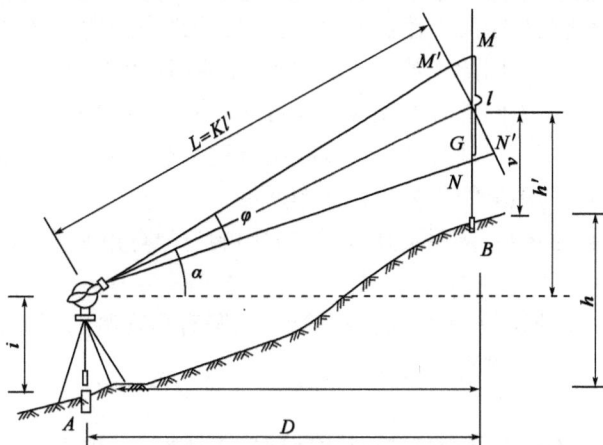

图 8-15　视线倾斜视距测量

图中 φ 角很小，约为 $34'$，故可把 $\angle GM'M$ 和 $\angle GN'N$ 近似的视为直角，而 $\angle M'GM = \angle N'GN = \alpha$，因此由图可看出 MN 与 $M'N'$ 的关系如下：

$$M'N' = M'G + GN' = MG\cos\alpha + GN\cos\alpha = (MG + GN)\cos\alpha = MN\cos\alpha$$

设 $M'N'$ 为 l'，则：

$$l' = l\cos\alpha$$

根据式（8-3）得倾斜距离为：

$$L = Kl' = Kl\cos\alpha$$

所以 A、B 的水平距离为：

$$D = L\cos\alpha = Kl\cos^2\alpha \tag{8-5}$$

由图中看出，A、B 间的高差 h 为：

$$h = h' + i - v$$

式中：h'——初算高差，可按式(8-6)计算。

$$h' = Lsin\alpha = Klcos\alpha sin\alpha = \frac{1}{2}Klsin2\alpha \tag{8-6}$$

$$h = \frac{1}{2}Klsin2\alpha + i - v \tag{8-7}$$

根据式(8-5)计算出 A、B 间的水平距离 D 后，高差 h 也可按式(8-8)计算：

$$h = Dtan\alpha + i - v \tag{8-8}$$

在实际工作中，应尽可能使瞄准高 v 等于仪器高 i，以简化高差 h 的计算。

2)视距测量的观测与计算

施测时，如图 8-15 所示，安置仪器于 A 点，量出仪器高 i，转动照准部瞄准 B 点视距尺，分别读取上、下、中三丝的读数 M、N、V，计算视距间隔 $l = M - N$。再使竖盘指标水准管气泡居中(如为竖盘指标自动补偿装置的经纬仪则无此项操作)，读取竖盘读数，并计算竖直角 α。然后按式(8-5)和式(8-8)用计算器计算出水平距离和高差。

3)视距测量误差及注意事项

视距测量的精度较低，在较好的条件下，测距精度为 1/200 ~ 1/300。

(1)视距测量的误差

读数误差：用视距丝在视距尺上读数的误差，与尺子最小分划的宽度、水平距离的远近和望远镜放大倍率等因素有关，因此读数误差的大小，视使用的仪器、作业条件而定。

垂直折光影响：视距尺不同部分的光线是通过不同密度的空气层到达望远镜的，越接近地面的光线受折光影响越显著。经验证明，当视线接近地面在视距尺上读数时，垂直折光引起的误差较大，并且这种误差与距离的平方成比例的增加。

视距尺倾斜所引起的误差：视距尺倾斜误差的影响与竖直角有关，尺身倾斜对视距精度的影响很大。

此外，视距乘常数 K 的误差、视距尺分划的误差、竖直角观测的误差以及风力使尺子抖动引起的误差等，都将影响视距测量的精度。

(2)注意事项

①为减少垂直折光的影响，观测时尽可能使视线离地面 1m 以上。

②作业时，要将视距尺竖直，并尽量采用带有水准器的视距尺。

③要严格测定视距常数，K 值应在 100 ±0.1 之内，否则应加以改正。

④视距尺一般应是厘米刻划的整体尺。如果使用塔尺，应注意检查各节尺的接头是否准确。

⑤要在成像稳定的情况下进行观测。

8.4.3　碎部测量的方法

碎部测量就是测定碎部点的平面位置和高程。下面分别介绍碎部点的选择和碎部测量的方法。

1)碎部点的选择

前已述及碎部点应选地物、地貌的特征点。对于地物,碎部点应选在地物轮廓线的方向变化处,如房角点,道路转折点,交叉点,河岸线转弯点以及独立地物的中心点等。连接这些特征点,便得到与实地相似的地物形状。由于地物形状极不规则,一般规定主要地物凸凹部分在图上大于 0.4mm 均应表示出来;小于 0.4mm 时,可用直线连接。对于地貌来说,碎部点应选在最能反映地貌特征的山脊线、山谷线、等地性线上。如山顶、鞍部、山脊、山谷、山坡、山脚等坡度变化及方向变化处,如图 8-16 所示。根据这些特征点的高程勾绘等高线,即可将地貌在图上表示出来。为了能真实地表示实地情况,在地面平坦或坡度无显著变化地区,碎部点的间距和测碎部点的最大视距应符合表 8-6 的规定。城市建筑区的最大视距参见表 8-7。

图 8-16　碎部点选择

碎部点的间距和测碎部点的最大视距　　　　　表 8-6

测图比例尺	地形点最大间距(m)	最大视距(m)	
		主要地物点	次要地物点和地形点
1:500	15	60	100
1:1 000	30	100	150
1:2 000	50	180	250
1:5 000	100	300	350

城市建筑区的最大视距　　　　　表 8-7

测图比例尺	最大视距(m)	
	主要地物点	次要地物点和地形点
1:500	50	70
1:1 000	80	120
1:2 000	120	200

2)经纬仪测绘法

经纬仪测绘法的实质是按极坐标定点进行测图,观测时先将经纬仪安置在测站上,绘图板安置于测站旁,用经纬仪测定碎部点的方向与已知方向之间的夹角、测站点至碎部点的距离和碎部点的高程。然后根据测定数据用量角器和比例尺把碎部点的位置展绘在图纸上,并在点的右侧注明其高程,再对照实地描绘地形。此法操作简单、灵活,适用于各类地区的地形图测绘。操作步骤如下:

(1)安置仪器:如图 8-17 所示,安置仪器于测

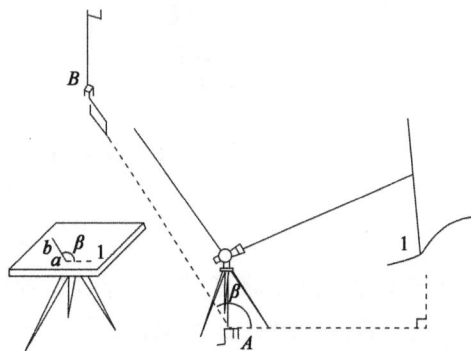

图 8-17　经纬仪测绘法

149

站点(控制点 A)上,量取仪器高 i,填入手簿。

(2)定向:置水平度盘读数为0°00′00″,后视另一控制点 B。

(3)立尺:立尺员依次将尺立在地物、地貌特征点上。立尺前,立尺员应弄清实测范围和实地情况,选定立尺点,并与观测员、绘图员共同商定跑尺路线。

(4)观测:转动照准部,瞄准点 1 的标尺,读视距间隔 l、中丝读数 V、竖盘读数 L 及水平角 β。

(5)记录:将测得的视距间隔、中丝读数、竖盘读数及水平角依次填入手簿,如表8-8所示。有些手簿视距间隔栏为视距 Kl,由观测者直接读出视距值。对于有特殊作用的碎部点,如房角、山头、鞍部等,应在备注中加以说明。

碎 部 测 量 手 簿

表8-8

点号	尺间隔 l(m)	中丝读数(m)	竖盘读数 L	竖直角 α	初算高差 h'(m)	改正数 $(i-v)$(m)	改正后高差 h(m)	水平角 β	水平距离(m)	高程(m)	备注
1	0.885	1.40	86°28′	3°32′	5.45	0.02	5.47	56°00′	88.2	105.47	山顶
2	1.530	1.40	97°24′	−7°24′	−19.55	0.02	−19.53	101°18′	150.5	80.47	山脚
3	0.638	1.56	87°18′	2°42′	3.00	−0.14	2.86	147°30′	63.7	102.86	鞍部
4	1.755	2.00	93°18′	−3°18′	−10.37	−0.58	−10.95	278°24′	179.9	89.05	山脚

注:测站点 A;后视点 B;仪器高 $i=1.42\mathrm{m}$;指标差 $x=0$;测站高 $H_A=100.00\mathrm{m}$。

(6)计算:依视距 Kl、竖盘读数 L 或竖直角 α,按8.4.2视距测量所述方法用计算器计算出碎部点的水平距离和高程。

(7)展绘碎部点:用细针将量角器的圆心插在图上测站点 a 处,转动量角器,将量角器上等于 β 角值(碎部点 1 为 114°00′)的刻划线对准起始方向 ab(图8-18),此时量角器的零方向便是碎部点 1 的方向,然后用测图比例尺按测得的水平距离在该方向上定出点 1 的位置,并在点的右侧注明其高程。

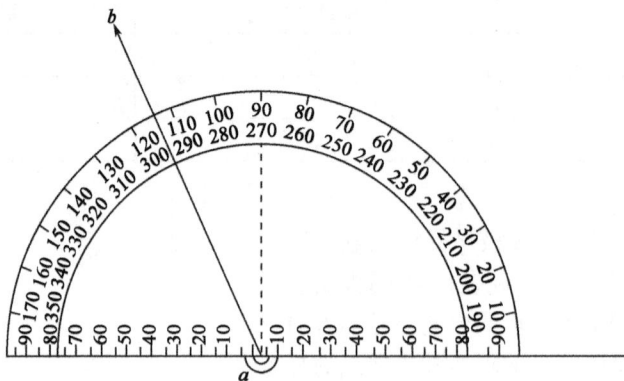

图8-18 展绘碎部点

同法,测出其余各碎部点的平面位置与高程,绘于图上,并随测随绘等高线和地物。

为了检查测图质量,仪器搬到下一测站时,应先观测前站所测的某些明显碎部点,以检查由两个测站测得该点平面位置和高程是否相符。如相差较大,则应查明原因,纠正错误,再继续进行测绘。

若测区面积较大,可分成若干图幅,分别测绘,最后拼接成全区地形图。为了相邻图幅的拼接,每幅图应测出图廓外 5mm。

3) 光电测距仪测绘法

光电测距仪测绘法与经纬仪测绘法基本相同,所不同的是用光电测距来代替经纬仪视距法。

先在测站上安置测距仪,量出仪器高 i;后视另一控制点进行定向,使水平度盘读数为 $0°00′00″$。

立尺员将测距仪的单棱镜装在专用的测杆上,并读出棱镜标志中心在测杆上的高度 v,可使 $i=v$。立尺时将棱镜面向测距仪立于碎部点上。

观测时,瞄准棱镜的标志中心。测出斜距 L、竖直角 α,读出水平度盘读数 β,并做记录。

将 α、L 输入计算器,计算平距 D 和碎部点高程 H。然后,与经纬仪测绘法一样,将碎部点展绘于图上。

4) 经纬仪测图法注意事项

(1) 观测人员在读取竖盘读数时,要注意检查竖盘指标水准管气泡是否居中;每观测 20 ~ 30 个碎部点后,应重新瞄准起始方向检查其他变化情况。经纬仪测绘法起始方向度盘读数偏差不得超过 4′,小平板仪测绘时起始方向偏差在图上不得大于 0.3mm。

(2) 立尺人员应将标尺竖直,并随时观察立尺点周围情况,弄清碎部点之间的关系,地形复杂时还需绘出草图,以协助绘图人员做好绘图工作。

(3) 绘图人员要注意图面正确整洁,注记清晰,并做到随测点、随展绘、随检查。

(4) 每站工作结束后,应进行检查,在确认地物、地貌无测错或漏测时,方可迁站。

5) 碎部测图时应注意的事项

(1) 施测碎部时,首先注意正确选定地物点、地貌点。作业员对测站周围的地貌特征应进行分析:总的地貌是什么?细小的变化在哪里?先测什么后测什么?这样观测立尺认识统一,心中有数。能按比例尺表示的地物,应选在地物拐角点或地物轮廓的变换点上;不能按比例尺表示的地物,如土堆、涵洞等,应选在地物的中心位置上。地形点应选择在地形特征点上。

(2) 碎部测图中,立尺员跑点应有次序。观测员要尽可能测完一个地物再测另外一个,并立即绘出其轮廓线。地形点应边测边连,测完后地形线也连出来了,以免遗漏弄错。

(3) 碎部测图时,观测员和立尺员应充分利用旗语、摆动标尺等约定的联络信号。否则,观测员和立尺员失去联络,测站上无法指挥立尺员,就会影响碎部测图的顺利进行。立尺员在跑尺过程中,应注意调查地理名称和量测陡坎、冲沟等比高,以供图上描绘和注记。对本测站上无法测绘的局部隐蔽地区的地形,立尺员要向观测员介绍,以便研究处理的方法。

(4) 测图过程中,测站上每测量一定数量的地形点之后,应重新瞄准零方向检查定向;还要及时检查图上碎部点之间的相对位置与实地有无矛盾,描绘的图形是否与实地一致等。对重要碎部点的观测数据,应记入碎部点记录手簿以备查考。本测站所测绘的地物、地貌,特别是与相邻测站所测的地物、地貌的衔接情况,要全面对照实地检查一遍,立尺员要根据所看到的碎部点的地形情况,参加对图上描绘的地物、地貌的检查,以防错误或遗漏。

(5) 为了避免漏测或重复,两测站所测的范围应以人工的或天然的地面线作为分界,如道路、河流、山脊等。对分界线上的地物点、地貌特征点必须在两个测站上分别测定,以作检查。

8.4.4　地形图的绘制

在外业工作中,当碎部点展会在图上后,就可对照实地随时描绘地物和等高线。如果测区较大,由多幅图拼接而成,还应及时对各图幅衔接处进行拼接检查,经过检查与整饰,才能获得合乎要求的地形图。

1)地物描绘

地物要按地形图图式规定的符号表示。房屋轮廓需用直线连接起来,而道路、河流的弯曲部分则是逐点连成光滑的曲线。不能依比例描绘的地物,应按规定的非比例符号表示。

2)测绘地物的一般原则

(1)地物的分类

自然地物:河流、湖泊、森林、草地、独立岩石等。

人工地物:经过人类物质生产活动改造的地物,如房屋、高压输电线、铁路、水渠、桥梁等。

(2)地物的表示原则

能依比例尺表示的地物,则将它们水平投影位置的几何形状相似地描绘在地形图上,如房屋、双线河流、运动场等;或者是将它们的边界位置表示在图上,边界内再绘上相应的地物符号,如森林、草地、沙漠等。对于不能依比例尺表示的地物,在地形图上是以相应的地物符号表示在地物的中心位置上,如水塔、烟囱、纪念碑、单线道路、单线河流等。

(3)地物的表示依据

测绘地物必须根据规定的测图比例尺,按规范和图式的要求,经过综合取舍,将各种地物表示在图上。国家测绘局和有关勘测部门制定的各种比例尺的规范和图式,是测绘地形图的依据,必须遵守。

(4)地物的测定方法

地物测绘主要是将地物的形状特征点测定下来,例如:地物轮廓的转折点、交叉点、曲线上的弯曲变换点、独立地物的中心点等。连接这些特征点,便得到与实地相似的地物形状。

3)几种地物的测绘方法

(1)居民地的测绘

居民地房屋的排列形式很多,农村中以散列式即不规则的排列房屋较多,城市中的房屋排列比较整齐。

测绘居民地根据所需测图比例尺的不同,在综合取舍方面就不一样。对于居民地的外围轮廓,都应准确测绘。其内部的主要街道以及较大的空地应区分出来。对散列式的居民地、独立房屋应分别测绘。房屋应注记其层数和结构。

测绘房屋时,一般只要测出房屋三个房角的位置,即可确定整个房屋的位置。

(2)道路的测绘

①铁路。

铁路符号按图式规定表示。测绘铁路时,标尺应立于铁轨的中心线上。对于 1∶2 000 或更大比例尺测图时,可测定下列点位。

路堤:铁路中心线、路堤的路肩、路堤的坡底或边沟。铁路线的高程是铁轨面的高程,测出铁轨面的高程后注记在中心线上。

路堑:中心线、路肩、边沟、路堑的上边缘。

铁路的直线部分立尺点可稀,曲线及道岔部分应密,这样才能正确地表达铁路的实际位置。

铁路两旁的附属建筑物如信号灯、板道房、里程碑等,都应按实际位置测出。

②公路。

公路的测定方法:中心线法、边线法等。

高速公路:路面宽及其附属设施,如收费站、斜坡、水沟、绿化带、栅栏或铁丝网等。

等级公路:路基宽和铺面宽、铺设材料、国道应注明。

等外公路:路基宽、铺设材料。

大车路:指农村中比较宽的道路,有的能通行汽车,未铺设路面或简单处理。宽度不均匀时,可取其基本宽度。

小路:主要指居民地之间来往的通道,田间劳动的小路一般不测绘,上山小路应视其重要程度选择测绘。如该地区小路稀少应舍去。

人行小路若与田埂重合应绘小路不绘田埂。

(3)管线的测绘

架空管线、在转折处的支架塔柱应实测,位于直线部分的可用挡距长度在图上以图解法确定。塔柱上有变压器时,变压器的位置按其与塔柱的相应位置绘出。电线和管道用规定符号表示。电力线和通信线之间的连线可不表示。地下光缆按规定符号和需要表示。

(4)水系的测绘

①水系的界线。

水系包括河流、渠道、湖泊、池塘等地物,通常无特殊要求时均以岸边为界,如果要求测出水涯线(水面与地面的交线)、洪水位(历史上最高水位的位置)及平水位(常年一般水位的位置)时,应按要求在调查研究的基础上进行测绘。

②湖泊的边界。

湖泊的边界经人工整理、筑堤、修有建筑物的地段是明显的,在自然耕地的地段大多不甚明显,测绘时要根据具体情况和用图单位的要求来确定以湖岸或水涯线为准。在不甚明显地段确定湖岸线时,可采用调查平水位的边界或根据农作物的种植位置等方法来确定。

③水系的定位。

河流的两岸一般不太规则,在保证精度的前提下,对于小的弯曲和岸边不甚明显的地段可进行适当取舍。对于在图上只能以单线表示的小沟,不必测绘其两岸,只要测出其中心线位置即可。渠道比较规则,有的两岸有堤,测绘时可以参照公路的测法。对那些田间临时性的小渠不必测出,以免影响图面清晰。

(5)植被的测绘

测绘植被是为了反映地面的植被情况。所以要测出各类植被的边界,用地类界符号表示其范围,再加注植被符号和说明。

如地类界与道路、河流、栅栏等实地地物界线重合时,则可不绘出地类界,但与境界、电力线、通信线等实地地面上没有的地物界线重合时,地类界应移位绘出。

4)地貌在地形图上的表示

地球表面的形态,主要是由地球本身内部矛盾运动的结果而形成的。因此,地球表面的自然形态多数是有一定规律性的,认识了这种规律,采用恰当的符号即可将它表示在图纸上。

（1）地貌的表示方法

地球表面的形状虽然千差万别，但仍可看作是一个不规则的曲面。这些曲面是由不同方向和不同倾斜的平面所组成，两相邻倾斜面相交处即为棱线，山脊和山谷都是棱线，也称为地貌特征线（地性线），如果将这些棱线端点的高程及平面位置测定，则棱线的方向和坡度也就确定。

（2）地貌的特征点

地面坡度变化的地方，较显著的有：山顶点、盆地中心最低点、鞍部最低点、谷口点、山脚点、坡度变换点等，这些都称为地貌特征点。

这些特征点和特征线就构成地貌的骨骼。在地貌测绘中，立尺点应选择在这些特征点上。

（3）等高线表示地貌的方法

地形图上显示地貌的方法很多，目前常用的是等高线法。等高线能够真实反映出地貌形态和地面高低起伏，且能依据等高线量出地面点的高程。

5）地貌的测绘

测绘等高线与测绘地物一样，首先需要确定地貌特征点，然后连接地性线，得到地貌整个骨干的基本轮廓，按等高线的性质，再对照实地情况描绘等高线。

（1）测定地貌特征点

地貌特征点是指山顶点、鞍部点、山脊线和山谷线的坡度变换点、山坡上的坡度变换点以及山脚与平地相交点等。归纳起来就是各类地貌的坡度变换点即地貌特征点。

对这些特征点，采用极坐标法或交会法测定其在图纸上的平面位置，用小点表示，并在小点的旁边注记高程。

（2）连接地性线

测定了地貌特征点后，不能马上描绘等高线，必须先连成地性线。通常以实线连成山脊线，以虚线连成山谷线。地性线连接情况与实地是否相符，直接影响到描绘等高线的逼真程度，应充分注意。地性线应该随着碎部点的陆续测定而随时连接，不要等到所有的碎部点测完后再去连接地性线，以免发生连错点，使等高线不能如实地反映实地地貌的形态。

（3）求等高线的通过点

完成地性线的连接工作后，即可在同一坡度的两相邻点之间，内插出每整米高程的等高线通过点。如在同一坡度上有相邻的 a、b 两点（图8-19），其高程分别为21.2m 和27.6m，从这两个点的高程，可以断定在 ab 直线上能够找出22m、23m、24m、25m、26m、27m 等线所通过的点子。假设 ab 间的坡度是均匀的，则根据 a 和 b 点间的高差为 6.4m（即27.6 - 21.2），ab 线上（图上平距）为48mm，由 a 点到22m 等高线的高差为0.8m，由 b 点到27m 等高线的高差为0.6m，则由 a 点到22m 等高线及由 b 点到27m 等高线的距离 x_1 和 x_2 可以根据相似三角形原理得图中关系式。

$$\frac{x_1}{0.8} = \frac{48}{6.4}$$

$$\frac{x_2}{0.6} = \frac{48}{6.4}$$

$$x_1 = 48 \times \frac{0.8}{6.4} = 6.0 \text{(mm)}$$

$$x_2 = 48 \times \frac{0.6}{6.4} = 4.5 \text{(mm)}$$

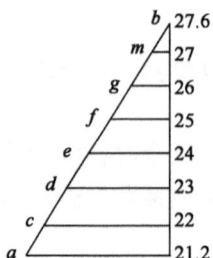

图 8-19　两地貌点间的等高线位置

根据 x_1 和 x_2 的长度在 ab 直线上截取 22m 和 27m 等高线所通过点 c 和 m,然后再将 c、m 两点之间的距离分为 5 等分,就得到 23m、24m、25m、26m 等高线所通过的点子 d、e、f、g。

用同样的方法,可以截得在同一坡度上的相邻点间等高线的通过点。

碎部测图中,由于同一坡度上的相邻两碎部点在图上的间隔比较近,所以也常用目估内插法来确定等高线通过的点。这样做,简单、方便,也能得到比较正确的位置。

（4）等高线勾绘

勾绘等高线时,首先用铅笔轻轻描绘出山脊线、山谷线等地性线,再根据碎部点的高程勾绘等高线。不能用等高线表示的地貌,如悬崖、峭壁、土堆、冲沟、雨裂等,应按图式规定的符号表示。

由于碎部点是选在地面坡度变化处,因此相邻点之间可视为均匀坡度。这样可在两相邻碎部点的连线上,按平距与高差成比例的关系内插出两点间各条等高线通过的位置。如图 8-20a）所示,地面上两碎部点 C 和 A 的高程分别为 202.8m、207.4m,若取等高距为 1m,则其间有高程为 203m、204m、205m、206m 和 207m5 条等高线通过。根据平距与高差成正比例的原理,先目估定出高程为 203m 的 m 点和高程为 207m 的 q 点,然后将 mq 的距离四等分,定出高程为 204m、205m、206m 的 n、o、p 点。同法定出其他相邻两碎部点间等高线应通过的位置。将高程相等的相邻点连成光滑的曲线,即为等高线,如图 8-20b）所示。

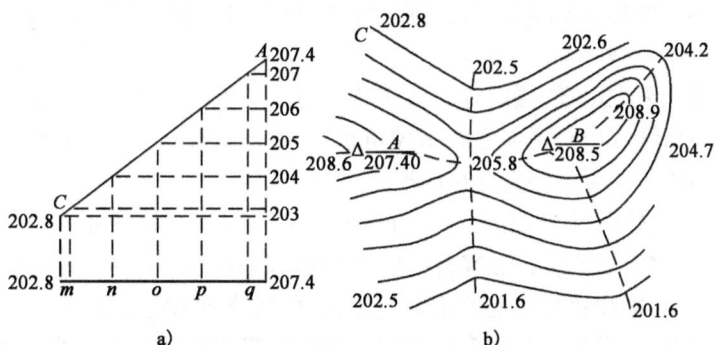

图 8-20 等高线勾绘（高程单位:m）

勾绘等高线时,要对照实地情况,将同高的点连起来,不要等到把全部等高线通过点都求出后再勾绘等高线。应一边求等高线通过点,一边勾绘等高线。勾绘时,要对照实地情况来描绘等高线,这样才能逼真地显示出地貌的形态。先画出计曲线,后画出首曲线,并注意等高线通过山脊线、山谷线的走向。地形图等高距的选择与测图比例尺和地面坡度有关,参见表 8-9。

地形图等高距的选择（单位:m）   表 8-9

地面倾斜角	比例尺				备 注
	1:500	1:1 000	1:2 000	1:5 000	
0°~6°	0.5	0.5	1	2	等高距为 0.5m 时,地形点高程可注至厘米,其余均注至分米
6°~15°	0.5	1	2	5	
15°以上	1	1	2	5	

6) 各种地貌的测绘

(1) 山顶

山顶是山的最高部分,山顶要按实地形状描绘。山顶的形状很多,有尖山顶、圆山顶、平山顶等。各种形状的山顶,等高线的表示都不一样。

尖山顶:山顶附近倾斜比较一致,尖山顶的等高线之间的平距大小相等,即使在顶部,等高线之间的平距也没有多大的变化。测绘时标尺点除立在山顶外,其周围适当立一些就够了。

圆山顶:顶部坡度比较平缓,然后逐渐变陡,等高线之间的平距在离山顶较远的山坡部分较小,越至山顶,平距逐渐增大,顶部最大。测绘时山顶最高点应立尺,山顶附近坡度逐渐变化的地方也需要立尺。

平山顶:顶部平坦,到一定范围时坡度突然变化。等高线间的平距,山坡部分较小,但不是向山顶方向逐渐变化,而是到山顶时平距突然增大。测绘时必须特别注意在山顶坡度变化处立尺,否则地貌的真实性将受到显著影响。

(2) 山脊

山脊是山体延伸的最高棱线,山脊的等高线均向下坡方向凸出,两侧基本对称,山脊的坡度变化反映了山脊纵断面的起伏情况,山脊等高线的尖圆程度反映了山脊横断面的形状。山地地貌显示得像不像,主要看山脊与山谷,如果山脊测绘得真实、形象,整个山形就比较逼真。测绘山脊要真实地表现其坡度和走向,特别是大的分水线倾斜变换点和山脊、山谷转折点,应形象地表示出来。

山脊的形状可分为尖山脊、圆山脊和台阶状山脊。它们都可通过等高线的弯曲程度表现出来。尖山脊的等高线依山脊延伸方向呈尖角状;圆山脊的等高线依山脊延伸方向呈圆弧形;台阶状山脊的等高线依山脊延伸方向呈疏密不同的方形。

尖山脊:山脊线比较明显,测绘时除在山脊线上立尺外,两侧山坡也应有适当的立尺点。

圆山脊:脊部有一定的宽度,测绘时注意正确确定山脊线的实地位置,然后立尺。此外对于山脊两侧山坡,也必须注意其坡度的逐渐变化,恰如其分地选定立尺点。

台阶状山脊:注意由脊部至两侧山坡坡度变化的位置,测绘时,恰当地选择立尺点,才能控制山脊的宽度。不要把台阶状山脊的地貌测绘成圆山脊甚至尖山脊的地貌。

(3) 山谷

山谷等高线表示的特点与山脊等高线所表示的相反。山谷的形状也可分为尖底谷、圆底谷和平底谷。

尖底谷:底部尖窄,等高线通过谷底时呈尖状。其下部常常有小溪流,山谷线较明显。测绘时,标尺点应选择在等高线的转弯处。

圆底谷:底部近于圆弧状,等高线通过谷底时呈圆弧状。圆底谷的山谷线不太明显,所以测绘时,应注意山谷线的位置和谷底形成的地方。

平底谷:谷底较宽,底坡平缓,两侧较陡,等高线通过谷底时在其两侧近于直角状。平底谷多系人工开辟耕地之后形成的,测绘时,标尺点应选择在山坡与谷底相交的地方,这样才能控制山谷的宽度和走向。

(4) 鞍部

鞍部是相邻两个山顶之间呈马鞍形的地方,可分为窄短鞍部、窄长鞍部和平宽鞍部。鞍部往往是山区道路通过的地方,有重要的方位作用。测绘时在鞍部的最低点必须有立尺点,以便使等高线的形状正确。鞍部附近的立尺点应视坡度变化情况选择。描绘等高线时要注意鞍部的中心位于分水线的最低位置上,并针对鞍部的特点,抓住两对同高程的等高线分别描绘,即一对高于鞍部的山脊等高线,另一对低于鞍部的山谷等高线,这两对等高线近似地对称。

(5)盆地

盆地是中间低四周高的地形,其等高线的特点与山顶相似,但其高低相反,即外圈的等高线高于内圈的等高线。测绘时,除在盆底最低处立尺外,对于盆底四周及盆壁地形变化的地方均应适当选择立尺点,才能正确显示出盆地的地貌。

(6)山坡

上述几种地貌形状之间都有山坡相连,山坡虽都是倾斜的面,但坡度是有变化的。测绘时标尺位置应选择在坡度变换的地方。坡面上的地形变化实际也就是一些不明显的小山脊、小山谷,等高线的弯曲也不大。因此,必须特别注意选择标尺点的位置,以显示出微小地貌。

(7)梯田

梯田是在高山上、山坡上及山谷中经人工改造了的地貌。梯田有水平梯田和倾斜梯田两种。梯田在地形图上以等高线、符号和高程注记(或坎上坎下的高差注记)结合的形式来表示。

测绘时要沿田坎立标尺,注意等高线的进出点和田坎坎上坎下的高差注记。描绘时应先绘田坎符号,要对照地貌情况,边测边绘等高线,以防错漏。

(8)不用等高线表示的地貌

除了用等高线表示的地貌外,还有些地貌如雨裂、冲沟、悬崖、陡壁、砂崩崖、土崩崖等都不能用等高线表示。这些地貌可用测绘地物的方法,测绘其轮廓位置,用图式规定的符号表示。注意这些符号与等高线的关系不要发生矛盾。

(9)地貌测绘时的注意事项

①主次分明。以上所述是用等高线表示几种基本地貌的测绘方法。实地的地貌是复杂的,是各种地貌要素的综合体,测绘时应区别对待,找出主要的地貌要素,用等高线逼真地表示。

②选择测点。测绘时立尺点的选择十分重要,在一个测站上要有统筹考虑,全盘计划。测点太密,影响图面清晰,增加工作量;测点太稀,不能真实地反映地貌形状。

③团结协作。地形图的测绘是集体工作,其中每一个环节都很重要,互相之间要配合好。立尺员和绘图员之间要密切合作。每个立尺点的作用以及点子之间的联系,双方都要清楚;必要时,测绘一段时间之后立尺员应回到测站上向绘图员讲明情况,然后再继续工作。

8.4.5 地形图的拼接、检查与整饰

1)地形图的拼接

测区面积较大时,整个测区必须划分为若干幅图进行施测。这样,在相邻图幅连接处,由于测量误差和绘图误差的影响,无论是地物轮廓线,还是等高线往往不能完全吻合。图8-21表示相邻左右两图幅相邻边的衔接情况,房屋、河流、等高线都有偏差。拼接时,用宽5~6cm的透明纸蒙在左图幅的接图边上,用铅笔把坐标格网线、地物、地貌描绘在透明纸上,然后再把透明纸按坐标格网线位置蒙在右图幅衔接边上,同样用铅笔描绘地物和地貌;当用聚酯薄膜进行测图时,不必描绘图边,利用其自身的透明性,可将相邻两幅图的坐标格网线重叠;若相邻处的地物、地貌偏差不超过表8-10中规定允许值的$2\sqrt{2}$倍时,可取其平均位置,并据此改正相邻

图幅的地物、地貌位置。

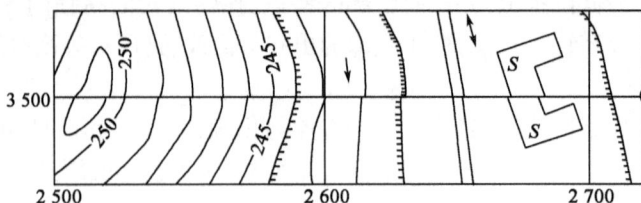

图 8-21　相邻地图衔接

地物、地貌偏差允许表　　　　　　　　　　　　　　　表 8-10

地 区 类 别	点位中误差（图上 mm）	邻近地物点间距中误差(图上 mm)	等高线高程中误差(等高距)			
			平地	丘陵地	山地	高山地
山地、高山地和设站施测困难的旧街坊内部	0.75	0.6	1/3	1/2	2/3	1
城市建筑区和平地、丘陵地	0.5	0.4				

（1）地物

规范规定，一般地物的测绘中误差要求小于图上的 0.8mm，重要地物的测绘中误差小于图上的 0.6mm。

以一般地物为例，图边部分的两幅图均是单独测量的，所以两幅图上同一地物的中误差均为 0.8mm，则其容许的位置偏差值应为 2.2mm。

（2）地貌

等高线的位置中误差与地面坡度有关。一般规定：等高线表示的高程中误差，平地不大于基本等高距的 1/3；丘陵地不大于 1/2；山地不大于 2/3 个等高距。设基本等高距为 1m，平坦地区的接图容许最大误差为 4/3。

当两幅图的接图较差不超过以上规定时，可取地物和等高线的平均位置作为最终的正确位置；否则即为超限，应重测。改正后的地物地貌，还应注意保持它们的合理走向。

2）地形图的检查

为了确保地形图质量，除施测过程中加强检查外，在地形图测完后，必须对成图质量做一次全面检查。先由作业员对地形图进行全面检查，而后组织互检和由上级领导组织的专人检查。检查的方法分室内检查、野外巡视检查和野外仪器检查。

（1）室内检查

室内检查的内容有：观测和计算手簿的记载是否齐全、清楚和正确；各项限差是否符合规定；格网及控制点展绘是否合乎要求；图上地形控制点及埋石点数量是否满足测图要求；图面地形点数量及分布能否保证勾绘等高线的需要；等高线与地形点高程是否适应；综合取舍是否合理，图上地物、地貌是否清晰易读；各种符号注记是否正确；等高线与地形点的高程是否相符，有无矛盾可疑之处；图边拼接有无问题等。也可视实际情况重点抽查其中的一部分。如发现错误或疑点，应到野外进行实地检查修改。

（2）外业检查

巡视检查:根据室内检查的情况,有计划地确定巡视路线,进行实地对照查看。主要检查地物、地貌有无遗漏;等高线是否逼真合理;符号、注记是否正确等。

仪器设站检查:根据室内检查和巡视检查发现的问题,到野外设站检查,除对发现的问题进行修正和补测外,还要对本测站所测地形进行检查,看原测地形图是否符合要求。仪器检查量每幅图一般为 10% 左右。

散点法:在测站周围选择一些地形点,测定其位置和高程,检查时除对本站所测地形点重新立尺进行检查外,应注意检查其他测站点所测地形点是否正确。

断面法:沿测站的某一方向线进行,测定该方向线上各地形特征点的平面位置和高程,然后再与地形图上相应地物点、等高线通过点进行比较。

在检查过程中,对所发现的错误和缺点,应尽可能予以纠正。如错误较多,应按规定退回原测图小组,予以补测或重测。

3)地形图的整饰

当原图经过拼接和检查后,还应清绘和整饰,使图面更加合理、清晰、美观。

对铅笔原图,按地形图图式进行着墨描绘,称为地形图的清绘。清绘时要注意地物地貌的位置、内容和种类均不得更改和增减。清绘的顺序:

内图廓、坐标格网、控制点、地形点符号及高程注记;独立物体及各种名称、数字的绘注;居民地等建筑物;各种线路、水系等;植被与地类界;等高线及各种地貌符号等。

整饰的顺序是:先图内后图外,先地物后地貌,先注记后符号。图上的注记、地物以及等高线均按规定的图式进行注记和绘制,但应注意等高线不能通过注记和地物。最后,应按图式要求写出图名、图号、比例尺、坐标系统及高程系统、施测单位、测绘者及测绘日期等。

8.5 地形图的应用

地形图是具有丰富的地形信息的载体,它不仅包含自然地理要素,而且包含社会、政治、经济等人文地理要素。

地形图也是工程建设必不可少的基础性资料。在每一项新的工程建设之前,都要先进行地形测量工作,以获得规定比例尺的现状地形图。同时还要收集有关的各种比例尺地形图和资料,使得可能从历史到现状的结合上,从整体到局部的联系上,从自然地理因素到人文地理因素的分析上去进行研究。

在地形图上,可以直接确定点的概略坐标、点与点之间的水平距离和直线间夹角、直线的方位。既能利用地形图进行实地定向,或确定点的高程和两点间高差,也能从地形图上计算出面积和体积,还可以从图上决定设计对象的施工数据。无论是国土整治、资源勘查、土地利用及规划,还是工程设计、军事指挥等,都离不开地形图。

8.5.1 地形图的识读

为了正确地应用地形图,首先要能看懂地形图。地形图是用各种规定的符号和注记表示地物、地貌及其他有关资料。通过对这些符号的注记的识读,可使地形图成为展现在人们面前的实地立体模型,以判断其相互关系和自然形态。这就是地形图识图的主要目的。

1)图外注记识读

首先要了解这幅图的编号和图名、图的比例尺、图的方向以及采用什么坐标系统和高程系统,这样就可以确定图幅所在的位置、图幅所包括的面积和长宽等。

(1)图名与图号:图名是指本图幅的名称,一般以本图幅内最重要的地名或主要单位名称来命名,注记在图廓外上方的中央;图号,即图的分幅编号,注在图名下方。如图8-22所示,地形图的图名为"西三庄",图号为3 510.0-220.0,它由左下角纵、横坐标组成。

(2)接图表与图外文字说明:为便于查找、使用地形图,在每幅地形图的左上角都附有相应的图幅接图表,用于说明本图幅与相邻八个方向图幅位置的相邻关系。如图8-22所示,中央为本图幅的位置。

文字说明是了解图件来源和成图方法的重要的资料。通常在图的下方或左、右两侧注有文字说明,内容包括测图日期、坐标系、高程基准、测量员、绘图员和检查员等。在图的右上角标注图纸的密级,如图8-22所示。

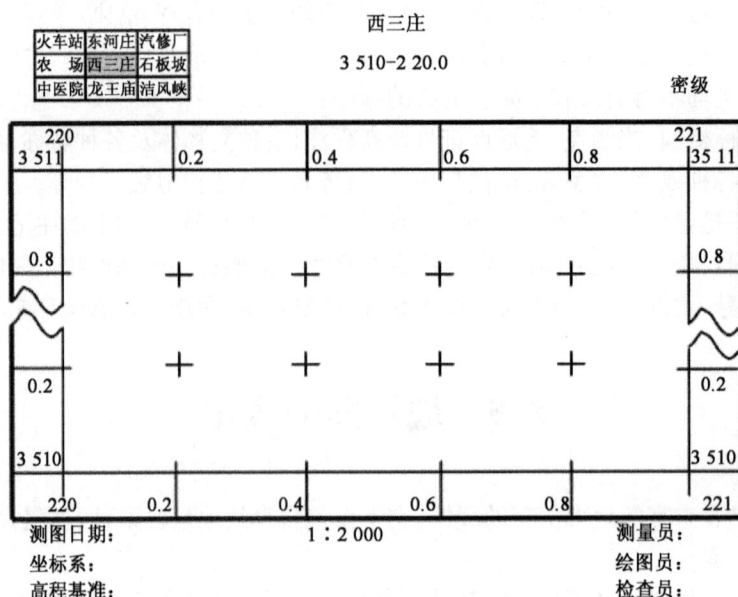

图8-22 图名、图号、接图表

(3)图廓与坐标格网:图廓是地形图的边界,正方形图廓只有内、外图廓之分。内图廓为直角坐标格网线,外图廓用较粗的实线描绘。外图廓与内图廓之间的短线用来标记坐标值。如图8-22所示,左下角的纵坐标为3 510.0km,横坐标220.0km。

由经纬线分幅的地形图,内图廓呈梯形,如图8-23所示。西图廓经线为东经128°45′,南图廓纬线为北纬46°50′,两线的交点为图廓点。内图廓与外图廓之间绘有黑白相间的分度带,每段黑白线长表示经纬差1′。连接东西、南北相对应的分度带值便得到大地坐标格网,可供图解点位的地理坐标用。分度带与内图廓之间注记了以km为单位的高斯直角坐标值。图中左下角从赤道起算的5 189km为纵坐标,其余的90、91等为省去了前面两位"51"的公里数。横坐标为22 482km,其中22为该图所在的投影带号,482km为该纵线的横坐标值。纵横线构成了公里格网。在四边的外图廓与分度带之间注有相邻接图号,供接边查用。

(4)直线比例尺与坡度尺:直线比例尺也称图示比例尺,它是将图上的线段用实际的长度来表示,如图 8-24a)所示。因此,可以用分规或直尺在地形图上量出两点之间的长度,然后与直线比例尺进行比较,就能直接得出该两点间的实际长度值。三棱比例尺也属于直线比例尺。

为了便于在地形图上量测两条等高线(首曲线或计曲线)间两点直线的坡度,通常在中、小比例尺地形图的南图廓外绘有图解坡度尺,如图 8-24b)所示。坡度尺是按等高距与平距的关系 $d = h \cdot \tan\alpha$ 制成的。如图 8-24b)所示,在底线上以适当比例定出 0°、1°、2° 等各点,并在点上绘垂线。根据相邻等高线平距 d 与各点角值 α_i 按关系式求出相应平距 d_i。然后,在相应点垂线上按地形图比例尺截取 d_i 值定出垂线顶点,再用光滑曲线连接各顶点,

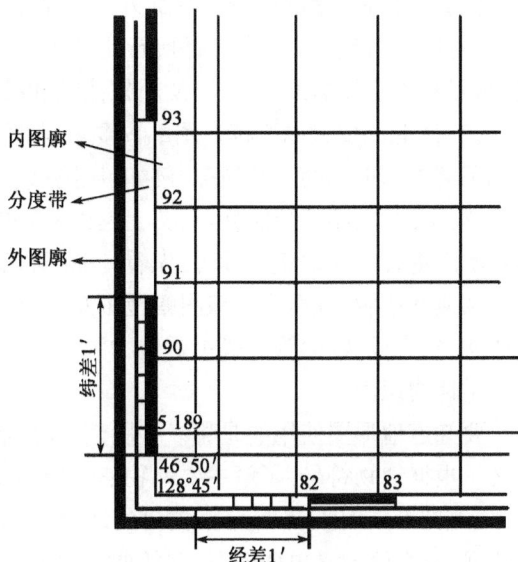

图 8-23 经纬线分幅地形图

即得等高线。应用时,用卡规在地形图上量取量等高线 a、b 点平距 ab,在坡度尺上比较,即可查得 ab 的角值约为 1°45′。

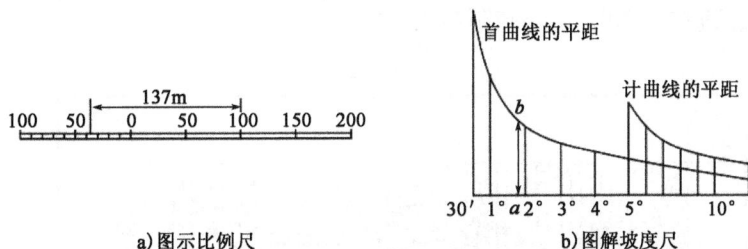

a)图示比例尺 b)图解坡度尺

图 8-24 图示比例尺和图解坡度尺

对于小于 1∶10 000 的地形图,一般采用国家统一规定的高斯平面直角坐标系(1980 年国家坐标系),城市地形图一般采用城市坐标系,工程项目总平面图大多采用施工坐标系。自 1956 年起,我国统一规定以黄海平均海水面作为高程起算面,所以绝大多数地形图都属于这个高程系统。我国自 1987 年启用"1985 国家高程基准",全国均以新的水准原点高程为准。但也有若干老的地形图和有关资料,使用的是其他高程系统或假定高程系统,如长江中下游一带,常使用吴淞高程系,为避免工程上应用的混淆,在使用地形图时应严加区别。通常,地形图所使用的坐标系统和高程系统均用文字注明于地形图的左下角。

对地形图的测绘时间和图的类别要了解清楚,地形图反映的是测绘时的现状,因此要知道图纸的测绘时间,对于未能在图纸上反映的地面上的新变化,应组织力量予以修测与补测,以免影响设计工作。

2)地形图的识读

地形图反映了地物的位置、形状、大小和地物间的相互位置关系,以及地貌的起伏形态。为了能够正确地应用地形图,必须要读懂地形图(即识图),并能根据地形图上各种符号和注记,在头脑中建立起相应的立体模型。地形图识读包括如下内容:

（1）图廓外要素的阅读。图廓外要素是指地形图内图廓之外的要素。通过图廓外要素的阅读，可以了解测图时间，从而判断地形图的新旧和适用程度，以及地形图的比例尺、坐标系统、高程系统和基本等高距，以及图幅范围和接图表等内容。

（2）图廓内要素的判读。图廓内要素是指地物、地貌符号及相关注记等。在判读地物时，首先了解主要地物的分布情况，例如，居民点、交通线路及水系等。要注意地物符号的主次让位问题，例如，铁路和公路并行，图上是以铁路中心位置绘制铁路符号，而公路符号让位，地物符号不准重叠。在地貌判读时，先看计曲线再看首曲线的分布情况，了解等高线所表示出的地性线及典型地貌，进而了解该图幅范围总体地貌及某地区的特殊地貌。同时，通过对居民地、交通网、电力线、输油管线等重要地物的判读，可以了解该地区的社会经济发展情况。

①地物识读。

要知道地形图使用的是哪一种图例，要熟悉一些常用的地物符号，了解符号和注记的确切含义。根据地物符号，了解主要地物的分布情况，如村庄名称、公路走向、河流分布、地面植被、农田、山村等。图 8-25 所示为黄村的地形图，房屋东侧有一条公路，向南过一座小桥，桥下为双清河，河水流向是由西向东，图的西半部分有一些土坎。

②地貌识读。

要正确理解等高线的特性，根据等高线，了解图内的地貌情况，首先要知道等高距是多少，然后根据等高线的疏密判断地面坡度及地形走势。由图 8-25 可以看出：整个地形西高东低，逐渐向东平缓，北边有一小山头，等高距为 5m。

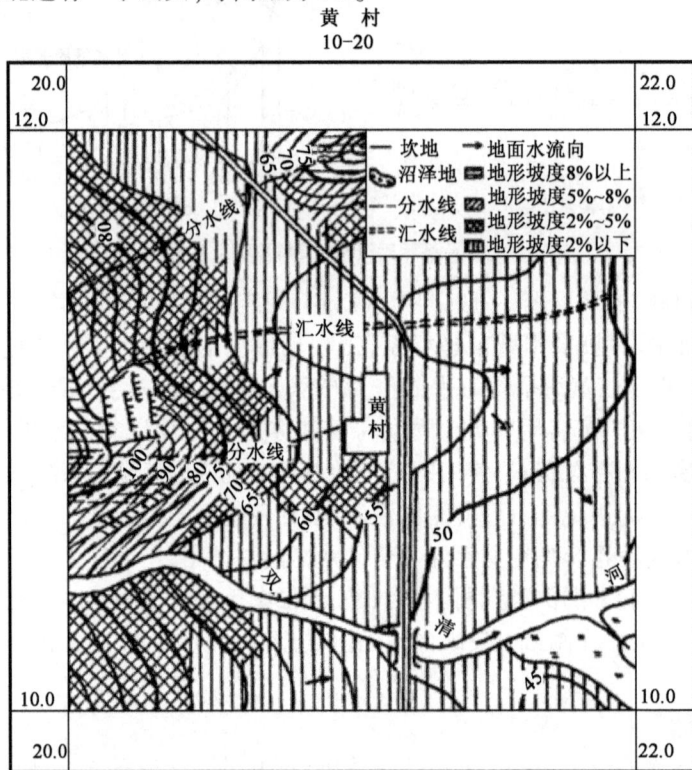

图 8-25 地形图识别（高程单位：m）

8.5.2 地形图应用的基本内容

在工程建设规划设计时,往往要用解析法或图解法在地形图上求出任意点的坐标和高程,确定两点之间的距离、方向和坡度,利用地形图绘制断面图等。这就是地形图应用的基本内容,现分述如下:

1)确定图上点的坐标

图 8-26 是比例尺为 1:1 000 的地形图坐标格网的示意图,以此为例说明求图上 A 点坐标的方法。首先根据 A 的位置找出它所在的坐标方格网 $abcd$,过 A 点作坐标格网的平行线 ef 和 gh。然后用直尺在图上量得 $ag = 62.3\text{mm}, ae = 55.4\text{mm}$。$x_a = 20.1\text{km}, y_a = 12.1\text{km}$。则 A 点坐标为:

$$x_A = x_a + ag \cdot M = 20\ 100\text{m} + 62.3\text{mm} \times 1\ 000 = 20\ 162.3\text{m}$$
$$y_A = y_a + ae \cdot M = 12\ 100\text{m} + 55.4\text{mm} \times 1\ 000 = 12\ 155.4\text{m}$$

式中:M——比例尺分母。

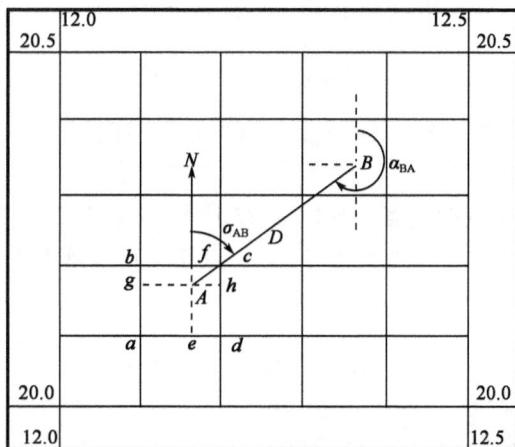

图 8-26 地形图的应用

如果图纸有伸缩变形,为了提高精度,可按下式计算:

$$\left.\begin{array}{l} x_A = x_a + ag \cdot M \cdot \dfrac{l}{ab} \\[2mm] y_A = y_a + ae \cdot M \cdot \dfrac{l}{ad} \end{array}\right\} \tag{8-9}$$

式中:l——方格 $abcd$ 边长的理论长度,一般为 10cm;

ad、ab——用直尺量取的方格边长。

2)确定两点间的水平距离

如图 8-26 所示,欲确定 A、B 间的水平距离,可用如下两种方法求得:

(1)直接量测(图解法)

用卡规在图上直接卡出线段长度,再与图示比例尺比量,即可得其水平距离。也可以用刻有毫米的直尺量取图上长度 d_{AB},并按比例尺(M 为比例尺分母)换算为实地水平距离,即

$$D_{AB} = d_{AB} \cdot M \tag{8-10}$$

或用比例尺直接量取直线长度。

（2）解析法

当距离较长时，为了消除图纸变形的影响以提高精度，可用两点的坐标计算距离。按式(8-9)，先求出 A、B 两点的坐标，再根据 A、B 两点坐标由公式计算：

$$D_{AB} = \sqrt{(x_B - x_A)^2 + (y_B - y_A)^2} \tag{8-11}$$

3）确定两点间直线的坐标方位角

欲求图 8-26 上直线 AB 的坐标方位角，可有下述两种方法。

（1）解析法

首先确定 A、B 两点的坐标，然后按式确定直线 A、B 的坐标方位角。

$$\alpha_{AB} = \arctan \frac{\Delta y_{AB}}{\Delta x_{AB}} = \arctan \frac{y_B - y_A}{x_B - x_A} \tag{8-12}$$

（2）图解法

在图上先过 A、B 点分别作出平行于纵坐标轴的直线，然后用量角器分别度量出直线 AB 的正、反坐标方位角 α'_{AB} 和 α'_{BA}，取这两个量测值的平均值作为直线 AB 的坐标方位角，即

$$\alpha_{AB} = \frac{1}{2}(\alpha'_{AB} + \alpha'_{BA} \pm 180°) \tag{8-13}$$

式中，若 $\alpha'_{BA} > 180°$，取"$-180°$"；若 $\alpha'_{BA} < 180°$，取"$+180°$"。

4）确定点的高程

利用等高线，可以确定点的高程。如图 8-27 所示，A 点在 28m 等高线上，则它的高程为 $H_A = 28$m。M 点在 27m 和 28m 等高线之间，过 M 点作一直线基本垂直这两条等高线，得交点 P、Q，则 M 点高程为：

$$H_M = H_P + \frac{d_{PM}}{d_{PQ}} \cdot h \tag{8-14}$$

式中：H_P——P 点高程；

　　　h——等高距；

d_{PM}、d_{PQ}——图上 PM、PQ 线段的长度。

例如，设用直尺在图上量得 $d_{PM} = 5$mm、$d_{PQ} = 12$mm，已知 $H_P = 27$m，等高距 $h = 1$m，把这些数据代入式(8-14)得：

$$h_{PM} = \frac{5}{12} \times 1 = 0.4(m)$$

$$H_M = 27 + 0.4 = 27.4(m)$$

5）确定两点间直线的坡度

如图 8-28 所示，A、B 两点间的高差 h_{AB} 与水平距离 D_{AB} 之比，就是 A、B 间的平均坡度 i_{AB}，即

$$i_{AB} = \frac{h_{AB}}{D_{AB}} \tag{8-15}$$

例如，$h_{AB} = H_B - H_A = 86.5 - 49.8 = +36.7(m)$，设 $D_{AB} = 876$m，则：

$$i_{AB} = +\frac{36.7}{876} = 0.04 = +4\%$$

坡度一般用百分数或千分数表示。$i_{AB}>0$ 表示上坡;$i_{AB}<0$,表示下坡。若以坡度角表示,则:

$$\alpha = \arctan \frac{h_{AB}}{D_{AB}}$$

应该注意到,虽然 A、B 是地面点,但 A、B 连线坡度不一定是地面坡度。

6)按规定的坡度选定等坡路线

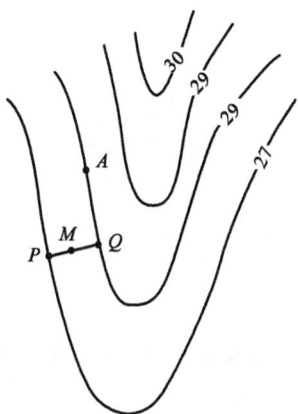

图 8-27 确定点的等高线

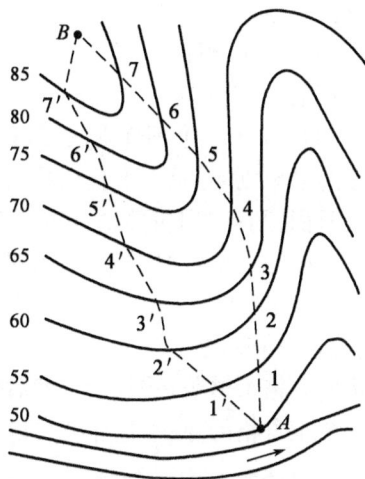

图 8-28 选定等坡路线

如图 8-28 所示,要从 A 向山顶 B 选一条公路的路线。已知等高线的基本等高距为 $h = 5\mathrm{m}$,比例尺 $1:10\ 000$,规定坡度 $i = 5\%$,则路线通过相邻等高线的平距应该是 $D = h/i = 5/5\% = 100\mathrm{m}$。在 $1:10\ 000$ 图上平距应为 $1\mathrm{cm}$,用分规以 A 为圆心,$1\mathrm{cm}$ 为半径,作圆弧交 $55\mathrm{m}$ 等高线于 1 或 $1'$。再以 1 或 $1'$ 为圆心,按同样的半径交 $60\mathrm{m}$ 等高线于 2 或 $2'$。同法可得一系列交点,直到 B。把相邻点连接,即得两条符合于设计要求的路线的大致方向。然后通过实地踏勘,综合考虑选出一条较理想的公路路线。

由图中可以看出,$A-1'-2'-3'\cdots-7'$线路的线形,不如 $A-1-2-3\cdots-7$ 线路的线形好。

7)确定汇水面积的边界线

当在山谷或河流修建大坝、架设桥梁或敷设涵洞时,都要知道有多大面积的雨水汇集在这里,这个面积称为汇水面积。

汇水面积的边界是根据等高线的分水线(山脊线)来确定的。如图 8-29 所示,通过山谷,在 MN 处要修建

图 8-29 确定汇水面积边界线

水库的水坝,就须确定该处的汇水面积,由图中分水线(点画线)AB、BC、CD、DE、EF 与 FA 线段所围成的面积即水坝的流域面积,再根据该地区的降雨量就可确定流经 MN 处的水流量。这是设计桥梁、涵洞或水坝容量的重要数据。

8.5.3 面积测量

在规划设计中,往往需要测定某一地区或某一图形的面积。例如,林场面积、农田水利灌溉面积调查,土地面积规划,工业厂区面积计算等。

设图上面积为 $P_{图}$,则 $P_{实} = P_{图} \times M^2$,式中,$P_{实}$ 为实地面积;M 为比例尺分母。设图上面积为 10mm^2,比例尺为 $1:2\,000$,则实地面积 $P_{实} = 10 \times 2\,000^2 \div 10^6 = 40\text{m}^2$。求算图上某区域的面积 $P_{图}$,一般有以下几种方法。

1)用图解法量测面积

(1)几何图形计算法

图 8-30 所示是一个不规则的图形,可将平面图上描绘的区域分成三角形、梯形或平行四边形等最简单规则的图形,用直尺量出面积计算的元素,根据三角形、梯形等图形面积计算公式计算其面积,则各图形面积之和就是所要求的面积。

计算面积的一切数据,都是用图解法取自图上,因受图解精度的限制,此法测定面积的相对误差大约为 1/100。

(2)透明方格纸法

将透明方格纸覆盖在图形上,然后数出该图形包含的整方格数和不完整的方格数。先计算出每一个小方格的面积,这样就可以很快算出整个图形的面积。

如图 8-31 所示,先数整格数 n_1,再数不完整的方格数 n_2,则总方格数约为 $n_1 + \frac{1}{2}n_2$,然后计算其总面积 P。则:

$$P = \left(n_1 + \frac{1}{2}n_2\right) \cdot S \tag{8-16}$$

式中:S——一个小方格的面积。

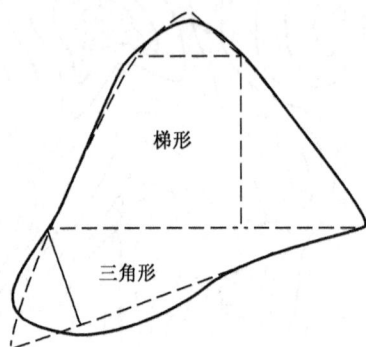

图 8-30 几何图形计算法

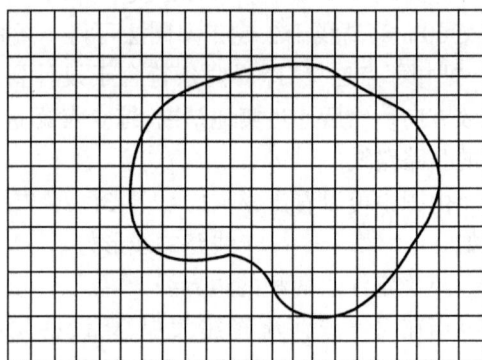

图 8-31 透明方格纸法图

(3)平行线法

先在透明纸上,画出间隔相等的平行线,如图 8-32 所示。为了计算方便,间隔距离取整数为好。将绘有平行线的透明纸覆盖在图形上,旋转平行线,使两条平行线与图形边缘相切,则相邻两平行线间截割的图形面积可全部看成是梯形,梯形的高为平行线间距 h,图形截割各平行线的长度为 l_1、l_2、$\cdots$、l_n,则各梯形面积分别为:

$$P_1 = 1/2 \times h \times (0 + l_1)$$
$$P_2 = 1/2 \times h \times (l_1 + l_2)$$
$$\vdots$$
$$P_n = 1/2 \times h \times (l_{n-1} + l_n)$$
$$P_{n+1} = 1/2 \times h \times (l_n + 0)$$

则总面积 P 为：

$$P = P_1 + P_2 + \cdots + P_n + P_{n+1} = h \cdot \sum_{i=1}^{n} l_i \tag{8-17}$$

2）用坐标解析法计算面积

若待测图形为多边形，可根据多边形顶点的坐标计算面积。由图 8-33 可知，多边形 1234 的面积等于梯形 144′1′面积 $P_{144'1'}$ 加梯形 433′4′面积减梯形 233′2′面积 $P_{233'2'}$ 减梯形 122′1′面积 $P_{122'1'}$，即

$$P = P_{144'1'} + P_{433'4'} - P_{233'2'} - P_{122'1'}$$

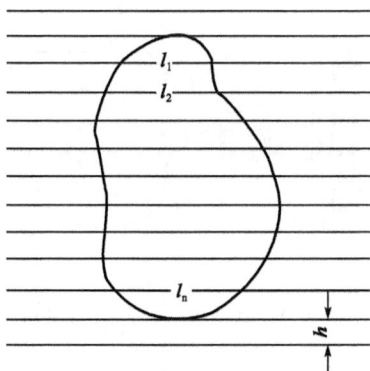

图 8-32　平行线法

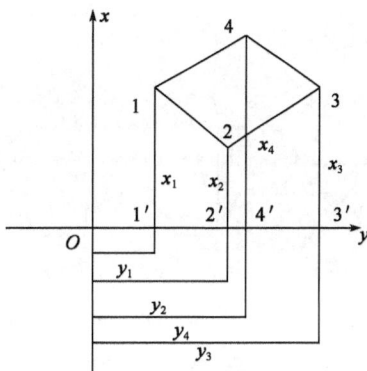

图 8-33　坐标解析法

设多边形顶点 1、2、3、4 的坐标分别为$(x_1\ y_1)$、$(x_2\ y_2)$、$(x_3\ y_3)$、$(x_4\ y_4)$。将上式中各梯形面积用坐标值表示，即

$$A = \frac{1}{2}(x_4 + x_1)(y_4 - y_1) + \frac{1}{2}(x_3 + x_4)(y_3 - y_4) - \frac{1}{2}(x_3 + x_2)(y_3 - y_2) - \frac{1}{2}(x_2 + x_1)(y_2 - y_1)$$

$$= \frac{1}{2}x_1(y_4 - y_2) + \frac{1}{2}x_2(y_1 - y_3) + \frac{1}{2}x_3(y_2 - y_4) + \frac{1}{2}x_4(y_3 - y_1)$$

即

$$P = \frac{1}{2}\sum_{i=1}^{4} x_i(y_{i-1} - y_{i+1})$$

同理，可推导出 n 边形面积的坐标解析法计算公式为：

$$P = \frac{1}{2}\sum_{i=1}^{n} x_i(y_{i-1} - y_{i+1}) \tag{8-18}$$

或

$$P = \frac{1}{2}\sum_{i=1}^{n} y_i(x_{i+1} - x_{i-1}) \tag{8-19}$$

注意式中当 $i=1$ 时,令 $i-1=n$;当 $i=n$ 时,令 $i+1=1$。

利用式(8-18)、式(8-19)计算同一图形面积,可检核计算的正确性。采用以上两式计算多边形面积时,顶点1、2、3、…、n 是按逆时针方向编号。若把顶点依顺时针编号,按上两式计算,其结果都与原结果绝对值相等,符号相反。

3)求积仪法量测面积

求积仪是一种测定图形面积的仪器,它的优点是量测速度快,操作简便,能测定任意形状的图形面积,故得到广泛的应用。

电子求积仪是采用集成电路制造的一种新型求积仪,其性能优越,可靠性好,操作简便。图8-34所示为KP-90N型动极式电子求积仪,若量测一不规则图形的面积(图8-35),具体操作步骤如下:

(1)打开电源

按下 ON 键,显示窗立即显示。

(2)设定单位

图8-34　KP-90N型电子求积仪　　　　图8-35　KP-90N型电子求积仪使用

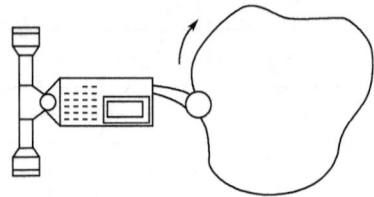

用 UNIT-1 键及 UNIT-2 键设定。

(3)设定比例尺

用数字键设定比例尺分母,按 SCALE 键,再按 R-S 键即可。若纵横比例尺不同时,如某些纵断面的图形,设横比例尺 $1:x$,纵比例尺 $1:y$ 时,按键顺序为 x,SCALE,y,SCALE,R-S 即可。

(4)面积测定

将跟踪放大镜十字丝中心瞄准图形上一起点,按 START 即可开始,对一图形重复测量两次取平均值,见表8-11。

KP-90N型电子求积仪操作过程　　　　表8-11

键 操 作	符号显示	操 作 内 容
START	cm² 0.	蜂鸣器发生音响,开始测量
第一次测量	cm² 5401.	脉冲计数表示
MEMO	MEMO cm² 540.1	符号MEMO显示,从脉冲计数变为面积值,第一次测定值540.1cm²被存储

续上表

键 操 作	符 号 显 示	操 作 内 容
START	MEMO cm² 0.	第二次测量开始,蜂鸣器发出音响,数字显示为0
第二次测量	MEMO cm² 5399.	脉冲计数表示
MEMO	MEMO cm² 539.9	从脉冲计数变为面积值,第二次测定值539.9cm²被存储
AVER	MEMO cm² 540.	重复二次的平均值是540cm²

8.5.4 绘制给定方向的断面图

在道路、管道设计和土方计算中常利用地形图绘制沿线方向的断面图。如图 8-36 所示,要求绘出 AB 方向的断面图。绘制方法是:

(1)在图 8-37 中绘出直角坐标系,横轴表示水平距离,纵轴表示高程。为了绘图方便,水平距离的比例尺一般选择与地形图相同;为了较明显地反映路线方向的地面起伏,以便于在断面图上作竖向布置,取高程比例尺是水平距离比例尺的 10 倍或 20 倍。

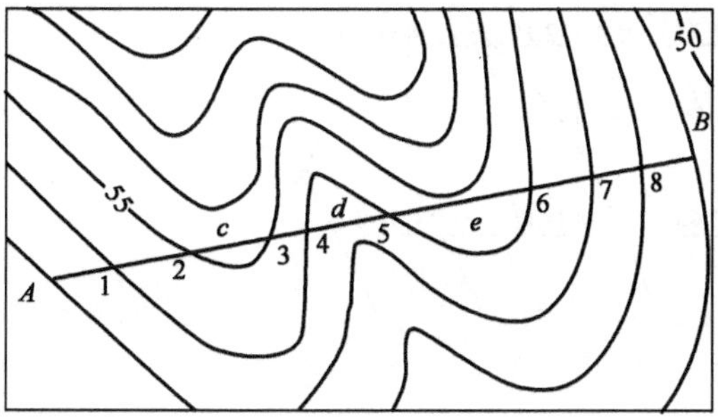

图 8-36　等高线图

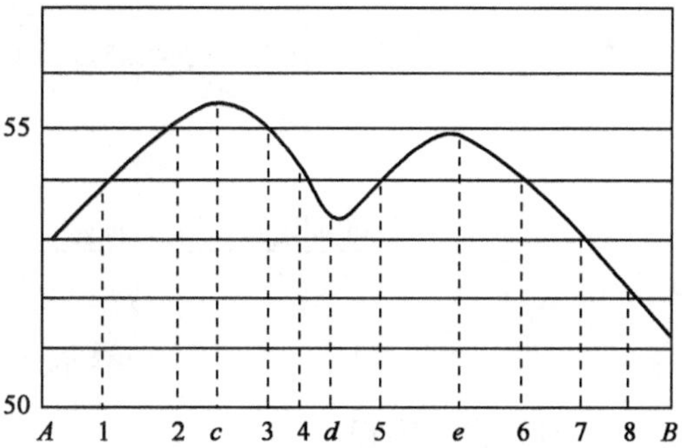

图 8-37　绘制纵断面图

(2)在图 8-36 中设直线 AB 与等高线的交点分别为 1、2、3、4…,以线段 A1、A2、A3、…、AB 为半径,在图 8-37 的横轴上以 A 为起点,截得对应 1、2、3、…、B 点,即两图中同名线段一样长。

(3)把图 8-36 中 A、1、2、…、B 点的高程作为图 8-37 中横轴上同名点的纵坐标值,这样就作出断面上的地面点,把这些点依次平滑地连接起来,就形成断面图。

为了较合理地反映断面的起伏,应根据相邻等高线 55m 和 56m 内插出 2、3 点之间的 c 点高程。同法内插出 d、e 点。此外应注意,在纵轴注记的起始高程 50m 应比 AB 断面上最低点 B 的高程略小一些。这样绘出的断面线完全在横轴的上部。

8.5.5 平整土地中的土石方估算

在各种工程建设中,除对建筑物要作合理的平面布置外,往往还要对原地貌作必要的改造,以便适于布置各类建筑物、排除地面水以及满足交通运输和敷设地下管道等。这种地貌改造称之为平整土地。

在平整土地工作中,常需预算土、石方的工程量,即利用地形图进行填挖土(石)方量的概算。其方法有多种,其中方格法(或设计等高线法)是应用最广泛的一种。下面分两种情况介绍该方法。

1)要求平整成水平面

如图 8-38 所示,假设要求将原地貌按挖填土方量平衡的原则改造成水平面,其步骤如下:

(1)在地形图上绘方格网

在地形图上拟建场地内绘制方格网。方格网的大小取决于地形复杂程度、地形图比例尺大小以及土方概算的精度要求。例如在设计阶段采用 1:500 的地形图时,根据地形复杂情况,一般边长为 10m 或 20m。方格网绘制完后,根据地形图上的等高线,用内插法求出每一方格顶点的地面高程,并注记在相应方格顶点的右上方,如图 8-38 所示。

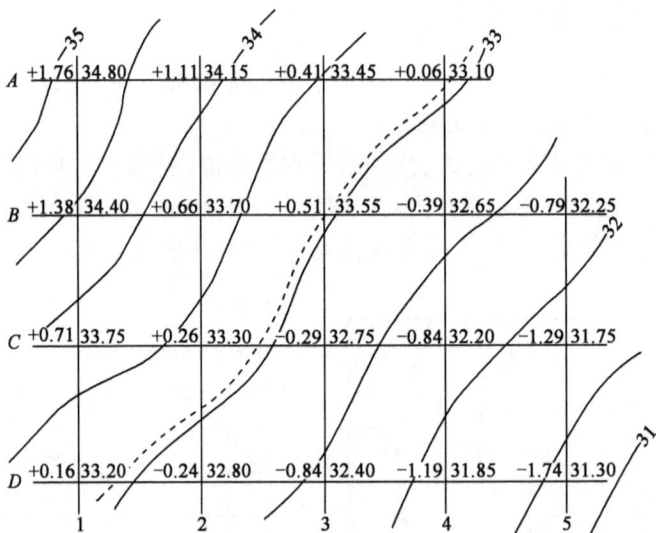

图 8-38　方格法土方量计算

(2)计算设计高程

先将每一方格顶点的高程加起来除以 4,得到各方格的平均高程,再把每个方格的平均高程相加除以方格总数,就得到设计高程 H_0。

$$H_0 = \frac{H_1 + H_2 + \cdots H_n}{n}$$

式中:H_i——每一方格的平均高程($i = 1, 2, \cdots, n$);

　　　n——方格总数。

从设计高程 H_0 的计算方法和图 8-38 可以看出:方格网的角点 $A1$、$A4$、$B5$、$D1$、$D5$ 的高程只用了一次,边点 $A2$、$A3$、$B1$、$C1$、$D2$、$D3$ 的高程用了两次,拐点 $B4$ 的高程用了三次,而中间点 $B2$、$B3$、$C2$、$C3\cdots$ 的高程都用了四次,因此,设计高程的计算公式也可写为:

$$H_0 = \frac{\sum H_{角} + 2\sum H_{边} + 3\sum H_{拐} + 4\sum H_{中}}{4n} \tag{8-20}$$

将方格顶点的高程(图 8-38)代入式(8-20),即可计算出设计高程为 43.04m。在图上内插出 43.04m 等高线(图中虚线),称为填挖边界线(或称零线)。

(3)计算挖、填高度

根据设计高程和方格顶点的高程,可以计算出每一方格顶点的挖、填高度,即

$$填、挖高度 = 地面高程 - 设计高程 \tag{8-21}$$

将图中各方格顶点的挖、填高度写于相应方格顶点的左上方。正号为挖深,负号为填高。

(4)计算挖、填土方量

挖、填土方量可按角点、边点、拐点和中点分别按下式计算。

$$\left.\begin{array}{l} 角点:挖填土方量 = 挖(填)高 \times \dfrac{方格面积}{4} \\[3mm] 边点:挖填土方量 = 挖(填)高 \times \dfrac{方格面积}{2} \\[3mm] 拐点:挖填土方量 = 挖(填)高 \times 3 \times \dfrac{方格面积}{4} \\[3mm] 中点:挖填土方量 = 挖(填)高 \times 方格面积 \end{array}\right\} \tag{8-22}$$

例如图 8-39 所示,设每一方格面积为 400m,计算的设计高程是 35.2m,每一方格的挖深或填高数据已分别按式(8-21)计算出,并已注记在方格顶点的左上方。于是,可按式(8-22)列表(表 8-12)分别计算出挖方量和填方量。从计算结果可以看出,挖方量和填方量是相等的,满足"挖、填平衡"的要求。

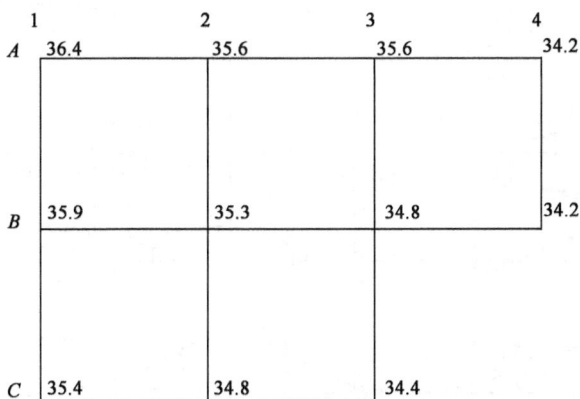

图 8-39 土方填、挖计算

挖、填土方计算表   表 8-12

点号	挖深(m)	填高(m)	所占面积(m²)	挖方量(m³)	填方量(m³)
A1	+1.2		100	120	
A2	+0.4		200	80	
A3	+0.4		200	80	
A4		-1.0	100		100
B1	+0.7		200	140	
B2	+0.1		400	40	

点号	挖深（m）	填高（m）	所占面积（m²）	挖方量（m³）	填方量（m³）
B3		−0.4	300		120
B4		−1.0	100		100
C1	+0.2		100	20	
C2		−0.4	200		80
C3		−0.8	100		80
				∑ = 480	∑ = 480

2）要求按设计等高线整理成倾斜面

将原地形改造成某一坡度的倾斜面，一般可根据填、挖平衡的原则，绘出设计倾斜面的等高线。但是有时要求所设计的倾斜面必须包含不能改动的某些高程点（称为设计斜面的控制高程点），例如，已有道路的中线高程点；永久性或大型建筑物的外墙地坪高程等。如图 8-40 所示，设 a、b、c 三点为控制高程点，其地面高程分别为 54.6m、51.3m 和 53.7m。要求将原地形改造成通过 a、b、c 三点的斜面，其步骤如下：

（1）确定设计等高线的平距

过 a、b 两点作直线，用比例内插法在 ab 曲线上求出高程为 54m、53m、52m、51m 等点的位置，也就是设计等高线应经过 ab 线上的相应位置，如 d、e、f、g 等点。

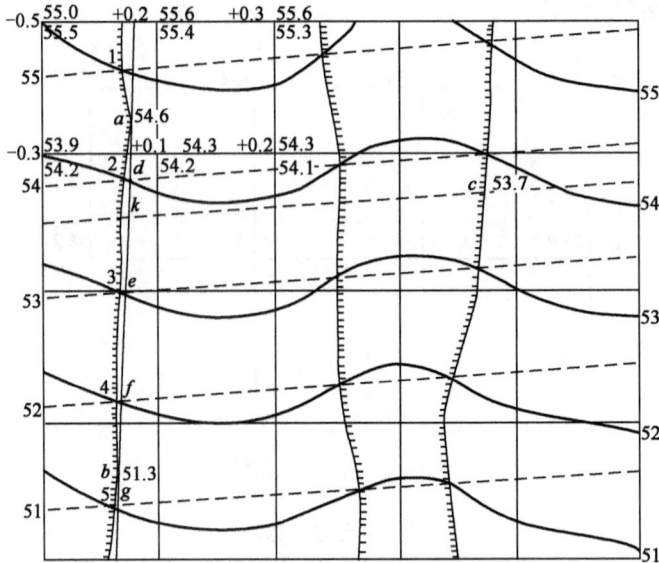

图 8-40 倾斜面土方量计算（高程单位：m）

（2）确定设计等高线的方向

在 ab 直线上求出一点 k，使其高程等于 c 点的高程（53.7m）。过 kc 连一线，则 kc 方向就是设计等高线的方向。

（3）插绘设计倾斜面的等高线

过 d、e、f、g 各点作 kc 的平行线（图中的虚线），即为设计倾斜面的等高线。过设计等高线和原同高程的等高线交点的连线,如图中连接 1、2、3、4、5 等点,就可得到挖、填边界线。图中绘有短线的一侧为填土区,另一侧为挖土区。

(4)计算挖、填土方量

与前一方法相同,首先在图上绘方格网,并确定各方格顶点的挖深和填高量。不同之处是各方格顶点的设计高程是根据设计等高线内插求得的,并注记在方格顶点的右下方。其填高和挖深量仍记在各顶点的左上方。挖方量和填方量的计算和前一方法相同。

【思考题与习题】

8-1 何谓地物?何谓地貌?何谓地形?

8-2 何谓平面图?何谓地形图?两者有何区别?

8-3 什么是比例尺?什么是比例尺精度?比例尺精度在测绘工作中有何作用?

8-4 地物符号有哪几种?各适用于什么情况?

8-5 何谓等高线、等高距、等高线平距、坡度?在同一幅地形图上等高线平距与地面坡度有何关系?等高线有哪几种类型?等高线具有哪些特性?

8-6 测图前的准备工作有哪些?坐标格网绘制的方法主要有哪几种?

8-7 控制点展绘后,如何检查其正确性?

8-8 试述碎部测量的概念、碎部点的概念和分类。

8-9 1:500,1:1 000,1:2 000,1:5 000 的地形图称为大比例尺还是中比例尺?

8-10 1:500,1:1 000,1:2 000 等地形图的比例尺精度分别为多少?

8-11 简述经纬仪测绘法在一个测站测绘地形图的工作步骤。

8-12 地形图应用有哪些基本内容?

8-13 图 8-41 是 1:1 000 地形图的一部分,完成下列作业:

(1)确定 A、B、C、D 四点的坐标和高程。

(2)求 AB 方向的坐标方位角。

(3)绘出 AB 方向的断面图。

(4)求 C、D 两点间的平均坡度。

(5)从 C 点至 D 点选定一条坡度不超过 -8% 的最短线路。

(6)按填、挖方量平衡的要求,拟把地形图左下方的矩形场地(50m×60m)改造成水平场地,计算其填、挖土方量。

8-14 完成表 8-13。

碎部测量记录表   表 8-13

点号	视距间隔 l (m)	中丝读数 v (m)	竖盘读数 L	竖直角 α	高差 h (m)	水平角 β	平距 D (m)	高程 H (m)	备注
1	0.552	1.480	83°36′			48°05′			
2	0.409	1.780	87°51′			56°25′			

点号	视距间隔 l (m)	中丝读数 v (m)	竖盘读数 L	竖直角 α	高差 h (m)	水平角 β	平距 D (m)	高程 H (m)	备注
3	0.324	1.480	93°45′			247°50′			
4	0.675	2.480	98°12′			261°35′			

注:测站点 A;定向点 B;$H_A = 42.95$m;$i_A = 1.48$m。

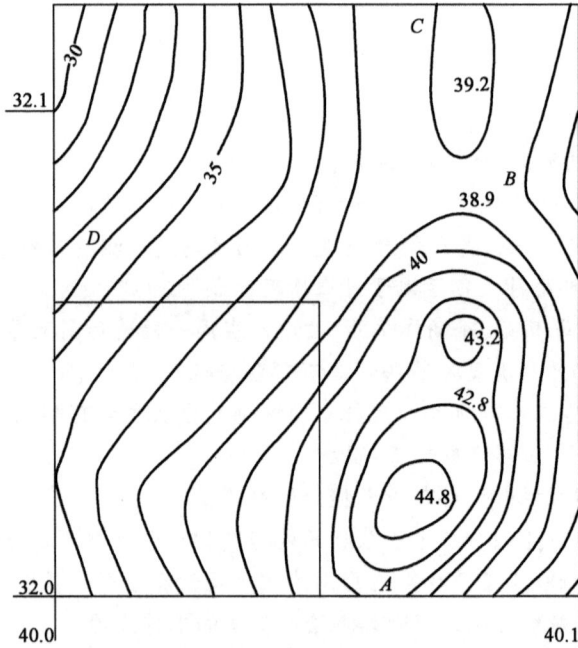

图 8-41 1∶1 000 地形图(高程单位:m)

第 9 章

测设的基本工作

测设工作是根据工程设计图纸上待建的建筑物、构筑物的轴线位置、尺寸及其高程,算出待建的建、构筑物各特征点(或轴线交点)与控制点(或已建成建筑物特征点)之间的距离、角度、高差等测设数据,然后以地面控制点为根据,将待建的建、构筑物的特征点在实地桩定出来,以便施工。

不论测设对象是建筑物还是构筑物,测设的基本工作是测设已知的水平距离、水平角度和高程。

9.1 测设的基本工作

9.1.1 测设已知的水平距离

在地面上丈量两点间的水平距离时,首先是用尺子量出两点间的距离,再进行必要的改正,以求得准确的实地水平距离。而测设已知的水平距离时,其程序恰恰相反,现将其做法叙述如下。

1)一般方法

测设已知距离时,线段起点和方向是已知的。若要求以一般精度进行测设,可在给定的方向,根据给定的距离值,从起点用钢尺丈量的一般方法,量得线段的另一端点。为了检核起见,应往返丈量测设的距离,往返丈量的较差若在限差之内,取其平均值作为最后结果。

2)用红外测距仪测设水平距离

如图 9-1 所示,安置红外测距仪于 A 点,瞄准已知方向。沿此方向移动反光棱镜位置,使仪器显示值略大于测设的距离 D,定出 C′点。在 C′点安置反光棱镜,测出反光棱镜的竖直角 α 及斜距 S(加气象改正)。计算水平距离 D′ = Scosα,求出 D′ 与应测设的水平距离 D 之差 ΔD = D – D′。根据 ΔD 的符号在实地用小钢尺沿已知方向改正 C′至 C 点,并用木桩标定其点位。为了检核,应将反光棱镜安置于 C 点再实测 AC 的距离,若不符合应再次进行改正,直到测设的距离符合限差为止。

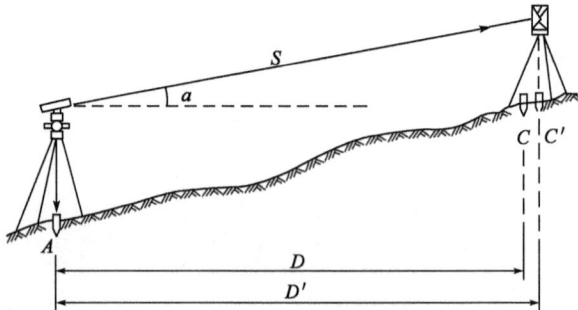

图 9-1　红外测距仪测水平距离

如果用具有跟踪功能的测距仪或电子速测仪测设水平距离,则更为方便,它能自动进行气象改正及将倾斜距离算成平距并直接显示。测设时,将仪器安置在 A 点,瞄准已知方向,测出气象要素气温及气压,并输入仪器,此时按功能键盘上的测量水平距离和自动跟踪键(或钮),一人手持反光棱镜杆(杆上圆水准器气泡居中,以保持反光棱镜杆竖直)立在 C 点附近。只要观测者指挥手持棱镜者沿已知方向线前后移动棱镜,观测者即能在速测仪显示屏上测得瞬时水平距离。当显示值等于待测设的已知水平距离值,即可定出 C 点。

9.1.2　测设已知水平角

测设已知水平角是根据水平角的已知数据和一个已知方向,把该角的另一个方向测设在地面上。测设方法如下。

1)一般方法

当测设水平角的精度要求不高时,可用盘左、盘右取中数的方法,如图 9-2 所示。设地面上已有 OA 方向线,从 OA 向右测设已知水平角 β 值。为此,将经纬仪安置在 O 点,用盘左瞄准 A 点,读取度盘数值;松开水平制动螺旋,旋转照准部,使度盘读数增加 β 角值,在此视线方向上定出 C′点。为了消除仪器误差和提高测设精度,用盘右重复上述步骤,测设一次,得 C″点,取 C′ 和 C″ 的中点 C,则 ∠AOC 就是要测设的 β 角。此法又称盘左盘右分中法。

2)精确方法

测设水平角的精度要求较高时,可采用作垂线改正的方法,以提高测设的精度。如图 9-3 所示,在 O 点安置经纬仪,先用一般方法测设 β 角,在地面上定出 C 点;再用测回法测几个测回,较精确地测得 ∠AOC 为 β₁,测出 OC 的距离。即可按下式计算出垂直改正值 CC₀:

$$CC_0 = OC\tan(\beta - \beta_1) \approx OC \cdot \frac{(\beta - \beta_1)''}{\rho''}$$

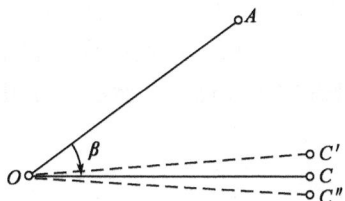

图9-2 测设水平角一般方法

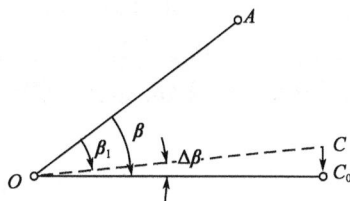

图9-3 测设水平角的精确方法

在改正时应注意方向,具体改正的方法是:当 CC_0 为正时,即 β 大于 β_1,过 C 点作 OC 的垂线,再从 C 点沿垂线方向外测量 CC_0 定出 C_0,则 $\angle AOC_0$ 就是要测设的 β 角;反之则向内侧改正。为检查测设是否正确,还需进行检查测量。

【例9-1】 设 $OC = 60.500\text{m}$,$\beta - \beta_1 = +30''$,则:

$$CC_0 = 60.500 \times \frac{30''}{206\ 265''} = +0.009(\text{m})$$

过 C 点作 OC 的垂线,再从 C 点沿垂线方向向 $\angle AOC$ 外测量垂距 0.009m,定出 C_0 点,则 $\angle AOC_0$ 即为要测设的 β 角。

9.1.3 测设已知高程

测设由设计所给定的高程是根据施工现场已有的水准点引测的。它与水准测量不同之处在于:不是测定两固定点之间的高差,而是根据一个已知高程的水准点,测设设计所给定点的高程。在建筑设计和施工的过程中,为了计算方便,一般把建筑物的室内地坪用 ±0.000 高程表示,基础、门窗等的高程都是以 ±0.000 为依据,相对于 ±0.000 测设的。

假设在设计图纸上查得建筑物的室内地坪高程为 $H_A = 8.500\text{m}$,而附近有一个水准点 R,其高程为 8.350m,现要求把建筑物的室内地坪高程测设到木桩 A 上。如图9-4所示,在木桩 A 和水准点 R 之间安置水准仪,先在水准点 R 上立尺,若尺上读数为 1.050m,则视线高程 $H_i = 8.350 + 1.050 = 9.400(\text{m})$。根据视线高程和室内地坪高程,即可算出 A 点尺上的应有读数为:

$$b = H_i - H_A = 9.400 - 8.500 = 0.900 \quad (\text{m})$$

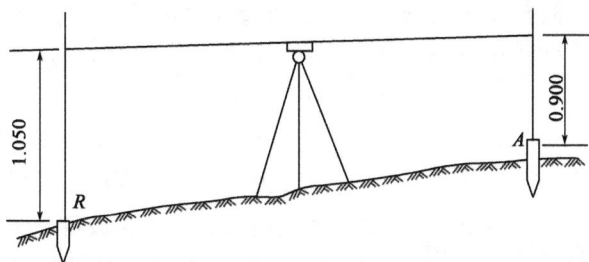

图9-4 测设已知高程(尺寸单位:m)

然后在 A 点立尺,使尺根紧贴木桩一侧上下移动,直至水准仪水平视线在尺上的读数为 0.900m 时,紧靠尺底在木桩上画一道红线,此线就是室内地坪 ±0.000 高程的位置。

当要测定楼层的高程或安装厂房内的吊车轨道时,只用水准尺已无法测定点位的高程,就必须采用高程传递法,即用钢尺将地面水准点的高程(或室内地坪 ±0.000)传递到楼层地坪上或吊车梁上所设的临时水准点,然后再根据临时水准点测设所求各点的高程。

如图 9-5 所示是向楼层上进行高程传递的示意图。向楼层上传递高程可利用楼梯间,将检定过的钢尺悬吊在楼梯处,零点一端向下,挂以重锤并放入油桶中。然后即可用水准仪逐层引测,楼层 B 点的高程为:

$$H_B = H_A + a - b + c - d$$

式中:a、b、c、d——标尺读数;

$\qquad$ H_A——楼底层 ±0.000 室内地坪高程。

为了检核,可采用改变悬吊钢尺位置后,再用上述方法进行读数,两次测得的高程较差不应超过 3mm。

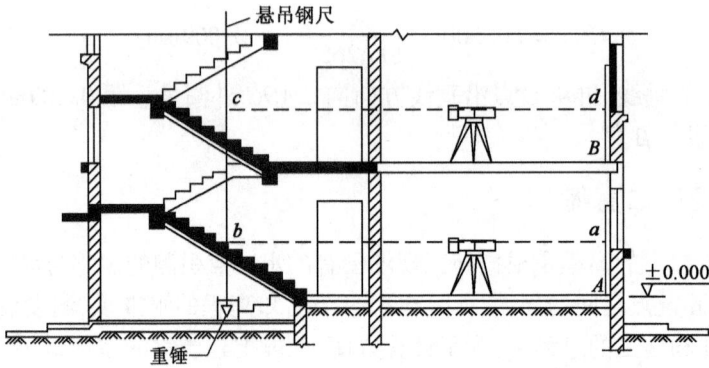

图 9-5 高程传递示意图

9.2 已知坡度的测设

测设指定的坡度线,在道路建筑、敷设上下水管道及排水沟等工程上应用较广泛。如图 9-6 所示,设地面上 A 点高程是 H_A,现要从 A 点沿 AB 方向测设出一条坡度为 -1% 的直线。先根据已定坡度和 AB 两点间的水平距离 D 计算出 B 点的高程:

$$H_B = H_A - 1\% D$$

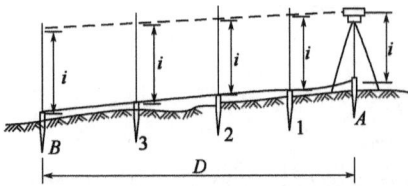

图 9-6 测设已知坡度直线

再用 9.1 节所述测设已知高程的方法,把 B 点的高程测设出来。在坡度线中间的各点即可用经纬仪的倾斜视线进行标定。若坡度不大也可用水准仪。用水准仪测设时,在 A 点安置仪器,使一个脚螺旋在 AB 方向线上,而另两个脚螺旋的连线垂直于 AB 线;量取仪器高 i,用望远镜瞄准 B 点上的水准尺,旋转 AB 方向上的脚螺旋,使视线倾斜,对准尺上读数为仪器高 i 值,此时仪器的视线即平行于设计的坡度线。在中间点 1、2、3 处打木桩,然后在桩顶上立水准尺使其读数皆等于仪器高 i,这样各桩顶的连线就是测设在地面上的坡度线。如果条件允许,采用激光经纬仪及激光水准仪代替经纬仪及水准仪,则测设坡度线的中间点更为方便,因为在中间尺上可根据光斑在尺上的位置,调整尺子的高低。

9.3 点的平面位置的测设

测设点的平面位置的方法主要有下列几种,可根据施工控制网的形式,控制点的分布情况、地形情况、现场条件及待建建筑物的测设精度要求等进行选择。

9.3.1 直角坐标法

当建筑物附近已有彼此垂直的主轴线,建筑物的两个轴线 MQ、PQ 分别与 OA、OB 平行。设计总平面图中已给定车间的四个角点 M、N、P、Q 的坐标,现以 M 点为例,介绍其测设方法。

如图 9-7 所示,设 O 点坐标 $x_0=0$,$y_0=0$,M 点的坐标 x、y 已知。先在 O 点上安置经纬仪,瞄准 A 点,沿 OA 方向从 O 点向 A 测设距离 y 得 C 点;然后将仪器搬至 C 点,仍瞄准 A 点,向左测设 90° 角,沿此方向从 C 点测设距离 x 即得 M 点,并沿此方向测设出 N 点。同法测设出 P 点和 Q 点。最后应检查建筑物的四角是否等于 90°,各边是否等于设计长度,误差在允许范围之内即可。

上述方法计算简单,施测方便,精度较高,是应用较广泛的一种方法。

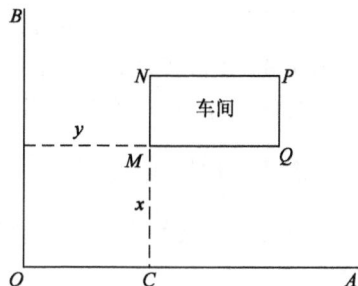

图 9-7　直角坐标法

9.3.2 极坐标法

极坐标法是根据水平角和距离测设点的平面位置。适用于测设距离较短且便于量距的情况。

如图 9-8 所示,A、B 是某建筑物轴线的两个端点,附近有测量控制点 1、2、3、4、5,用下列公式可计算测设数据 β_1、β_2 和 D_1、D_2。

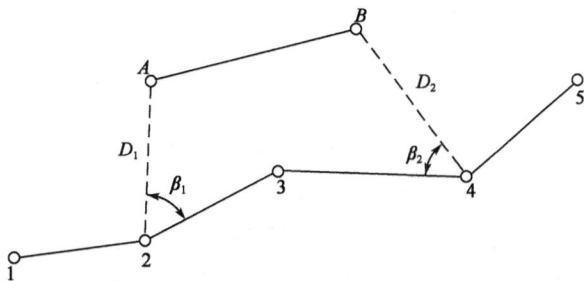

图 9-8　极坐标法

设 α_{2A}、α_{4B}、α_{23}、α_{43} 表示相应直线的坐标方位角;控制点 1、2、3、4 和轴线端点 A、B 的坐标均为已知,则:

$$\alpha_{2A} = \tan^{-1} \frac{Y_A - Y_2}{X_A - X_2}$$

$$\alpha_{4B} = \tan^{-1} \frac{Y_B - Y_4}{X_B - X_4}$$

$$\beta_1 = \alpha_{23} - \alpha_{2A}$$

$$\beta_2 = \alpha_{4B} - \alpha_{43}$$

$$D_1 = \frac{Y_A - Y_2}{\sin \alpha_{2A}} = \frac{X_A - X_2}{\cos \alpha_{2A}}$$

$$D_2 = \frac{Y_B - Y_4}{\sin \alpha_{4B}} = \frac{X_B - X_4}{\cos \alpha_{4B}}$$

根据上式计算得 β 和 D,即可进行轴线端点的测设。

测设 A 点时,在点 2 安置经纬仪,先测设出 β_1 角,在 2A 方向线上用钢尺量距 D_1,即得 A 点;再搬仪器至点 4,用同法定出 B 点。最后丈量 AB 的距离,应与设计的长度一致,以资检核。

9.3.3　角度交会法

角度交会法又称方向线交会法。当待测设点远离控制点且不便量距时,采用此法较为适宜。

如图 9-9 所示,根据 P 点的设计坐标及控制点 A、B、C 的坐标,首先算出测设数据 β_1、γ_1、β_2、γ_2 角值,然后将经纬仪安置在 A、B、C 三个控制点上测设 β_1、γ_1、β_2、γ_2 各角,并且分别沿 AP、BP、CP 方向线,在 P 点附近各打两个小木桩,桩顶上钉上小钉,以表示 AP、BP、CP 的方向线。将各方向两个方向桩上的小钉用细线绳拉紧,即可交出 AP、BP、CP 三个方向的交点,此点即为所求的 P 点。

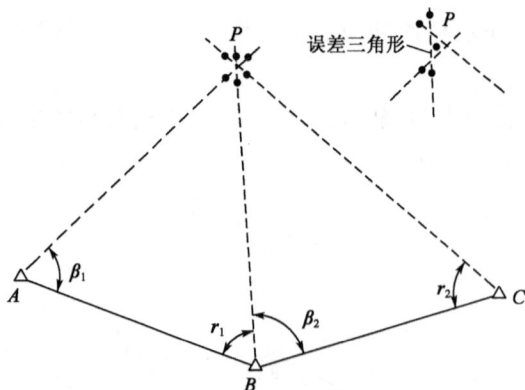

图 9-9　角度交会法

由于测设误差,若三条方向线不交于一点时,会出现一个很小的三角形,称为误差三角形。当误差三角形边长在允许范围内时,可取误差三角形的重心作为 P 点的点位。如超限,则应重新交会。

9.3.4 距离交会法

距离交会法是根据两段已知距离交会出点的平面位置。如建筑场地平坦,量距方便,且控制点离测设点又不超过一整尺的长度时,用此法比较适宜。在施工中细部位置测设常用此法。

具体做法如图 9-10 所示,设 A、B 是设计管道的两个转折点,从设计图纸上求得 A、B 点距附近控制点的距离为 D_1、D_2、D_3、D_4。用钢尺分别从控制点 1、2 量取 D_1、D_2,其交点即为 A 点的位置。同法定出 B 点。为了检核,还应量 AB 长度与设计长度比较,其误差应在允许范围之内。

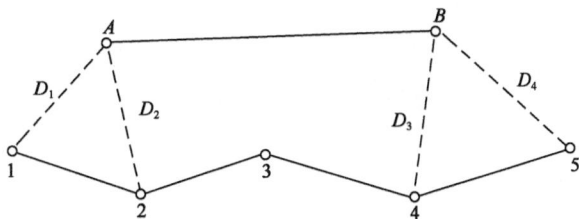

图 9-10 距离交会法

【思考题与习题】

9-1 测设的基本工作有哪几项?测设与测量有何不同?

9-2 测设点的平面位置有哪几种方法?各适用于什么情况?如何用一般方法测设已知数值的水平角?

9-3 已知 $H_A = 49.358\text{m}$,$H_B = 50.450\text{m}$,在水准点 A 与桩 B 之间安置水准仪,后视读数为 $a = 1.965$,怎样找出 B 点?

9-4 A、B 是已知的平面控制点,其坐标与方位角分别为:$A(1\,000.00, 1\,000.00)$,$\alpha_{AB} = 125°48'32''$。$P$ 是放样点,设计坐标为:$P(1\,033.640, 1\,028.760)$。用极坐标法放样 P 点的测设数据并简述测设过程。

9-5 已测设直角 $\angle AOB$,并用多个测回测得其平均角值为 $90°00'48''$,又知 OB 的长度为 150.000m。则在垂直于 OB 的方向上,B 点应该向何方向移动多少距离才能得到 $90°00'00''$ 的角?

9-6 利用高程为 9.531m 的水准点 A,测设设计高程为 9.800m 的室内 ± 0.000 高程,水准仪安置在合适位置,读取水准点 A 上水准尺读数为 1.035m。则水准仪瞄准 ± 0.000 处水准尺,读数应为多少时,尺底高程就是 ± 0.000 高程位置?

第10章

道路工程测量

10.1　道路中线测量

10.1.1　概述

道路是一个三维空间的工程结构物。它的中线是一条空间曲线(叫路线),其在水平面的投影就是平面线形。道路平面线形由于受到沿线地形、地质、水文、气候等自然条件的制约而改变方向。在路线方向的转折处,为了满足行车要求,需要用适当的曲线把前、后直线连接起来,这种曲线称为平曲线。平曲线包括圆曲线和缓和曲线。道路平面线形是由直线、圆曲线和缓和曲线三要素组成,如图10-1所示。圆曲线是具有一定曲率半径的圆弧,缓和曲线是在直线与圆曲线之间或两不同半径的圆曲线之间设置的曲率连续变化的曲线。我国公路缓和曲线的形式采用回旋线。根据我国相关规范规定,当公路的圆曲线半径小于不设超高的最小半径时,应设缓和曲线。四级公路可不设缓和曲线,直接与圆曲线径相连接。

道路中线测量是通过直线和曲线的测设,将道路中线的平面位置具体地敷设到地面上去并标定出其里程,供设计和施工之用。道路中线测量也叫中桩放样。

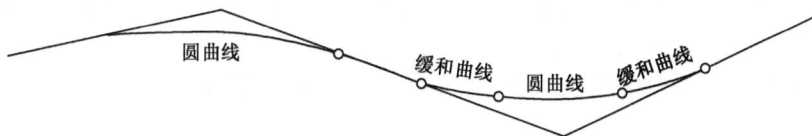

图 10-1　道路平面线形

10.1.2　交点和转点的测设

1）交点的测设

在路线测设时,应先选定出路线的转折点,这些转折点是路线改变方向时相邻两直线的延长线相交的点,称之为交点。在低等级公路测设中,它是中线测量的主要控制点。当公路设计采用一阶段施工图设计时,交点的测设可采用现场标定的方法,即根据已定的技术标准,结合地形、地质等条件,在现场反复插设比较,直接定出路线交点的位置。这种方法不需测地形图,比较直观,但只适用于技术简单、方案明确的低等级公路。对于高等级公路或地形、地物复杂,现场标定困难的地段,应先在实地布设导线,测绘大比例尺地形图(通常为 1:2 000 或 1:1 000),在地形图上进行纸上定线,定出各交点位置、圆曲线半径和缓和曲线长度,计算出各中桩坐标,然后到实地以导线点为控制点,用全站仪直接放样中桩,现场无需标定交点。如果没有全站仪,采用切线支距法或偏角法放样,则需把交点在实地标定出来。交点的测设一般可采用以下三种方法。

(1)放点穿线法

放点穿线法是利用地形图上的测图导线点与纸上路线之间的角度和距离关系,在实地将路线中线的直线段测设出来,然后将相邻直线延长相交,定出地面交点桩的位置。具体测设步骤如下:

①放点。

在地面上测设路线中线的直线部分,只需定出直线上若干个点,即可确定这一直线的位置。如图 10-2 所示,欲将纸上定线的两直线 $JD_3 - JD_4$ 和 $JD_4 - JD_5$ 测设于地面,只需在地面上定出 1、2、3、4、5、6 等临时点即可。这些临时点的放样可采用支距法、极坐标法或其他方法。支距法放点,即垂直于导线边、垂足为导线点的直线与纸上定线的直线相交的点,如 1、2、4、6 点;极坐标法放点,即选择能够控制中线位置的任意点,如 5 点;或选择测图导线边与纸上定线的直线相交的点,如 3 点。为保证放线的精度和便于检查核对,一条直线至少应选择 3 个临时点。这些点一般应选在地势较高、通视良好、距导线点较近且便于测设的地方。

临时点选定之后,即可在图上用比例尺和量角器量取这些点与相应导线点之间的距离和角度,如图 10-2 所示,距离 l_1、l_2、l_3、l_4、l_5、l_6 和角度 β。然后绘制放点示意图,标明点位和数据作为放点的依据。

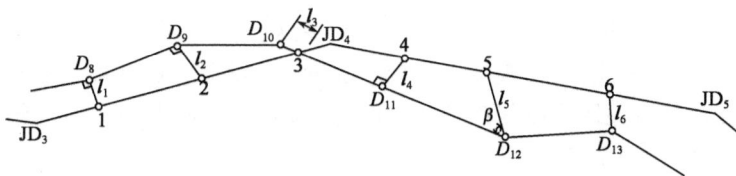

图 10-2　放点

放点时,应在现场找到相应的导线点。临时点如是支距点,可用支距法放点,即用方向架定出垂线方向,再用皮尺量出支距定出点位;如果是任意点,则用极坐标法放点,即将经纬仪安置在相应的导线点上,拨角定出临时点方向,再用皮尺量距定出点位。

②穿线。

由于测量仪器、测设数据及放点操作存在误差,在地形图上同一直线上的各点放于地面后,一般均不能准确地位于同一直线上。因此需要通过穿线,定出一条尽可能多地穿过或靠近临时点的直线。穿线可用目估或经纬仪进行,如图 10-3 所示。

图 10-3 穿线

采用目估法,先在适中的位置选择 A、B 点竖立花杆,一人在 AB 延长线上观测,看直线 AB 是否穿过或靠近多数临时点;否则移动 A 或 B,直到达到要求为止。最后在 AB 或其方向线上至少打下两个控制桩,称之为直线转点桩 ZD,直线即固定在地面上;采用经纬仪穿线时,仪器可置于 A 点,然后照准大多数临时点所穿过或靠近的方向定出 B 点。当多数临时点不通视时,也可将仪器置于直线中部较高的位置,瞄准一端多数临时点都靠近的方向,倒镜后若视线不能穿过另一端多数临时点所靠近的方向,则需将仪器左右移动,重新观测,直至达到要求为止,最后定出转点桩。

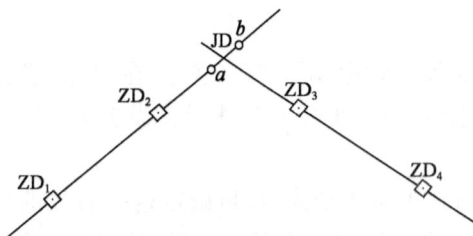

图 10-4 交点的钉设

③交点。

当相邻两直线在地面上定出后,即可延长直线进行交会交出交点。如图 10-4 所示,先将经纬仪置于 ZD$_2$,盘左瞄准 ZD$_1$,然后倒镜在视线方向于交点 JD 的概略位置前后打下两个木桩,俗称骑马桩,并沿视线方向用铅笔在两桩顶上分别标出 a_1 和 b_1。用盘右仍瞄准 ZD$_1$,倒镜在两桩顶上又标出 a_2 和 b_2,分别取 a_1 与 a_2 及 b_1 与 b_2 的中点,钉上小钉得 a 和 b,并用细线将 a、b 两点相连。这种以盘左、盘右两个盘位延长直线的方法称为正倒镜分中法。用同样方法再将仪器置于 ZD$_3$,瞄准转点 ZD$_4$,倒镜后视线与 ab 细线相交处打下木桩,然后用正倒镜分中法在桩顶精确定出交点 JD 位置,钉上小钉。

(2)拨角放线法

拨角放线法是先在地形图上量出纸上定线的交点坐标,反算相邻交点间的直线长度、坐标方位角及路线转角;然后在野外将仪器置于路线中线起点或已确定的交点上,拨出转角,测设直线长度,依次定出各交点位置。

这种方法外业工作迅速,但拨角放线的次数越多,误差累积也越大,故每隔一定距离应将测设的中线与测图导线联测,以检查拨角放线的质量。联测闭合的精度要求与测图导线相同。当闭合差超限时,应检查原因予以纠正;当闭合差符合精度要求时,则按具体情况进行调整,使交点位置符合纸上定线的要求。

如果交点附近有导线点,也可先在地形图上量出纸上定线的交点坐标,反算交点与附近导线点间的直线长度、坐标方位角及夹角;然后在野外将仪器置于该导线点上,拨出转角,测设直线长度,定出交点位置。这种方法不存在误差累积。

（3）坐标放样法

交点坐标在地形图上确定以后,利用测图导线按全站仪坐标放样法,将交点直接放样在地面上。

这种方法外业工作更快,由于利用测图导线放点,故无误差累积现象。

2）转点的测设

路线测量时,当相邻两交点间互不通视时,需要在其连线或延线上定出一点或数点,以供交点测角、量距或延长直线时瞄准之用,这样的点称为转点,其测设方法如下:

（1）在两交点间设转点

如图 10-5 所示,设 JD_5、JD_6 为相邻两交点,互不通视,ZD′ 为粗略定出的转点位置。将经纬仪置于 ZD′,用正倒镜分中法延长直线 JD_5 – ZD′ 于 JD_6'。若 JD_6' 与 JD_6 重合或量取的偏差 f 在路线容许移动的范围内,则转点位置即为 ZD′。这时应将 JD_6 移至 JD_6',并在桩顶上钉上小钉表示交点位置。

当偏差 f 超过容许范围或 JD_6 不许移动时,则须重新设置转点。设 e 为 ZD′ 应横向移动的距离,仪器在 ZD′ 用视距测量方法测出距离 a、b,则:

$$e = \frac{a}{a+b} \cdot f \qquad (10\text{-}1)$$

将 ZD′ 沿偏差 f 的相反方向横移 e 至 ZD。将仪器移至 ZD,看延长直线 JD_5 – ZD 是否通过 JD_6 或偏差小于容许值,否则应再次设置转点,直至符合要求为止。

（2）在两交点延长线上设转点

当两交点间不便设置转点或因特殊情况,也可将转点设在其延长线上。如图 10-6 所示,设 JD_8、JD_9 互不通视,ZD′ 为其延长线上转点的概略位置。将经纬仪置于 ZD′,盘左照准 JD_8,在 JD_9 处标出一点;盘右再瞄准 JD_8,在 JD_9 处也标出一点,取两点的中点得 JD_9'。若 JD_9' 与 JD_9 重合或偏差 f 在容许范围内,即可用 JD_9' 代替 JD_9 作为交点,ZD′ 即作为转点;否则,应调整 ZD′ 的位置重设转点。设 e 为 ZD′ 应横向移动的距离,用视距测量方法测出距离 a、b,则:

$$e = \frac{a}{a-b} \cdot f \qquad (10\text{-}2)$$

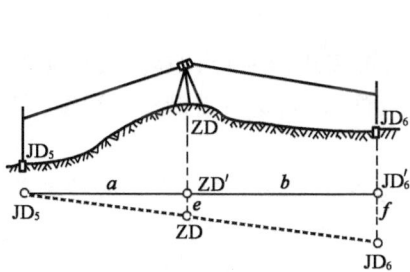

图 10-5　在两交点设转点　　　　　图 10-6　在两交点延长线上设转点

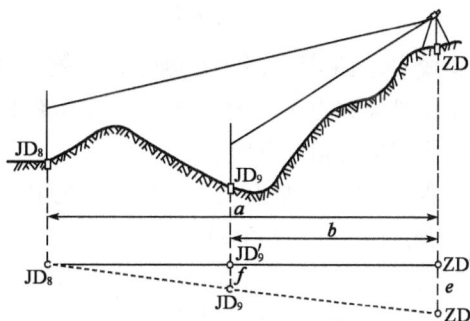

将 ZD′ 沿与 f 相反的方向移动 e,即得新转点 ZD。置仪器于 ZD,重复上述方法,直至偏差 f 小于容许值为止。最后将转点用木桩标定在地面上。

10.1.3 路线转角的测定和里程桩设置

1) 路线转角的测定

在路线转折处,为了测设曲线,需要测定其转角。所谓转角,是指交点处后视线的延长线与前视线的夹角,以 α 表示。转角有左右之分,如图 10-7 所示,位于延长线右侧的,为右转角 α_y;位于延长线左侧的,为左转角 α_z。在路线测量中,转角通常是通过观测路线右角 β 计算求得。

当右角 $\beta < 180°$ 时,为右转角;当右角 $\beta > 180°$ 时,为左转角,则:

$$\left.\begin{array}{l} \alpha_y = 180° - \beta \\ \alpha_z = \beta - 180° \end{array}\right\} \qquad (10\text{-}3)$$

右角的测定,应使用精度不低于 J6 级经纬仪,采用测回法观测一个测回。两个半测回所测角值相差的限差视公路等级而定,高速公路、一级公路限差为 $\pm 20''$ 以内,二级及二级以下公路限差为 $\pm 60''$ 以内。如果限差在容许范围内,可取其平均值作为最后结果。

由于测设曲线的需要,在右角测定后,保持水平度盘位置不变,在路线设置曲线的一侧定出分角线方向。如图10-8所示,设测角时后视方向的水平度盘读数为 a,前视方向的读数为 b,则分角线方向的水平盘读数 c 应为:

$$c = b + \frac{\beta}{2}$$

因 $\beta = a - b$,则:

$$c = \frac{a + b}{2} \qquad (10\text{-}4)$$

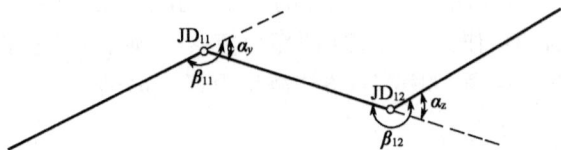

图 10-7 转角的测定   图 10-8 分角线的测设

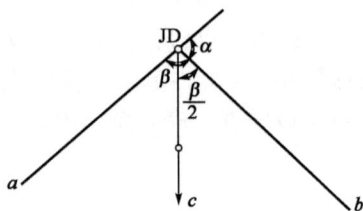

在实践中,无论是在路线右侧还是左侧设置分角线,均可按式(10-4)计算。当转动照准部使水平度盘读数为 c 时,望远镜所指方向有时会指在相反的方向,这时需倒转望远镜,在设置曲线一侧定出分角线方向。

为了保证测角的精度,还须进行路线角度闭合差的检核。当路线导线与高级控制点连接时,可按附合导线计算角度闭合差。若闭合差在限差之内,则可进行闭合差调整。当路线未与高级控制点联测时,可每隔一段距离,观测一次真方位角,用来检核角度闭合差。为了及时发现测角错误,可在每日作业开始和收工前用罗盘仪各观测一次磁方位角,与观测角度推算的方位角相核对。

此外,在角度观测后,还须用视距测量方法测定相邻交点间的距离,以检核钢尺量距的结果。

当采用全站仪进行测量时,可以将全站仪架设在交点上,直接测量路线转角和交点间距,也可以将全站仪架设在坐标已知的导线点上,测出交点的坐标,通过计算得到路线转角和交点间距。假设 JD_{i-1}、JD_i、JD_{i+1} 的坐标分别为 $JD(x_{i-1}, y_{i-1})$、$JD(x_i, y_i)$、$JD(x_{i+1}, y_{i+1})$(北东坐标系),则交点偏角计算程序如下。

(1)计算坐标增量

$$\left.\begin{array}{l} \Delta x_{i,i+1} = x_{i+1} - x_i \\ \Delta y_{i,i+1} = y_{i+1} - y_i \end{array}\right\} \tag{10-5}$$

(2)计算路线方位角 $A_{i,i+1}$

如果 $\Delta x_{i,i+1}=0, \Delta y_{i,i+1}>0$,则 $A_{i,i+1}=90°$;

如果 $\Delta x_{i,i+1}=0, \Delta y_{i,i+1}<0$,则 $A_{i,i+1}=270°$。

$$象限角\ \theta = \arctan \frac{|\Delta y_{i,i+1}|}{|\Delta x_{i,i+1}|} \tag{10-6}$$

如果 $\Delta x_{i,i+1}>0, \Delta y_{i,i+1}>0$,则 $A_{i,i+1}=\theta$;

如果 $\Delta x_{i,i+1}>0, \Delta y_{i,i+1}<0$,则 $A_{i,i+1}=360°-\theta$;

如果 $\Delta x_{i,i+1}<0, \Delta y_{i,i+1}>0$,则 $A_{i,i+1}=180°-\theta$;

如果 $\Delta x_{i,i+1}<0, \Delta y_{i,i+1}<0$,则 $A_{i,i+1}=180°+\theta$。

(3)计算偏角 α_i

$$\alpha_i = A_{i,i+1} - A_{i-1,i} \tag{10-7}$$

当 $\alpha_i>0$ 时为右偏;当 $\alpha_i<0$ 时为左偏。

(4)计算交点间距

$$S_{i,i+1} = \sqrt{\Delta x_{i,i+1}^2 + \Delta y_{i,i+1}^2} \tag{10-8}$$

利用坐标法只需架设一次仪器就可以测出多个交点的转角和距离要素,效率较高,应尽量采用。

2)里程桩设置

在路线交点、转角测定后,即可进行道路中线测量,经过实地测量设置里程桩,标定道路中线的具体位置。

(1)道路中线测量的基本要求

道路中线的边长测量要求同导线测量。中线上设有里程桩,里程桩亦称中桩,桩上写有桩号,表示该桩至路线起点的水平距离。如某桩至路线起点的水平距离为 1 234.56m,则桩号记为 K1+234.56。

中桩的设置应按照规定满足其桩距及精度要求。直线上的桩距 l_0 一般为 20m,地形平坦时不应大于 50m;曲线上的桩距 l_0 一般为 20m,且与圆曲线半径大小有关。中桩桩距应按表10-1的规定执行。

中 桩 间 距 表 表 10-1

直 线 （m）		曲 线 （m）			
平原微丘区	山岭重丘区	不设超高的曲线	$R>60$	$60 \geqslant R \geqslant 30$	$R<30$
≤50	≤25	25	20	10	5

路线中线敷设可采用极坐标法、GPS-RTK 法、链距法、偏角法、支距法等。高速、一级、二级公路宜采用极坐标法、GPS-RTK 法；直线段可采用链距法，但链距长度不应超过200m。中桩平面桩位精度不得超过表10-2的规定。

中桩平面桩位精度表   表10-2

公 路 等 级	中桩位置中误差(cm)		桩位检测之差(cm)	
	平原微丘区	山岭重丘区	平原微丘区	山岭重丘区
高速、一级、二级	≤ ±5	≤ ±10	≤10	≤20
三级、四级	≤ ±10	≤ ±15	≤20	≤30

采用链距法、偏角法、支距法等测定路线中线，其曲线测量闭合差应符合表10-3的规定。

曲线测量闭合差   表10-3

公 路 等 级	纵向闭合差		横向闭合差(cm)		曲线偏角闭合差(″)
	平原微丘区	山岭重丘区	平原微丘区	山岭重丘区	
高速、一级、二级	l/2 000	1/1 000	10	10	60
三级、四级	l/1 000	1/500	10	15	120

（2）里程桩设置

里程桩包括路线起终点桩、公里桩、百米桩和一系列加桩，还有起控制作用的交点桩、转点桩、平曲线主点桩、桥梁和隧道轴线桩、断链桩等。按其所表示的里程数，里程桩又分整桩和加桩两类。整桩按规定每隔20m或50m设置桩号为整数的里程桩。百米桩和公里桩均属整桩，一般情况下均应设置。如图10-9所示为整桩的书写情况。

加桩分地形加桩、地物加桩、曲线加桩和关系加桩等。地形加桩是在路线纵、横向地形有明显变化处设置的桩；地物加桩是在中线上桥梁、涵洞、隧道等人工构造物处，以及与既有公路、铁路、管线、渠道等交叉处设置的桩；曲线加桩是在曲线起点、中点、终点等曲线主点上设置的桩；关系加桩是在转点和交点上设置的桩；此外，还可根据具体情况在拆迁建筑物处、工程地质变化处、断链处等加桩。对于人工构造物，在书写里程时，要冠以工程名称如"桥""涵"等。在书写曲线和关系加桩时，应在桩号之前加写其缩写名称，如图10-10所示。目前，我国公路采用汉语拼音的缩写名称，见表10-4。

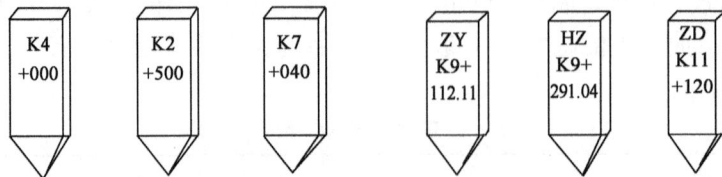

图10-9 里程桩   图10-10 主点桩和关系加桩

平曲线主点名称及缩写表　　　　　　　　　　　表 10-4

名　　称	简称	汉语拼音缩写	英语缩写	名　　称	简称	汉语拼音缩写	英语缩写
交点	—	JD	IP	公切点	—	GQ	CP
转点	—	ZD	TP	第一缓和曲线起点	直缓点	ZH	TS
圆曲线起点	直圆点	ZY	BC	第一缓和曲线终点	缓圆点	HY	SC
圆曲线中点	曲中点	QZ	MC	第二缓和曲线起点	圆缓点	YH	CS
圆曲线终点	圆直点	YZ	EC	第二缓和曲线终点	缓直点	HZ	ST

钉桩时,对起控制作用的交点桩、转点桩、平曲线控制桩、路线起终点桩以及重要的人工构造物加桩,如桥位桩、隧道定位桩等均采用方桩。方桩钉至与地面齐平,顶面钉一小钉表示点位。在距方桩 20cm 左右设置指示桩,上面书写桩的名称和桩号。钉指示桩要注意字面应朝向方桩,以便于将来寻找方桩。直线上的指示桩应打在路线的同一侧,曲线上则应打在曲线的外侧。主要起控制作用的方桩应用混凝土浇筑,也可用钢筋加混凝土预制桩,且钢筋顶面锯成"十"字,以示点位。必要时加设护桩防止桩的损坏或丢失。除控制桩之外,其他的桩为标志桩,一般采用板桩,直接将指示桩打在点位上,并露出桩号为宜。为了后续工作中寻找里程桩的方便,不致遗漏,应按"1,2,3,…,8,9,0,1,2…"的循环顺序对中桩进行编号,编号写在桩的背面。打桩时,板桩的序号面要朝向路线前进方向。

10.1.4　圆曲线的测量

路线平面线形中的平曲线一般由圆曲线和缓和曲线组成。对于四级公路或当圆曲线的半径大于或等于不设超高的最小半径时,平曲线可以只设圆曲线。圆曲线测设一般分两步进行,先测设对圆曲线起控制作用的主点桩,即圆曲线的直圆点(ZY)、曲中点(QZ)和圆直点(YZ);然后在主点桩之间进行加密,按规定桩距测设圆曲线的其他各点,称为圆曲线的详细测设。

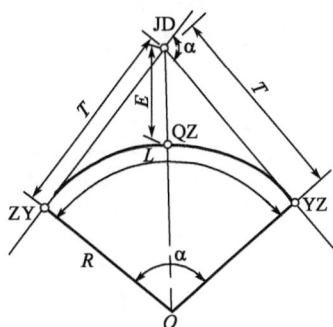

图 10-11　圆曲线测设元素

1)圆曲线测设元素的计算

如图 10-11 所示,设交点 JD 的转角为 α,圆曲线半径为 R,则圆曲线的测设元素可按下列公式计算:

切线长

曲线长

外距

切曲差

$$\left.\begin{array}{l} T = R\tan\dfrac{\alpha}{2} \\[2mm] L = R\alpha\dfrac{\pi}{180°} \\[2mm] E = R\left(\sec\dfrac{\alpha}{2} - 1\right) \\[2mm] D = 2T - L \end{array}\right\} \qquad (10\text{-}9)$$

2)圆曲线主点测设

(1)主点里程的计算

交点 JD 的里程由中线丈量计算得到:

$$\text{JD}_i \text{ 里程} = \text{JD}_{i-1} \text{ 里程} + \text{JD}_{i-1} \text{ 至 JD}_i \text{ 距离} - \text{切曲差 } D_{i-1}$$

根据交点的里程和圆曲线测设元素,即可推算圆曲线上各主点的里程并加以校核。由图 10-11 可知:

$$
\left.\begin{aligned}
\text{ZY 里程} &= \text{JD 里程} - T \\
\text{YZ 里程} &= \text{ZY 里程} + L \\
\text{QZ 里程} &= \text{YZ 里程} - \frac{L}{2} \\
\text{JD 里程} &= \text{QZ 里程} + \frac{D}{2}(\text{校核})
\end{aligned}\right\} \tag{10-10}
$$

注:圆曲线终点里程 YZ 应为圆曲线起点里程 ZY 加上圆曲线长 L,而不是交点里程加切线长 T,即 YZ 里程≠JD 里程 + T。因为在路线转折处道路中线的实际位置应为曲线位置,而非切线位置。

【例 10-1】 已知某交点的里程为 K3 + 182.76,测得转角 $\alpha_{右} = 25°48'$,拟定圆曲线半径 $R = 300\text{m}$,求圆曲线测设元素及主点桩里程。

解:①计算圆曲线测设元素

$$T = R\tan\frac{\alpha}{2} = 300 \times \tan\frac{25°48'}{2} = 68.71(\text{m})$$

$$L = R\alpha\frac{\pi}{180°} = 300 \times 25°48' \times \frac{\pi}{180°} = 135.09(\text{m})$$

$$E = R\left(\sec\frac{\alpha}{2} - 1\right) = 300 \times \left(\sec\frac{25°48'}{2} - 1\right) = 7.77(\text{m})$$

$$D = 2T - L = 2 \times 68.71 - 135.09 = 2.33(\text{m})$$

②计算主点桩里程

JD	K3 + 182.76
−) T	68.71
ZY	K3 + 114.05
+) L	135.09
YZ	K3 + 249.14
−) L/2	67.54
QZ	K3 + 181.60
+) D/2	1.16(校核)
JD	K3 + 182.76(计算无误)

(2)主点的测设

将经纬仪置于交点 JD_i 上,望远镜照准后交点 JD_{i-1} 或此方向上的转点,自交点 JD_i 沿此方向量取切线长 T,即得圆曲线起点 ZY,插一测钎。然后用钢尺丈量自 ZY 至最近一个直线桩的距离,若两桩号之差等于所丈量的距离或相差在容许范围内,即可在测钎处打下 ZY 桩。若超出容许范围,应查明原因,以确保桩位的正确性。设置圆曲线终点时,将望远镜照准前交点 JD_{i+1} 或此方向上的转点,往返量取切线长 T,得圆曲线终点,打下 YZ 桩。设置圆曲线中点时,可自交点沿分角线方向量取外距 E,打下 QZ 桩。

3)圆曲线的详细测设

(1)圆曲线测设的基本要求

在圆曲线测设时,除了设置圆曲线的主点桩及地形、地物等加桩外,当圆曲线较长时,应按曲线上中桩桩距的规定(表10-1)进行加桩,即进行圆曲线的详细测设。

按桩距 l_0 在曲线上设桩,通常有以下两种方法:

①整桩号法。将曲线上靠近曲线起点的第一个桩凑成 l_0 倍数的整桩号,然后按桩距 l_0 连续向曲线终点设桩。这样设置的桩均为整桩号。

②整桩距法。从曲线起点和终点开始,分别以桩距 l_0 连续向曲线中点设桩,或从曲线的起点,按桩距 l_0 设桩至终点。由于这样设置的桩均为零桩号,因此应注意加设百米桩和公里桩。

中线测量中一般均采用整桩号法。

此外,中桩量距精度及桩位限差应符合规定(表10-2),曲线测量闭合差也应符合规定(表10-3)。

(2)圆曲线详细测设的方法

①切线支距法。

切线支距法是以圆曲线的起点 ZY 或终点 YZ 为坐标原点,以切线为 x 轴,过原点的半径方向为 y 轴,建立直角坐标。按曲线上各点坐标 x、y 设置曲线。

如图10-12所示,设 P_i 为曲线上欲测设的点位,该点至 ZY 点或 YZ 点的弧长为 l_i,φ_i 为 l_i 所对的圆心角,R 为圆曲线半径,则 P_i 的坐标可按下式计算:

$$\left.\begin{array}{l} x_i = R\sin\varphi_i \\ y_i = R(1-\cos\varphi_i) \end{array}\right\} \quad (10\text{-}11)$$

$$\varphi_i = \frac{l_i}{R}\cdot\frac{180°}{\pi} \quad (10\text{-}12)$$

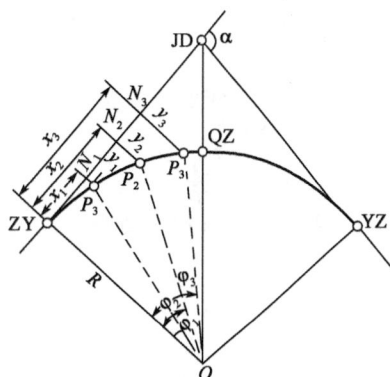

图10-12 切线支距法测设圆曲线

【例10-2】 [例10-1]若采用切线支距法并按整桩号法设桩,试计算各桩坐标。

解:[例10-1]已计算出主点里程,在此基础上按整桩号法列出详细测设的桩号,并计算其坐标。具体计算见表10-5。

切线支距法计算表　　　　　　　　　　表10-5

桩　　号	各桩至 ZY 或 YZ 的曲线长度(l_i)(m)	圆心角 φ_i	x_i(m)	y_i(m)
ZY K3 + 114.05	0	0°00′00″	0	0
+120	5.95	1°08′11″	5.95	0.06
+140	25.95	4°57′22″	25.92	1.12
+160	45.95	8°46′33″	45.77	3.51
QZ K3 + 181.60				
+200	49.14	9°23′06″	48.92	4.02
+220	29.14	5°33′55″	29.09	1.41
+240	9.14	1°44′44″	9.14	0.14
YZ K3 + 249.14	0	0°00′00″	0	0

切线支距法测设曲线,为了避免支距过长,一般由 ZY、YZ 点分别向 QZ 点施测。其测设步骤如下:

a. ZY(或 YZ)点开始用钢尺或皮尺沿切线方向量取 P_i 的横坐标 x_i,得垂足 N_i。

b. 在各垂足 N_i 上用方向架定出垂直方向,量取纵坐标 y_i,即可定出 P_i 点。

c. 曲线上各点设置完毕后,应量取相邻各桩之间的距离,与相应的桩号之差作比较,且考虑弧弦差的影响,若较差均在限差之内,则曲线测设合格;否则应查明原因,予以纠正。

这种方法适用于平坦开阔的地区,具有操作简单、测设方便、测点误差不累积的优点,但测设的点位精度偏低。

②偏角法。

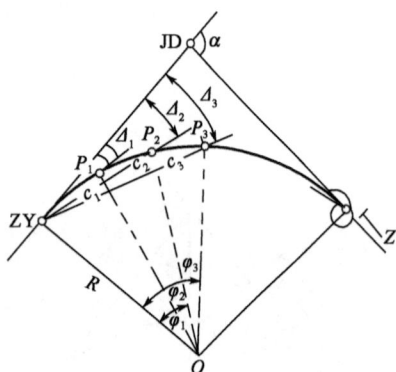

图 10-13　偏角法测设圆曲线

偏角法是以圆曲线起点 ZY 或终点 YZ 至曲线任一待定点 P_i 的弦线与切线 T 之间的弦切角(这里称为偏角)Δ_i 和弦长 c_i 来确定 P_i 点的位置。

如图 10-13 所示,根据几何原理,偏角 Δ_i 等于相应弧长 l_i 所对的圆心角 φ_i 之半:

$$\Delta_i = \frac{\varphi_i}{2} \tag{10-13}$$

将式(10-12)代入式(10-13),则:

$$\Delta_i = \frac{l_i}{R}\frac{90°}{\pi} \tag{10-14}$$

弦长 c_i 可按式(10-15)计算:

$$c_i = 2R\sin\frac{\varphi_i}{2} \tag{10-15}$$

如将式(10-15)中的 $\sin\frac{\varphi_i}{2}$ 用级数展开,并以 $\varphi_i = \frac{l_i}{R}$ 代入,则:

$$c_i = 2R\left[\frac{\varphi_i}{2} - \frac{\left(\frac{\varphi_i}{2}\right)^3}{3!} + \cdots\right] = 2R\left(\frac{l_i}{2R} - \frac{l_i^3}{48R^3} + \cdots\right) = l_i - \frac{l_i^3}{24R^2} + \cdots$$

弧弦差
$$\delta_i = l_i - c_i = \frac{l_i^3}{24R^2} \tag{10-16}$$

在实际工作中,弦长 c_i 可通过式(10-15)计算,亦可先按式(10-16)计算弧弦差 δ_i,再计算弦长 c_i。

【例 10-3】　仍以[例 10-1]为例,采用偏角法按整桩号设桩,计算各桩的偏角和弦长。

解:设曲线由 ZY 点和 YZ 点分别向 QZ 点测设,计算见表 10-6。

偏 角 法 计 算 表　　　　　　　　　　　　　表 10-6

桩　　　号	各桩至 ZY 或 YZ 的曲线长度 l_i(m)	偏角值	偏角读数	相邻桩间弧长(m)	相邻桩间弦长(m)
ZY K3 + 114.05	0	0°00′00″	0°00′00″	0	0
+120	5.95	0°34′05″	0°34′05″	5.95	5.95
+140	25.95	2°28′41″	2°28′41″	20.00	20.00

桩 号	各桩至 ZY 或 YZ 的曲线长度 l_i(m)	偏角值	偏角读数	相邻桩间弧长(m)	相邻桩间弦长(m)
+160	45.95	4°23′16″	4°23′16″	20.00	20.00
QZ K3 +181.60	67.55	6°27′00″	6°27′00″	1.60	1.60
			353°33′00″	18.40	18.40
+200	49.14	4°41′33″	355°18′27″	20.00	20.00
+220	29.14	2°46′58″	357°13′02″	20.00	20.00
+240	9.14	0°52′22″	359°07′38″	9.14	9.14
YZ K3 +249.14	0	0°00′00″	0°00′00″	0	0

由于经纬仪水平度盘的注字是顺时针方向增加的,因此测设曲线时,如果偏角的增加方向与水平度盘一致,也是顺时针方向增加,称为正拨;反之称为反拨。对于右转角(本例为右转角),仪器置于 ZY 点上测设曲线为正拨,置于 YZ 点上则为反拨。对于左转角,仪器置于 ZY 点上测设曲线为反拨,置于 YZ 点上则为正拨。正拨时,望远镜照准切线方向,如果水平度盘读数配置在 0°,各桩的偏角读数就等于各桩的偏角值。但在反拨时则不同,各桩的偏角读数应等于 360°减去各桩的偏角值。

偏角法的测设步骤如下(以[例 10-3]为例):

a.经纬仪置于 ZY 点上,瞄准交点 JD 并将水平度盘配置在 0°00′00″。

b.转动照准部使水平度盘读数为桩 K3 +120 的偏角读数 0°34′05″,从 ZY 点沿此方向量取弦长 5.95m,定出 K3 +120 位置。

c.转动照准部使水平度盘读数为桩 K3 +140 的偏角读数 2°28′41″,由桩 K3 +120 量弦长 20m 与视线方向相交,定出 K3 +140 位置。

d.按上述方法逐一定出 K3 +160、K3 +180 及 QZ 点 K3 +181.60,此时定出的 QZ 点应与主点测设时定出的 QZ 点重合,如不重合,其闭合差不得超过限差规定。

e.仪器移至 YZ 点上,瞄准交点 JD 并将度盘配置在 0°00′00″。

f.转动照准部使水平度盘读数为桩 K3 +240 的偏角读数 359°07′38″,沿此方向从 YZ 点量取弦长 9.14m,定出 K3 +240 位置。

g.转动照准部使度盘读数为桩 K3 +220 的偏角读数 357°13′02″,由桩 K3 +240 量弦长 20m 与视线方向相交得 K3 +220 位置。

h.逐一定出 K3 +200 和 QZ 点。QZ 点的偏差亦应满足限差规定。

偏角法不仅可以在 ZY 和 YZ 点上测设曲线,而且可在 QZ 点上测设,也可在曲线任一点上测设。它是一种灵活性大、测设精度较高且适用性较强的常用方法。但这种方法存在着测点误差累积的缺点,所以宜从曲线两端向中点或自中点向两端测设曲线。

应用偏角法测设曲线,仪器安置点至曲线各桩点应通视,当曲线上遇障碍、视线受阻时,偏角法搬站次数较多。

10.1.5 缓和曲线的测量

1)缓和曲线

(1)缓和曲线的概念

汽车在行驶过程中,由直线进入圆曲线是通过驾驶员转动转向盘,从而使前轮逐渐发生转向,其行驶轨迹是一条曲率连续变化的曲线。同时汽车在直线上的离心力为零,而在圆曲线上的离心力为一定值,直线与圆曲线直接相连,曲率发生突变,对行车安全不利,也影响行车的稳定和舒适。尤其是汽车高速行驶时,这种现象更为明显。为了使路线的平面线形更加符合汽车的行驶轨迹、离心力逐渐变化,确保行车的安全和舒适,需要在直线与圆曲线之间插入一段曲率半径由无穷大逐渐变化到圆曲线半径的过渡性曲线,此曲线称为缓和曲线。

缓和曲线的作用是使曲率连续变化,车辆便于遵循,保证行车安全;离心加速度逐渐变化,乘客感到舒适;曲线上超高和加宽的逐渐过渡,行车平稳且路容美观;与圆曲线配合适当的缓和曲线,可提高驾驶员的视觉平顺性,增加线形美感。

缓和曲线的形式可采用回旋线、三次抛物线及双纽线等。目前我国公路设计中,以回旋线作为缓和曲线。

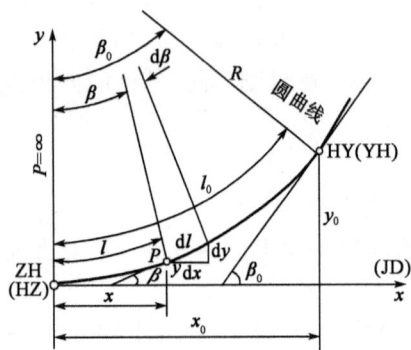

图 10-14 回旋线形缓和曲线

(2)回旋线形缓和曲线公式

①基本公式。

如图 10-14 所示,回旋线是随曲线长度增长而曲率半径均匀减小的曲线,即在回旋曲线上任意一点的曲率半径 r 与曲线的长度成反比。以公式表示为:

$$r = \frac{c}{l}$$

或

$$rl = c$$

式中:r——回旋线上某点的曲率半径(m);

l——回旋线上某点到原点的曲线长(m);

c——常数。

为了使上式两边的量纲统一,引入回旋线参数 A,令 $A^2 = c$,A 表征回旋线曲率变化的缓急程度。则回旋线基本公式为:

$$rl = A^2 \tag{10-17}$$

在缓和曲线的终点 HY 点(或起点 YH 点),$r = R$,$l = l_s$(缓和曲线全长),则:

$$Rl_s = A^2 \tag{10-18}$$

缓和曲线长度的确定应考虑乘客的舒适、超高过渡的需要,并应不小于 3s 的行程。考虑上述因素,我国《公路路线设计规范》(JTG D20—2006)规定了各级公路缓和曲线的最小长度,见表 10-7。

各级公路缓和曲线最小长度 表 10-7

设计速度(km/h)	120	100	80	60	40	30	20
一般值(m)	130	120	100	80	50	40	25
最小值(m)	100	85	70	60	40	30	20

②切线角公式。

如图 10-14 所示,回旋线上任一点 P 的切线与 x 轴(起点 ZH 或 HZ 切线)的夹角称为切线角,用 β 表示。该角值与 P 点至曲线起点长度 l 所对应的中心角相等。在 P 处取一微分弧段

$\mathrm{d}l$,所对的中心角为 $\mathrm{d}\beta$,于是:

$$\mathrm{d}\beta = \frac{\mathrm{d}l}{r} = \frac{l\mathrm{d}l}{A^2}$$

积分得:

$$\beta = \frac{l^2}{2A^2} = \frac{l^2}{2Rl_\mathrm{s}} \tag{10-19}$$

当 $l = l_\mathrm{s}$ 时,β 以 β_0 表示,式(10-19)可写成:

$$\beta_0 = \frac{l_\mathrm{s}}{2R} \quad (\mathrm{rad}) \tag{10-20}$$

以角度表示则为:

$$\beta_0 = \frac{l_\mathrm{s}}{2R} \cdot \frac{180°}{\pi}(°) \tag{10-21}$$

β_0 即为缓和曲线全长 l_s 所对的中心角,即切线角,亦称缓和曲线角。

③缓和曲线的参数方程。

如图10-14所示,以缓和曲线起点为坐标原点,过该点的切线为 x 轴,过原点的半径为 y 轴,任取一点 P 的坐标为 (x,y),则微分弧段 $\mathrm{d}l$ 在坐标轴上的投影为:

$$\left.\begin{aligned}\mathrm{d}x &= \mathrm{d}l \cdot \cos\beta \\ \mathrm{d}y &= \mathrm{d}l \cdot \sin\beta\end{aligned}\right\} \tag{10-22}$$

将式(10-22)中的 $\cos\beta$、$\sin\beta$ 按级数展开,并将式(10-19)代入,积分,略去高次项得:

$$\left.\begin{aligned}x &= l - \frac{l^5}{40R^2l_\mathrm{s}^2} \\ y &= \frac{l^3}{6Rl_\mathrm{s}}\end{aligned}\right\} \tag{10-23}$$

式(10-23)称为缓曲线的参数方程。

当 $l = l_\mathrm{s}$ 时,得到缓和曲线终点坐标为:

$$\left.\begin{aligned}x_0 &= l_\mathrm{s} - \frac{l_\mathrm{s}^3}{40R^2} \\ y_0 &= \frac{l_\mathrm{s}^2}{6R}\end{aligned}\right\} \tag{10-24}$$

2)带有缓和曲线的平曲线主点测设

(1)内移值 p 与切线增值 q 的计算

如图10-15所示,在直线与圆曲线之间插入缓和曲线时,必须将原有的圆曲线向内移动距离 p,才能使缓和曲线的起点位于直线方向上,这时切线增长 q。未设缓和曲线时的圆曲线为 FG,插入两段缓和曲线 AC 和 BD 后,圆曲线向内移,其保留部分为 CMD,半径为 R,所对应的圆心角为 $(\alpha - 2\beta_0)$。

测设时必须满足的条件为 $\alpha \geqslant 2\beta_0$,否则应缩短缓和曲线长度或加大圆曲线半径使之满足条件。由图可知:

$$\left.\begin{aligned}p &= y_0 - R(1 - \cos\beta_0) \\ q &= x_0 - R\sin\beta_0\end{aligned}\right\} \tag{10-25}$$

将式(10-25)中的 $\cos\beta_0$、$\sin\beta_0$ 展开为级数,略去高次项,并按式(10-21)和式(10-24)将 β_0、x_0 和 y_0 代入,可得:

$$\left.\begin{aligned} p &= \frac{l_s^2}{24R} \\ q &= \frac{l_s}{2} - \frac{l_s^3}{240R^2} \end{aligned}\right\} \tag{10-26}$$

由式(10-26)与式(10-23)可知,内移距 p 等于缓和曲线中点纵坐标 y 的两倍;切线增值约为缓和曲线长度之半,缓和曲线的位置大致是一半占用直线部分,另一部分占用原圆曲线部分。

(2)平曲线测设元素

当测得转角 α,且圆曲线半径 R 和缓和曲线长 l_s 确定后,即可按式(10-21)及式(10-26)计算切线角 β_0、内移值 p 和切线增值 q,在此基础上计算平曲线测设元素。如图 10-15 所示,平曲线测设元素可按下列公式计算:

切线长
$$\left.\begin{aligned} T_H &= (R+p)\tan\frac{\alpha}{2} + q \end{aligned}\right.$$

曲线长
$$L_H = R(\alpha - 2\beta_0)\frac{\pi}{180°} + 2l_s = R\alpha\frac{\pi}{180°} + l_s$$

其中圆曲线长
$$L_Y = R(\alpha - 2\beta_0)\frac{\pi}{180°} = R\alpha\frac{\pi}{180°} - l_s \tag{10-27}$$

外距
$$E_H = (R+p)\sec\frac{\alpha}{2} - R$$

切曲差
$$D_H = 2T_H - L_H$$

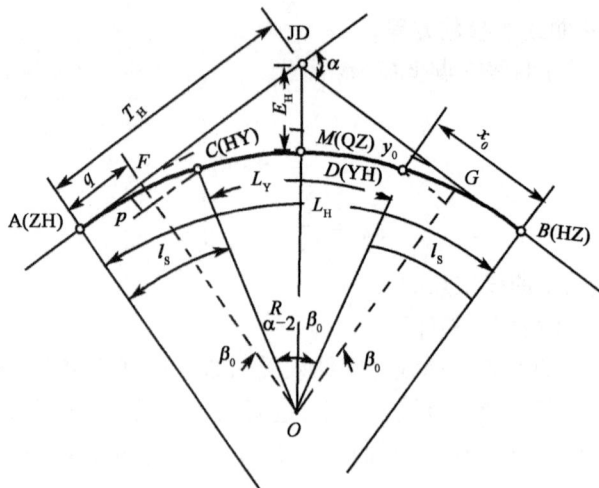

图 10-15 带有缓和曲线的平曲线

(3)平曲线主点测设

根据交点的里程和平曲线测设元素,计算主点里程:

$$\left.\begin{array}{lll} \text{直缓点} & \text{ZH} = \text{JD} - T_{\text{H}} \\[4pt] \text{缓圆点} & \text{HY} = \text{ZH} + l_{\text{s}} \\[4pt] \text{圆缓点} & \text{YH} = \text{HY} + L_{\text{Y}} \\[4pt] \text{缓直点} & \text{HZ} = \text{YH} + l_{\text{s}} \\[4pt] \text{曲中点} & \text{QZ} = \text{HZ} - \dfrac{L_{\text{H}}}{2} \\[8pt] \text{交点} & \text{JD} = \text{QZ} + \dfrac{D_{\text{H}}}{2} (校核) \end{array}\right\} \tag{10-28}$$

主点 ZH、HZ 和 QZ 的测设方法,与圆曲线主点测设相同。HY 和 YH 点可按式(10-24)计算,x_0、y_0 用切线支距法测设。

3)带有缓和曲线的平曲线的详细测设

(1)切线支距法

切线支距法是以直缓点 ZH 或缓直点 HZ 为坐标原点,以过原点的切线为 x 轴,过原点的半径为 y 轴,利用缓和曲线和圆曲线上各点的 x、y 坐标测设曲线。

在缓和曲线上各点的坐标可按缓和曲线参数方程式(10-29)计算:

$$\left.\begin{array}{l} x = l - \dfrac{l^5}{40R^2 l_{\text{s}}^2} \\[10pt] y = \dfrac{l^3}{6Rl_{\text{s}}} \end{array}\right\} \tag{10-29}$$

圆曲线上各点坐标的计算公式可按图 10-16 写出:

$$\left.\begin{array}{l} x = R\sin\varphi + q \\[4pt] y = R(1 - \cos\varphi) + p \end{array}\right\} \tag{10-30}$$

式中,$\varphi = \dfrac{l}{R} \cdot \dfrac{180°}{\pi} + \beta_0$,$l$ 为该点到 HY 或 YH 的曲线长,仅为圆曲线部分的长度。

在算出缓和曲线和圆曲线上各点的坐标后,即可按圆曲线切线支距法的测设方法进行设置。

(2)偏角法

计算出缓和曲线和圆曲线上各点的 x、y 坐标后,可将经纬仪置于 ZH 或 HZ 点,用偏角法进行曲线测设。如图 10-17 所示,设缓和曲线上任意一点 P 的支距坐标为 (x,y),则其偏角 δ 和弦长 c 可由直角三角形计算得到:

$$\delta = \arctan \frac{y}{x} \tag{10-31}$$

$$c = \sqrt{x^2 + y^2} \tag{10-32}$$

在算出缓和曲线和圆曲线上各点的偏角 δ 和弦长 c 后,即可按圆曲线偏角法的测设方法进行测设。

(3)极坐标法

由于红外测距仪在公路工程中的广泛使用,极坐标法已成为平曲线测设的一种简便、迅速、精确的方法。

极坐标测设的基本原理是以控制导线为根据,以角度和距离交会定点。如图 10-18 所示,

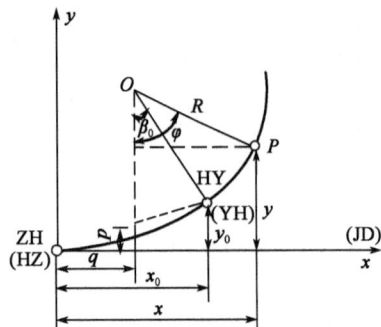

图 10-16 切线支距法

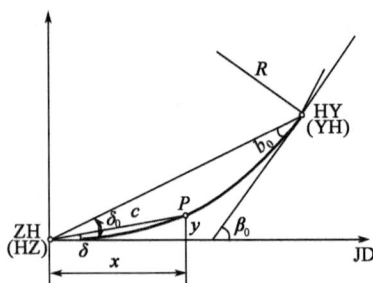

图 10-17 偏角法测设平曲线

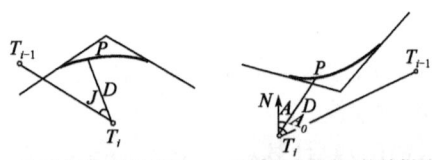

a)采用夹角J的放样法　b)采用方位角A的放样法

图 10-18 极坐标法测设中桩

在导线点 T_i 安置仪器,后视 T_{i-1}(或 T_{i+1}),待放点为 P。图 10-18a)为采用夹角 J 的放样法,图10-18b)为采用方位角 A 的放样法。只要算出夹角 J 或方位角 A 和仪器安置点 T_i 到待放点 P 的距离 D,就可在实地放出 P 点。

极坐标测设测站点的坐标 $T_i(x_0,y_0)$ 和后视点的坐标 $T_{i-1}(x_h,y_h)$ 可按导线坐标计算法得出,路线中线上任一待放点的坐标 $P(x,y)$ 可按道路中线逐桩坐标的计算法得出,视为已知。放样数据 D、A、J 可用坐标反算求出。据此拨角测距即可放出待放点 P。

10.1.6 虚交点的测设

虚交是指路线交点 JD 不能设桩或安置仪器(如 JD 落入水中或深谷及建筑物等处)。有时交点虽可钉出,但因转角太大,交点远离曲线或地形地物等障碍而不易到达,可作为虚交处理。

1)单圆曲线虚交的测设

(1)圆外基线法

如图 10-19 所示,路线交点落入河里,不能设桩,为此在曲线外侧沿两切线方向各选一辅助点 A 和 B,构成圆外基线 AB。用经纬仪测出 α_A 和 α_B,用钢尺往返丈量 AB,所测角度和距离均应满足规定的限差要求。

由图 10-19 可知:

$$\alpha = \alpha_A + \alpha_B \qquad (10\text{-}33)$$

$$\left.\begin{array}{l} a = AB\dfrac{\sin\alpha_B}{\sin\alpha} \\[2mm] b = AB\dfrac{\sin\alpha_A}{\sin\alpha} \end{array}\right\} \qquad (10\text{-}34)$$

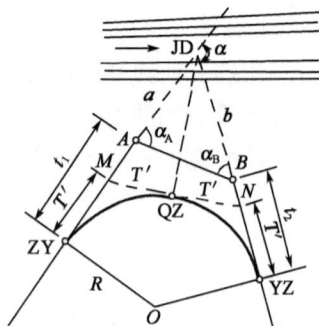

图 10-19 圆外基线法

根据转角 α 和选定的半径 R,即可算得切线长 T 和曲线长 L。再由 a、b、T,计算辅助点 A、B 至曲线 ZY 点和 YZ 点的距离 t_1 和 t_2:

$$\left. \begin{array}{l} t_1 = T - a \\ t_2 = T - b \end{array} \right\} \qquad (10\text{-}35)$$

如果计算中出现负值,说明曲线的 ZY 点、YZ 点位于辅助点与虚交点之间。根据 t_1、t_2 即可定出曲线的 ZY 点和 YZ 点。A 点的里程量出后,曲线主点的里程亦可算出。

曲中点 QZ 的测设,可采用以下方法。

如图 10-19 所示,设 MN 为 QZ 点的切线,则:

$$T' = R\tan\frac{\alpha}{4} \qquad (10\text{-}36)$$

测设时由 ZY 和 YZ 点分别沿切线量出 T' 得 M 点和 N 点,再由 M 点或 N 点沿 MN 或 NM 方向量 T',即得 QZ 点。

曲线主点定出后,即可用切线支距法或偏角法进行曲线详细测设。

【例 10-4】 如图 10-19 所示,测得 $\alpha_A = 15°18'$,$\alpha_B = 18°22'$,$AB = 54.68$m,选定半径 $R = 300$m,A 点的里程桩号为 K9 +048.53。试计算测设主点的数据及主点的里程桩号。

解:根据 $\alpha = 33°40'$,$R = 300$m,计算 T 和 L:

$$T = R\tan\frac{\alpha}{2} = 300 \times \tan\frac{33°40'}{2} = 90.77(\text{m})$$

$$L = R\alpha\frac{\pi}{180°} = 300 \times 33°40' \times \frac{\pi}{180°} = 176.28(\text{m})$$

又

$$a = AB\frac{\sin\alpha_B}{\sin\alpha} = 54.68 \times \frac{\sin18°22'}{\sin34°40'} = 31.08(\text{m})$$

$$b = AB\frac{\sin\alpha_A}{\sin\alpha} = 54.68 \times \frac{\sin15°18'}{\sin33°40'} = 26.03(\text{m})$$

因此

$$t_1 = T - a = 90.77 - 31.08 = 59.69(\text{m})$$
$$t_2 = T - b = 90.77 - 26.03 = 64.74(\text{m})$$

为测设 QZ 点,计算 T' 如下:

$$T' = R\tan\frac{\alpha}{4} = 300 \times \tan\frac{33°40'}{4} = 44.39(\text{m})$$

计算主点里程如下:

A 点	K9 +048.53
+)T_1	59.69
ZY	K8 +988.84
+)L	176.28
YZ	K9 +165.12
−)$L/2$	88.14
QZ	K9 +076.98

(2)切基线法

与圆外基线法相比较,切基线法计算简单,而且容易控制曲线的位置,是解决虚交问题的常用方法。

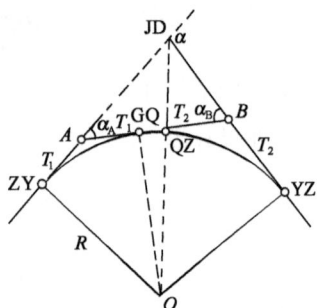

图 10-20 切基线法

如图 10-20 所示,基线 *AB* 与圆曲线相切于一点,该点称为公切点,以 GQ 表示。以 GQ 点将曲线分为两个相同半径的圆曲线。*AB* 称为切基线,可以起到控制曲线位置的作用。用经纬仪测出 α_A 和 α_B,用钢尺往返丈量 *AB*。设两个同半径曲线的半径为 *R*,切线长分别为 T_1 和 T_2,则:

$$AB = T_1 + T_2 = R\tan\frac{\alpha_A}{2} + R\tan\frac{\alpha_B}{2} = R\left(\tan\frac{\alpha_A}{2} + \tan\frac{\alpha_B}{2}\right)$$

因此:

$$R = \frac{AB}{\tan\dfrac{\alpha_A}{2} + \tan\dfrac{\alpha_B}{2}} \tag{10-37}$$

半径 *R* 应算至厘米。*R* 算得后,根据 *R*、α_A、α_B,即可算出两个同半径曲线的测设元素 T_1、L_1 和 T_2、L_2。

测设时,由 *A* 沿切线方向向后量 T_1 得 ZY 点,由 *A* 沿 *AB* 向前量 T_1 得 GQ 点,由 *B* 沿切线方向向前量 T_2 得 YZ。

QZ 点的测设亦可按圆外基线法中讲述的方法测设,或者以 GQ 点为坐标原点,用切线支距法设置。

【例 10-5】 如图 10-20 所示,测得 $\alpha_A = 63°10'$、$\alpha_B = 42°18'$,切基线长 *AB* = 62.52m,试计算圆曲线半径。

解:

$$R = \frac{62.52}{\tan\dfrac{63°10'}{2} + \tan\dfrac{42°18'}{2}} = 62.42(\text{m})$$

校核:

$$T_1 = 62.42 \times \tan\frac{63°10'}{2} = 38.38(\text{m})$$

$$T_2 = 62.42 \times \tan\frac{42°18'}{2} = 24.15(\text{m})$$

$$AB = 38.38 + 24.15 = 62.53(\text{m})(\text{正确})$$

2)两端设有缓和曲线的虚交测设

(1)非对称型曲线的公式推导

非对称型曲线是指圆曲线两端的缓和曲线长度不相等的曲线组合形式。如图 10-21 所示,非对称型曲线的交点为 *A*,第一、第二缓和曲线长度分别为 l_{s1} 和 l_{s2},且 $l_{s1} \neq l_{s2}$,故 $p_1 \neq p_2$,$q_1 \neq q_2$,$T_1 \neq T_2$。

在非对称基本曲线中:

$$p_1 = \frac{l_{s1}^2}{24R}, \quad p_2 = \frac{l_{s2}^2}{24R}$$

$$q_1 = \frac{l_{s1}^2}{2} - \frac{l_{s1}^3}{240R^2}, \quad q_2 = \frac{l_{s2}^2}{2} - \frac{l_{s2}^3}{240R^2}$$

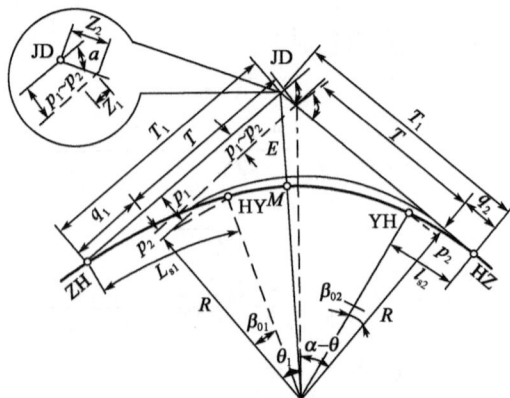

图 10-21 非对称型曲线

$$\beta_{01} = \frac{90}{\pi R}l_{s1}, \quad \beta_{02} = \frac{90}{\pi R}l_{s2}$$

不妨设 $l_{s1} > l_{s2}$，过圆心 O 作角平分线与 DA 交于点 B，则有：

$$\left.\begin{aligned} T_1 &= T_1' - AB = (R + p_1)\tan\frac{\alpha}{2} + q_1 - AB \\ T_2 &= T_2' + AC = (R + p_2)\tan\frac{\alpha}{2} + q_2 + AC \end{aligned}\right\} \quad (10\text{-}38)$$

在 $\triangle BOD$ 中，$BO = \dfrac{R+p_1}{\cos\frac{\alpha}{2}}$，在 $\triangle COE$ 中，$CO = \dfrac{R+p_2}{\cos\frac{\alpha}{2}}$，则：

$$BC = BO - CO = \frac{p_1 - p_2}{\cos\frac{\alpha}{2}} \quad (10\text{-}39)$$

$\triangle ABC$ 中

$$\frac{BC}{\sin\alpha} = \frac{AB}{\sin\left(90° - \frac{\alpha}{2}\right)}$$

将式(10-39)代入，得：

$$AB = \frac{p_1 - p_2}{\cos\frac{\alpha}{2}\sin\alpha} \cdot \sin\left(90° - \frac{\alpha}{2}\right) = \frac{p_1 - p_2}{\cos\frac{\alpha}{2}\cdot\sin\alpha} \cdot \cos\frac{\alpha}{2} = \frac{p_1 - p_2}{\sin\alpha}$$

即

$$AB = AC = \frac{p_1 - p_2}{\sin\alpha} \quad (10\text{-}40)$$

代入式(10-37)，即得：

切线
$$\begin{cases} T_1 = (R + p_1)\tan\frac{\alpha}{2} + q_1 - \dfrac{p_1 - p_2}{\sin\alpha} \\ T_2 = (R + p_2)\tan\frac{\alpha}{2} + q_2 - \dfrac{p_2 - p_1}{\sin\alpha} \end{cases} \quad (10\text{-}41)$$

曲线长

$$L_H = (\alpha - \beta_{01} - \beta_{02})R\frac{\pi}{180°} + l_{s1} + l_{s2} \quad (10\text{-}42)$$

当 $l_{s1} < l_{s2}$ 时，可得出同样结论，在此不赘述。

（2）两端设有缓和曲线的切基线圆曲线半径的反算

如图 10-22 所示为切基线的对称基本型曲线，为计算方便，可将其视为两个非对称基本型平曲线在公切点 GQ 处首尾相连而成。

对于 JD_A：

$$l_{s1} = l_s, \quad l_{s2} = 0$$

由式(10-41)得：

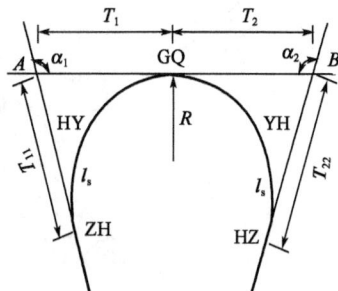

图 10-22 切基线的圆曲线半径

$$T_{11} = (R + p)\tan\frac{\alpha_1}{2} + q - \frac{p}{\sin\alpha_1}$$

$$T_1 = R\tan\frac{\alpha_1}{2} + \frac{p}{\sin\alpha_1}$$

对于 JD_B：

$$l_{s1} = 0, \quad l_{s2} = l_s$$

由式（10-41）得：

$$T_2 = R\tan\frac{\alpha_2}{2} + \frac{p}{\sin\alpha_2}$$

$$T_{22} = (R + p)\tan\frac{\alpha_2}{2} + q - \frac{p}{\sin\alpha_2}$$

又 $T_1 + T_2 = AB$，则：

$$R\left(\tan\frac{\alpha_1}{2} + \tan\frac{\alpha_2}{2}\right) + \frac{l_s^2}{24R}\left(\frac{1}{\sin\alpha_1} + \frac{1}{\sin\alpha_2}\right) = AB$$

将上式整理为 R 的一元二次方程：

$$\left(\tan\frac{\alpha_1}{2} + \tan\frac{\alpha_2}{2}\right) \cdot R^2 - AB \cdot R + \left(\frac{1}{\sin\alpha_1} + \frac{1}{\sin\alpha_2}\right)\frac{l_s^2}{24} = 0$$

令：

$$a = \tan\frac{\alpha_1}{2} + \tan\frac{\alpha_2}{2}$$

$$b = -AB$$

$$c = \left(\frac{1}{\sin\alpha_1} + \frac{1}{\sin\alpha_2}\right) \cdot \frac{l_s^2}{24}$$

则

$$R = \frac{-b + \sqrt{b^2 - 4a \cdot c}}{2a} \tag{10-43}$$

测设时，从 A 及 B 向前分别量出 T_{11} 及 T_{22} 定出 ZH 及 HZ，在 AB 方向量 T_1 或 T_2 定出 GQ，即可详细测设曲线。

10.1.7 复曲线的测设

复曲线是由两个或两个以上不同半径的同向曲线相连而成的曲线。因其连接方式不同，分为以下三种情况。

1）不设缓和曲线的复曲线测设

两个不同半径的圆曲线 R_1、R_2，当小圆半径 R_2 大于不设超高的最小半径时，两圆可直接衔接。如图10-23所示，设交点 JD 为 C，切基线为 AB。测出 α_1、α_2 和基线 AB。设计时先根据限定条件确定一

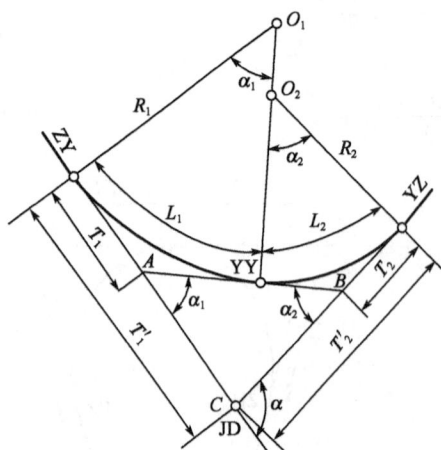

图 10-23 两圆曲线组成的复曲线

个控制较严的半径如 R_1，则另一半径 R_2 可由下列公式确定。

由于：
$$AB = T_1 + T_2$$
$$= R_1 \tan \frac{\alpha_1}{2} + R_2 \tan \frac{\alpha_2}{2}$$

则

$$R_2 = \frac{AB - R_1 \tan \frac{\alpha_1}{2}}{\tan \frac{\alpha_2}{2}} \tag{10-44}$$

当圆曲线半径 R_1、R_2 确定之后，有关测设要素计算如下：

$$\left.\begin{array}{l} T_1 = R_1 \tan \dfrac{\alpha_1}{2} \\[2mm] T_2 = R_2 \tan \dfrac{\alpha_2}{2} \\[2mm] L_1 = \dfrac{\pi \alpha_1 R_1}{180°} \\[2mm] L_2 = \dfrac{\pi \alpha_2 R_2}{180°} \end{array}\right\} \tag{10-45}$$

测设时，从 A 及 B 向前分别量出 T_1 及 T_2 定出 ZY 及 YZ，在 AB 方向量 T_1 或 T_2 定出 YY，即可详细测设曲线。

2）两端设有缓和曲线中间用圆曲线直接连接的复曲线测设

两个不同半径的圆曲线 R_1、R_2，根据线形设计的要求，圆曲线两端设有缓和曲线中间用圆曲线直接连接而构成复曲线。如图 10-24 所示，设交点 JD 为 D，切基线为 AC。测出 α_1、α_2 和基线 AC。这种复曲线可以看作由两个非对称型平曲线首尾相接而成。

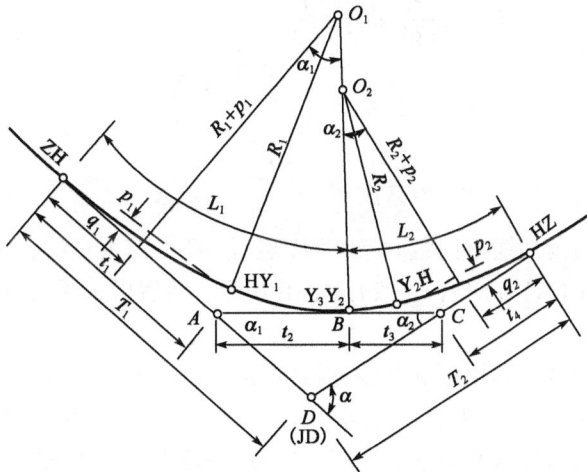

图 10-24 两端设缓和曲线的复曲线

前一非对称型平曲线可看作由交点 A、转角 α_1、半径 R_1、缓和曲线分别为 l_{s1} 和 0 构成；后一非对称型平曲线可看作由交点 C、转角 α_2、半径 R_2、缓和曲线分别为 0 和 l_{s2} 构成。

设计时先根据限定条件确定一个控制较严的半径如 R_1 和 l_{s1}，计算出切线长 t_2。另一端曲线可先初拟其缓和曲线 l_{s2}，求出其圆曲线半径 R_2。

由于

$$t_2 = R_1 \tan \frac{\alpha_1}{2} + \frac{l_{s1}^2}{24R_1 \sin\alpha_1}$$

$$t_3 = R_2 \tan \frac{\alpha_2}{2} + \frac{l_{s2}^2}{24R_2 \sin\alpha_2}$$

$$AC = t_2 + t_3$$

则可推出：

$$\tan \frac{\alpha_2}{2} R_2^2 + (AC - t_2) R_2 + \frac{l_{s2}^2}{24\sin\alpha_2} = 0$$

上式为 R_2 的一元二次方程，解此方程即可求出 R_2。

当圆曲线半径 R_1、R_2 确定之后，有关测设要素计算如下：

$$\left. \begin{aligned} t_1 &= (R_1 + p_1) \tan \frac{\alpha_1}{2} - \frac{p_1}{\sin\alpha_1} + q_1 \\ t_2 &= R_1 \tan \frac{\alpha_1}{2} + \frac{p_1}{\tan\alpha_1} \\ L_1 &= \frac{\pi}{180°} R\alpha_1 + \frac{l_{s1}}{2} \\ t_3 &= R_2 \tan \frac{\alpha_2}{2} + \frac{p_2}{\tan\alpha_2} \\ t_4 &= (R_2 + p_2) \tan \frac{\alpha_2}{2} - \frac{p_2}{\sin\alpha_2} + q_2 \\ L_2 &= \frac{\pi}{180°} R\alpha_2 + \frac{l_{s2}}{2} \end{aligned} \right\} \quad (10\text{-}46)$$

式中：

$$p_1 = \frac{l_{s1}^2}{24R_1}, q_1 = \frac{l_{s1}}{2} - \frac{l_{s1}^3}{240R_1^2};$$

$$p_2 = \frac{l_{s2}^2}{24R_2}, q_2 = \frac{l_{s2}}{2} - \frac{l_{s2}^3}{240R_2^2}。$$

测设时可沿 A 点向前切线方向量 t 定出 ZH 点、沿 C 点向后切线方向量 t_4 定出点 HZ，再从 A（或 C）点沿 AC（或 CA）方向量 t_2（或 t_3）定出 B 点。然后可采用任意一种方法进行曲线详细测设。

3）两端设有缓和曲线中间用缓和曲线连接的复曲线测设

两个不同心的圆曲线 R_1、R_2（设 R_2 为小圆），当半径相差较大时，按设计规范要求，应在两圆曲线间插入一段缓和曲线以使曲率渐变。这样，用一段缓和曲线连接两个不同心的圆曲线就构成了卵形曲线。卵形曲线的公用缓和曲线参数 A 最好在 $R_2/2 \leqslant A \leqslant R_1$ 范围内，两圆的半径之比以满足 $R_1/R_2 = 0.2 \sim 0.8$ 为宜，两圆曲线的间距以 $D/R_2 = 0.003 \sim 0.03$ 为宜（D 为两圆曲线间的最小间距）。

如图 10-25 所示，卵形曲线两端圆曲线半径和缓和曲线长度分别为 R_1、l_{s1} 及 R_2、l_{s2}，中间连接两圆曲线的公用缓和曲线长度为 L_F。L_F 一端 E 的曲率半径为 R_1，另一端的曲率半径为 R_2。

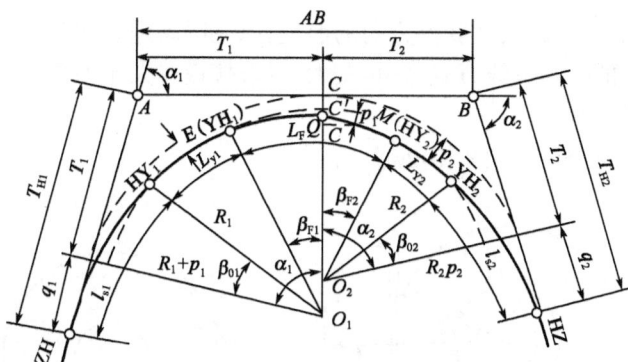

图 10-25 两端及中间均设缓和曲线的复曲线

设 $R_1 > R_2$，$p_1 < p_2$，由图可知：

测设时可置镜于交点 A 及 B，分别沿切线方向量 T_{H_1}、T_{H_2} 定出 ZH 和 HZ 点，再由 A（或 B）点沿 AB（或 BA）方向量 T_1（或 T_2）定出 C 点。

$$
\left.
\begin{aligned}
L_F &= \sqrt{\frac{24 R_1 R_2 P_F}{R_1 - R_2}} \\
(P_F &= p_2 - p_1) \\
\beta_{F2} &= \frac{L_F}{2R_2} \cdot \frac{180^\circ}{\pi} \\
T_{H1} &= (R_1 + p_1)\tan\frac{\alpha_1}{2} + q_1 = T_1 + q_1 \\
T_{H2} &= (R_2 + p_2)\tan\frac{\alpha_2}{2} + q_2 = T_2 + q_2 \\
L_{Y1} &= R_1(\alpha_1 - \beta_{12} - \beta_{F1})\frac{\pi}{180^\circ} \\
L_{Y2} &= R_2(\alpha_2 - \beta_{02} - \beta_{F2})\frac{\pi}{180^\circ} \\
L_{H1} &= L_{Y1} + L_{s1} + \frac{L_F}{2} \\
L_{H2} &= L_{Y2} + L_{s2} + \frac{L_F}{2} \\
LH &= L_{H1} + L_{H2}
\end{aligned}
\right\}
\qquad (10\text{-}47)
$$

在已定出的控制点 C 作 AB 的垂线，在垂线上分别量取 p_1、$p_1 + \dfrac{P_F}{2}$、p_2，得 C'、Q、C'' 点，其中 Q 就是中间缓和曲线 L_F 的中点。

ZH ~ YH$_1$ 和 HY$_2$ ~ HZ 两端的曲线可采用平曲线的任意一种方法测设。中间的缓和曲线

L_F 可按偏角法进行测设。

10.1.8 回头曲线的测设

回头展线是在同一面坡上,作相反方向的前进,以克服高差。回头曲线是二级、三级、四级公路在越岭线中采用的一种展线方式,转角较大,一般接近或大于180°。

1)回头曲线要素计算

(1)转角180°<α<360°时(图10-26)

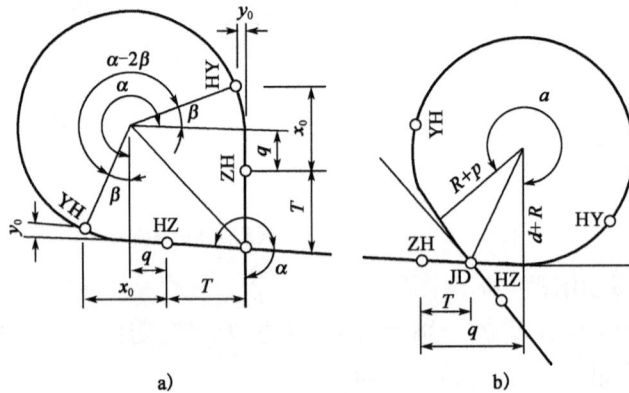

图 10-26   回头曲线(180°<α<360°)

$$T = (R + p)\tan\left(\frac{360° - \alpha}{2}\right) - q \tag{10-48}$$

当 T 为正值时,交点位于直线范围[图12-26a)];当 T 为负值时,交点位于切线范围内[图12-26b)]。

(2)当360°≤α<540°时(图10-27)

$$T = (R + p)\tan\left(\frac{\alpha - 360°}{2}\right) + q \tag{10-49}$$

不论 α 为什么角度,回头曲线总长 L 为:

$$L = \frac{\pi R(\alpha - 2\beta)}{180°} + 2l_s = \frac{\pi}{180°}\alpha R + l_s \tag{10-50}$$

2)回头曲线的测设

若能在现场定出交点,可由交点量 T 长定出 ZH、HZ 点。如无交点,如图 10-28 所示,在 ZH、HZ 点附近设置副交点 B、C,测出转向角 θ_1、θ_2 及 BC 长度,按此推算 BA、CA 长度,由 $BD = T - BA$、$CE = T - CA$(图中 D、E 分别为 ZH、HZ 点),便可在 B、C 点分别定出 ZH、HZ 点,也可以按虚交进行处理。

回头曲线详细测设可用本节前述各种方法。由于回头曲线转向角大,曲线长,故宜将曲线分成几段来测设,并宜适当提高测角量距精度,以保证闭合差在允许范围之内。详细测设之前应仔细检查各段曲线控制桩位置是否准确。当其误差在允许范围之内,方可进行分段详细测设。

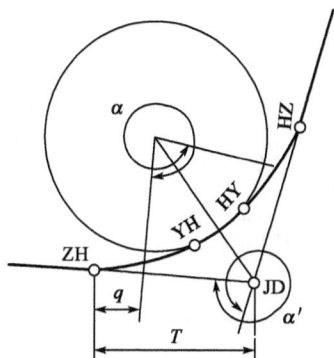

图 10- 27 回头曲线 $(360° \leqslant \alpha < 540°)$

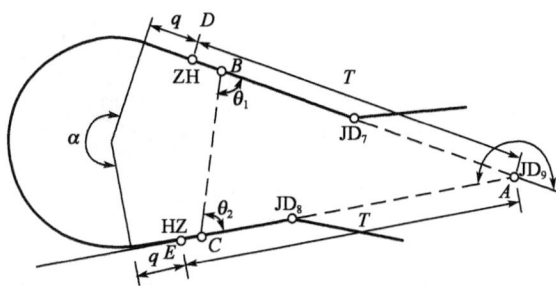

图 10-28 回头曲线的测设

10.1.9 道路中线逐桩坐标计算

在高等级道路的设计文件中,要求编制中桩逐桩坐标表。目前在中线测量中全站仪已经普及,逐桩坐标表给测设带来诸多方便。

如图 10-29 所示,交点 JD 的坐标 X_{JD}、Y_{JD} 已经测定(如采用纸上定线,可在地形图上量取),路线导线的坐标方位角 A 和边长 s 按坐标反算求得。在各圆曲线半径 R 和缓和曲线长度 l_s 确定后,各里程桩号的坐标值 X、Y 即可按下述方法算出。

1)HZ_{i-1} 点与 ZH_i 点的中桩坐标计算

如图 10-29 所示,此段为直线,桩点的坐标按式(10-51)计算:

$$\left.\begin{aligned} X_i &= X_{HZ_{i-1}} + D_i \cos A_{i-1,i} \\ Y_i &= Y_{HZ_{i-1}} + D_i \sin A_{i-1,i} \end{aligned}\right\} \quad (10\text{-}51)$$

式中: $A_{i-1,i}$——路线导线 JD_{i-1} 至 JD_i 的坐标方位角;

D_i——桩点至 HZ_{i-1} 点的距离,即桩点里程与 HZ_{i-1} 点里程之差;

$X_{HZ_{i-1}}$、$Y_{HZ_{i-1}}$——HZ_{i-1} 点的坐标,由式(10-52)计算:

$$\left.\begin{aligned} X_{HZ_{i-1}} &= X_{JD_{i-1}} + T_{H_{i-1}} \cos A_{i-1,i} \\ Y_{HZ_{i-1}} &= Y_{JD_{i-1}} + T_{H_{i-1}} \sin A_{i-1,i} \end{aligned}\right\} \quad (10\text{-}52)$$

$X_{HZ_{i-1}}$、$Y_{HZ_{i-1}}$——HZ_{i-1} 点的坐标;

$X_{JD_{i-1}}$、$Y_{JD_{i-1}}$——交点 JD_{i-1} 的坐标;

$T_{H_{i-1}}$——切线长;

$A_{i-1,i}$——JD_{i-1} 至 JD_i 的坐标方位角。

ZH_i 点为直线的终点,可按式(10-53)计算:

$$\left.\begin{aligned} X_{ZH_i} &= X_{JD_{i-1}} + (S_{i-1,i} - T_{H_i}) \cos A_{i-1,i} \\ Y_{ZH_i} &= Y_{JD_{i-1}} + (S_{i-1,i} - T_{H_i}) \sin A_{i-1,i} \end{aligned}\right\} \quad (10\text{-}53)$$

式中:$S_{i-1,i}$——JD_{i-1} 至 JD_i 的边长。

2)ZH_i 点至 YH_i 点之间的中桩坐标计算

此段包括第一缓和曲线及圆曲线,可按式(10-29)和式(10-30)先算出切线支距法坐标 x、

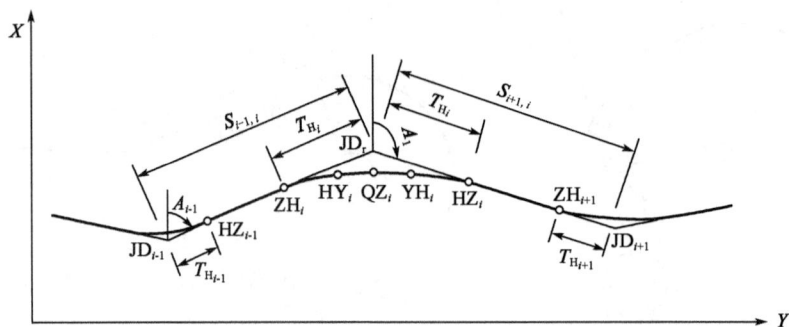

图 10-29　中桩坐标计算图

y,然后通过坐标变换将其转换为测量坐标 X、Y。坐标变换公式为：

$$\left.\begin{array}{l} X_i = X_{ZH_i} + x_i\cos A_{i-1,i} - y_i\sin A_{i-1,i} \\ Y_i = Y_{ZH_i} + x_i\sin A_{i-1,i} + y_i\sin A_{i-1,i} \end{array}\right\}\qquad(10\text{-}54)$$

在运用式(10-54)计算时,当曲线为左转角,应以 $y_i = -y_i$ 代入。

3) YH_i 点至 HZ_i 点之间的中桩坐标计算

此段为第二缓和曲线,仍可按式(10-29)计算支距法坐标,再按式(10-55)转换为测量坐标：

$$\left.\begin{array}{l} X_i = X_{HZ_i} - x_i\cos A_{i,i+1} + y_i\sin A_{i,i+1} \\ Y_i = Y_{HZ_i} - x_i\sin A_{i,i+1} - y_i\sin A_{i,i+1} \end{array}\right\}\qquad(10\text{-}55)$$

当曲线为右转角时,以 $y_i = -y_i$ 代入。

【例 10-6】　路线交点 JD_2 的坐标：$X_{JD_2} = 2\ 588\ 711.270\text{m}$,$Y_{JD_2} = 20\ 478\ 702.880\text{m}$；$JD_3$ 的坐标：$X_{JD_3} = 2\ 591\ 069.056\text{m}$,$Y_{JD_3} = 20\ 478\ 662.850\text{m}$；$JD_4$ 的坐标：$X_{JD_4} = 2\ 594\ 145.875\text{m}$,$Y_{JD_4} = 20\ 481\ 070.750\text{m}$。$JD_3$ 的里程桩号为 K6 + 790.306,圆曲线半径 $R = 2\ 000\text{m}$,缓和曲线长 l_s = 100m。试计算曲线测设元素、主点里程,曲线主点及 K6 +100、K6 +500 和 K7 +450 的中桩坐标。

解:①计算路线转角。

$$\tan A_{32} = \frac{Y_{JD_2} - Y_{JD_3}}{X_{JD_2} - X_{JD_3}} = \frac{+40.030}{-2\ 357.786} = -0.016\ 977\ 792$$

$$A_{32} = 180° - 0°58'21.6'' = 179°01'38.4''$$

$$\tan A_{34} = \frac{Y_{JD_4} - Y_{JD_3}}{X_{JD_4} - X_{JD_3}} = \frac{+2\ 407.900}{+3\ 076.819} = 0.78\ 259\ 397$$

右角 β = 179°01'38.4'' - 38°02'47.5'' = 140°58'50.9''　($\beta < 180°$,为右转角)

转角

$$\alpha = 180° - 140°58'50.9'' = 39°01'09.1''$$

②计算曲线测设元素。

$$\beta_0 = \frac{l_s}{2R} \cdot \frac{180°}{\pi} = 1°25'56.6''$$

$$P = \frac{l_s^2}{24R} = 0.208$$

$$q = \frac{l_s}{2} - \frac{l_s^3}{240R^2} = 49.999$$

$$T_H = (R+p)\tan\frac{\alpha}{2} + q = 758.687$$

$$L_H = R\alpha\frac{\pi}{180°} + l_s = 1\,462.027$$

$$L_Y = R(\alpha - 2\beta_0)\frac{\pi}{180°} = 1\,262.027$$

$$E_H = (R+p)\sec\frac{\alpha}{2} - R = 122.044$$

$$D_H = 2T_H - L_H = 55.347$$

③计算曲线主点里程。

JD₃	K6 + 790.306
− T_H	758.687
ZH	K6 + 031.619
+ l_s	100.000
HY	K6 + 131.619
+ L_Y	1262.027
YH	K7 + 393.646
+ L_s	100.000
HZ	K7 + 493.646
− L_H/2	731.014
QZ	K6 + 762.632
+ D_H/2	27.674
JD₃	K6 + 790.306

④算曲线主点及其他中桩坐标(只列举少数桩号讲明算法)。

ZH 点的坐标按式(10-52)计算。

$$S_{23} = \sqrt{(X_{JD_3} - X_{JD_2})^2 + (Y_{JD_3} - Y_{JD_2})^2} = 2358.126$$
$$A_{23} = A_{32} + 180° = 359°01'38.4''$$
$$X_{ZH_3} = X_{JD_2} + (S_{23} - T_{H_3})\cos A_{23} = 2\,590\,310.479$$
$$Y_{ZH_3} = Y_{JD_2} + (S_{23} - T_{H_3})\sin A_{23} = 20\,478\,675.729$$

第一缓和曲线上的中桩坐标的计算:

中桩 K6 + 100，$l = 6\,100 - 6\,031.619$(ZH 桩号) $= 68.381$，代入式(10-29)计算支距法坐标。

$$x = l - \frac{l^5}{40R^2l_s^2} = 68.380$$
$$y = \frac{l^3}{6Rl_s} = 0.266$$

按式(10-54)转换坐标:

$$X_{HY_3} = X_{ZH_3} + x\cos A_{23} - y\sin A_{23} = 2\,590\,378.854$$
$$Y_{HY_3} = Y_{ZH_3} + x\sin A_{23} + y\cos A_{23} = 20\,478\,674.834$$

HY 按式(10-24)先算出支距法坐标:

$$x_0 = l_s - \frac{l_s^3}{40R^2} = 99.994 \left.\right\}$$

$$y_0 = \frac{l_s^2}{6R} = 0.833 \left.\right.$$

按式(10-54)转换坐标：

$$\begin{cases} X_{\mathrm{HY}_3} = X_{\mathrm{ZH}_3} + x_0\cos A_{23} - y_0\sin A_{23} = 2\ 590\ 410.473 \\ Y_{\mathrm{HY}_3} = Y_{\mathrm{ZH}_3} + x_0\sin A_{23} + y_0\cos A_{23} = 20\ 478\ 674.864 \end{cases}$$

圆曲线部分的中桩坐标计算：

中桩 K6 +500,按式(10-30)计算支距法坐标。

$$l = 6\ 500 - 6\ 131.619(\mathrm{HY} 桩号) = 368.381$$

$$\varphi = \frac{l}{R} \cdot \frac{180°}{\pi} + \beta_0 = 11°59'08.6''$$

$$x = R\sin\varphi + q = 465.335 \left.\right\}$$
$$y = R(1 - \cos\varphi) + p = 43.809 \left.\right.$$

代入式(10-54),得 K6 +500 的坐标：

$$X = X_{\mathrm{ZH}_3} + x\cos A_{23} - y\sin A_{23} = 2\ 590\ 766.491 \left.\right\}$$
$$Y = Y_{\mathrm{ZH}_3} + x\sin A_{23} + y\cos A_{23} = 20\ 478\ 711.632 \left.\right.$$

QZ 点位于圆曲线部分,故计算步骤与 K6 +500 相同：

$$l = \frac{L_Y}{2} = 631.014$$

$$\varphi = 19°30'34.6''$$

$$x = 717.929$$

$$y = 115.037$$

$$X_{\mathrm{QZ}_3} = 2\ 591\ 030.257 \left.\right\}$$

$$Y_{\mathrm{QZ}_3} = 20\ 478\ 778.562 \left.\right.$$

HZ 点的坐标按式(10-51)计算：

$$X_{\mathrm{HZ}_3} = X_{\mathrm{JD}_3} + T_{H_3}\cos A_{34} = 2\ 591\ 666.530 \left.\right\}$$
$$Y_{\mathrm{HZ}_3} = Y_{\mathrm{JD}_3} + T_{H_3}\sin A_{34} = 20\ 479\ 130.430 \left.\right.$$

YH 点的支距法坐标与 HY 点完全相同：

$$x_0 = 99.994 \left.\right\}$$
$$y_0 = 0.833 \left.\right.$$

按式(10-55)转换坐标,并顾及曲线为右转角,y 以 $-y_0$ 代入：

$$\begin{cases} X_{\mathrm{YH}_3} = X_{\mathrm{HZ}_3} - x_0\cos A_{34} + (-y_0)\sin A_{34} = 2\ 591\ 587.270 \\ Y_{\mathrm{YH}_3} = Y_{\mathrm{HZ}_3} - x_0\sin A_{34} - (-y_0)\cos A_{34} = 20\ 479\ 069.460 \end{cases}$$

第二缓和曲线上的中桩坐标计算：

中桩 K7 +450,$l = 7\ 493.646$ (HZ 桩号) $-7\ 450 = 43.646$,代入式(10-29)计算支距法坐标。

$$x = 43.646$$
$$y = 0.069$$

按式(10-55)转换坐标, y 以负值代入,得:

$$X = 2\ 591\ 632.116$$
$$Y = 20\ 479\ 103.585$$

直线上中桩坐标的计算:

如 K7 + 600, D = 7 600 - 7 493.646(HZ 桩号) = 106.354,代入式(12-53)即可求得:

$$X = X_{HZ_3} + D\cos A_{34} = 2\ 591\ 750.285$$
$$Y = Y_{HZ_3} + D\sin A_{34} = 20\ 479\ 195.976$$

由于一条路线的中桩数目很多,因此中线逐桩坐标表通常都是用计算机编制程序计算的。

10.1.10 用全站仪测设道路中线

用全站仪测设道路中线,速度快、精度高,在道路工程中已广泛采用。在测设时一般应首先沿路线方向进行导线控制测量,然后根据导线测量结果进行中线测设。

1) 导线控制

对于高等级的道路工程,布设的导线一般应与附近的高级控制点进行联测,构成附合导线。联测一方面可以获得必要的起始数据——起始坐标和起始方位角;另一方面可对观测的数据进行校核。

理论与实践已经证明,用全站仪观测高程,如果采取对向(往返)观测,竖直角观测精度 $m^2 \leqslant \pm 2''$,测距精度不低于 $(5 + 5 \times 10^{-6}D)$ mm,边长控制在 0.5km 之内,即可达到四等水准的限差要求。因此,在导线测量时通常都是观测三维坐标,将高程的观测结果作为路线高程的控制,以代替路线纵断面测量中的基平测量。

2) 中线测量

如图 10-30 所示,将全站仪置于导线点 D_i 上,按程序计算中线的逐桩坐标测设。在中桩位置定出后,随即测出该桩的地面高程(Z 坐标)。这样纵断面测量的中平测量就无须单独进行,大大简化了测量工作。

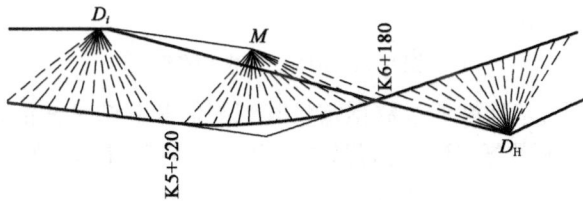

图 10-30 全站仪测设中线

在测设过程中,往往需要在导线的基础上加密一些测站点,以便把中桩逐个定出。如图 10-30 所示,K5 + 520 ~ K6 + 180 之间的中桩,在导线点 D_7 和 D_8 上均难以测设,可在 D_7 测设结束后,于适当位置选一 M 点,钉桩后,测出 M 后的三维坐标。仪器迁至 M 点上即可继续测设。

10.1.11　用 GPS RTK 技术测设公路中线

GPS RTK(Real Time Kinematic)是能够在野外实时得到厘米级定位精度的测量方法,它采用了载波相位动态实时差分方法,是 GPS 测量技术与数据传输技术的结合,是 GPS 测量技术发展中的一个新方向,目前该技术日臻成熟,已被广泛应用于控制测量、施工放样及地形碎部测量等诸多工程测量中。

1)GPS RTK 的基本原理

RTK 测量系统是 GPS 测量技术与数据传输技术构成的组合系统,是以载波相位观测量为基础的实时差分测量技术。常规的 GPS 测量方法,如静态、快速静态、准动态和动态相对定位等,如果不与数据传输系统相结合,其定位结果都需要通过观测数据的后处理而获得,不仅无法实时给出观测站的定位结果,而且也无法对基准站和流动站观测数据的质量进行实时检核,因而难以避免在数据后处理中发现不合格的测量成果而返工重测。实时动态测量通过实时计算定位结果,可监测基准站与流动站观测成果的质量和解算结果的收敛情况,从而可实时判定解算结果是否成功,以减少冗余观测,缩短观测时间。

RTK 基本原理是:利用两台以上的 GPS 接收机,将其中一台接收机设置在基准站(也即已知点)上,另外一台或数台接收机安置在流动站(也即待定点)上,同时接收所有相同的可见 GPS 卫星信号,同步观测获得所需的观测数据,使用无线电传输技术把基准站上的观测数据发送到流动站上;然后根据相对定位原理,利用这些观测数据进行差分,实时地解算并得到流动站上的三维坐标;最后根据计算结果的收敛情况,实时地判定解算结果是否满足要求,从而减少冗余观测量,缩短观测时间,由此提高生产效率(图 10-31)。

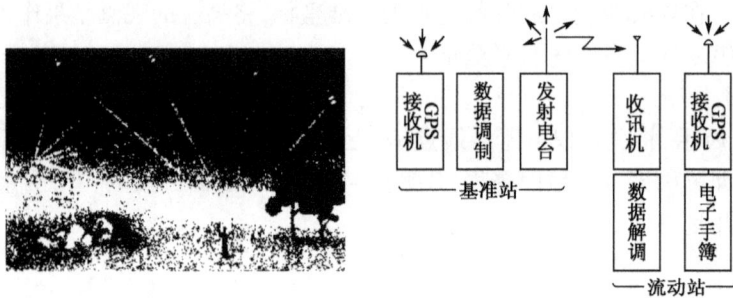

图 10-31　RTK 测设基本原理

在 RTK 作业模式下,基准站通过数据链将其观测值和测站坐标信息一起传送给流动站。流动站不仅采集 GPS 观测数据,还要通过数据链接收来自基准站的数据,并在系统内组成差分观测值进行实时处理,同时给出厘米级定位结果,历时不到一秒钟。流动站可处于静止状态,也可处于运动状态;可在固定点上先进行初始化后再进入动态作业,也可在动态条件下直接开机,并在动态环境下完成整周模糊度的搜索求解。在整周未知数解固定后,即可进行每个历元的实时处理,只要能保持四颗以上卫星相位观测值的跟踪和必要的几何图形,则流动站可随时给出厘米级定位结果。

RTK 技术的关键在于数据处理技术和数据传输技术,RTK 定位时要求基准站接收机实时地把观测数据(伪距观测值,相位观测值)及已知数据传输给流动站接收机,数据量比较大,一般都要求 9 600 的波特率,这在无线电上不难实现。

随着科学技术的不断发展,RTK 技术已由传统的 1 + 1 或 1 + 2 发展到了广域差分系统 WADGPS,有些城市建立起 CORS 系统,这就大大提高了 RTK 的测量范围,当然在数据传输方面也有了长足的进展,由原先的电台传输发展到现在的 GPRS 和 GSM 网络传输,大大提高了数据的传输效率和范围。在仪器方面,现在的仪器不仅精度高,而且比传统的 RTK 更简洁、更容易操作。

2)GPS RTK 的组成

RTK 测量系统一般由三部分组成:GPS 接收设备、数据传输设备及软件系统。数据传输系统由基准站的发射电台与流动站的接收电台组成,它是实现实时动态测量的关键设备。软件系统则能够实时决速地解算出流动站的三维坐标。一套完整的 RTK 测量系统包括一台参考站和数台流动站,其中参考站的作用是为测量系统提供基准,并将计算结果归算到已知的测量控制网点上,因此必须将其架设在已知的控制点上;流动站的作用是进行点位坐标测量和点位放样。

(1)GPS 接收机

RTK 测量系统中至少包含两台 GPS 接收机,其中一台安置在基准站上,另一台或若干台分别安置在不同的流动站上。基准站应尽可能设在测区内地势较高且观测条件良好的已知点上。在作业中,基准站的接收机应连续跟踪全部可见 GPS 卫星,并将观测数据通过数据传输系统实时发送给流动站。

(2)数据传输系统

基准站与流动站之间的联系是靠数据传输系统(数据链)来实现的。数据传输设备是完成实时动态测量的关键没备之一,由调制解调器和无线电台组成。在基准站上,利用调制解调器将有关数据进行编码和调制,然后由无线电发射台发射出去。在流动站上利用无线电接收台将其接收,并由解调器将数据解调还原,送入流动站上的 GPS 接收机中进行数据处理。

(3)软件系统

软件系统的功能和质量,对于保障实时动态测量的可行性、测量结果的可靠性及精度具有决定性意义。以载波相位为观测量的实时动态测量,其主要问题仍在于载波相位初始整周模糊度的精密确定,流动观测中对卫星的连续跟踪以及失锁后的重新初始化问题。快速解算和动态解算整周模糊度技术的发展,为实时动态测量的实施奠定了基础。实时动态测量软件系统应具备快速解算或动态快速解算整周模糊度、实时解算流动站的三维坐标、求解坐标系之间的转换参数、进行坐标系统的转换、解算结果的质量分析与评价、作业模式(静态、准动态、动态等)的选择与转换以及测量结果的显示与绘图等基本功能。

3)RTK 基准站和流动站的基本要求

(1)基准站要求

作为路线定线测量,基准站的安置是顺利实施实时动态定位(RTK)测量的关键之一,所以基准站的点位选择必须严格,因为基准站接收机每次卫星信号失锁将会影响网络内所有流动站的正常工作。

①基准站 GPS 天线周围无高度超过 15°的障碍物阻挡卫星信号,周围无信号反射物(大面积水域、大型建筑物等),以减少多路径干扰。并要尽量避开交通要道、过往行人的干扰。

②基准站要远离微波塔、通信塔等大型电磁发射源 200m 外,要远离高压输电线路、通信线路 50m 外。

③基准站应选在地势相对高的地方,如建筑物屋顶、山头等,以利于 GPS 电台的作用距离。

④基准站连接必须正确,注意电池的正负极(红正黑负)。RTK 作业期间,基准站不允许移动或关机又重新启动,若重启动后必须重新校正。

⑤确认输入正确的控制点三维坐标。

(2)流动站要求

①在 RTK 作业前,应首先检查仪器内存容量能否满足工作需要,并备足电源。

②要确保手簿与主机连通。

③为了保证 RTK 的高精度,最好有三个以上平面坐标已知点进行校正,而且点精度要均等,并要均匀分布于测区周围,以便计算坐标转换参数,供线路定测工作需要。

④流动站一般采用缺省 2m 流动杆作业,当高度不同时,应修正此值。

4)GPS RTK 技术在中线放样中的应用

设计和施工中进行定位放样时,在沿线布设控制网并精确测得各控制点坐标和高程作为定线测量设置基准站的条件,然后便可开始坐标放样。为了快速而准确地放样道路中线,利用 RTK 技术,选择公路某一控制点作为基准站,用手持 RTK 接收机作为流动站,沿着施工线路按照一定间隔进行测设,就可对道路中线进行准确定位并在实地上标定出来。利用 RTK 测量进行公路中线放样,主要有两种作业方式。

第一种是根据现有的各种线形中桩坐标计算软件,计算出公路中线上各桩点的坐标,然后将中桩点坐标传输到 GPS 控制手簿中,建立以桩号为标识符的公路放样文件,个别加桩点的坐标以手工输入法输入电子手簿。另外,现场调用 RTK 系统中的实时放样功能,可以很方便地根据操作面板上的图形指示,快速放样出中桩点的点位。由于每个点测量都是独立完成的,不会产生累积误差,各点放样精度基本一致。

第二种是利用 RTK 系统中自带的道路放样模块进行操作。放样时,首先将路线的平面定线元素(起点里程、起始方位角、直线段距离、圆曲线半径、缓和曲线等)输入电子手簿,背着 GPS 接收机,按里程桩号进行放样。这种方法简单迅速,随机性强,加桩方便,比起传统的极坐标法测设要快得多。目前的 RTK 系统都内嵌有道路放样模块,因此就采用第二种方式,直接输入道路曲线要素进行中桩定位。

定线放样时,一般采用 1 + 1 或 1 + 2 的作业模式,将基准站接收机设在线路控制点上,另一台或两台流动站接收机按设计坐标进行放样。放样时从电子手簿上可随时看到所在位置与放样点的偏距、方位及放样精度,满足要求时可获得放样点的高程。

5)应用 GPS RTK 技术进行线路定测的优点

①常规的中线测量总是先确定平面位置,而后再确定高程。即先放线,后做中平测量。RTK 技术可提供三维坐标信息,因此在放样中线的同时也获得了点位的高程信息,无需再进行中平测量,大大提高了工作效率。

②目前 RTK 基准站数据链的作用半径可以达到 10km 以上,因此整个线路上只要布设首级控制网便可完成控制,而不必布设加密等级的控制网。只要保存好首级点,即可随时放样中线或恢复整个线路,因此也不必担心桩位的遗失而给线路测量带来困难等。

③在 RTK 定线测量中,首级控制网直接与中线桩点联系,点位精度可达厘米级,不存在中间点的误差积累问题,因此能达到很高的精度,适合高等级线路工程的要求。

④RTK 基准站发出的数据链信息,可供多个流动站应用。而基准站只需由 1 个人单独操作,这就大大节省了人力,提高了功效。

⑤应用 RTK 技术进行线路定测工作比较轻松,流动站作业员只要进入放样模式,并调出放样点,手簿软件中的电子罗盘就会引导作业员到达放样点。当屏幕显示流动站杆位和设计点位重合时,检查精度,记录放样点坐标和高程,然后标记地面点位(如打桩)。

⑥RTK 技术可与常规全站仪相结合,充分发挥 GPS 无需通视以及常规全站仪灵活方便的优点,把两者相结合,可满足公路工程各种场合测量工作的需要,并大大加快观测速度,提高观测质量,形成新一代的线路勘测系统。

10.2 路线纵、横断面测量

10.2.1 概述

路线测量一般应先进行初测,再进行定测。初测阶段主要是进行控制测量和大比例尺地形图的测绘,而定测阶段则主要进行路线的中线测量、路线纵断面测量和路线横断面测量。本章将主要介绍路线纵、横断面测量的理论和方法。

路线纵断面测量又称中线水准测量,它的任务是:当道路中线的平面位置在实地标定之后,测定中线各里程桩(中桩)的地面高程,根据中桩地面高程绘制线路纵断面图,为线路纵断面设计、填挖方计算、土方调配等提供依据。在线路纵断面测量中,为了保证精度和进行成果检核,仍须遵循"从整体到局部"的原则,即中线水准测量分两步进行,首先是沿路线方向设置水准点,施测水准点的高程,建立高程控制,称为基平测量;而后根据基平测量建立的各水准点的高程,分段进行水准测量,测定各中桩的地面高程,称为中平测量,又称中桩高程测量。在基平测量中,起始水准点应与国家高等级水准点进行联测,以获得路线的绝对高程,若路线附近没有国家高等级水准点,也可以采用假定高程。

路线横断面测量是测定中桩两侧垂直于中线方向各变坡点的高程和距离,以绘制横断面图,供路基横断面设计、计算土石方数量和施工边桩放样使用。

10.2.2 基平测量

基平测量的主要任务是沿路线设置若干水准点并测定其高程,作为中平测量的高程控制,并为施工放样和竣工验收提供依据。

1)水准点的设置

基平测量也称为路线高程控制测量,其水准点的布设应在初测水准点的基础上进行。先检核初测水准点,尽量采用初测成果,若初测水准点遭到破坏不能再使用或远离道路而造成水准点密度不够时,应根据实际需要进行补测。

沿线水准点按照需要和用途不同,可设置永久性水准点和临时性水准点。路线起点和终点、大桥与隧道两端、垭口、大型构筑物和需长期观测高程的重点工程附近均应设置永久性水准点,一般地段也应每隔适当距离布设一个永久性水准点。永久性水准点应为混凝土桩,桩顶面的钢筋应锉成球面,也可将永久性水准点设置在牢固的永久性建筑物上;山区岩石地段的水准点桩可用金属标志嵌在坚硬稳定的岩石上。为便于引测和施工放样,还需布设一定数量的临时性水准点。临时性水准点可埋设大木桩,桩顶钉入铁钉作为标志,也可设在地面突出的岩石或建筑物墙角处,并用红油漆作标志。

水准点密度应根据地形和工程需要而定,在山岭重丘区每隔 0.5～1km 设置一个,在平原微丘区每隔 1～2km 设置一个。在大桥、隧道口及其他大型构造物附近还应增设水准点。水准点是恢复路线和路线施工的重要依据,因此点位应选择在稳固、醒目、安全(施工线外)、便于引测且不易被破坏的地方,一般距离道路中线为 50～300m 范围内。

水准点一般以"BM_i"表示,其中 i 为水准点编号,并根据需要绘制"点之记"。

2)基平测量方法

基平测量时,应将起始水准点与附近的国家水准点进行联测,以获得绝对高程,同时在沿线水准测量中,也应尽量与附近的国家水准点联测,形成附合水准路线,以获得更多的检核条件。如果路线附近没有国家水准点或引测有困难时,则可根据气压表或以地形图上与实地高程接近的高程为参考,假定起始水准点高程。

在基平测量中,应根据公路等级,按照三等或四等水准测量的技术规范实施。水准点高程的测定,可采用水准测量和测距仪三角高程测量的方法。水准测量时,一般应使用不低于 DS3级水准仪,采用一台水准仪往返或两台水准仪单程在水准点之间进行观测,具体观测方法可参阅水准测量一章。

基平测量往返观测或两台仪器单程观测所得高差的差值,不得超过下列容许值:

平原微丘区

$$f_{h容} = \pm 30 \sqrt{L} (\mathrm{mm}) \tag{10-56}$$

山岭重丘区

$$f_{h容} = \pm 9 \sqrt{n} (\mathrm{mm}) \tag{10-57}$$

对于重点工程附近的水准点,可采用:

平原微丘区

$$f_{h容} = \pm 20 \sqrt{L} (\mathrm{mm}) \tag{10-58}$$

山岭重丘区

$$f_{h容} = \pm 6 \sqrt{n} (\mathrm{mm}) \tag{10-59}$$

式中:L——单程水准路线长度(km);

n——测站数。

若高差不符值在规定的限差以内,取其高差平均值作为两水准点间高差,否则需要重测。最后由起始点高程及调整后高差计算各水准点高程。

10.2.3 中平测量

中平测量是根据基平测量所布设的水准点及其高程,测定道路中线上各里程桩的地面高程,为绘制道路纵断面提供资料。中平测量通常采用水准测量的方法进行观测。

1)中平测量方法

中平测量一般以相邻两水准点为一测段,从一水准点开始,用视线高法逐点施测中桩的地面高程,直至附合到下一个水准点上。相邻两转点间观测的中桩,称为中间点,其读数称为中视读数。施测时,为了削弱高程传递的误差,在每一个测站上应首先读取后、前两转点的尺上读数,再读取两转点间所有中间点的尺上读数,每一测站应布置尽量多的观测中间点。转点起传递高程的作用,应保证读数正确,要求读至毫米,并选在较稳固之处,如在软土处选转点时,应按尺垫并踏紧,有时也可选中桩作为转点,其视线长度不大于150m。中间点不传递高程,且本身精度要求仅至分米,为了提高观测速度,读数取至厘米即可,中间点尺子应立在紧靠中桩的地面上,视线也可适当放长。

如图10-32所示,将水准仪置于 I 站,后视水准点为 BM_1,前视转点为 ZD_1,将观测结果分别记入表10-8中的"后视"和"前视"栏内,然后观测 BM_1 与 ZD_1 间的中间点 K1 +000、+020、+040、+060、+080,将读数分别记入"中视"栏。再将仪器搬到 II 站,后视转点为 ZD_1,前视转点为 ZD_2,然后观测各中间点 K1 +100、+120、+140、+160、+180,将读数分别记入"后视""前视"和"中视"栏。用同样方法继续向前观测,直至附和到下一水准点 BM_2,完成一测段的观测工作。

中平测量记录表   表10-8

仪器型号: 观测日期: 观测: 计算:
仪器编号: 天 气: 记录: 复核:

测点	水准尺读数(m)			视线高程(m)	高程(m)	备 注
	后视	中视	前视			
BM_1	2.189			80.213	78.024	
K1 +000		1.54			78.67	
+020		1.92			78.29	
+040		0.60			79.61	BM_1 高程78.024m 为基平所测
+060		2.13			78.08	
+080		0.88			79.33	
ZD_1	2.159		1.022	81.350	79.191	
+100		0.48			80.87	
+120		0.50			80.85	
+140		0.79			80.56	
+160		1.18			80.17	
+180		1.07			80.28	
ZD_2	2.246		1.521	82.075	79.829	基平测得 BM_2 高程为82.662m
……	……	……	……	……	……	
K2 +380		1.77			81.464	
BM_2			0.606		82.628	

中平测量的精度要求,一般取基平测量所得的测段两端水准点高差 $\Delta h_\text{基}$ 与中平测量所得该测段的测段高差 $\Delta h_\text{中}$ 之差为测段高差闭合差 f_h,当测段高差闭合差 f_h 在容许范围内时,即

可进行中桩地面高程的计算,否则应重测。中桩高程测量的容许误差应符合表 10-9 的规定,对于需要特殊控制的建筑物、铁路轨顶等,应按规定测出其高程,检测限差为 ±2cm。

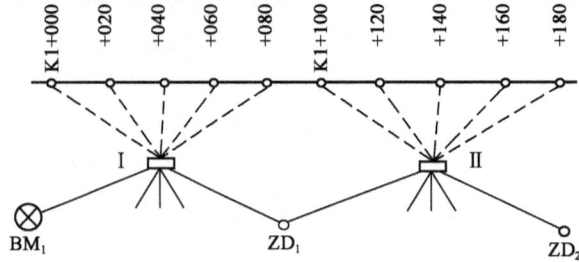

图 10-32　中平测量

中平测量精度表　　　　　　　　　　　　　　　表 10-9

公 路 等 级	闭合差(mm)	两次测量之差(cm)
高速、一级、二级	$\leqslant \pm 30\sqrt{L}$	$\leqslant \pm 5$
三级、四级	$\leqslant \pm 50\sqrt{L}$	$\leqslant \pm 10$

注:L 为高程测量的路线长度(km)。

各中桩的地面高程及前视点高程,一律按所属测站的视线高程进行计算。每一测站的计算公式如下:

$$视线高程 = 后视点高程 + 后视读数$$
$$转点高程 = 视线高程 - 前视读数$$
$$中桩高程 = 视线高程 - 中视读数$$

复核:

$$f_{h容} = \pm 50\sqrt{L} = \pm 50\sqrt{1.38} = \pm 59(mm)(L = K2 + 380 - K1 + 000 = 1.38km)$$
$$\Delta h_{基} = 82.662 - 78.024 = 4.638(m)$$
$$\Delta h_{中} = 82.628 - 78.024 = 4.604(m)$$

$\sum a - \sum b = (2.189 + 2.159 + 2.246 + \cdots) - (1.022 + 1.521 + \cdots + 0.606) = 4.604(m)$
$= \Delta h_{中}$

$\Delta h_{基} - \Delta h_{中} = 4.638 - 4.604 = 0.034(m) = 34mm < f_{h容}$,精度符合要求。

2)跨沟谷测量

当路线经过沟谷时,为了减少测站数,以提高施测速度和保证测量精度,一般采用沟内外分开测量,如图 10-33 所示。当中平测到沟谷边沿时,仪器置于测站Ⅰ,并前视沟谷两边的转点 ZD_A、ZD_9,将高程传递至沟谷对岸,通过 ZD_9 可沿线继续设站(如Ⅳ)施测,即为沟外测量。施测沟内中桩时,迁站下沟,于测站Ⅱ后视 ZD_A,观测沟谷内两侧的中桩并设置转点 ZD_B。再将仪器迁至测站Ⅲ,后视 ZD_B,观测沟底各中桩,至此沟内观测结束。然后仪器置于测站Ⅳ,后视 ZD_9 继续前测。

这种测法可使沟内外高程传递各自独立,互不影响。沟内的测量不会影响到整个测段的闭合,造成不必要的返工。但由于沟内各桩测量实际上是以 ZD_A 为起始点的支水准路线,缺少检核条件,故施测时应倍加注意,记录时也应分开单独记录。另外,为了减少Ⅰ站前后视距不等所引起的误差,仪器设置于Ⅳ站时,尽可能使 $l_3 = l_2$,$l_4 = l_1$,或者$(l_1 - l_2) + (l_3 - l_4) = 0$。

3)纵断面的绘制

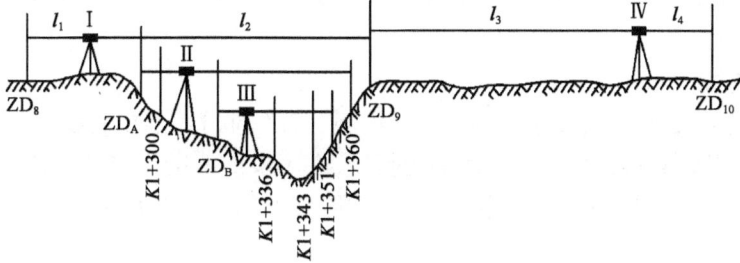

图 10-33 跨沟谷中平测量

纵断面图是表示线路中线方向地面高低起伏形状和纵坡变化的剖视图,它是根据中平测量成果绘制而成的,主要反映路段纵坡大小、中桩填挖高度以及设计结构物立面布局等,是线路设计和施工的重要资料,也是线路纵向设计的依据。

(1)纵断面图的主要内容

如图 10-34 所示,纵断面图以道路中桩的里程为横坐标、以其高程为纵坐标进行绘制。常用的里程比例尺有 1∶5 000、1∶2 000、1∶1 000 几种,为了明显表示地面的起伏,一般取高程比例尺为里程比例尺的 10~20 倍,如里程比例尺为 1∶2 000,则高程比例尺为 1∶200。

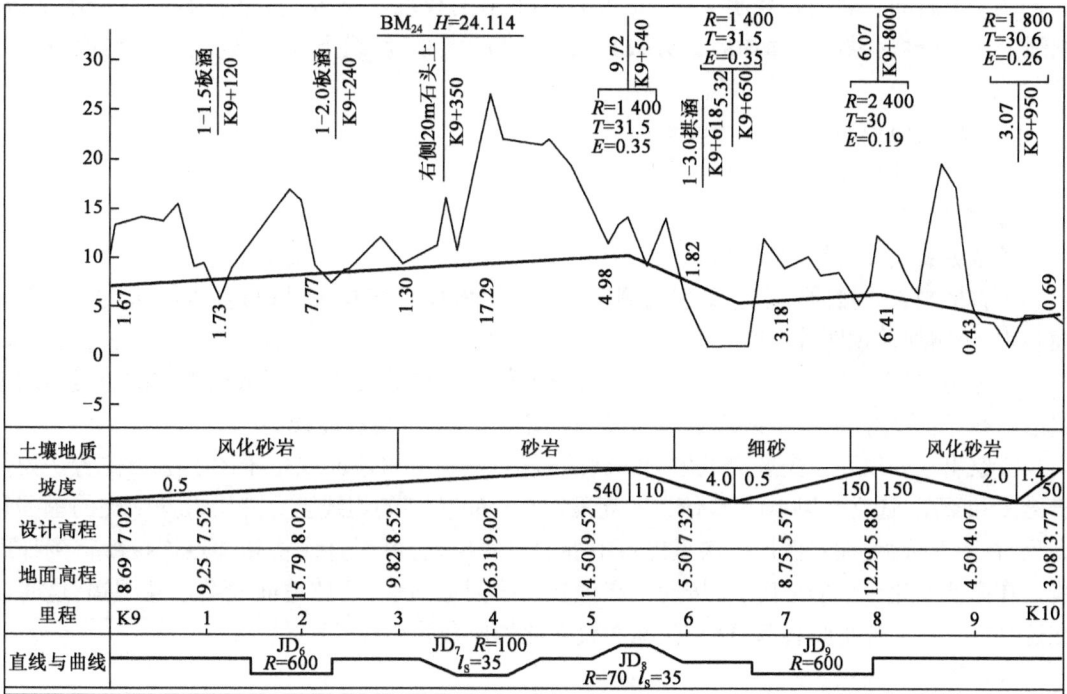

图 10-34 路线纵断面图

纵断面图由上下两部分组成。在图的上半部,从左至右绘有两条贯穿全图的线,一条是细的折线,表示中桩实际高度,按中桩地面高程绘制。另一条粗线为包括竖曲线在内的纵坡设计线,是纵断面设计时绘制的。此外,图上还标注有水准点的位置、编号和高程,桥涵的类型、孔径、跨数、长度、里程桩号和设计水位,竖曲线示意图及其曲线元素,同某公路、铁路交叉点的位

置、里程和有关说明等。图的下部几栏用来填写有关测量及纵坡设计资料,自下而上主要包括以下几项内容:

①直线与曲线。

为线路中线平面示意图,按中线测量资料绘制。直线部分用居中直线表示,曲线部分用折线表示,圆曲线用直角折线,缓和曲线用钝角折线,在不设曲线的交点位置用锐角折线。折线上凸表示路线右转,下凹表示路线左转,同时要注明交点编号和曲线半径,若有缓和曲线要注明其长度。

②里程桩与里程。

按中线测量成果,根据里程比例尺标注的里程桩号。为使纵断面图清晰,一般只标注百米桩、公里桩、平曲线主点桩及加桩,有时也须逐桩标注。为了减少书写,百米桩的里程只写 1 ~ 9,公里桩则用符号 K 表示,并注明公里数。

③地面高程。

按中平测量成果填写的各里程桩的地面高程。

④设计高程。

根据设计纵坡和竖曲线推算出的里程桩设计高程。

⑤坡度和坡长。

从左至右向上斜的线表示上坡(正坡),向下斜的线表示下坡(负坡),水平线表示平坡。斜线上以百分数(铁路断面图为千分数)注记坡度的大小,斜线下注记坡长,水平路段坡度为零。

⑥土壤地质说明。

标明路段的土壤地质情况。

(2)纵断面图的绘制

通常纵断面图的绘制步骤如下:

①打格制表。按照选定的里程比例尺和高程比例尺打格制表,填写直线与曲线、里程、地面高程、土壤地质说明等资料。

在道路平面示意图中,位于中央的直线表示道路的直线段,向上凸或向下凹的折线表示道路的曲线,折线中间的水平线表示圆曲线,两端的斜线表示缓和曲线。

②绘出地面线。首先选定纵坐标的起始高程,使绘出的地面线位于图上适当位置。为便于绘图和阅图,通常是以 10m 整倍数的高程定在 5cm 方格的粗线上。然后根据中桩的里程和高程,在图上按纵、横比例尺依次点出各中桩的地面位置,再用直线将相邻点连接就得到地面线。在高差变化较大的地区,若按同一高程起点绘制地面线,往往地面线会逾越图幅,这时可在这些地段适当变更高程起算位置,地面线在此构成台阶形式。

③计算设计高程。

根据设计纵坡和两点间的水平距离(坡长),可由一点的高程计算另一点的高程。

设起算点的高程为 H_0,设计纵坡为 i(上坡为正,下坡为负),推算点的高程为 H_P,推算点至起算点的水平距离为 D,则:

$$H_P = H_0 + i \cdot D \tag{10-60}$$

④计算各桩的填挖高度。

同一桩号的设计高程与地面高程之差,称为该桩的填挖高度,正号为填土高度,负号为挖土深度。在图上,填土高度写在相应点的纵坡设计线的上面,挖土深度写在相应点的纵坡设计线的下面,也有在图中专列一栏注明填挖高度的。地面线与设计线的交点为不填不挖的"零点",零点桩号可由图上直接量得。

最后,根据线路纵断面设计,在图上注记有关资料,如水准点、桥涵、构造物等。

10.2.4 横断面测量

横断面测量的任务是测定垂直于中线方向中桩两侧的地面高低起伏状况,依据中线两侧地面变坡点与中桩间的距离和高差,绘制出横断面图(图10-35),为路基路面设计、土方计算、防护工程设计和施工放样提供依据。横断面测量的宽度和密度应根据工程需要而定,一般在大、中桥头、隧道洞口、挡土墙等重点工段,应适当加密断面。断面测量宽度,应根据路基宽度、中桩的填挖高度、边坡大小、地形复杂程度和工程要求而定,但必须满足横断面设计的需要。一般自中线向两侧各测 10~50m。

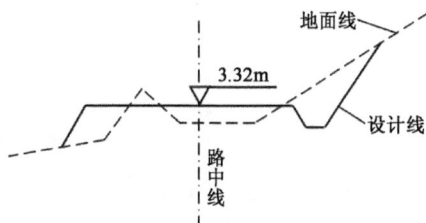

图 10-35 道路横断面图

1)横断面方向的测定

横断面的方向,在直线上是中线的垂直方向,在曲线上是道路切线的垂线方向。

(1)直线上横断面方向的测定

在直线上横断面的方向是垂直于中线的方向,一般用简易直角方向架测定,如图10-36所示,将方向架置于中桩点上,方向架上有两个相互垂直的固定片,以其中一个方向对准路线前方(或后方)某一中桩,则另一方向即为横断面的施测方向。

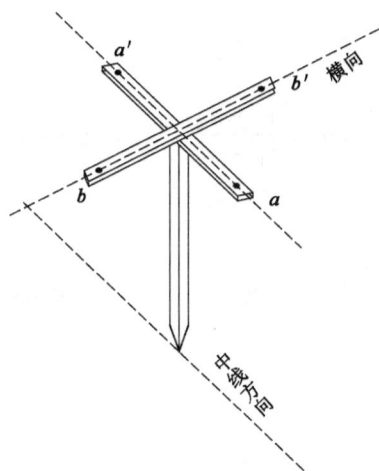

图 10-36 直线上横断面方向的测定

(2)曲线上横断面方向的测定

①圆曲线横断面方向的测定。

圆曲线上某中桩横断面方向为过该桩点指向圆心的半径方向。可采用安装有活动定向杆的求心方向架测定,如图10-37a)所示,aa' 和 bb' 为相互垂直的固定十字杆,cc' 为活动定向杆,通过固定螺旋可将其固定。

当欲测断面处 1 与前后桩间距不等时,观测时先将求心方向架立在 ZY(或 YZ)点上,如图10-37b)所示。用固定片 aa' 瞄准 JD 点(切线方向),则另一固定片 bb' 所指方向即为 ZY(或 YZ)点的横断面方向。保持方向架不动,转动活动定向杆 cc' 对准曲线上前视中桩 1 点并将其固定。然后移动方向架至 1 点,用固定片 bb' 对准 ZY(或 YZ)点,按同弧切角相等原理,则活动定向杆 cc' 所指方向即为 1 点的横断面方向。在测定 2 点的横断面方向时,可在 1 点的横断面方向竖立花杆,以固定片 bb' 对准花杆,则 aa' 方向即为 1 点切线方向。此后的操作与测定 1 点横断面方向时完全相同,保持方向架不动,用活动定向杆 cc' 对准 2 点并固定之。将方向架移至 2 点,用固定片 bb' 对准 1 点,活动定向杆 cc' 的方向即为 2 点的横断面方向。如果圆曲线上桩距相同,在定出 1 点横断面方向后,保持活动定向杆 cc' 在原来位置,将其移至 2 点,用固定片 bb' 对准 1 点,活动定向杆

cc'即为 2 点的横断面方向。圆曲线上其他各点亦可按上述方法进行。

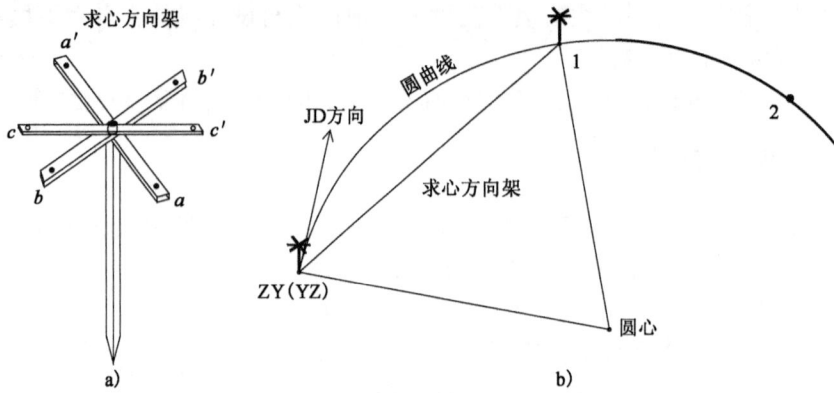

图 10-37 圆曲线横断面方向的测定

②缓和曲线横断面方向测定。

缓和曲线上任一点的横断面方向,就是该点的法线方向,或者说是该点切线的垂线方向。因此,只要求出该点至前视点或后视点的偏角值,即可定出该点的法线方向。

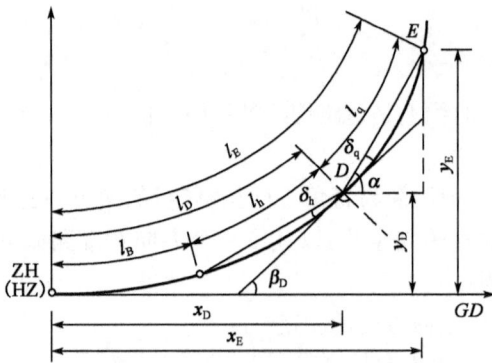

图 10-38 缓和曲线横断面方向的测定

如图 10-38 所示,欲测定缓和曲线上 D 点的横断面方向,B 为 D 点的后视点,E 为前视点,l_B、l_D、l_E 分别为 B、D、E 至缓和曲线起点 ZH(或 HZ)的曲线长,l_h 为后视点 B 至 D 点的曲线长,l_q 为前视点 E 至 D 点的曲线长,β_D 为 D 点的切线角。由图可知,D 点至前视点的偏角为:

$$\beta_q = \alpha - \beta_D \tag{10-61}$$

又

$$\tan\alpha = \frac{y_E - y_D}{x_E - x_D} \tag{10-62}$$

实际上 α 很小,这里取 $\tan\alpha = \alpha$,并将式(10-27)首先代入式(10-62),得:

$$\alpha = \frac{\dfrac{l_E^3}{6Rl_s} - \dfrac{l_D^3}{6Rl_s}}{l_E - l_D} = \frac{1}{6Rl_s}\frac{l_E^3 - l_D^3}{l_E - l_D} = \frac{1}{6Rl_s}(l_E^2 + l_E l_D + l_D^2) \tag{10-63}$$

按式(10-24)可得:

$$\beta_D = \frac{l_D^2}{2Rl_s} \tag{10-64}$$

将式(10-63)和式(10-64)代入式(10-61)得:

$$\begin{aligned}
\delta_q &= \frac{1}{6Rl_s}(l_E^2 + l_E l_D + l_D^2) - \frac{l_D^2}{2Rl_s} \\
&= \frac{1}{6Rl_s}(l_E^2 + l_E l_D - 2l_D^2) \\
&= \frac{1}{6Rl_s}(l_E - l_D)(l_E + 2l_D)
\end{aligned} \tag{10-65}$$

考虑到 $l_E = l_D + l_q$，式(10-65)可以写为：

$$\delta_q = \frac{l_q}{6Rl_s}(3l_D + l_q) \tag{10-66}$$

同理，D 点至后视点的偏角为：

$$\delta_h = \frac{l_h}{6Rl_s}(3l_D - l_h) \tag{10-67}$$

以角度表示则为：

$$\delta_q = \frac{l_q}{6Rl_s} \cdot \frac{180°}{\pi}(3l_D + l_q) \tag{10-68}$$

$$\delta_h = \frac{l_h}{6Rl_s} \cdot \frac{180°}{\pi}(3l_D - l_h) \tag{10-69}$$

施测时，将经纬仪置于 D 点，以 $0°00'00''$ 照准前视点 E（或后视点 B），再顺时针转动照准部使水平度盘读数为 $90° + \delta_q$（或 $90° - \delta_h$），此时经纬仪的视线方向即 D 点的横断面方向。

2）横断面的测量方法

横断面测量的实质，是测定横断面方向上一定范围内各地形特征点相对于中桩的平距和高差。根据使用仪器工具的不同，横断面测量可采用花杆皮尺法、水准仪法、经纬仪视距法、全站仪法等。对于铁路、高速公路和一级公路应采用水准仪法或不低于经纬仪视距的方法测量，对于二级及以下公路的断面可采用花杆皮尺法，无论采用何种方法，检测限差应符合表10-10的规定。

横断面检测限差（单位：m）   表10-10

道 路 等 级	距 离	高 程
高速公路、一级公路	$\pm(L/100 + 0.1)$	$\pm(h/100 + L/200 + 0.1)$
二级及以下公路	$\pm(L/50 + 0.1)$	$\pm(h/50 + L/100 + 0.1)$

注：L 为测点至中桩的水平距离；h 为测点至中桩的高差。L、h 单位均为 m。

（1）花杆皮尺法

如图 10-39 所示，A、B、C 为横断面方向上所选定的变坡点，施测时，将花杆立于 A 点，皮尺靠中桩地面拉平，量出至 A 点的平距，皮尺截取花杆的高度即为两点的高差，同法可测出 A 至 B、B 至 C……测段的距离和高差，直至所需要的宽度为止。中桩一侧测完后再测另一侧，此法简便，但精度较低。适用于山区地形变化较多的地段。

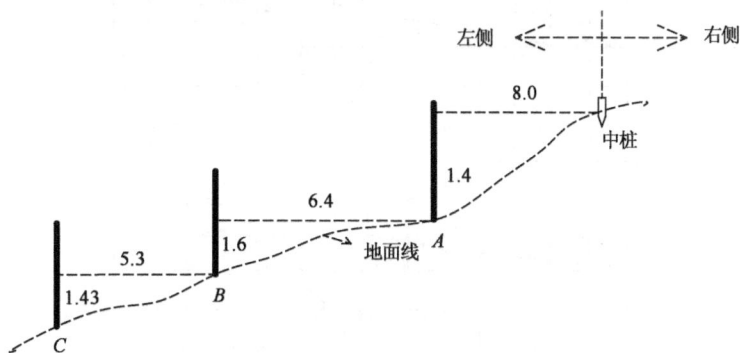

图 10-39 花杆皮尺法测横断面(尺寸单位：m)

测量记录格式如表 10-11 所示,表中按道路前进方向分左、右侧记录,分式的分子表示高差,分母表示水平距离。高差为正表示上坡,为负表示下坡。

横断面测量记录表   表 10-11

左 侧					桩 号	右 侧		
……					……	……		
$\frac{2.24}{19.8}$	$\frac{1.73}{12.7}$	$\frac{0.80}{10.9}$	$\frac{1.11}{8.8}$	$\frac{1.32}{6.7}$	K0 + 340	$\frac{-0.44}{11.9}$	$\frac{0.17}{19.2}$	
	$\frac{2.21}{20.2}$	$\frac{1.82}{12.5}$	$\frac{1.27}{8.9}$		K0 + 360	$\frac{-0.65}{7.8}$	$\frac{-0.38}{12.1}$	$\frac{0.14}{18.9}$

(2)水准仪法

此法适用于地势平坦且通视良好的地区。使用水准仪施测时,以中桩为后视,读取后视读数,以横断面方向上各变坡点为前视,读取前视读数。后视读数分别减去各前视读数即得各变坡点与中桩间高差,水准尺读数至厘米。用皮尺或钢尺分别量取各变坡点至中桩的水平距离,量至分米位即可,根据变坡点与中桩的高差及距离即可绘制横断面图。在地形条件许可时,安置一次仪器可测绘多个横断面。

(3)经纬仪视距法

此法适用于地形起伏较大、不便于丈量距离的地段。将经纬仪安置在中桩上,用视距法测出横断面方向各变坡点至中桩的水平距离和高差。

(4)全站仪法

此法适用于任何地形条件。将仪器安置在道路附近任意点上,利用全站仪的对边测量功能可测得横断面上各点相对于中桩的水平距离和高差。

3)横断面图的绘制

横断面图一般是在野外边测边绘,这样便于及时对横断面图进行检核。绘图时,先在毫米方格纸上标定好中桩位置,然后由中桩开始,分左右两侧逐一按各测点间的距离和高程绘于图纸上,并用直线连接相邻点,即得该中桩的横断面图。绘图比例尺通常采用 1:200 或 1:100,图 10-40 为一横断面图,并绘有路基横断面设计线。每幅图的横断面图应从下至上、由左到右依桩号顺序绘制。

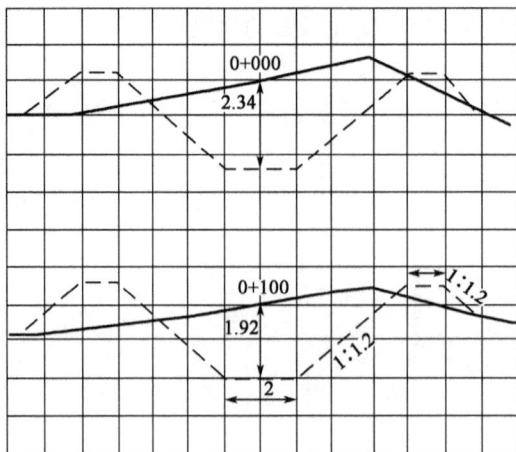

图 10-40 横断面图的绘制

【思考题与习题】

10-1 道路中线测量的内容是什么?

10-2 什么是路线的转角?已知交点桩号,如何计算路线转角?如何确定转角是左转角还是右转角?

10-3 已知路线导线的右角β:(1)$\beta = 210°42'$;(2)$\beta = 162°06'$。试计算路线转角值,并说明是左转角还是右转角。

10-4 在路线右角测定之后,保持原度盘位置,如果后视方向的读数为$32°40'00''$,前视方向读数为$172°18'12''$,试求出分角线方向的度盘读数。

10-5 什么是整桩号法设桩?什么是整桩距法设桩?两者各有什么特点?

10-6 已知交点的里程桩号为K4 + 300.18,测得转角$\alpha_{左} = 17°30'$,圆曲线半径$R = 500$m,若采用切线支距法并按整桩号法设桩,试计算各桩坐标,并说明测设步骤。

10-7 已知交点的里程桩号为K10 + 110.88,测得转角$\alpha_{左} = 24°18'$,圆曲线半径$R = 400$m,若采用偏角法按整桩号设桩,试计算各桩的偏角及弦长(要求前半曲线由曲线起点测设,后半曲线由曲线终点测设),并说明测设步骤。

10-8 什么是正拨?什么是反拨?如果某桩点的偏角值为$3°18'24''$,在反拨的情况下,要使该桩点方向的水平度盘读数为$3°18'24''$,在瞄准切线方向时,度盘读数应配置在多少位置?

10-9 什么是虚交?切基线法与圆外基线法相比,有何优点?

10-10 什么是复曲线?如图11-23所示复曲线,设$\alpha_1 = 30°12'$,$\alpha_2 = 30°18'$,$AB = 387.62$m,主曲线半径$R_2 = 300$m。试计算复曲线的测设元素。

10-11 什么是回头曲线?回头曲线的测设方法有哪些?如何测设?

10-12 什么是缓和曲线?缓和曲线长度如何确定?

10-13 已知交点的里程桩号为K21 + 476.21,转角$\alpha_{右} = 37°16'$,圆曲线半径$R = 300$m,缓和曲线长$l_s = 60$m,试计算该曲线的测设元素、主点里程,并说明主点的测设方法。

10-14 [例10-13]在钉出主点后,若采用切线支距法按整桩号详细测设,试计算各桩坐标。

10-15 [例10-13]在钉出主点后,若采用偏角法按整桩号详细测设,试计算测设所需要的数据。

10-16 [例10-14]在算出各桩坐标后,前半曲线打算改用极坐标法测设。在曲线附近选一转点ZD,将仪器置于ZH点上,测得ZH点至ZD的距离$S = 15.670$m,切线正向顺时针与S直线的夹角$\alpha = 15°10'12''$。试计算各桩的测设角度和距离。

10-17 路线纵断面测量的任务是什么?如何进行路线纵断面测量?

10-18 什么是横断面测量?横断面测量的施测步骤如何?

10-19 中平测量中的中视与前视有何区别?

10-20 完成表10-12中平测量的计算。

10-21 中平测量时,跨越沟谷可采取什么措施?为何采取这些措施?

10-22 直线、圆曲线和缓和曲线的横断面方向如何确定?

10-23 如何绘制横断面图和纵断面图?

10-24 横断面测量的方法有哪几种?各适用于什么情况?

中平测量记录计算表 表 10-12

测点	水准尺读数(m)			视线高程 (m)	高程 (m)	备注
	后视	中视	前视			
BM$_1$	1.358				322.528	
K3+760		0.77				
+780		1.65				
+800		4.22				
+820		4.58				
+840		2.34				
ZD$_1$	0.886		2.398			
+860		2.40				
+872.4		1.38				
+880		0.55				基平 BM$_2$ 高程 为 319.541
ZD$_2$	1.374		2.010			
+900		3.24				
+920		3.09				
+940		0.96				
+960		1.86				
+980		1.99				
BM$_2$			2.187			

第 11 章

桥梁工程施工测量

建设一座桥梁,需要进行各种测量工作,其中包括勘测、施工测量、竣工测量等;在施工过程中及竣工通车后,还要进行变形观测工作。根据不同的桥梁类型和不同的施工方法,测量的工作内容和测量方法也有所不同。桥梁的测量工作概括起来有:桥轴线长度测量;施工控制测量;墩、台中心的定位;墩、台细部放样及梁部放样等。

近代的施工方法,日益走向工厂化和拼装化,梁部构件一般都在工厂制造,在现场进行拼接和安装,这就对测量工作提出了十分严格的要求。

11.1 桥梁工程施工控制测量

11.1.1 桥位控制测量

1)平面控制

建立平面控制网的目的是测定桥轴线长度和据以进行墩、台位置的放样;同时,也可用于施工过程中的变形监测。对于跨越无水河道的直线小桥,桥轴线长度可以直接测定,墩、台位置也可直接利用桥轴线的两个控制点测设,无需建立平面控制网。但跨越有水河道的大型桥梁,墩、台无法直接定位,则必须建立平面控制网。

根据桥梁跨越的河宽及地形条件,平面控制网多布设成如图 11-1 所示的形式。

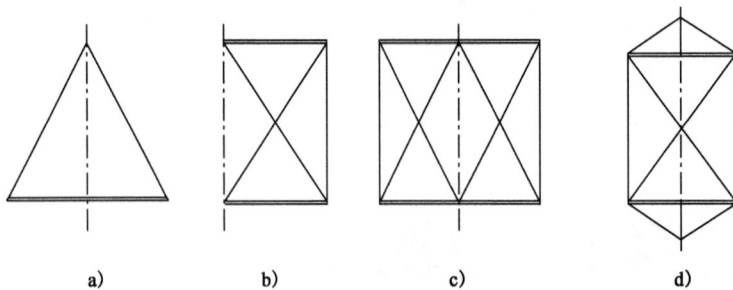

图 11-1 桥位平面控制网形式

选择控制点时,应尽可能使桥的轴线作为三角网的一个边,以利于提高桥轴线的精度。如不可能,也应将桥轴线的两个端点纳入网内,以间接求算桥轴线长度,如图 11-1d)所示。

对于控制点的要求,除了图形简单直接外,还要求地质条件稳定,视野开阔,便于交会墩位,其交会角不致太大或太小。

在控制点上要埋设标石及刻有"十"字的金属中心标志。如果兼作高程控制点使用,则中心标志宜做成顶部为半球状的。

控制网可采用测角网、测边网或边角网。采用测角网时宜测定两条基线,如图 11-1 所示的双线。过去测量基线是采用因瓦线尺或经过检定的钢卷尺,现在已被光电测距仪取代。测边网是测量所有的边长而不测角度;边角网则是边长和角度都测。一般来说,在边、角精度互相匹配的条件下,边角网的精度较高。按照桥轴线的精度要求,将三角网的精度分为 5 个等级,它们分别对测边和测角的精度规定如表 11-1 所示。

测边和测角的精度规定 表 11-1

三角网等级	桥位轴线相对中误差	测角中误差(″)	最弱边相对中误差	基线相对中误差
一	1/175 000	±0.7	1/150 000	1/400 000
二	1/125 000	±1.0	1/100 000	1/300 000
三	1/75 000	±1.8	1/60 000	1/200 000
四	1/50 000	±2.5	1/40 000	1/100 000
五	1/30 000	±4.0	1/25 000	1/75 000

上述规定是对测角网而言,由于桥轴线长度及各个边长都是根据基线及角度推算的,为保证桥轴线有可靠的精度,基线精度要高于桥轴线精度 2～3 倍。如果采用测边网或边角网,由于边长是直接测定的,所以不受或少受测角误差的影响,测边的精度与桥轴线要求的精度相当即可。

由于桥梁三角网一般都是独立的,没有坐标及方向的约束条件,所以平差时都按自由网处理。它所采用的坐标系,一般是以桥轴线作为 X 轴,而桥轴线始端控制点的里程作为该点的 X 值。这样,桥梁墩台的设计里程即为该点的 X 坐标值,便于以后施工放样的数据计算。

在施工时如因机具、材料等遮挡视线,无法利用主网的点进行施工放样时,可以根据主网两个以上的点将控制点加密,这些加密点称为插点。插点的观测方法与主网相同,但在平差计算时，主网上点的坐标不得变更。

2）高程控制

在桥梁的施工阶段，为了作为放样的高程依据，应建立高程控制，即在河流两岸建立若干个水准基点。这些水准基点除用于施工外，也可作为以后变形观测的高程基准点。

水准基点布设的数量视河宽及桥的大小而异。一般小桥可只布设一个；在 200m 以内的大、中桥，宜在两岸各布设一个；当桥长超过 200m 时，由于两岸连测不便，为了在高程变化时易于检查，则每岸至少设置两个。

水准基点是永久性的，必须十分稳固。除了它的位置要求便于保护外，根据地质条件，可采用混凝土标石、钢管标石、管柱标石或钻孔标石。在标石上方嵌以凸出半球状的铜质或不锈钢标志。

为了方便施工，也可在附近设立施工水准点，由于其使用时间较短，在结构上可以简化，但要求使用方便，也要相对稳定，且在施工时不致破坏。

桥梁水准点与线路水准点应采用同一高程系统。与线路水准点连测的精度不需要很高，当包括引桥在内的桥长小于 500m 时，可用四等水准连测，大于 500m 时可用三等水准进行测量。但桥梁本身的施工水准网，则宜用较高精度，因为它是直接影响桥梁各部放样精度的。

当跨河距离大于 200m 时，宜采用过河水准法连测两岸的水准点；跨河点间的距离小于 800m 时，可采用三等水准；大于 800m 时则采用二等水准进行测量。

11.1.2　桥轴线长度所需精度的估算

在选定的桥梁中线上，于桥头两端埋设两个控制点，两控制点间的连线称为桥轴线。由于墩、台定位时主要以这两点为依据，所以桥轴线长度的精度直接影响墩、台定位的精度。为了保证墩、台定位的精度要求，首先需要估算出桥轴线长度需要的精度，以便合理地拟定测量方案。

在现行的《工程测量规范》（GB 50026—2007）中，根据梁的结构形式、施工过程中可能产生的误差，推导出了如下的估算公式。

钢筋混凝土简支梁：

$$m_L = \pm \frac{\Delta_D}{\sqrt{2}}\sqrt{N} \tag{11-1}$$

钢板梁及短跨（$l \leq 64$m）简支钢桁梁：

单跨：

$$m_l = \pm \frac{1}{2}\sqrt{\left(\frac{l}{5\,000}\right)^2 + \delta^2} \tag{11-2}$$

多跨等跨：

$$m_L = \pm m_l \sqrt{N} \tag{11-3}$$

多跨不等跨：

$$m_L = \pm \sqrt{m_{l1}^2 + m_{l2}^2 + \cdots + m_{ln}^2} \tag{11-4}$$

连续梁及长跨（$l \geq 64$m）简支钢桁梁：

单联（跨）：

$$m_l = \pm \frac{1}{2}\sqrt{n\Delta_l^2 + \delta^2} \tag{11-5}$$

多联(跨)等联(跨):

$$m_L = \pm m_l \sqrt{N} \tag{11-6}$$

多联(跨)不等联(跨):

$$m_L = \pm \sqrt{m_{l1}^2 + m_{l2}^2 + \cdots + m_{ln}^2} \tag{11-7}$$

式中:m_l——单跨长度中误差;

  m_L——桥轴线(两桥台间)长度中误差;

  l——梁长;

  N——联(跨)数;

  n——每联(跨)节间数;

  Δ_D——墩中心的点位放样限差(设为 ±10mm);

  Δ_l——节间拼装限差(±2mm);

  δ——固定支座安装限差(±7mm);

$l/5\ 000$——梁长制造限差。

11.2 桥梁工程施工测量

11.2.1 桥梁墩、台中心的测设

在桥梁墩、台的施工过程中,首要的是测设出墩、台的中心位置,其测设数据是根据控制点坐标和设计的墩、台中心位置计算出来的。放样方法则可采用直接测设或交会的方法。

1)直线桥的墩、台中心测设

直线桥的墩、台中心位置都位于桥轴线的方向上。墩、台中心的设计里程及桥轴线起点的里程是已知的,如图 11-2 所示,相邻两点的里程相减即可求得它们之间的距离。根据地形条件,可采用直接测距法或交会法测设出墩、台中心的位置。

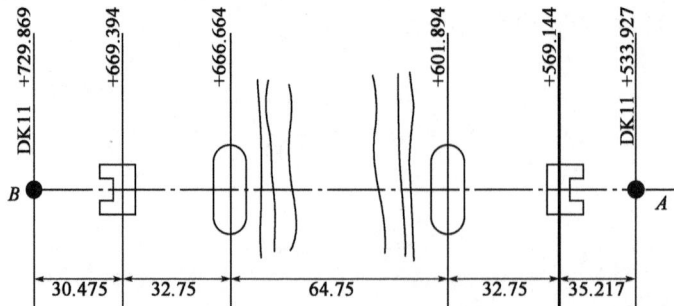

图 11-2　桥梁墩、台(尺寸单位:m)

(1)直接测距法

这种方法使用于无水或浅水河道。根据计算出的距离,从桥轴线的一个端点开始,用检定过的钢尺逐段测设出墩、台中心,并附合于桥轴线的另一个端点上。如在限差范围之内,则依据各段距离的长短按比例调整已测设出的距离。在调整好的位置上钉一个小钉,即为测设的点位。

如用光电测距仪测设,则在桥轴线起点或终点架设仪器,并照准另一个端点。在桥轴线方向上设置反光镜,曲线桥的墩、台中心测设并前后移动,直至测出的距离与设计距离相符,则该点即为要测设的墩、台中心位置。为了减少移动反光镜的次数,在测出的距离与设计距离相差不多时,可用小钢尺测出其差数,以定出墩、台中心的位置。

(2)交会法

当桥墩位于水中,无法丈量距离及安置反光镜时,则采用角度交会法。如图 11-3 所示,A、C、D 位控制网的三角点,且 A 为桥轴线的端点,E 为墩中心位置。在控制测量中 φ、φ'、d_1、d_2 已经求出,为已知值。AE 的距离 l_E 可根据两点里程求出,也为已知。则:

$$\alpha = \arctan\left(\frac{l_E \sin\varphi}{d_1 - l_E \cos\varphi}\right) \tag{11-8}$$

$$\beta = \arctan\left(\frac{l_E \sin\varphi'}{d_2 - l_E \cos\varphi'}\right) \tag{11-9}$$

α、β 也可以根据 A、C、D、E 的已知坐标求出。

在 C、D 点上架设经纬仪,分别自 CA 及 DA 测设出 α 及 β 角,则两方向的交点即为 E 点的位置。

为了检核精度及避免错误,通常都用三个方向交会,即同时利用桥轴线 AB 的方向(CE 与 AE 交会于点 E_1,DE 与 AE 交会于点 E_2,CE 与 DE 交会于点 E')。

由于测量误差的影响,三个方向不交于一点,而形成如图 11-4 所示的三角形,这个三角形称为示误三角形。示误三角形的最大边长,在建筑墩、台下部时不应大于 25mm,上部时不应大于 15mm。如果在限差范围内,则将交会点 E' 投影至桥轴线上,作为墩中心的点位。

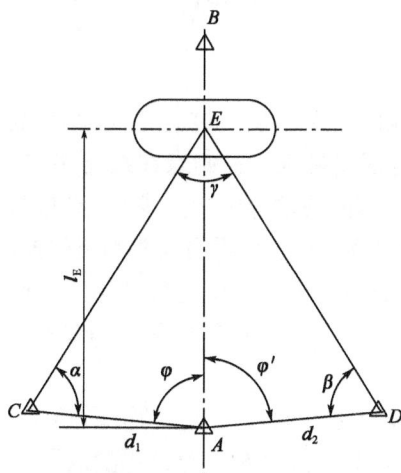

图 11-3 交会法求中心点位置

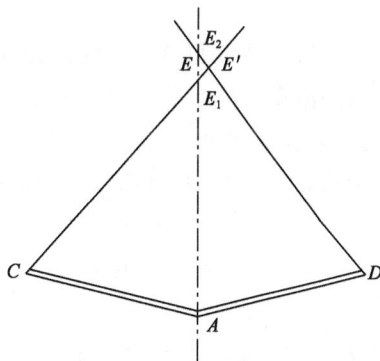

图 11-4 示误三角形

随着工程的进展,需要经常进行交会定位。为了工作方便,提高效率,通常都是在交会方向的延长线上设立标志,如图 11-5 所示。在以后交会时即不再测设角度,而是直接照准标志即可。

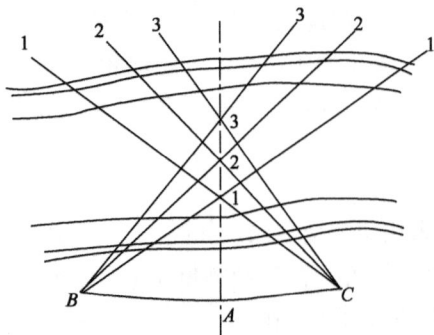

图 11-5　交会法照准标志的设置方法

当桥墩筑出水面以后,即可在墩上架设反光镜,利用光电测距仪,以直接测距法定出墩中心的位置。

2)曲线桥的墩、台中心测设

在直线桥上,桥梁和线路的中线都是直的,两者完全重合。但在曲线桥上则不然,曲线桥的中线是曲线,而每跨桥梁却是直的,所以桥梁中线与线路中线基本构成了附合的折线,这种折线称为桥梁工作线,如图 11-6所示。墩、台中心即位于折线的交点上,曲线桥的墩、台中心测设,就是测设工作线的交点。

设计桥梁时,为使列车运行时梁的两侧受力均匀,桥梁工作线应尽量接近线路中线,所以梁的布置应使工作线的转折点向线路中线外侧移动一段距离 E,这段距离称为"桥墩偏距"。偏距 E 一般是以梁长为弦线的中矢的一半。相邻梁跨工作线构成的偏角 α 称为"桥梁偏角";每段折线的长度 L 称为"桥墩中心距"。E、α、L 在设计图中都已经给出,根据给出的 E、α、L 即可测设墩位。

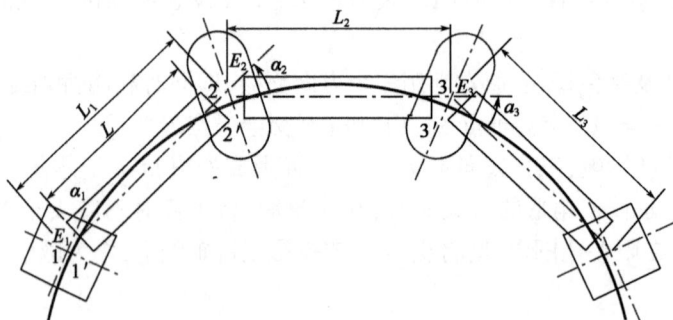

图 11-6　曲线桥的墩、台中心测试

在曲线桥上测设墩位与直线桥相同,也要在桥轴线的两端测设出控制点,以作为墩、台测设和检核的依据。测设的精度同样要求满足估算出的精度要求。控制点在线路中线上的位置,可能一端在直线上,而另一端在曲线上(图 11-7),也可能两端都位于曲线上(图 11-8)。与直线不同的是,曲线上的桥轴线控制桩不能预先设置在线路中线上,再沿曲线测出两控制桩间的长度,而是根据曲线长度,以要求的精度用直角坐标法测设出来。用直角坐标法测设时,是以曲线的切线作为 x 轴。为保证测设桥轴线的精度,则必须以更高的精度测量切线的长度,同时也要精密地测出转向角 α。

测设控制桩时,如果一端在直线上,而另一端在曲线上(图 11-7),则先在切线方向上测设出 A 点,测出 A 至转点 ZD_{1-3} 的距离,则可求得 A 点的里程。测设 B 点时,应先在桥台以外适宜的距离处,选择 B 点的里程,求出它与 ZH(或 HZ)点里程之差,即得曲线长度,据此,可算出 B 点在曲线坐标系内的 x、y 值。ZH 及 A 的里程都是已知的,则 A 至 ZH 的距离可以求出。这段距离与 B 点的 x 坐标之和,即为 A 点至 B 点在切线上的垂足 ZD_{1-4} 的距离。从 A 沿切线方

向精密地测设出 $ZD_{1\text{-}4}$，再在该点垂直于切线的方向上测设出 y，即得 B 点的位置。

在设出桥轴线的控制点以后，即可据以进行墩、台中心的测设。根据条件，也是采用直接测距法或交会法。

（1）直接测距法

在墩、台中心处可以架设仪器时，宜采用直接测距。

由于墩中心距 L 及桥梁偏角 α 是已知的，可以从控制点开始，逐个测设出角度及距离，即直接定出各墩、台中心的位置，最后再附合到另外一个控制点上，以检核测设精度。这种方法称为导线法。

利用光电测距仪测设时，为了避免误差的积累，可采用长弦偏角法，或称极坐标法。

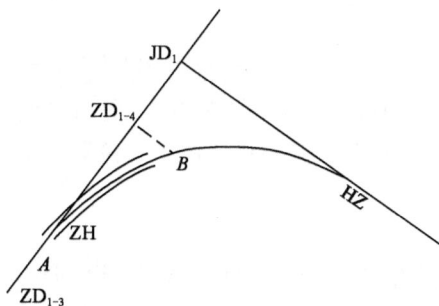

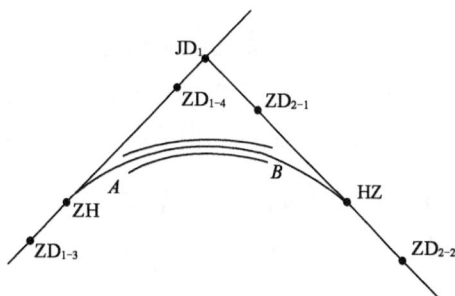

图 11-7 曲线桥不完全在曲线上   图 11-8 曲线桥完全在曲线上

由于控制点及个墩、台中心点在曲线坐标系内的坐标是可以求得的，故可据以算出控制点至墩、台中心的距离及其与切线方向的夹角 δ_i。自切线方向开始设出 δ_i，再在此方向上设出 D_i，如图 11-9 所示，即得墩、台中心的位置。此种方法因各点是独立测设的，不受前一点测设误差的影响。但在某一点上发生错误或有粗差也难于发现，所以一定要对各个墩中心距进行检核测量。

（2）交会法

当墩位于水中，无法架设仪器及反光镜时，宜采用交会法。

由于这种方法是利用控制网点交会墩位，所以墩位坐标系与控制网的坐标系必须一致，才能进行交会数据的计算。如果两者不一致时，则须先进行坐标转换。

为了具体起见，现举例说明交会数据的计算及交会方法。

【例 11-1】 在图 11-10 中，A、B、C、D 为控制点，E 为桥墩中心。在 A 点进行交会时，要算出自 AB、AD 作为起始方向的角度 θ_1 及 θ_2。

解：控制点及墩位的坐标是已知的，可据以算出 AE 的坐标方位角：

$$\alpha_2 = \arctan\left(\frac{y_E - y_A}{x_E - x_A}\right) = \arctan\left(\frac{0.008 - 0.002}{129.250 - 252.707}\right) = \arctan\left(\frac{0.006}{-123.455}\right) = 179°59'50.0''$$

在控制网资料中，已知 AB 的坐标方位角为 $\alpha_1 = 72°58'48.7''$，AD 的坐标方位角为 $\alpha_3 = 180°00'01.0''$，则：

$$\theta_1 = \alpha_2 - \alpha_1 = 179°59'50.0'' - 72°58'48.7'' = 107°01'01.3''$$

$$\theta_2 = \alpha_3 - \alpha_2 = 180°00'01.0'' - 179°59'50.0'' = 0°00'11.0''$$

同法可求出在 B、C、D 各点交会时的角值。

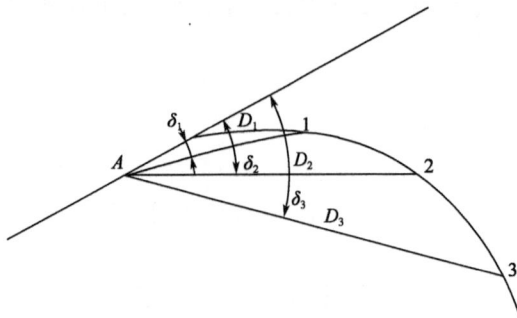

图11-9　极坐标法

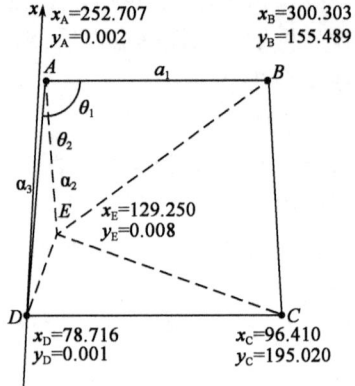

图11-10　交会数据的计算及交会方法

$x_A=252.707$
$y_A=0.002$
$x_B=300.303$
$y_B=155.489$
$x_E=129.250$
$y_E=0.008$
$x_D=78.716$
$y_D=0.001$
$x_C=96.410$
$y_C=195.020$

在 A 点交会时,可以 AB 或 AD 作为起始方向,设出相应的角值,即得 AE 方向,在交会时,一般需用三个方向,当示误三角形的边长在容许范围内时,取其重心作为墩中心位置。

11.2.2　墩、台纵横轴线的测设

为了进行墩、台施工的细部放样,需要测设其纵、横轴线。所谓纵轴线是指过墩、台中心平行与线路方向的轴线,而横轴线是指过墩、台中心垂直于线路方向的轴线;桥台的横轴线是指桥台的胸墙线。

直线桥墩、台的纵轴线与线路中线的方向重合,在墩、台中心架设仪器,自线路中线方向测设 $90°$ 角,即为横轴线的方向(图11-11)。

曲线桥的墩、台轴线位于桥梁偏角的分角线上,在墩、台中心架设仪器,照准相邻的墩、台中心,测设 $\alpha/2$ 角,即为纵轴线的方向。自纵轴线方向测设 $90°$ 角,即为横轴线方向(图11-12)。

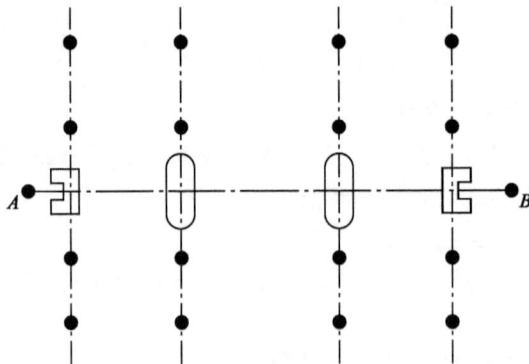

图11-11　直线桥纵横轴线

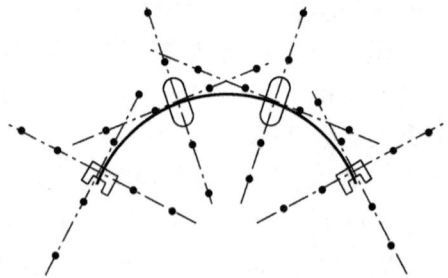

图11-12　曲线桥纵横轴线

在施工过程中,墩、台中心的定位桩要被挖掉,但随着工程的进展,又要经常需要恢复墩、台中心的位置,因而要在施工范围以外钉设护桩,据以恢复墩台中心的位置。

所谓护桩即在墩、台的纵、横轴线上,于两侧各钉设至少两个木桩,因为有两个桩点才可恢复轴线的方向。为防破坏,可以多设几个。在曲线桥上的护桩纵横交错在使用时极易弄错,所以在桩上一定要注明墩台编号。

11.2.3 桥梁细部放样

随着施工的进展,随时都要进行放样工作,但桥梁的结构及施工方法千差万别,所以测量的方法及内容也各不相同。总的来说,主要包括基础放样、墩、台放样及架梁时的测量工作。

中小型桥梁的基础,最常用的是明挖基础和桩基础。明挖基础的构造如图 11-13 所示,它是在墩、台位置处挖出一个基坑,将坑底平整后,再灌注基础及墩身。根据已经设出的墩中心位置,纵、横轴线及基坑的长度和宽度,测设出基坑的边界线。在开挖基坑时,如坑壁需要有一定的坡度,则应根据基坑深度及坑壁坡度设出开挖边界线。边坡桩至墩、台轴线的距离 D (图 11-14)依下式计算:

$$D = \frac{b}{2} + h \cdot m$$

式中:b——坑底的长度或宽度;

h——坑底与地面的高差;

m——坑壁坡度系数的分母。

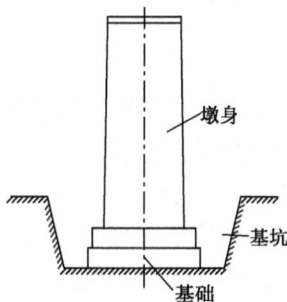

图 11-13 明挖基础构造   图 11-14 边坡桩位置示意

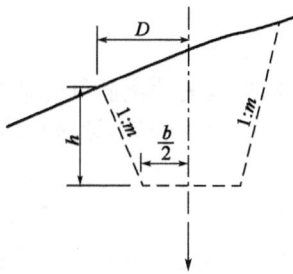

桩基础的构造如图 11-15 所示,它是在基础的下部打入基桩,在桩群的上部灌注承台,使桩和承台连成一体,再在承台以上修筑墩身。

基桩位置的放样如图 11-16 所示,它是以墩、台纵、横轴线为坐标轴,按设计位置用直角坐标法测设。在基桩施工完成以后,承台修筑以前,应再次测定其位置,以便作为竣工资料。

明挖基础的基础部分、桩基的承台以及墩身的施工放样,都是先根据护桩测设出墩、台的纵、横轴线,再根据轴线设立模板。即在模板上标出中线位置,使模板中线与桥墩的纵、横轴线对齐,即为其应有的位置。

墩、台施工中的高程放样,通常都在墩台附近设立一个施工水准点,根据这个水准点以水准测量方法测设各部分的设计高程。但在基础底部及墩、台的上部,由于高差过大,难以用水准尺直接传递高程时,可用悬挂钢尺的办法传递高程。架梁是建造桥梁的最后一道工序。无论是钢梁还是混凝土梁,都是预先按设计尺寸做好,再运到工地架设。

梁的两端是用位于墩顶的支座支撑,支座放在底板上,而底板则用螺栓固定在墩、台的支承垫石上。架梁的测量工作,主要是测设支座底板的位置,测设时也是先设计出它的纵、横中心线的位置。支座底板的纵、横中心线与墩、台纵横轴线的位置关系是在设计图上给出的。因而在墩、台顶部的纵横轴线设出以后,即可根据它们的相互关系,用钢尺将支座底板的纵、横中心线设放出来。

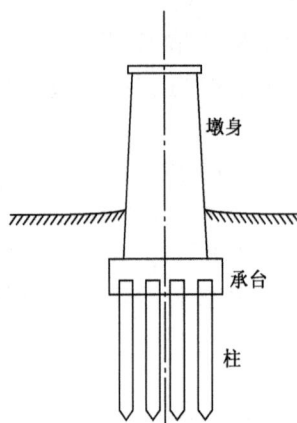

图 11-15　桩基础构造

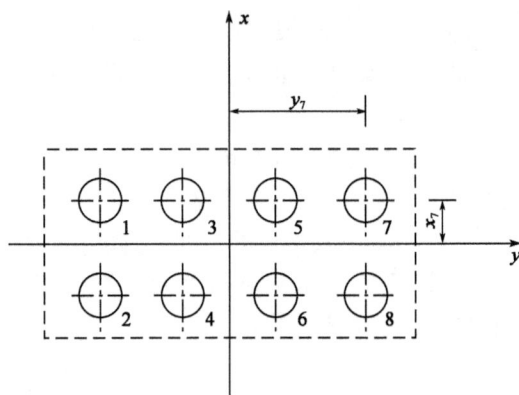

图 11-16　基桩位置放样

11.3　涵洞施工测量

涵洞施工测量时要首先放出涵洞的轴线位置,即根据设计图纸上涵洞的里程,放出涵洞轴线与路线中线的交点,并根据涵洞轴线与路线中线的夹角,放出涵洞的轴线方向。

放样直线上的涵洞时,依涵洞位于曲线测设的方法定出涵洞与路线中线的交点。依地形条件,涵洞轴线与路线有正交的,也有斜交的。将经纬仪安置在涵洞轴线与路线中线的交点处,测设出已知的夹角,即得涵洞轴线的方向,如图 11-17 所示。涵洞轴线用大木桩标志在地面上,这些标志桩应在路线两侧涵洞的施工范围以外,且每侧两个。自涵洞轴线与路线中线的交点处沿着涵洞轴线方向量出上下游的涵长,即得涵洞口的位置,涵洞口要用小木桩标出来。

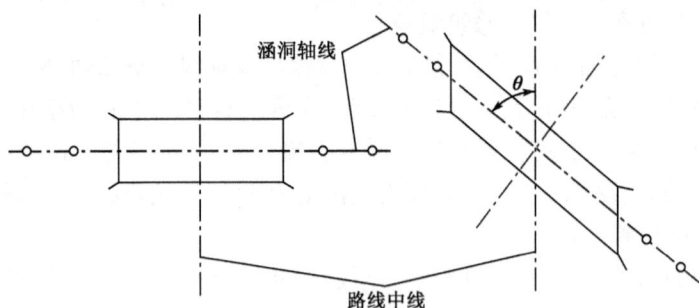

图 11-17　涵洞轴线放样

涵洞基础及基坑的边线根据涵洞的轴线测设,在基础轮廓线的转折处都要钉设木桩,如图 11-18a)所示。为了开挖基础,还要根据开挖深度及土质情况定出基坑的开挖界限,即所谓的边坡线。在开挖基坑时很多桩都要挖掉,所以通常都在离基础边坡线 1~1.5m 处设立龙门板,然后将基础及基坑的边线用线绳及垂球投放在龙门板上,并用小钉加以标志。当基坑挖好后,再根据龙门板上的标志将基础边线投放到坑底,作为砌筑基础的根据,如图 11-18b)所示。

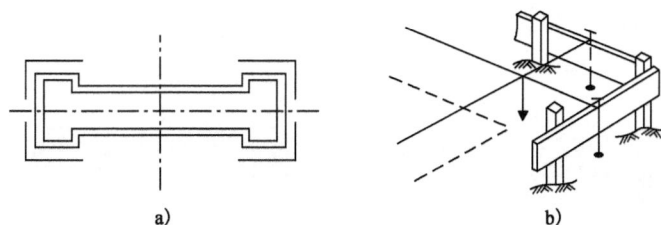

图11-18 涵洞基础放样

在基础砌筑完毕,安装管节或砌筑墩台身及端墙时,各个细部的放样仍以涵洞的轴线作为放样的依据,即自轴线及其与路线中线的交点,量出各有关的尺寸。

涵洞细部的高程放样,一般是利用附近的水准点用水准仪测设。

【思考题与习题】

11-1 桥梁测量的主要内容分哪几部分?桥位测量的目的是什么?

11-2 桥位控制测量包含哪些内容?桥轴线长度如何精确测量?

11-3 桥梁墩、台中心测量如何操作?施工中如何放样?

11-4 简述涵洞施工放样的基本步骤。

第12章
管道工程测量

12.1 概　　述

　　管道工程多属于地下构筑物。管道工程在地下施工的特点要求在施工时必须严格保证施工质量。因此,确保管道工程测量的精度具有重要的意义。

　　管道种类繁多,主要有给水、排水、天然气、热力电信、输油管等。在城市建设中,特别是城镇工业区,管道更是上下穿插,纵横交错连接成管道网。为各种管道设计和施工所进行的测量工作通称为管道工程测量,主要包括:管道中线的测设与恢复、管道纵横断面的测绘、带状图测量、管道施工测量、管道竣工测量等内容。

12.2 管道中线测量

　　管道中线测量的任务是将设计的管道中线位置测设于实地并标记出来。其主要工作内容是测设管道的主点(起点、终点和转折点)、钉设里程桩和加桩等。

12.2.1 管线主点的测设

1)根据控制点测设管线主点

当管道规划设计图上已给出管线起点、转折点和终点的设计坐标与附近控制点的坐标时,可计算出测设数据,然后用极坐标法、直角坐标法或交会法进行测设。

2)根据地面上已有建筑物测设管线主点

在城镇中,管线一般与道路中心线或永久建筑物的轴线平行或垂直。主点测设数据可由设计时给定坐标计算,然后用直角坐标法进行测设;当管道规划设计图的比例尺较大,管线是直接在大比例尺地形图上设计时,往往不给出坐标值,则可根据与现场已有的地物(如道路、建筑物)之间的关系采用图解法来求得测设数据。如图 12-1 所示,AB 是原有管道,1、2 点是设计管道主点。欲在实地定出 1、2 等主点,可根据比例尺在图上量取长度 D、a、b,即得测设数据,然后用直角坐标法测设 2 点。图解法仅适用于不严格要求管道中线测量精度时的情况。

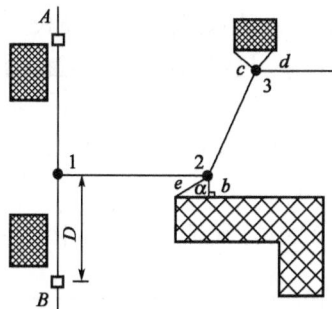

图 12-1　根据已有建筑物测设主点

主点测设好以后,应丈量主点间距离和测量管线的转折角,并与附近的测量控制点连测,以检查中线测量的成果。为了便于施工时查找主点位置,一般还要做好点的记号。

12.2.2　钉(设)里程桩和加桩

为了测定管线长度和测绘纵、横断面图,沿管道中心线自起点每 50m 钉一里程桩。在 50m 之间地势变化处要钉加桩,在新建管线与旧管线、道路、桥梁、房屋等交叉处也要钉加桩。

里程桩和加桩的里程桩号以该桩到管线起点的中线距离来确定,并用红字记录在里程桩侧面。关于管线的起点,给水管道以水源作为起点;排水管道以下游出水口为起点;煤气、热力管道以供气方向作为起点。为保证里程桩的测设精度控制在1/1 000,在量距时应采用往返测量的方法。

为了给设计和施工提供资料,中线定好后应将中线展绘到现状地形图上。图上应反映出点的位置和桩号,管线与主要地物、地下管线交叉的位置和桩号,各主点的坐标、转折角等。如果敷设管道的地区没有大比例尺地形图,或在沿线地形变化较大的情况下,还需测出管道两侧各 20m 的带状地形图;如通过建筑物密集地区,需测绘至两侧建筑物处,并用统一的图示表示。

12.3　管道纵、横断面图测绘

12.3.1　管道纵断面测量

管道纵断面测量是根据管线附近的水准点,用水准测量方法测出管道中线上各里程桩和加桩点的高程,绘制纵断面图,为设计管道埋深、坡度和计算土方量提供资料。

为了保证管道全线各桩点高程测量精度,应沿管道中线方向上每隔 1~2km 设一固定水准点,300m左右设置一临时水准点,作为纵断面水准测量分段闭合和施工引测高程的依据。

纵断面水准测量可从一个水准点出发,逐段施测中线上各里程桩和加桩的地面高程,然后附合到邻近的水准点上,以便校核。

绘制管道纵断面图时,应在图上标注诸多相关数据,如桩号、坡度、距离、地面高程、管地高程、埋深值等,如图12-2所示。其与其他纵断面图的不同之处在于:

(1)管道纵断面图上部,要把本管线和旧管线相联结处以及交叉处的高程和管径按比例画在图上。

(2)图的下部格式没有中线栏,但有说明栏。

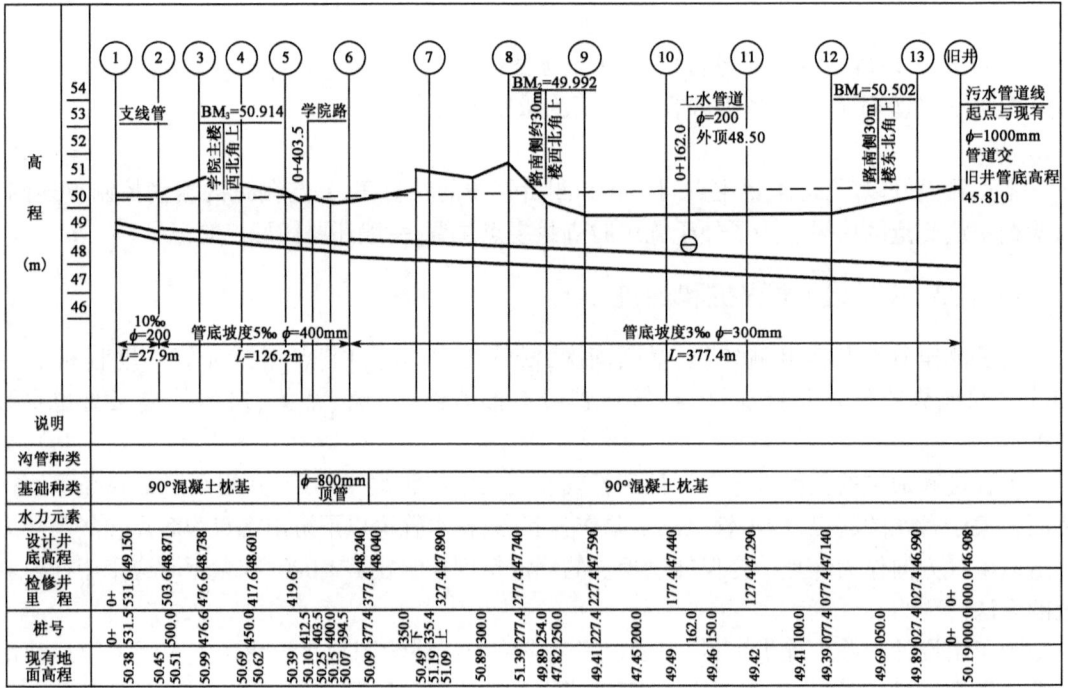

图12-2 管道纵断面图

12.3.2 管道横断面测量

管道横断面测量是测定各里程桩和加桩处垂直于中线两侧地面特征点到中线的距离和各点与桩点间的高差,并据此绘制出横断面图。该图主要供管线设计时计算土石方量和施工时确定开挖边界之用。

横断面测量施测的宽度由管道的直径和埋深来确定,一般每侧为 10~20m。管道横断面测量方法与道路横断面测量相同。其横断面图的绘制方法也与普通断面图的绘制方法类似。

当横断面方向较宽、地面起伏变化较大时,可用经纬仪视距测量的方法测得距离和高程,并绘制横断面图。如果管道两侧平坦、工程面窄、管径较小、埋深较浅时,一般不做横断面测量,可根据纵断面图和开槽的宽度来估算土(石)方量。

12.4 管道施工测量

管道工程一般属于地下构筑物。在较大的城镇及工矿企业中,各种管道常相互上下穿插,纵横交错。因此在施工过程中,要严格按设计要求进行测量工作,并做到"步步有校核",这样才能确保施工质量。管道施工测量的主要任务是根据工程进度的要求,为施工测设各种基准标志,以便在施工中能随时掌握中线方向和高程位置。

12.4.1 施工前的测量工作

1)熟悉图纸和现场情况

施工前,要认真研究图纸,了解设计意图及工程进度安排。到现场找到各交点桩、转点桩、里程桩及水准点位置。

2)校核中线并测设施工控制桩

中线测量时,所钉各桩在施工过程中会丢失或被破坏一部分。为保证中线的位置准确可靠,应根据设计及测量数据进行复核,并补齐已丢失的桩。

在施工时由于中线上各桩要被挖掉,为便于恢复中线和其他附属构筑物的位置,应在不受施工干扰、引测方便和易于保存桩位处设置施工控制桩。施工控制桩分中线控制桩和附属构筑物的位置控制桩两种,如图 12-3 所示。其中,中线控制桩设置在管道各主点的中线延长线上,而位置控制桩通常处于管道中线的垂直线上。

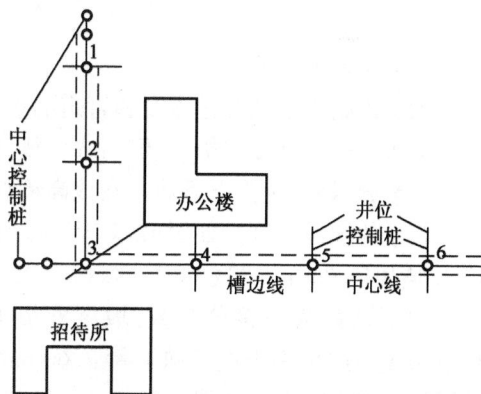

3)加密控制点

为便于施工过程中引测高程,应根据原有水准点,在沿线附近每隔 150m 增设一个临时水准点。

图 12-3 管道的中线控制桩

4)槽口放线

槽口放线就是按设计要求的埋深和土质情况、管径大小等计算出开槽宽度,并在地面上定出槽边线位置,画出白灰线,以便开挖施工。

12.4.2 施工过程中的测量工作

管道施工过程中的测量工作,主要是控制管道中线和高程。一般采用坡度板法和平行轴腰桩法。

1)坡度板法

(1)设置坡度板及测设中线钉

管道施工中的测量工作主要是控制管道中线设计位置和管底设计高程。为此,需设置坡度板。如图 12-4 所示,坡度板跨槽设置,坡度板间隔一般为 10~20m,编以板号。根据中线控制桩,用经纬仪把管道中心线投测到坡度板上,用小钉作标记,称作中线钉,以控制管道中心的平面位置。坡度板侧面还应标注里程桩号和检查井号。

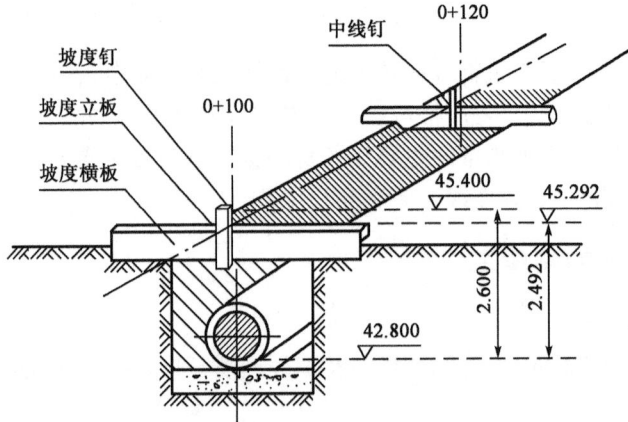

图 12-4 坡度板的设置(尺寸单位:m;高程单位:m)

(2)测设坡度钉

为了控制沟槽的开挖深度和管道的设计高程,还需要在坡度板上测设设计坡度。为此,在坡度横板上设一坡度立板,一侧对齐中线,在竖面上测设一条高程线,其高程与管底设计高程相差一整分米数,称为下返数。在该高程线上横向钉一小钉,称为坡度钉,以控制沟底挖土深度和管子的埋设深度。如图 12-5 所示,用水准仪测得桩号为 0 + 100 处的坡度板中线处的板顶高程为 45.292m,管底的设计高程为 42.800m,从坡度板顶向下量 2.492m,即为管底高程。为了使下返数为一整分米数,坡度立板上的坡度钉应高于坡度板顶 0.108m,使其高程为 45.400m。这样,由坡度钉向下量 2.600m,即为设计的管底高程。各坡度钉的连线与管底设计高程的坡度线平行。因此,施工中可通过测量坡度钉的高程来控制管底高程。若施工中出现超挖状况,禁止回填土层,必须通过加厚垫层的方法解决。

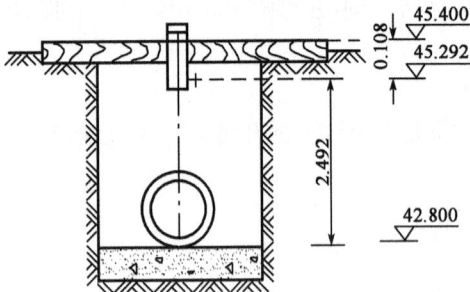

图 12-5 坡度钉的测设(尺寸单位:m;高程单位:m)

2)平行轴腰桩法

当现场条件不便采用龙门板时,对精度要求较低或现场不便采用坡度板法时可用平行轴腰桩法测设施工控制标志。

开工之前,在管道中线一侧或两侧设置一排或两排平行于管道中线的轴线桩,桩位应落在开挖槽边线以外,如图 12-6 所示。平行轴线离管道中线为 A,各桩间距以 15 ~ 20m 为宜,在检查井处的轴线桩应与井位相对应。

为了控制管底高程,在槽沟坡上(距槽底约 1m),测设一排与平行轴线桩相对应的桩,这排桩称为腰桩(又称水平桩),作为挖槽深度、修平槽底和打基础垫层的依据。如图 12-7 所示。在腰桩上钉一小钉,使小钉的连线平行管道设计坡度线,并距管底设计高程为一整分米数,即为下返数。

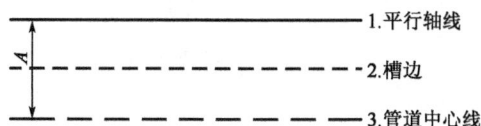

图 12-6 平行轴腰桩法

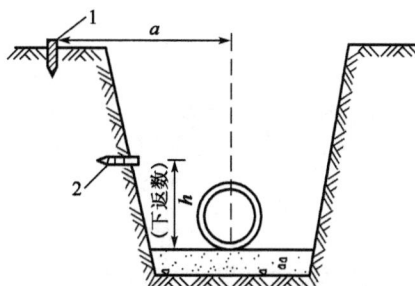

图 12-7 平行轴腰桩法

1-平行轴线桩;2-腰桩

12.4.3 架空管道的施工测量

1)管架基础施工测量

架空管道基础各工序的施工测量方法与桥梁明挖基础相同,不同点主要是架空管道有支架(或立杆)及其相应基础的测量工作。管架基础控制桩应根据中心桩测定。

管线上每个支架的中心桩在开挖基础时将被挖掉,需将其位置引测到互相垂直的四个控制桩上,如图 12-8 所示。引测时,将经纬仪安置在主点上,在 I II 方向上钉出 a、b 两控制桩,然后将经纬仪安置在支架中心点 1,在垂直于管线方向上标定 c、d 两控制桩。根据控制桩可恢复支架中心 1 的位置及确定开挖边线,进行基础施工。

2)支架安装测量

架空管道系安装在钢筋混凝土支架或钢支架上。安装

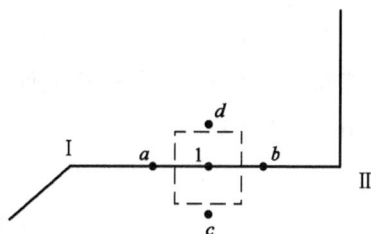

图 12-8 控制桩测设

管道支架时,应配合施工进行柱子垂直校正等测量工作,其测量方法、精度要求均与厂房柱子安装测量相同。管道安装前,应在支架上测设中心线和高程。中心线投点和高程测量容许误差均不得超过 ±3mm。

12.5 顶管施工测量

当地下管道需要穿越其他建筑物时,不能用开槽方法施工,就采用顶管施工法。在顶管施工中要做的测量工作有以下两项。

1)中线测设

挖好顶管工作坑,根据地面上标定的中线控制桩,用经纬仪将中线引测到坑底,在坑内标定出中线方向,如图 12-9 所示。在管内前端水平放置一把木尺,尺上有刻度并标明中心点,用经纬仪可以测出管道中心偏离中线方向的数值,依此在顶进中进行校正。如果使用激光准直经纬仪,则沿中线方向发射一束激光。激光是可见的,所以管道顶进中的校正更为方便。中线测设中的允许误差值是 30mm。

2)高程测设

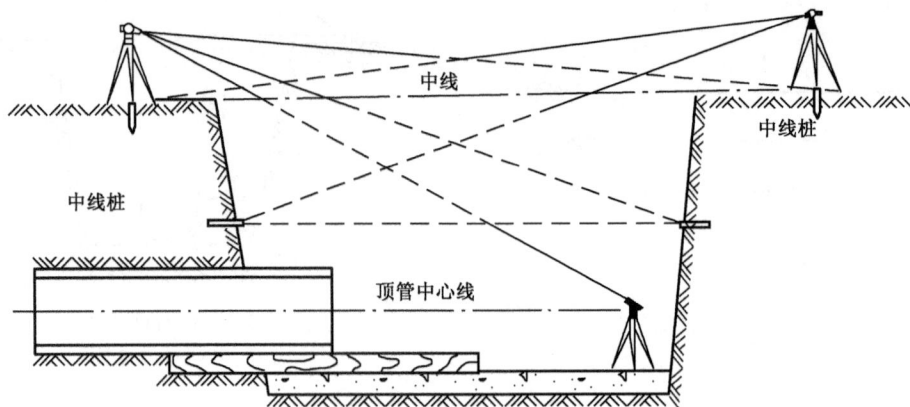

图 12-9　顶管中心线方向测设

在工作坑内测设临时水准点,用水准仪测量管底前、后备点的高程,可以得到管底高程和坡度的校正数值。测量时,管内使用短水准标尺。如果将激光准直经纬仪安置的视准轴倾斜坡度与管道设计中心线重合,则可以同时控制顶管作业中的方向和高程。高程的允许误差值是 ±10mm。

在小于 50m 的短距离顶管施工时,可依照此方法,每前进 0.5m 校核一次中线和高程,以便确保施工精度。在长距离顶管施工时,可分段实施对向顶管施工。进行对向顶管施工时,管口错位不得超过 30mm。

12.6　管道竣工测量

管道竣工图不但是管道建成之后的使用管理和日常维护的重要的基本资料,也是城市地下管线发展的重要参考资料。管道竣工测量包括管道竣工平面图和管道竣工纵断面图的测绘。竣工平面图主要测绘管道的起点、转折点、终点、检查井及附属构筑物的平面位置和高程,测绘管道与附近重要地物(永久性房屋、道路、高压电线杆等)的位置关系。管道竣工纵断面图的测绘,要在回填土之前进行,用水准测量方法测定管顶的高程和检查井内管底的高程,距离用钢尺丈量。使用全站仪进行管道竣工测量将会提高效率。

【思考题与习题】

12-1　管线工程各阶段测量工作有哪些?

12-2　管道纵断面图与其他纵断面图的不同点有哪些?

12-3　管道施工过程中的测量工作主要采用什么方法? 其主要目的是什么?

12-4　顶管施工测量的主要内容包括哪些?

12-5　管道竣工测量包括哪些内容?

第13章

建筑工程测量

各种工程在施工阶段所进行的测量工作称为施工测量。施工测量的任务就是把图纸上设计的建(构)筑物的平面位置和高程,按设计和施工的要求在施工作业面上测设(也称放样)出来,作为施工的依据,并在施工过程中进行一系列的测量工作,以指导和衔接各施工阶段和工种间的施工工作。

13.1 施工测量概述

13.1.1 施工测量的内容

施工测量贯穿于整个施工过程中,主要内容包括:

(1)施工前建立与工程相适应的施工控制网。

(2)建(构)筑物的放样及构件与设备安装的测量工作。

(3)检查和验收工作。每道工序完成后,都要通过测量检查工程各部位的实际位置和高程是否符合要求,根据实测验收的记录,编绘竣工图和资料,作为验收时鉴定工程质量和工程交付后管理、维修、扩建、改建的依据。

(4)变形观测工作。随着施工的进展,测定建(构)筑物的位移和沉降,作为鉴定工程质量和验证工程设计、施工是否合理的依据。

13.1.2 施工测量的特点

施工测量的精度要求比测绘地形图的精度要求复杂,它包括施工控制网的精度、建筑物轴线测设的精度和建筑物细部放样的精度三个部分。

控制网的精度是由建筑物的定位精度和控制范围的大小所决定的,当定位精度要求较高和施工现场较大时,则需要施工控制网具有较高的精度。建筑物轴线测设的精度是指建筑物定位轴线的位置对控制网、周围建筑物或建筑红线的精度。建筑物细部放样的精度是指建筑物内部各轴线对定位轴线的精度,这种精度的高低取决于建(构)筑物的大小、材料、性质、用途及施工方法等因素。

一般来说,高层建筑物的放样精度要求高于低层建筑物;钢结构建筑物的放样精度要求高于钢筋混凝土结构建筑物;永久性建筑物的放样精度要求高于临时性建筑物;连续性自动化生产车间的放样精度要求高于普通车间;工业建筑的放样精度要求高于一般民用建筑;吊装施工方法对放样精度的要求高于现场浇灌施工方法。测量实践中,应根据具体的精度要求进行放样。

施工测量工作与工程质量及施工进度有着密切的联系。测量人员必须了解设计的内容、性质及其对测量工作的精度要求,熟悉图纸上的尺寸和高程数据,了解施工的全过程,并掌握施工现场的变动情况,使施工测量工作能够与施工密切配合。另外,施工现场工种多,交叉作业频繁,并有大量土石方填挖,地面变动很大,又有动力机械的震动。因此各种测量标志必须埋设在不易破坏且稳固的位置,应做到妥善保护,如有破坏应及时恢复。施工测量人员在施工现场上工作,也应特别注意人员和仪器的安全。确定安放仪器的位置时,应确保下面牢固,上面无杂物掉下,周围无车辆干扰。进入施工现场,测量人员一定要佩戴安全帽。同时,要保管好仪器、工具和施工图纸,避免丢失。

13.1.3 施工测量的原则

由于施工现场有各种建(构)筑物,且分布面广,开工兴建时间不一,为了保证各个建(构)筑物的平面位置和高程都符合设计要求,施工测量也应遵循"从整体到局部,先控制后碎部"的原则。即在施工现场先建立统一的平面控制网和高程控制网,然后,根据控制点的点位,测设各个建(构)筑物的位置。

此外,施工测量的检核工作也很重要,因此,必须加强外业和内业的检核工作。

13.2 施工控制测量

建筑施工测量的控制网是用来作为测设建筑物轴线、变形观测和竣工测量的依据。在工程施工之前,通常要在建筑场地上和原有测图控制网的基础上重新建立专门的施工控制网。

13.2.1 平面控制

平面控制网的布设形式,应根据建筑总平面图、建筑场地的大小和地形、施工方案等因素来确定,一般分为建筑基线和建筑方格网两种控制形式。

1）建筑基线

（1）建筑基线的布设形式

在面积不大、地势较平坦的建筑场地上，根据建筑物的分布、场地地形等因素，布置一条或几条轴线，以作为施工控制测量的基准线，简称建筑基线，如图13-1所示。

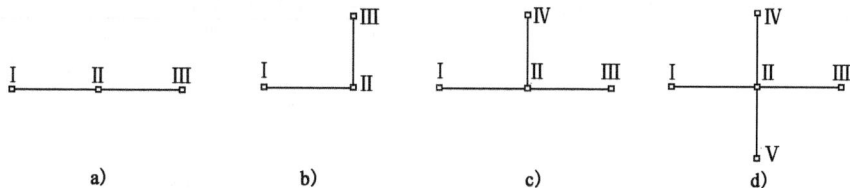

图13-1 建筑基线布设形式

建筑基线的布设形式有三点"一"字形、三点"L"字形、四点"T"字形及五点"十"字形等形式，如图13-1所示。布设时要求做到：

①建筑基线应平行或垂直于主要建筑物的轴线，以便用直角坐标法进行测设。

②建筑基线相邻点间应互相通视，且点位不受施工影响。

③各点位要埋设永久性的混凝土桩，以便能长期保存。

④基线点应不少于三个，以便检查点位有无变动。

（2）建筑基线的测设

①根据建筑红线测设。

在城市建设区，建筑用地的边界线（建筑红线）是由城市规划部门选定并由测绘部门现场测设的，可作为建筑基线放样的依据。一般情况下，建筑基线与建筑红线平行或垂直，故可根据建筑红线用平行线推移法测设建筑基线。

如图13-2所示，AB、AC 是建筑红线，从 A 点沿 AB 方向量取 d_2 定 I′点，沿 AC 方向量取 d_1 定 I″点。

通过 B、C 作红线的垂线，并沿垂线量取 d_1、d_2 点得 II、III点，则 II、I″两点连线与III、I′两点连线相交于 I 点。I、II、III点即为建筑基线点。安置经纬仪于 I 点，精确观测 ∠ II-I-III，其角值与90°之差应不超过 ±24″，若误差超限，应检查推平行线时的测设数据，并对点位作相应调整。

如果建筑红线完全符合作为建筑基线的条件时，也可将其作为建筑基线使用。

②根据现场已有控制点测设。

在建筑场地上没有建筑红线作为依据时，可根据建筑物的设计坐标和附近已有的控制点，在图上选定建筑基线的位置，求算测设数据，按前所述方法在地面上放样出来。如图13-3所示，I、II、III为设计选定的建筑基线点，A、B 为其附近的已知控制点。首先根据已知控制点和待测设基线点的坐标关系反算出测设数据，用极坐标法或角度交会法测设出 I、II、III点。然后将经纬仪安置在 II点，观测 ∠ I-II-III是否等于180°，其限差一般为 ±24″。丈量II-I、II-III两段距离，分别与设计距离相比较，其相对误差一般不超过1/10 000。

2）建筑方格网

在地形平坦或大中型、高层建筑的施工场地上，多采用方格网作为施工控制网，称为建筑方格网。

（1）建筑方格网的布设

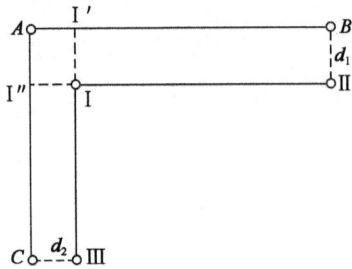

图 13-2　根据建筑红线测设基线

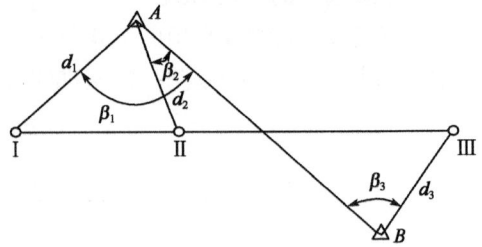

图 13-3　根据控制点测设基线

建筑方格网的布置,应根据建筑设计总平面图上各建筑物、构筑物、道路及各种管线的布设情况,结合现场的地形情况拟定。布置时应先选定建筑方格网的主轴线,然后再全面布置方格网。方格网的形式可布置成正方形或矩形。如图 13-4 所示,方格网可布设成"田"字形或"十"字形作为主轴线。主轴线上至少要有三个点,如 A、B、C、D、O 为主轴线点,其余方格点为加密点。

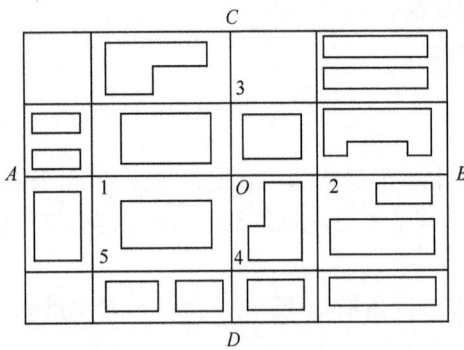

图 13-4　建筑方格网

建筑方格网的布网要求如下：

①方格网的主轴线应尽量选在建筑场地的中央,并与总平面图上所设计的主要建筑物轴线平行或垂直。

②方格网的轴线应彼此严格垂直。

③主轴线的各端点应布设在场地的边缘,以便控制整个场地。

④方格网的边长一般为 100～200m,矩形方格网的边长视建筑物的大小和分布而定,为了便于使用,边长尽可能为 50m 或 50m 的整数倍。

⑤方格网的边应保证通视且便于测距和测角,点位标石应能长期保存。

（2）施工坐标换算为测量坐标

当场区很大时,主轴线很长,一般只测设其中的一段。主轴线的定位点,称为主点。为了工作上的方便,设计和施工部门常采用一种独立坐标系,称为施工坐标系。

施工坐标系的纵轴用 A 表示,横轴用 B 表示,因此施工坐标系也称为 A、B 坐标系。主点的施工坐标由设计单位给出,也可在总平面图上用图解法求得一点的施工坐标后,再按主轴线的长度推算其他主点的施工坐标。

当施工坐标系与测量坐标系不同时,在施工方格网测设之前,应把主点的施工坐标换算为测量坐标,以便求算测设数据。

如图 13-5 所示,已知 P 点的施工坐标为 $P(A_P, B_P)$,换算为测量坐标 $P(x_P, y_P)$ 的计算公式为式(13-1)、式(13-2)。

$$x_P = x'_0 + A_P \cdot \cos\alpha - B_P \cdot \sin\alpha \tag{13-1}$$

$$y_P = y'_0 + A_P \cdot \sin\alpha + B_P \cdot \cos\alpha \tag{13-2}$$

（3）建筑方格网的测设

①主轴线测设。

如图 13-6 所示,AOB、COD 为建筑方格网的主轴线,A、B、C、D、O 是主轴线上的主点。根据附近已知控制点坐标与主轴线测量坐标计算出测设数据,测设主轴线点。先测设主轴线 AOB,其方法与建筑基线测设相同,要求测定 ∠AOB 的测角中误差不应超过 ±2.5″,直线度限差 ±5″以内;测设与主轴线 AOB 相垂直的另一主轴线 COD 时,将经纬仪安置于 O 点,瞄准 A 点,分别向右、向左转 90°,以精密量距初步定出 C′ 和 D′ 点。精确测出 ∠AOC′ 和 ∠AOD′,分别算出它们与 90°之差 ε_1 和 ε_2,并按式(13-3)计算出调整值:

$$l = L\frac{\varepsilon''}{\rho''} \tag{13-3}$$

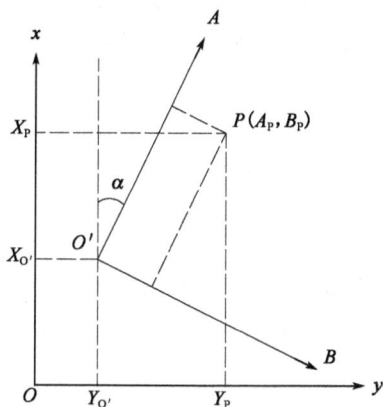

图 13-5 坐标换算

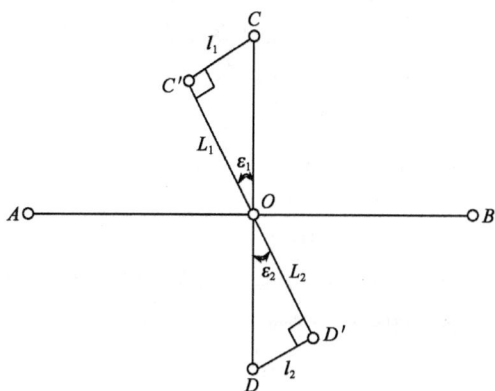

图 13-6 测设主轴线

点位按垂线改正法改正后,应检查两主轴线交角和主点间水平距离,其均应在规定限差范围之内。测设时,各轴线点应埋设混凝土桩。

②建筑方格网点的测设。

如图 13-4 所示,在测设出主轴线之后,从 O 点沿主轴线方向进行精密量距,定出 1、2、3、4 点;然后,将两台经纬仪分别安置在主轴线上的 1、3 两点,均以 O 点为起始方向,分别向左和向右精密测设角,按测设方向交会出 5 点的位置。交点 5 的位置确定后,即可进行交角的检测和调整。同法,用角度交会法测设出其余方格网点,所有方格网点均应埋设永久性标志。

13.2.2 高程控制

建筑施工场地的高程控制测量应与国家高程控制系统相联测,以便建立统一的高程系统,并在整个施工场地内建立可靠的水准点,形成水准网。

水准点应布设在土质坚实、不受振动影响、便于长期使用的地点并埋设永久标志;一般情况下,建筑方格网点也可兼作高程控制点,只要在方格网点桩面上中心点旁边设置一个突出的半球状标志即可。场地水准点的间距应小于 1km;水准点距离建筑物、构筑物不宜小于 25m,距离回填土边线不宜小于 15m。

水准点的密度应满足测量放线要求,尽量做到设一个测站即可测设出待测的水准点。水准网应布设成闭合水准路线、附合水准路线或结点网形。中小型建筑场地一般可按四等水准测量方法测定水准点的高程;对连续性生产的车间,则需要用三等水准测量方法测定水准点高程;当场地面积较大时,高程控制网可分为首级网和加密网两级布设。

13.3 建筑施工测量

13.3.1 民用建筑测量

民用建筑是指住宅、办公楼、食堂、商场、俱乐部、医院和学校等建筑物。施工测量的任务是按照设计的要求,把建筑物的平面位置和高程测设到地面上,并配合施工以确保工程质量。

1)测设前的准备工作

(1)熟悉图纸

设计图纸是施工测量的依据,主要包括:建筑总平面图、建筑平面图、基础平面图、基础详图、立面图和剖面图。

①建筑总平面图。

建筑总平面图是施工放样的总体依据,建筑物就是根据总平面图上所给的尺寸关系进行定位的,如图13-7所示。

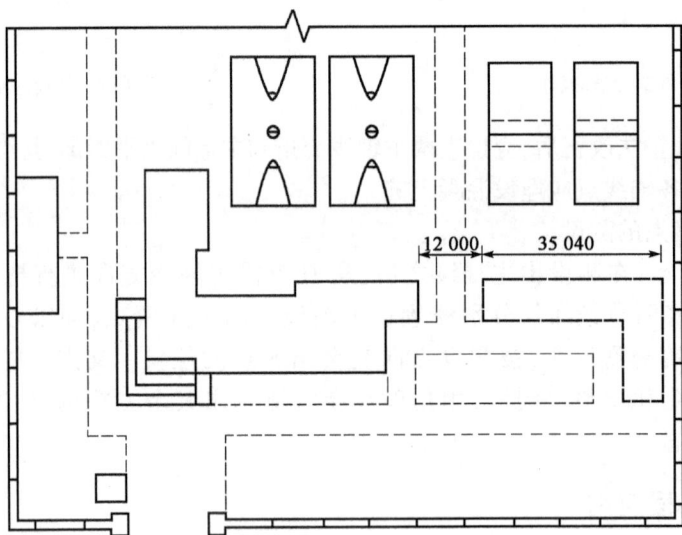

图 13-7　建筑总平面图(尺寸单位:mm)

②建筑平面图。

建筑平面图给出建筑物各定位轴线间的尺寸关系及室内地坪高程等,如图13-8所示。

③基础平面图。

基础平面图给出基础边线和定位轴线的平面尺寸和编号,如图13-9所示。

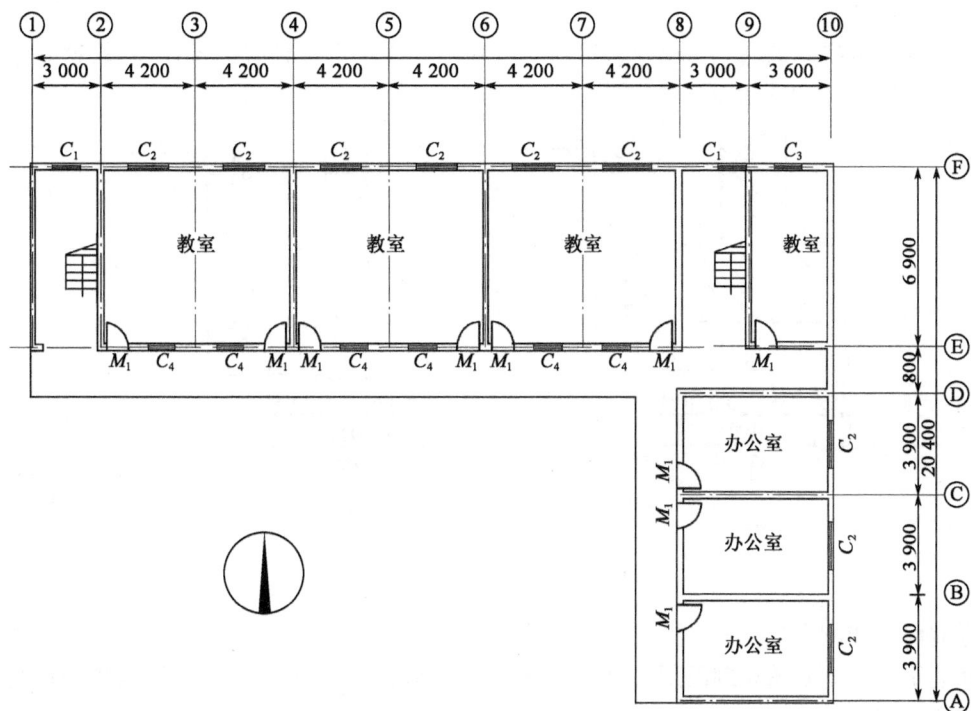

图 13-8 建筑平面图(尺寸单位:mm)

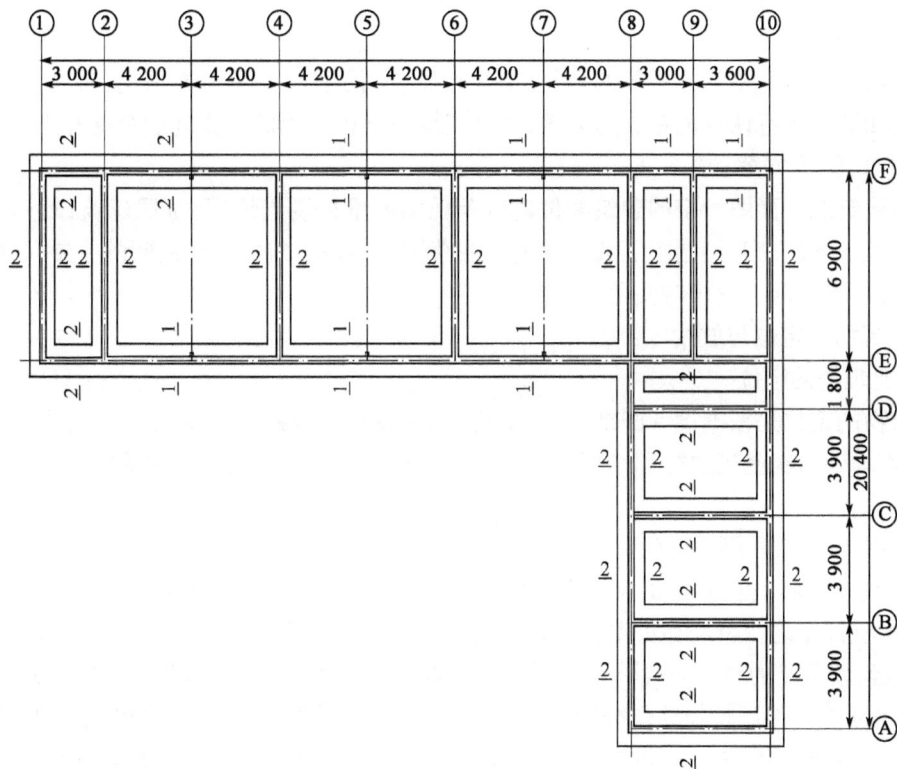

图 13-9 基础平面图(尺寸单位:mm)

④基础详图。

基础详图给出基础的立面尺寸、设计高程、基础边线与定位轴线的尺寸关系,这是基础施工放样的依据,如图 13-10 所示。

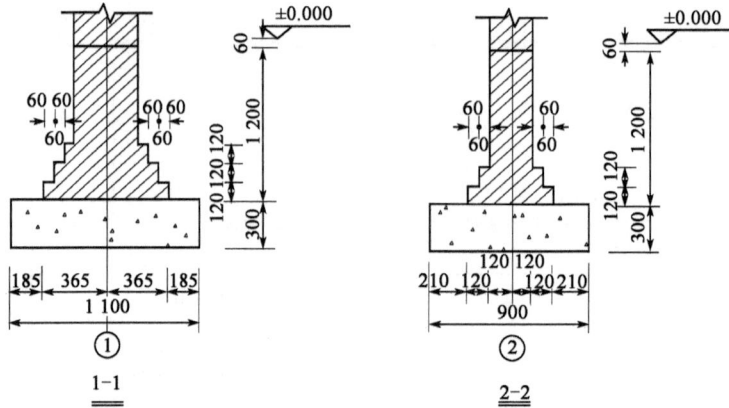

图 13-10　基础详图(尺寸单位:mm)

⑤立面图和剖面图。

在建筑物的立面图和剖面图中,可以查出基础、地坪、门窗、楼板、屋面等设计高程,是高程测设的主要依据。

在熟悉上述主要图纸的基础上,要认真核对各种图纸总尺寸与各部分尺寸之间的关系是否正确,以免出现差错。

(2)现场踏勘

现场踏勘的目的是掌握现场的地物、地貌和原有测量控制点的分布情况,对测量控制点的点位和已知数据进行认真的检查与复核,为施工测量获得正确的测量起始数据和点位。

(3)制定测设方案

根据建筑总平面图给定的建筑物位置以及现场测量控制点情况,按照建筑设计与测量规范要求,拟定测设方案,绘制施工放样草图。在草图上标出建筑物各轴线间的主要尺寸及有关测设数据,供现场施工放样时使用。

2)建筑物的定位与放线

(1)建筑物的定位

建筑物的定位是根据设计图纸,将建筑物外墙的轴线(也称主轴线)交点(也称角点)测设到实地,作为建筑物基础放样和细部放线的依据。根据设计条件及施工现场情况的不同,主要有以下方法。

①根据与既有建筑物的关系定位。

如图 13-11 所示,首先用钢尺沿宿舍楼的东、西墙,延伸出一小段距离 $s(1 \sim 2\text{m})$ 得 a、b 两点,用小木桩标定之。将经纬仪安置在 a 点上,瞄准 b 点,并从 b 点沿 ab 方向量出 28.120m 得 c 点(考虑到教学楼的外墙厚 24cm,轴线居中,离外墙皮 12cm),继续沿 ab 方向从 c 点起量 29.800m 得 d 点。然后将经纬仪分别安置在 c、d 两点上,后视 a 点并旋转 90°,沿视线方向量出距离 $s + 0.120\text{m}$,得 H、K 两点,再继续量出 16.000m 得 I、J 两点。H、I、J、K 四点即为教学楼主轴线的交点。最后,检查 I 与 J 的距离是否等于 29.800m,α 和 β 是否等于 90°。距离误差应小于 1/5 000;角度误差应在 ±1′ 之内。

②根据建筑方格网(或建筑基线)定位。

如图 13-12 所示,A、B、C、D 为待建房屋的四个角点,根据它们的设计坐标,求出与建筑方格网点 M、N 之间的尺寸关系,即可采用直角坐标法,将 A、B、C、D 四点测设于地面。

③根据控制点定位。

在建筑场地附近,如果有测量控制点可以利用,应根据控制点坐标及建筑物定位点的设计坐标,反算出标定角度与距离,然后采用极坐标法或角度交会法将建筑物测设到地面上。

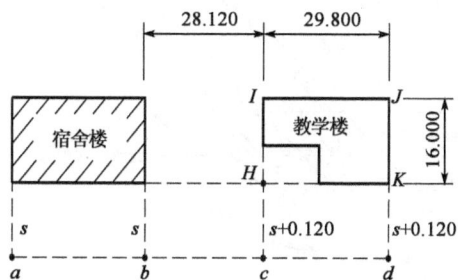

图 13-11 根据与既有建筑物的关系定位(尺寸单位:m)

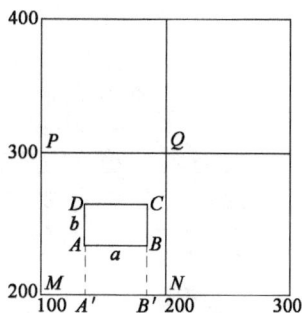

图 13-12 根据方格网定位

(2)建筑物放线

建筑物放线是根据已定出的建筑物主轴线交点桩(即角桩)详细测设出建筑物其他各轴线的交点位置,并设置交点中心桩(桩顶钉小钉,简称中心桩)。然后,再根据角桩和中心桩的位置,用白灰撒出基槽开挖边界线。

由于基槽开挖后,各交点桩将被挖掉,为了便于在施工中恢复各轴线位置,还须把各轴线延长到基槽外安全地点,设置控制桩或龙门板,并做好标志。

轴线控制桩(也称引桩)设置在基槽外基础轴线的延长线上,作为开挖基槽和确定恢复各轴线的依据,如图 13-13 所示。轴线控制桩离基槽外边线的距离可取 2 ~ 4m。

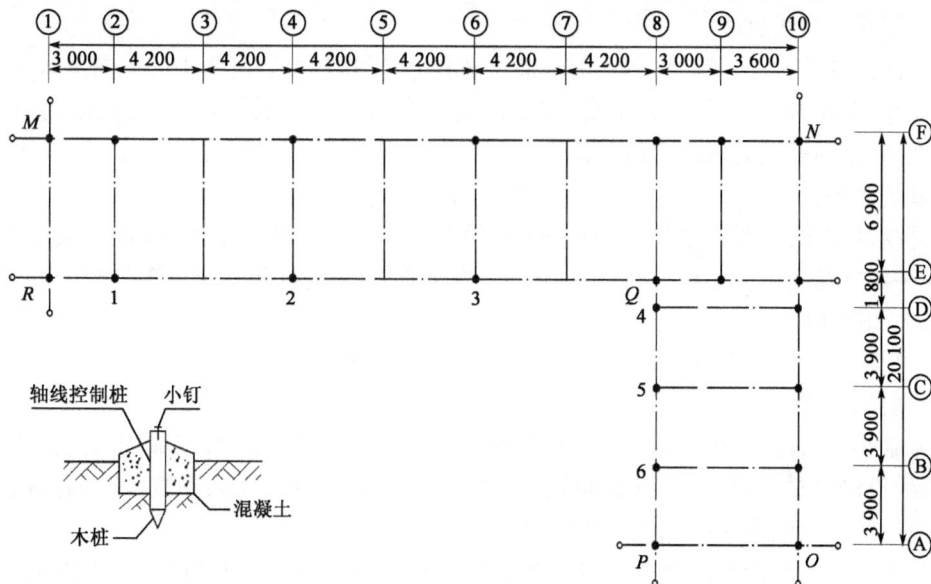

图 13-13 轴线控制桩(尺寸单位:mm)

龙门板法适用于一般小型民用建筑中,常在基槽开挖线以外一定距离处钉设龙门板。控制桩设在离建筑物稍远的地方,如附近有已建固定建筑物,最好把轴线投测到固定建筑物顶上或墙上,并做好标志。

为了方便施工,在建筑物四角与内纵、横墙两端基槽开挖边线以外1～2m(根据土质情况和挖槽深度确定)处钉设龙门桩,如图13-14所示。龙门桩要钉得竖直、牢固,木桩侧面与基槽应平行。

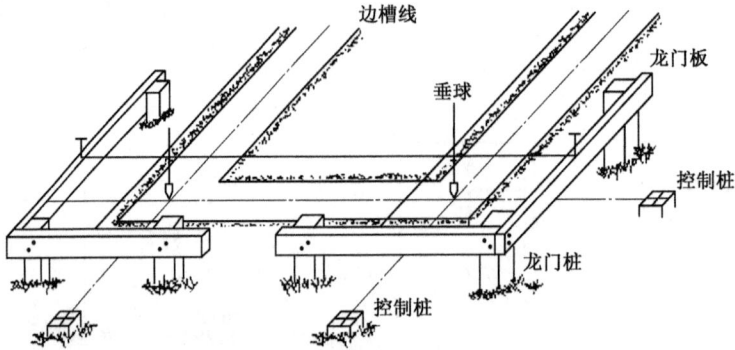

图13-14 龙门桩和龙门板

根据建筑物场地水准点,在每个龙门桩上测设±0高程线。沿龙门桩上测设的±0高程线钉设龙门板,这样龙门板顶面的高程就在一个水平面上了。测定龙门板高程的容许误差为±5mm。

安置仪器于各角桩、中心桩上,将各轴线引测到龙门板顶面上,并钉小钉标明,称为轴线钉。投点容许误差为±5mm。

3)基础施工测量

(1)放样基槽开挖边线和抄平

①基槽开挖边线放线。

在基础开挖前,按照基础详图上的基槽宽度和上口放坡的尺寸,由中心桩向两边各量出开挖边线尺寸,并做好标记,然后在基槽两端的标记之间拉一细线,沿着细线在地面用白灰撒出基槽边线,施工时就按此灰线进行开挖。

②基坑抄平。

在开挖过程中,不得超挖基底,当基槽开挖接近槽底时,在基槽壁上自拐角开始,每隔3～5m测设一根比槽底设计高程提高0.3～0.5m的水平桩,作为挖槽深度、修平槽底和打基础垫层的依据,如图13-15所示。

(2)垫层和基础放样

①垫层的放样。

在基础垫层打好后,根据龙门板上的轴线钉或轴线控制桩,用经纬仪或用拉绳挂锤球的方法,把轴线投测到垫层面上,并用墨线弹出墙中心线和基础边线,作为砌筑基础的依据。由于整个墙身砌筑均以此线为准,所以要进行严格校核。

垫层面高程的测设是以槽壁水平桩为依据在槽壁弹线,或在槽底打入小木桩进行控制。如果垫层需支架模板可以直接在模板上弹出高程控制线。

②基础放样。

墙中心线投在垫层上,用水准仪检测各墙角垫层面标高后,即可开始基础墙(±0.00以下的墙)的砌筑,基础墙的高度是用基础皮数杆来控制的,如图13-16所示。基础皮数杆是用一根木杆制成,在杆上事先按照设计尺寸将每皮砖和灰缝的厚度一一画出,每五皮砖注上皮数(基础皮数杆的层数从±0.00m向下注记),并标明±0.00m和防潮层等的高程位置。

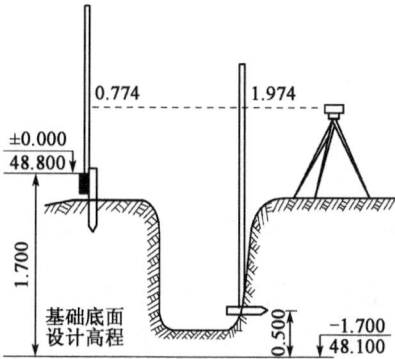

图13-15　测设水平桩(尺寸单位:m;高程单位:m)

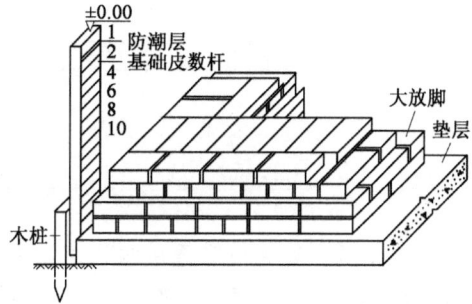

图13-16　基础皮数杆

13.3.2　工业厂房施工测量

工业厂房一般采用预制构件在现场安装的方法进行施工。对各种柱基和设备基础之间的平面位置和高程,应保持严密的关系并成为统一的整体。工业厂房施工测量主要工作包括:厂房控制网测设、厂房柱列轴线测设、柱基测设、厂房预制构件安装测量等。

1)厂房控制网的测设

由于施工控制网(建筑方格网等)的点位分布较稀,难以满足厂房细部放样的要求,因此,在每一个厂房的施工测设时,应首先建立厂房控制网。厂房控制网布设成矩形(也称为矩形控制网)。如图13-17a)所示,A、B、C、D为建筑方格网点,1、2、3、4为厂房的四个角点,其设计坐标已知。Ⅰ、Ⅱ、Ⅲ、Ⅳ为厂房控制桩,它们应布设在基坑开挖范围以外。测设时,先根据建筑方格网点A、B,用直角坐标法精确测设Ⅰ、Ⅱ两点,然后由Ⅰ、Ⅱ测设Ⅲ和Ⅳ点,最后校核Ⅲ角和Ⅳ角及Ⅲ-Ⅳ边长。对一般厂房,角度误差应不大于±10″,边长丈量相对误差不得超过1/10 000。为了便于以后进行厂房细部施工放线,在测定矩形控制网各边时,还应每隔几个柱间距测设一个控制桩,称为距离指标桩。

对于大型或基础复杂的厂房,应先精确测设厂房控制网主轴线,如图13-17b)所示的MON和POQ。再根据主轴线测设厂房矩形控制网Ⅰ-Ⅱ-Ⅲ-Ⅳ。

2)柱列轴线的测设

如图13-18所示,Ⓐ、Ⓑ和①、②、③等均为柱列轴线。根据厂房柱距及跨距从靠近的距离指标桩量起,沿矩形网各边定出各轴线控制桩的位置,并打入大木桩,桩顶用小钉标示出点位,作为柱基测设和施工安装的依据。

3)柱基的测设

柱基测设的目的就是根据基础平面图和基础大样图,用白灰将基坑开挖的边线标示出来以便挖坑。

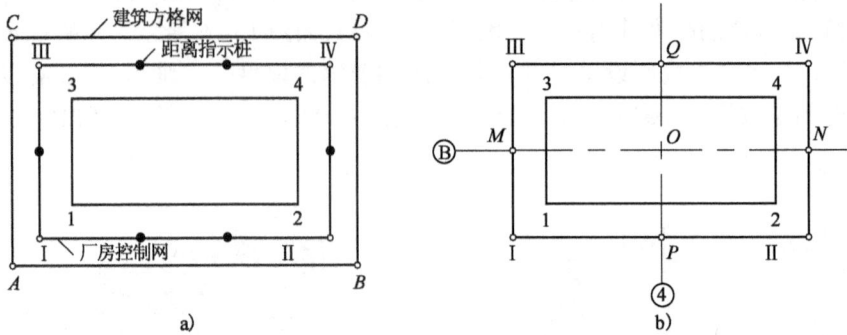

图 13-17　厂房控制网

方法:将两台经纬仪安置在两条相互垂直的轴线控制桩上,沿轴线方向交会出每个柱基中心的位置。如图 13-19 所示,按基础大样图的尺寸,用特制的角尺,沿定位轴线Ⓐ和②上放出基坑开挖线,用灰线标出开挖范围,并在距开挖边界 0.5 ~ 1m 处,钉设四个定位小木桩,用小钉标明点位,作为修坑及立模板的依据。在进行柱基测设时,应注意柱列轴线不一定都是柱基中心线。而一般立模、吊装等习惯用中心线,此时应将柱列轴线平移,定出柱子中线。

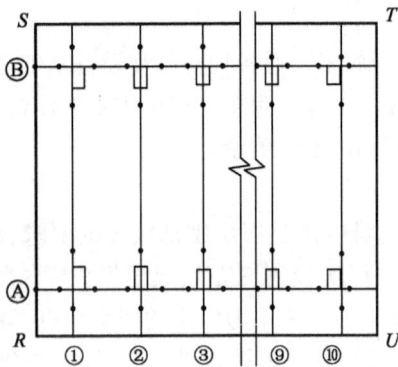

图 13-18　柱基测设图

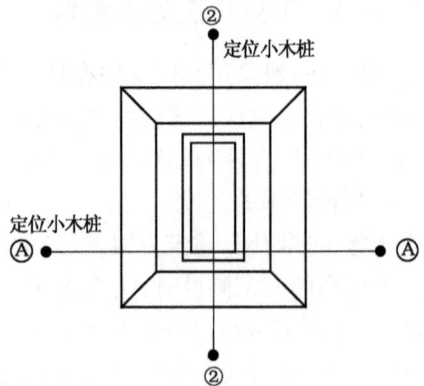

图 13-19　柱列轴线

4)基坑高程测设

当基坑挖到接近设计高程时,应在基坑四壁离坑底设计高程 0.3 ~ 0.5m 处测设几个水平桩,如图 13-20 所示。作为基坑修坡和检查坑底高程的依据。此外,还应在基坑内测设垫层的高程,即在坑底设置小木桩,使桩顶高程恰好等于垫层的设计高程。

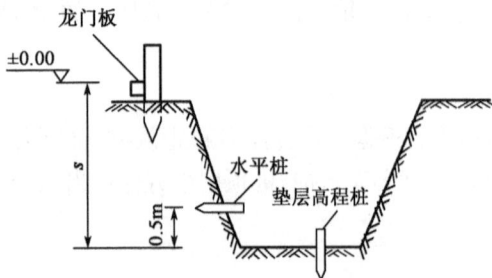

图 13-20　基坑高程测设

5)基础模板的定位

垫层打好后,根据坑边定位小木桩,用拉线吊垂球的方法,将柱基定位线投到垫层上,弹出墨线并用红漆画出标记,作为布置钢筋和柱基立模的依据。立模时,将模板底线对准垫层上的定位线,并用垂球检查模板是否竖直。最后,用水准仪将柱基的设计高程测设到模板的内壁上,供柱基施工使用。

13.3.3 工业厂房构件安装测量

装配式工业厂房主要由柱、吊车梁、屋架、天窗架和屋面板等主要构件组成,一般采用预制构件在现场安装的办法施工。下面着重介绍柱子、吊车梁及吊车轨道等构件的安装测量。

1)柱子安装测量

(1)吊装前的准备工作

①投测柱列轴线。在杯形基础拆模以后,根据柱列轴线控制桩用经纬仪把柱列轴线投测在杯口顶面上,如图 13-21 所示,并弹上墨线,用红漆画上"▲"标明,作为吊装柱子时确定轴线方向的依据。当柱列轴线不通过柱子中心线时,应在杯形基础顶面上加弹柱子中心线。

②在杯口内壁,用水准仪测设一条高程线,并用"▼"表示。从该线起向下量取一个整分米数即到杯底的设计高程,并用以检查杯底高程是否正确。

③柱身弹线。柱子吊装前,应将每根柱子按轴线位置进行编号,在柱身的三个侧面上弹出柱中心线,并在每条线的上端和近杯口处画上小三角形"▲"标志,以供校正时照准,如图13-22所示。

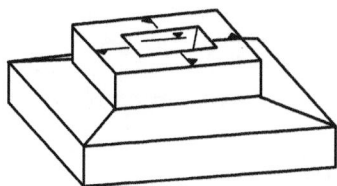

图 13-21 投测柱列轴线

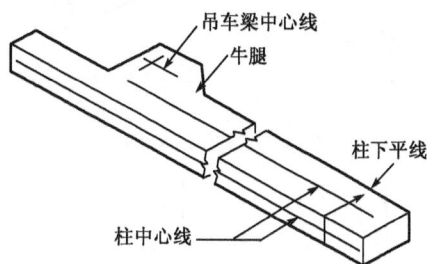

图 13-22 柱身弹线

(2)柱长的检查与杯底找平

如图 13-23 所示,柱底至牛腿面的设计长度加上杯底高程应等于牛腿面的高程,即 $H_2 = H_1 + l$。但柱子在预制时,由于模板制作和模板变形等原因,不可能使柱子的实际尺寸与设计尺寸一样,为解决这个问题,在浇筑基础时把杯形基础底面高程降低 $2 \sim 5 \text{cm}$,然后用钢尺从牛腿顶面沿柱边量到柱底,根据这根柱子的实际长度,用 $1:2$ 水泥砂浆在杯底进行找平,使牛腿面符合设计高程。

(3)柱子吊装测量

吊装柱子时的测量工作的目的是保证柱子位置正确,立得竖直,牛腿面符合设计高程。柱子吊起后,使柱子悬空就位,将柱底插进杯口。柱子插入杯口后,首先应使柱身基本竖直,再令其侧面所弹的中心线与基础轴线重合。用木楔或钢楔初步固定,然后进行竖直校正。校正时用两架经纬仪分别安置在柱基纵横轴线附近,离柱子的距离约为柱高的 1.5 倍。如图 13-24 所示,先瞄准柱

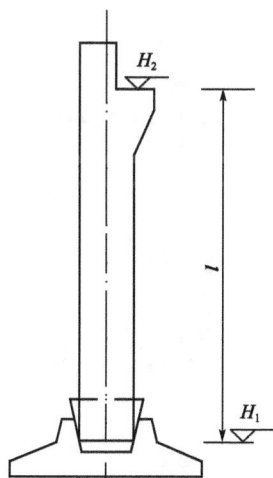

图 13-23 柱长检查

子中心线的底部,然后固定照准部,再仰视柱子中心线顶部。如重合,则柱子在这个方向上就是竖直的;如果不重合,应进行调整,直到柱子两个侧面的中心线都竖直为止。柱子垂直度的允许偏差:当柱高小于 5m 时为 ±5mm;大于 5m 时为 ±10mm。柱子校正好后,应立即灌浆,以固定柱子的位置。

由于纵轴方向上柱距很小,通常把仪器安置在纵轴的一侧,在此方向上,安置一次仪器可校正数根柱子,如图 13-25 所示。

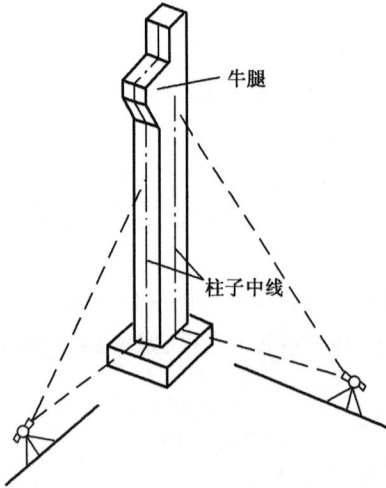

图 13-24 柱子吊装测量

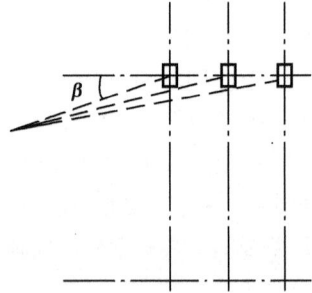

图 13-25 柱子吊装

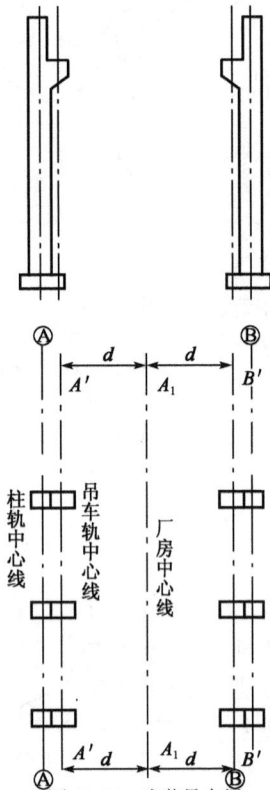

图 13-26 安装吊车梁

2)吊车梁安装测量

吊车梁安装测量的主要任务是保证吊车梁按设计的平面位置和高程位置准确地安装在牛腿上,并保证轨道中心线和轨顶高程符合设计要求。在吊装前,还要利用厂房中心线,按照设计轨距尺寸 d 值在地面上测设出吊车轨道中心线 $A'A'$ 和 $B'B'$,如图 13-26 所示。安装前先弹出吊车梁顶面中心线和吊车梁两端中心线,再将吊车轨道中心线投到牛腿面上。然后分别安置经纬仪于吊车轨中线的一个端点上,瞄准另一端点,仰起望远镜,即可将吊车轨道中线投测到每根柱子的牛腿面上并弹以墨线。

然后,根据牛腿面的中心线和梁端中心线,将吊车梁安装在牛腿上。吊车梁安装完后,应检查吊车梁的高程,可将水准仪安置在地面上,在柱子侧面测设 +50cm 的高程线,再用钢尺从该线沿柱子侧面向上量出至梁面的高度,检查梁面高程是否正确,然后在梁下用铁板调整梁面高程,使之符合设计要求。

3)吊车轨道安装测量

安装吊车轨道前,须先对梁上的中心线进行检测,此项检测多用校正线法(平行线法)。如图 13-27 所示,首先在地面上从吊车轨中心线向厂房中心线方向量出长度 d,然后安置经纬仪于校正线一端点上,瞄准另一端点,固定照准部,仰起望远镜投测。此时另一人在梁上移动横放的木尺,当视线正对准尺上应有长度刻划时,尺的零点应与梁面上的中线重合。如不重合应予以改正,可用撬杠移动吊车梁。

安装吊车轨道前,可将水准仪直接安置在吊车梁上检测梁面高程,并用铁垫板调整梁的高度,使之符合设计要求。轨道安装后,将水准尺直接放在轨道上检测其高程,每隔 3m 测一点,误差应在 ±3mm

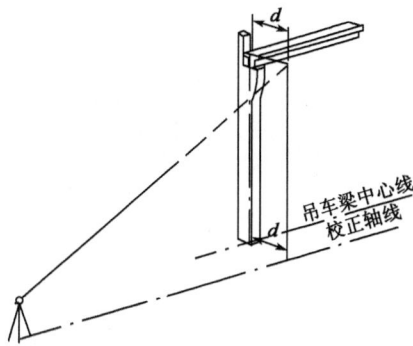

图 13-27 安装吊车轨

以内。最后还要用钢尺实际丈量吊车轨道的间距,误差应不大于 ±5mm。

13.3.4 高层建筑的轴线投测和高程传递

高层建筑的特点是层数多,高度大,结构复杂。高层建筑施工测量的主要任务是将建筑物的基础轴线准确地向高层引测,并保证各层相应的轴线位于同一竖直面内,要控制与检核轴线向上投测的竖向偏差每层不超过 5mm,全楼累计误差不大于 20mm。在高层建筑施工中,要由下层楼面向上层传递高程,以使上层楼板、门窗口、室内装修等工程的高程符合设计要求。

1)高层建筑的轴线投测

高层建筑物轴线的投测,一般分为经纬仪引桩投测法和激光铅垂仪投测法两种,下面分别介绍这两种方法。

(1)经纬仪引桩投测法

高层建筑物的基础工程完工后,须用经纬仪将建筑物的主轴线(或称中心轴线)精确地投测到建筑物底部侧面,并设标志,以供下一步施工与向上投测之用(图 13-28)。

①建立中心轴线。

如图 13-28a)所示,离建筑物较远处(一般为建筑物高度的 1.5 倍以上)建立中心轴线控制桩 A_1、A_1'、B_1、B_1',在这些控制桩上安置经纬仪,严格整平仪器。

②向上投测中心轴线。

望远镜照准墙脚上已弹出的轴线标志 a_1、a_1'、b_1、b_1' 点,用正镜和倒镜两个盘位向上投测到第二层楼板上,并取其中点,如图 13-28a)所示的 a_2、a_2'、b_2、b_2' 作为该层中心的投影点,并依据它们精确定出 a_2a_2' 和 b_2b_2' 两线的交点 O_2,然后再以 $a_2O_2a_2'$ 和 $b_2O_2b_2'$ 为准在楼面上测设其它轴线。同法可逐层向上投测。

③增设轴线引桩。

当楼房逐渐增高,而轴线控制桩距建筑物又较近时,望远镜的仰角较大,操作不便,投测精度将随仰角的增大而降低。为此,要将原中心轴线控制桩引测到更远的安全地方或者附近楼房的屋顶上,如图 13-28b)所示。具体做法是将经纬仪安置在已投测上去的较高层(如第 10 层)楼面轴线 $a_{10}O_{10}a_{10}'$ 和 $b_{10}O_{10}b_{10}'$ 上,瞄准地面上原有的轴线控制桩 A_1、A_1'、B_1、B_1',将轴线引测到远处,图 13-28b)中的 A_2、A_2' 即 A 轴新投测的控制桩。更高的各层轴线可将经纬仪安置在新的引桩上,按上述方法继续进行投测。

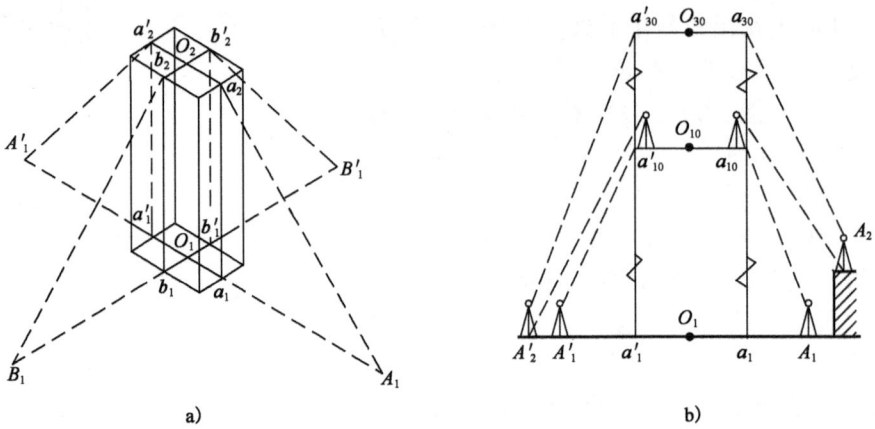

图 13-28 轴线投测

（2）激光铅垂仪投测法

为了把建筑物轴线投测到各层楼面上，根据梁、柱的结构尺寸，投测点距轴线 500 ~ 800mm 为宜。每条轴线至少需要两个投测点，其连线应严格平行于原轴线。为了使激光束能从底层直接打到顶层，在各层楼面的投测点处需预留孔洞，或利用通风道、垃圾道以及电梯升降道等。如图 13-29 所示，将激光铅垂仪安置在底层测站点 O，进行严格对中、整平，接通电源，启辉激光器发射铅垂激光束，作为铅垂基准线。通过发射望远镜调焦，使激光束汇聚成红色耀目光斑，投射到上层施工楼面预留孔的绘有坐标网的接收靶 P 上，水平移动接收靶 P，使靶心与红色光斑重合，靶心位置即为测站点 O 的铅垂投影位置，并以此作为该层楼面上的一个控制点。

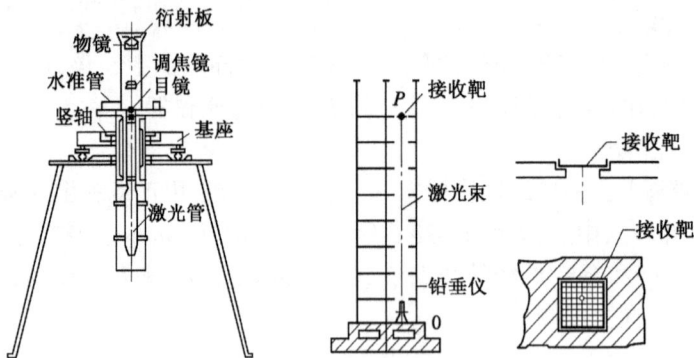

图 13-29 激光铅垂仪投测

2）高层建筑的高程传递

高层建筑物施工中，传递高程的方法有以下几种。

（1）利用皮数杆传递高程

在皮数杆上自±0.00m高程线起,门窗口、过梁、楼板等构件的高程都已注明。一层楼砌好后,则从一层皮数杆起一层一层往上接。

(2)利用钢尺直接丈量

在高程精度要求较高时,可用钢尺沿某一墙角自±0.00m高程处起向上直接丈量,把高程传递上去。然后根据由下面传递上来的高程立皮数杆,作为该层墙身砌筑和安装门窗、过梁及室内装修、地坪抹灰等控制高程的依据。

(3)悬吊钢尺法

在楼梯间悬吊钢尺,钢尺下端挂一重锤,使钢尺处于铅垂状态,用水准仪在下面与上面楼层分别读数,按水准测量原理把高程传递上去。

【思考题与习题】

13-1 欲在地面上测设一段长49.000m的水平距离,所用钢尺的名义长度为50m,在标准温度20℃时,其检定长度为49.995m,测设时的温度为13℃,所用拉力与鉴定时的拉力相同,求在地面测设时应量的距离。

13-2 如图13-30所示,欲在地面上测设一个直角∠AOB,先按一般测设方法测设出该直角,经检测其角值为90°01′35″,若OB=100m,为了获得正确的直角,试计算B点的调整量并绘图说明其调整方向。

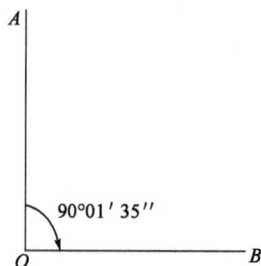

13-3 某建筑场地上有一水准点A,其高程为$H_A = 138.416$m,欲测设高程为139.000m的室内±0高程,设水准仪瞄准A点处水准尺的读数为1.034m,试说明其测设方法。

13-4 设A、B为已知平面控制点,其坐标分别为A(156.32m,576.49m)、B(208.78m,482.27m),欲根据A、B两点测设P点的位置,P点设计坐标为P(180.00m,500.00m)。试用极坐标法与角度交会法计算P点的测设数据并做出图示。

图 13-30

13-5 已知施工坐标系的原点O′在测量坐标系中的坐标为$x_{O'} = 1\,200.54$m,$y_{O'} = 1\,045.27$m,某点Q的施工坐标为$A_Q = 120.00$m,$B_Q = 120.00$m,两坐标轴系的夹角为30°00′00″。试计算Q点的测量坐标值。

13-6 在图13-31中已给出新建筑物与原有建筑物的相对位置关系(墙厚37cm,轴线偏里),试述测设新建筑的方法和步骤。

13-7 施工控制网有几种形式?它们各适用于哪些场合?

13-8 如图13-32所示,假定建筑基线Ⅰ′、Ⅱ′、Ⅲ′三点已测设在地面,经检测∠β=179°59′30″,a=100m,b=150m。试求调整值δ,并说明应如何改正才能使三点成一直线。

13-9 民用建筑测量包括哪些主要工作?

13-10 试述柱基的放样方法。

13-11 试述吊车梁的安装测量工作。如何进行柱子的竖直校正工作?

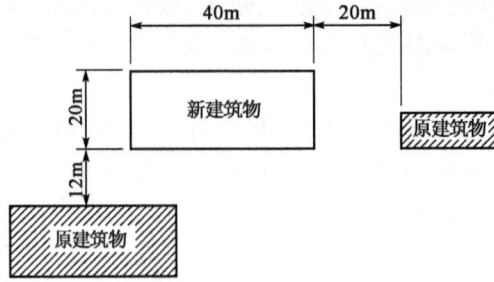

图 13-31　题 13-6 图

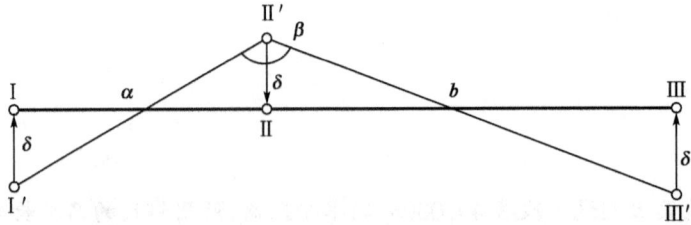

图 13-32　题 13-8 图

13-12　建筑施工中,如何由下层楼板向上层传递高程? 试述基础皮数杆和墙身皮数杆的立法。

第14章

建筑物变形测量

建筑物产生变形有很多原因,如地质条件、土壤性质、地下水位变化、地震、荷载及外力作用的变化等。建筑物的变形主要表现为水平位移、沉降和倾斜,有的建筑物可能产生裂缝和挠曲。建筑物发生变形时,必然导致其内部应力变化,当应力变化到极限值时,建筑物即会破坏。变形观测就是测定建筑物(构筑物)及其地基在荷重和外力作用下随时间而变形的工作。建筑变形测量的目的是为了监测建筑物在施工过程中和竣工后投入使用中的安全情况,在未造成损失前,及时采取补救措施;研究变形的原因和规律,为建筑物的设计、施工、管理和科学研究提供可靠的资料。

14.1 建筑变形测量的一般规定

14.1.1 变形测量的基本要求

建筑变形测量应能确切反映建筑物、构筑物及其场地的实际变形程度或变形趋势,并以此作为确定作业方法和检验成果质量的基本要求。

测量工作开始前,应根据变形类型、测量目的、任务要求以及测区条件进行施测方案设计。重大工程或具有重要科研价值的项目,尚应进行监测网的优化设计。施测方案应经实地勘选、多方案精度估算和技术经济分析比较后择优选取。

14.1.2 变形测量实施的程序与要求

(1)应按测定沉降或位移的要求,分别选定测量点,埋设相应的标石标志,建立高程网或平面网,亦可建立三维网。高程测量宜采用测区原有高程系统,平面测量可采用独立坐标系统。

(2)应按确定的观测周期与总次数,对监测网进行观测。新建的大型和重要建筑,应从其施工开始进行系统的观测,直至变形达到规定的稳定程度为止。

(3)对各周期的观测成果应及时处理,并应选取与实际变形情况接近或一致的参考系进行平差计算和精度评定。对重要的监测成果,应进行变形分析,并对变形趋势作出预报。

14.1.3 设置变形测量点的要求

变形测量点,宜分为基准点、工作基点和变形观测点。其布设应符合下列要求:

(1)每个工程至少应有 3 个稳固可靠的点作为基准点。

(2)工作基点应选在比较稳定的位置。对通视条件较好或观测项目较少的工程,可不设立工作基点,在基准点上直接测定变形观测点。

(3)变形观测点应设立在变形体上能反映变形特征的位置。

14.1.4 建筑变形测量的等级及其精度要求

建筑变形测量的等级划分及其精度要求应符合表14-1的规定。

建筑变形测量的等级及精度要求

表 14-1

变形测量等级	沉 降 观 测	位 移 观 测	适 用 范 围
	观测点测站高差中误差(mm)	观测点坐标中误差(mm)	
特级	≤0.05	≤0.3	特高精度要求的特种精密工程和重要科研项目变形观测
一级	≤0.15	≤1.0	高精度要求的大型建筑物和科研项目变形观测
二级	≤0.50	≤3.0	中等精度要求的建筑物和科研项目变形观测;重要建筑物主体倾斜观测、场地滑坡观测
三级	≤1.50	≤10.0	低精度要求的建筑物变形观测;一般建筑物主体倾斜、观测场地滑坡观测

注:1. 观测点测站高差中误差,系指几何水准测量测站高差中误差或静力水准测量相邻观测点相对高差中误差。

2. 观测点坐标中误差,系指观测点相对测站点(如工作基点等)的坐标中误差、坐标差中误差以及等价的观测点相对基准线的偏差值中误差、建筑物(或构件)相对底部点的水平位移分量中误差。

14.1.5 建筑变形测量的周期

变形观测的周期,应根据建筑物(构筑物)的特征、变形速率、观测精度要求和工程地质条件等因素综合考虑。观测过程中,可根据变形量的变化情况作适当的调整。当对变形成果发生怀疑时,应随时进行检核。

变形观测周期应符合下列要求:

（1）对于单一层次布网，观测点与控制点应按变形观测周期进行观测；对于两个层次布网，观测点及联测的控制点应按变形观测周期进行观测，控制网部分可按复测周期进行观测。

（2）变形观测周期应以能系统反映所测变形的变化过程且不遗漏其变化时刻为原则，根据单位时间内变形量的大小及外界因素影响确定。当观测中发现变形异常时，应及时增加观测次数。

（3）控制网复测周期应根据测量目的和点位的稳定情况确定，一般宜每半年复测一次。在建筑施工过程中应适当缩短观测时间间隔，点位稳定后可适当延长观测时间间隔。当复测成果或检测成果出现异常，或测区受到如地震、洪水、爆破等外界因素影响时应及时进行复测。

（4）变形测量的首次（即零周期）观测应适当增加观测量，以提高初始值的可靠性。

（5）不同周期观测时，宜采用相同的观测网形和观测方法，并使用相同类型的测量仪器。对于特级和一级变形观测，还宜固定观测人员、选择最佳观测时段、在基本相同的环境和条件下观测。

14.2 沉 降 观 测

沉降观测是指建筑物及其基础在垂直方向上的变形即垂直位移。通过测定观测点与基准点之间高差随时间的变化量来计算与分析建筑物的沉降规律。

14.2.1 水准点的设置

水准点的设置主要考虑水准点的稳定、观测方便、布设合理等因素，并应符合下列要求：

（1）点位稳固，在沉降变形区以外，但距观测点不宜大于100m。

（2）水准点密度应保证观测点高程测量的精度，其数量一般不少于3个。

（3）一般需要与国家水准点联测，获得绝对高程。

（4）水准点埋设深度至少在冰冻线以下0.5m。应在埋设10多天后，达到稳定，方开始观测。

水准点标石，可根据点位所处的不同地质条件选埋基岩水准点标石、深埋钢管水准点标石、深埋双金属管水准点标石、混凝土基本水准点标石，式样如图14-1所示。

14.2.2 沉降观测点的设置

观测点的数量和位置，应根据基础的构造、荷载以及工程地质和水文地质的情况而定，并要顾及观测的方便。建筑物、构筑物的沉降观测点，应按设计图纸埋设，点位宜选择在下列位置：

（1）建筑物四角或沿外墙每10~15m处或每隔2~3根柱基上。

（2）裂缝或沉降缝或伸缩缝的两侧，新旧建筑物或高低建筑物以及纵横墙的交接处。

（3）人工地基和天然地基的接壤处，建筑物不同结构的分界处。

（4）烟囱、水塔和大型储藏罐等高耸构筑物基础轴线的对称部位，每一构筑物不得少于4个点；桥墩则应在墩顶的四角或垂直平分线的两端设置观测点，以便于根据不均匀沉降，了解桥墩的倾斜情况。

沉降观测标志，可根据不同的建筑结构类型和建筑材料，采用墙（柱）标志、基础标志和隐蔽式标志（用于宾馆等高级建筑物）。各类标志的立尺部位应加工成半球形或有明显的突出点,并涂上防腐剂,如图 14-2 所示。标志埋设位置应避开雨水管、窗台线、暖气片、暖水管、电气开关等有碍设标与观测的障碍物,并应视立尺需要离开墙(柱)面和地面一定距离。

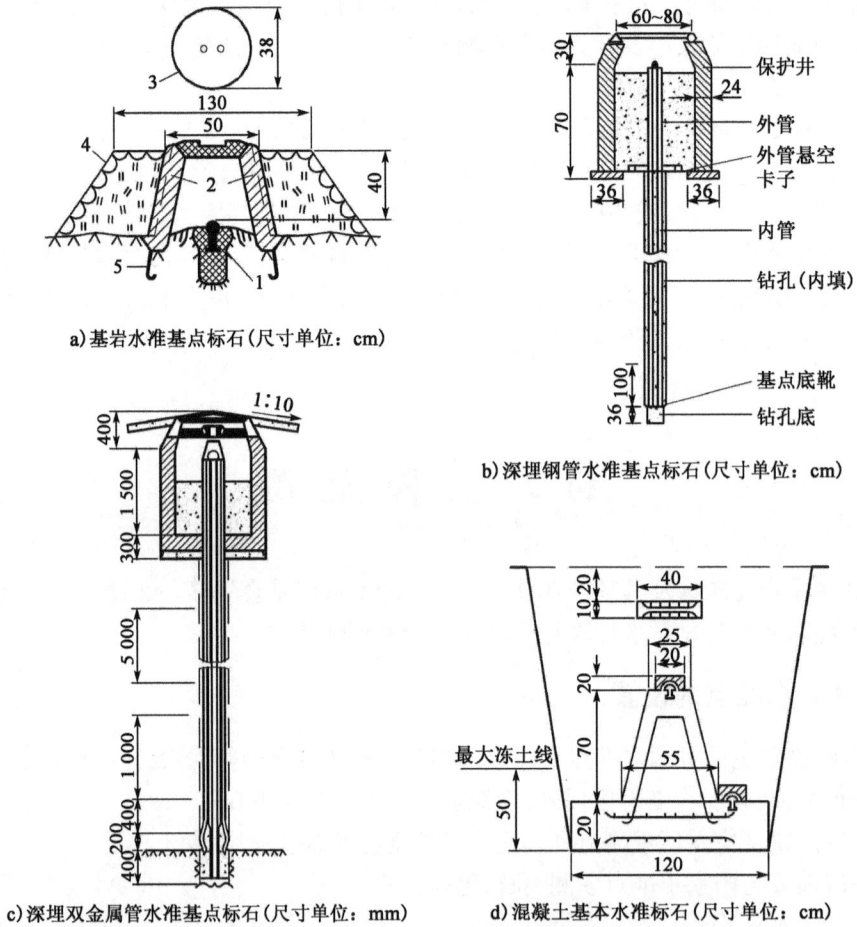

a)基岩水准基点标石(尺寸单位:cm)

b)深埋钢管水准基点标石(尺寸单位:cm)

c)深埋双金属管水准基点标石(尺寸单位:mm)

d)混凝土基本水准标石(尺寸单位:cm)

图 14-1 水准点标石

1-抗蚀的金属标志;2-钢筋混凝土井圈;3-井盖;4-砌石上丘;5-井圈保护层

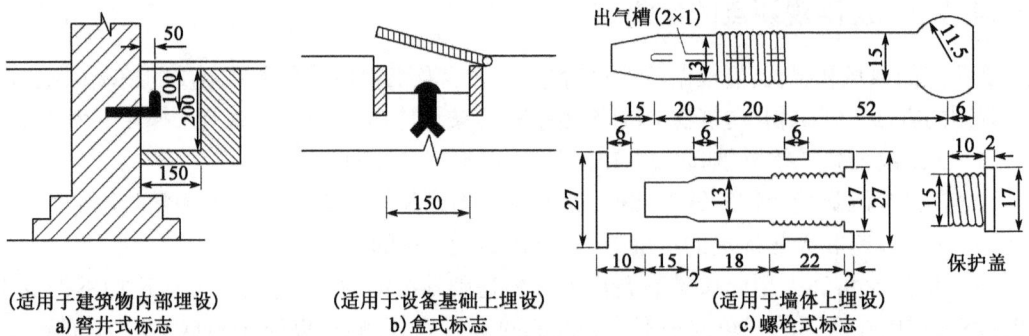

(适用于建筑物内部埋设)
a)窨井式标志

(适用于设备基础上埋设)
b)盒式标志

(适用于墙体上埋设)
c)螺栓式标志

图 14-2 沉降观测标志(尺寸单位:mm)

14.2.3 高差观测

高差观测宜采用水准测量方法。

1）水准网的布设

由水准基点组成的水准网称为垂直位移监测网,应符合下列要求:

（1）对于建筑物较少的测区,宜将控制点连同观测点按单一层次布设;对于建筑物较多且分散的大测区,宜按两个层次布网,即由控制点组成控制网、观测点与所联测的控制点组成扩展网。

（2）控制网应布设为闭合环、结点网或附合高程路线。扩展网亦应布设为闭合或附合高程路线。

（3）每一测区的水准基点不应少于3个。对于小测区,当确认点位稳定可靠时可少于3个,但连同工作基点不得少于3个。水准基点的标石应埋设在基岩层或原状土层中。在建筑区内,点位与邻近建筑物的距离应大于建筑物基础最大宽度的2倍,其标石埋深应大于邻近建筑物基础的深度。在建筑物内部的点位,其标石埋深应大于地基土压缩层的深度。

（4）各类水准点应避开交通干道、地下管线、仓库堆栈、水源地、河岸、松软填土、滑坡地段、机器振动区以及其他能使标石、标志易遭腐蚀和破坏的地点。

由于变形观测是多周期的重复观测,且精度要求高,为了避免误差的影响,尚需注意以下各点:应设置固定的测站与转点,使每次观测在固定的位置上进行;人员宜固定,以减少人差的影响;使用固定的仪器和水准尺,以减少仪器误差的影响。

2）水准仪与水准标尺的检验

观测所使用的水准仪、水准尺,在项目开始前应进行检验,项目进行中也应定期检验,检验后达到表14-2的规定。

水准测量的限差（单位:mm） 表14-2

等级		基辅分划（黑红面）读数之差	基辅分划（黑红面）所测高差之差	往返较差及附合或环线闭合差	单程双测站所测高差较差	检测已测测段高差之差
特级		0.15	0.2	$\leqslant 0.1\sqrt{n}$	$\leqslant 0.07\sqrt{n}$	$\leqslant 0.15\sqrt{n}$
一级		0.3	0.5	$\leqslant 0.3\sqrt{n}$	$\leqslant 0.2\sqrt{n}$	$\leqslant 0.45\sqrt{n}$
二级		0.5	0.7	$\leqslant 1.0\sqrt{n}$	$\leqslant 0.7\sqrt{n}$	$\leqslant 1.5\sqrt{n}$
三级	光学测微法	1.0	1.5	$\leqslant 3.0\sqrt{n}$	$\leqslant 2.0\sqrt{n}$	$\leqslant 4.5\sqrt{n}$
	中丝读数法	2.0	3.0			

注:1.表中 n 为测站数。

2. i 角对用于特级水准观测的仪器不得大于10″,对用于一、二级水准观测的仪器不得大于15″,对用于三级水准观测的仪器不得大于20″。补偿式自动安平水准仪的补偿误差绝对值不得大于0.2″。

3.水准标尺分划线的分米分划线误差和米分划间隔真长与名义长度之差,对线条式因瓦合金标尺不应大于0.1mm,对区格式木质标尺不应大于0.5mm。

3）沉降观测周期和观测时间

沉降观测的周期和观测时间可按下列要求并结合具体情况确定。

建筑物施工阶段的观测,应随施工进度及时进行。一般建筑,可在基础完工后或地下室砌完后开始观测;大型、高层建筑,可在基础垫层或基础底部完成后开始观测。观测次数与间隔时间应视地基与加荷情况而定。民用建筑可每加高 1～5 层观测一次;工业建筑可按不同施工阶段(如回填基坑、安装柱子和屋架、砌筑墙体、设备安装等)分别进行观测。如建筑物均匀增高,应至少在增加荷载的 25%、50%、75%、100% 时各测一次。施工过程中如暂时停工,在停工时及重新开工时应各观测一次。停工期间可每隔 2～3 个月观测一次。

建筑物使用阶段的观测次数,应视地基土类型和沉降速度大小而定。除有特殊要求者外,一般情况下,可在第一年观测 3～4 次,第二年观测 2～3 次,第三年后每年 1 次,直至稳定为止。观测期限一般不少于如下规定:砂土地基 2 年,膨胀土地基 3 年,黏土地基 5 年,软土地基 10 年。

在观测过程中,如有基础附近地面荷载突然增减、基础四周大量积水、长时间连续降雨等情况,均应及时增加观测次数。当建筑物突然发生大量沉降、不均匀沉降或严重裂缝时,应立即进行逐日或几天一次的连续观测。

沉降是否进入稳定阶段,应由沉降量与时间关系曲线判定。对重点观测和科研观测工程,若最后三个周期观测中每周期沉降量不大于 $2\sqrt{2}$ 倍测量中误差,可认为已进入稳定阶段。一般观测工程,若沉降速度小于 0.01～0.04mm/d,可认为已进入稳定阶段,具体取值宜根据各地区地基土的压缩性确定。

4)沉降观测的成果处理

每次观测后,应及时检查记录手簿(表 14-3)各项计算是否正确,精度是否符合要求。如果误差超限,应重新观测,个别不合理和错误的数据,应该删除。然后调整闭合差,计算各观测点的高程。每次观测成果须及时上报(上报"本次沉降"与"累计沉降"数据)。当沉降变化异常时,工程施工应及时采取措施。为了更直观地表示建筑物沉降量、时间与荷载之间的关系,还应根据观测成果表画出每一观测点与沉降量及时间与荷载的关系曲线,如图 14-3 所示。

沉降观测记录表   表 14-3

观测日期(年月日)	荷重(t/m²)	观测点											
		1			2			3			4		
		高程(m)	本次下沉(mm)	累计下沉(mm)	高程(m)	本次下沉(mm)	累计下沉(mm)	高程(m)	本次下沉(mm)	累计下沉(mm)	高程(m)	本次下沉(mm)	累计下沉(mm)
1997.4.20	4.5	50.157	±0	±0	50.154	±0	±0	50.155	±0	±0	50.155	±0	±0
5.5	5.5	50.155	−2	−2	50.153	−1	−1	50.153	−2	−2	50.154	−1	−1
5.20	7.0	50.152	−3	−5	50.150	−3	−4	50.151	−2	−4	50.153	−1	−2
6.5	9.5	50.148	−4	−9	50.148	−2	−6	50.147	−4	−8	50.150	−3	−5
6.20	10.5	50.145	−3	−12	50.146	−2	−8	50.143	−4	−12	50.148	−2	−7
7.20	10.5	50.143	−2	−14	50.145	−1	−9	50.141	−2	−14	50.147	−1	−8
8.20	10.5	50.142	−1	−15	50.144	−1	−10	50.140	−1	−15	50.145	−2	−10
9.20	10.5	50.140	−2	−17	50.142	−2	−12	50.138	−2	−17	50.143	−2	−12
10.20	10.5	50.139	−1	−18	50.140	−2	−14	50.137	−1	−18	50.142	−1	−13
1998.1.20	10.5	50.137	−2	−20	50.139	−1	−15	50.137	±0	−18	50.142	±0	−13
4.20	10.5	50.136	−1	−21	50.139	±0	−15	50.136	−1	−19	50.141	−1	−14
7.20	10.5	50.135	−1	−22	50.138	−1	−16	50.135	−1	−20	50.140	−1	−15
10.20	10.5	50.135	±0	−22	50.138	±0	−16	50.134	−1	−21	50.140	±0	−15
1999.1.20	10.5	50.135	±0	−22	50.138	±0	−16	50.134	±0	−21	50.140	±0	−15

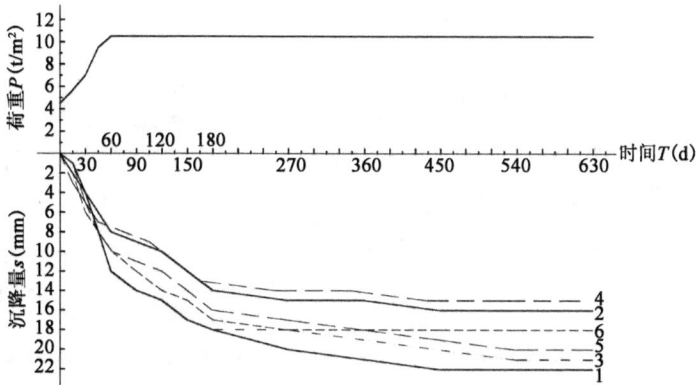

图 14-3　沉降量及时间与荷载的关系曲线

14.3　位　移　观　测

位移观测是在平面控制网的基础上进行的。建筑物的位移观测包括建筑物主体倾斜观测、水平位移观测、裂缝观测、挠度观测及场地滑坡观测等内容。

14.3.1　平面控制网的布设

1）平面控制网点的布设

平面控制网点的布设应符合下列要求：

（1）对于建筑物地基基础及场地的位移观测，宜按两个层次布设，即由控制点组成控制网、由观测点及所联测的控制点组成扩展网；对于单个建筑物上部或构件的位移观测，可将控制点连同观测点按单一层次布设。

（2）控制网可采用测角网、测边网、边角网或导线网；扩展网和单一层次布网可采用角交会、边交会边角交会、基准线或附合导线等形式。各种布网均应考虑网形强度，长短边差距不宜过大。

（3）每一测区的基准点不应少于 2 个，每一测区的工作基点亦不应少于 2 个。

2）平面控制点标志的形式

平面控制点标志的形式及埋设应符合下列要求：

（1）对特级、一级、二级及有需要的三级位移观测的控制点，应建造观测墩，如图 14-4a）所示，或埋设专门观测标石，并应根据使用仪器和照准标志的类型顾及观测精度要求，配备强制对中装置。强制对中装置的对中误差最大不应超过 ±0.1mm。强制对中器的构造如图 14-5 所示，中间有一螺孔，可用连接螺栓来固定仪器，也可将仪器的三个脚螺栓放置在互成 120° 的槽内，以使仪器中心与三条槽的交会点对准。

（2）照准标志应具有明显的几何中心或轴线，并应符合图像反差大、图案对称、相位差小和本身不变形等要求。根据点位不同情况可选用重力平衡球式标［图 14-4b）］、旋入式杆状标、直插式觇牌屋顶标和墙上标等形式的标志。

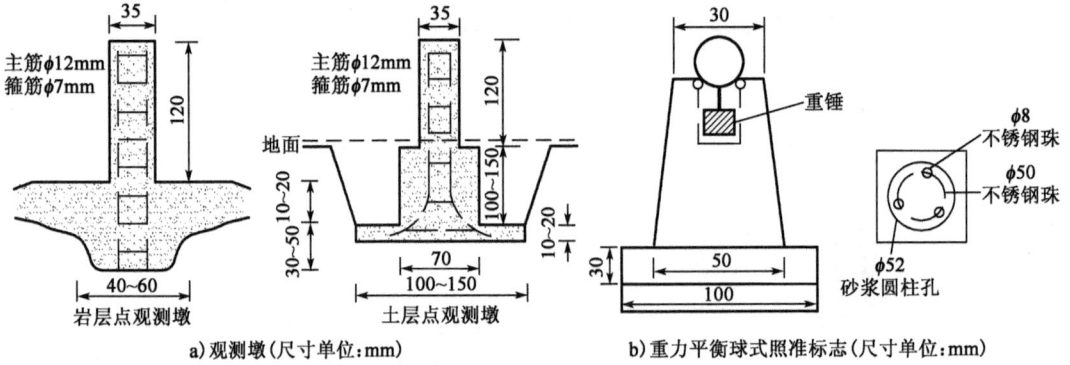

a) 观测墩(尺寸单位:mm)　　　　　　　　b) 重力平衡球式照准标志(尺寸单位:mm)

图 14-4　平面控制点标志

图 14-5　强制对中器

3) 平面控制网的技术要求

平面控制网通常采用独立坐标系。例如桥梁、大坝等往往以其轴线方向作为 x 轴,而 y 坐标的变化,即是它的侧向位移。在设计控制网时,要根据变形点的观测精度,预估对控制网的精度要求,并选择适宜的观测等级和方法。用于一般工程位移观测的平面控制网分为一级、二级和三级,可以采用测角网、测边网或导线网的形式布设,其技术要求分别列于表 14-4 ~ 表 14-6。

测角控制网技术要求　　　　　　　　　　　　　　　　　　表 14-4

等级	最弱边边长 中误差(mm)	平均边长 (m)	测角中误差 (″)	最弱边边长 相对中误差
一级	±1.0	200	±1.0	1/200 000
二级	±3.0	300	±1.5	1/100 000
三级	±10.0	500	±2.5	1/50 000

测边控制网技术要求　　　　　　　　　　　　　　　　　　表 14-5

等级	测距中误差(mm)	平均边长(m)	测距相对中误差
一级	±1.0	200	1/200 000
二级	±3.0	300	1/100 000
三级	±10.0	500	1/50 000

导线测量技术要求　　　　　　　　　　　　　　　　　　表 14-6

等级	导线最弱点点 位中误差(mm)	导线长度 (m)	平均边长(m)	测边中误差 (mm)	测角中误差 (″)	最弱边边长 相对中误差
一级	±1.4	$750C_1$	150	±$0.6C_2$	±1.0	1/100 000
二级	±4.2	$1000C_1$	200	±$2.0C_2$	±2.0	1/45 000
三级	±14.0	$1250C_1$	250	±$6.0C_2$	±5.0	1/17 000

注:C_1、C_2 为导线类别系数。对附合导线,$C_1 = C_2 = 1$;对独立单一导线,$C_1 = 1.2$、$C_2 = \sqrt{2}$;对导线网,导线长度系指附合点与结点或结点间的导线长度,取 $C_1 \le 0.7$、$C_2 = 1$。

14.3.2 建筑物主体倾斜观测

建筑物(或构筑物)的不均匀下沉,将使建筑物产生倾斜,严重的不均匀下沉会使建筑物发生裂缝,甚至破坏或倾倒。因此,必须及时对建筑物主体进行倾斜观测。

建筑物主体倾斜观测,应测定建筑物顶部相对于底部或各层间上层相对于下层的水平位移与高差,分别计算整体或分层的倾斜度、倾斜方向以及倾斜速度。对具有刚性建筑物的整体倾斜,亦可通过测量顶面或基础的相对沉降间接确定。

1)观测点位的布设

建筑物主体倾斜观测点位的布设应符合下列要求:

(1)观测点应沿对应测站点的某主体竖直线,对整体倾斜按顶部、底部上下对应布设,对分层倾斜按分层部位、底部上下对应布设。

(2)当从建筑物外部观测时,测站点或工作基点的点位应选在与照准目标中心连线呈接近正交或呈等分角的方向线上距照准目标1.5~2.0倍目标高度的固定位置处;当利用建筑物内竖向通道观测时,可将通道底部中心点作为测站点。

(3)按纵横轴线或前方交会布设的测站点,每点应选设1~2个定向点。基线端点的选设应顾及其测距或丈量的要求。

2)观测点位的标志

主体倾斜观测点位的标志设置应符合下列要求:

(1)建筑物顶部和墙体上的观测点标志,可采用埋入式照准标志形式。有特殊要求时应专门设计。

(2)不便埋设标志的塔形、圆形建筑物以及竖直构件,可以照准视线所切同高边缘认定的位置或用高度角控制的位置作为观测点位。

(3)位于地面的测站点和定向点可根据不同的观测要求,采用带有强制对中设备的观测墩或混凝土标石。

(4)对于一次性倾斜观测项目观测点标志,可采用标记形式或直接利用符合位置与照准要求的建筑物特征部位,测站点可采用小标石或临时性标志。

3)观测方法

主体倾斜观测可根据不同的观测条件与要求,选用下列方法。

(1)经纬仪观测法

从建筑物或构件的外部观测时,宜选用下列经纬仪观测法。

①投点法。

观测时,应在底部观测点位置安置量测设施(如水平读数尺等)。在每测站安置经纬仪投影时,应按正倒镜法以所测每对上下观测点标志间的水平位移分量,按矢量相加法求得水平位移值和位移方向。

②测水平角法。

对塔形、圆形建筑物或构件,每测站的观测,应以定向点作为零方向,以所测各观测点的方向值和至底部中心的距离,计算顶部中心相对底部中心的水平位移分量。对矩形建筑物,可在每测站直接观测顶部观测点与底部观测点之间的夹角或上层观测点与下层观测点之间的夹角,以所测角值与距离值计算整体的或分层的水平位移分量和位移方向。

③前方交会法。

所选基线应与观测点组成最佳构形,交会角 γ 宜在 $60° \sim 120°$,如图 14-6 所示。水平位移计算,可采用直接由两周期观测方向值之差解算坐标变化量的方向差交会法,亦可采用按每周期计算观测点坐标值,再以坐标差计算水平位移的方法。

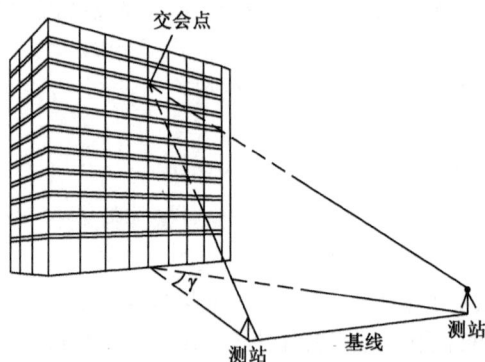

图 14-6　前方交会

(2)铅垂观测法

当利用建筑物或构件的顶部与底部之间一定竖向通视条件进行观测时,宜选用下列铅垂观测方法。

①吊垂球法。

应在顶部或需要的高度处观测点位置上,直接或支出一点悬挂适当重量的垂球,在垂线下的底部固定读数设备(如毫米格网读数板),直接读取或量出上部观测点相对底部观测点的水平位移量和位移方向。

②激光铅直仪观测法。

应在顶部适当位置安置接收靶,在其垂线下的地面或地板上安置激光铅直仪或激光经纬仪,按一定周期观测,在接收靶上直接读取或量出顶部的水平位移量和位移方向。作业中仪器应严格置平、对中。

4)观测周期的确定

可视倾斜速度每 $1 \sim 3$ 个月观测一次。如遇基础附近因大量堆载或卸载、场地降雨长期积水而导致倾斜速度加快时,应及时增加观测次数。施工期间的观测周期,可根据要求参照沉降观测的周期确定。倾斜观测应避开强日照和风荷载影响大的时间段。

5)成果提供

倾斜观测工作结束后,应提交下列成果:倾斜观测点位布置图、观测成果表及成果图、主体倾斜曲线图、观测成果分析资料。

14.3.3　水平位移观测

建筑物水平位移观测包括位于特殊性土地区的建筑物地基基础水平位移观测、受高层建筑基础施工影响的建筑物及工程设施水平位移观测以及挡土墙、大面积堆载等工程中所需的地基土深层侧向位移观测等,应测定在规定平面位置上随时间变化的位移量和位移速度。

水平位移观测方法可根据需要与现场条件选用测角前方交会、后方交会、极坐标法、导线法、视准线法、引张线法等方法。

1）前方交会

当在变形点上不便于架设仪器时，常采用前方交会法。如图 14-7 所示，A、B 为平面基准点，P 为变形点，A、B 的坐标为已知，在观测了水平角 α、β 后，即可按公式求算 P 点的坐标。

采用这种方法时，交会角宜在 $60° \sim 120°$，以保证交会精度。

2）后方交会

若变形点上可以架设仪器且与三个平面基准点通视时，可采用这种方法。如图 14-8 所示，A、B、C 为平面基准点，P 为变形点，观测完水平角 α、β 后，可按公式计算 P 点坐标。

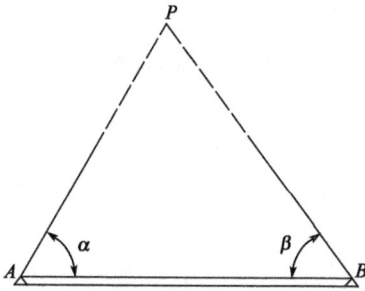

图 14-7 前方交会法

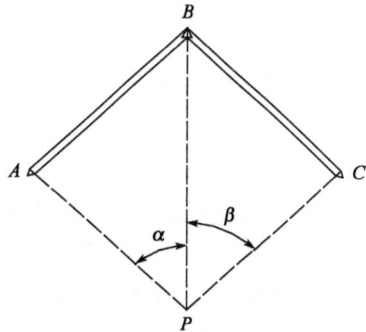

图 14-8 后方交会法

当采用后方交会法时，应注意 P 点不能与 A、B、C 在同一圆周上，否则无确定解。

3）极坐标法

如图 14-9 所示，A、B 为基准点，其坐标已知，P 为变形点。在基准点安置仪器，在变形点上安置棱镜，当测出 α 及 D 以后，即可据此求出 P 点的坐标。

4）导线法

如果相邻的变形点间可以通视，且在变形点上可以安置仪器进行测角、测距时，可采用这种方法。通过各次观测所得的坐标值进行比较，便可得出点位位移的大小和方向。这种方法多用于非直线形建筑物的水平位移观测，如对弧形拱坝和曲线桥的水平位移观测。

5）视准线法

该方法适用于变形方向为已知的线形建（构）筑物，是桥梁、水坝等水平位移观测中常用的方法。如图 14-10 所示，视准线的两个端点 A、B 为基准点，变形点 1、2、3 等布设在 AB 的连线上，其偏差不宜超过 2cm。变形点相对于视准线偏移量的变化，即为建（构）筑物在垂直于视准点方向上的位移。量测偏移量的设备为活动觇牌，其构造如图 14-11 所示。觇牌图案可以左右移动，移动量可在刻划上读出。当图案中心与竖轴中心重合时，其读数应为零，这一位置称为零位。

观测时在视准线的一端架设经纬仪，照准另一端的观测标志，这时的视线称为视准线。将活动觇牌安置在变形点上，左右移动觇牌，直至图案中心位于视准线上，这时的读数即为变形点相对视准线的偏移量。不同周期所得偏移量的变化，即为其变形值。与该法类似的还有激光准直法，就是用激光光束代替经纬仪的视准线。

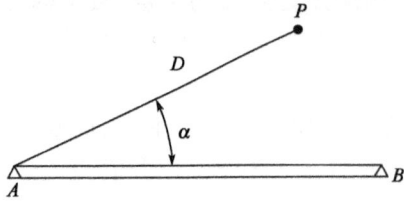

图 14-9　极坐标法

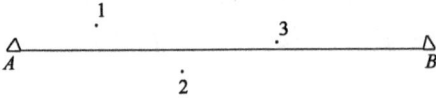

图 14-10　视准线法

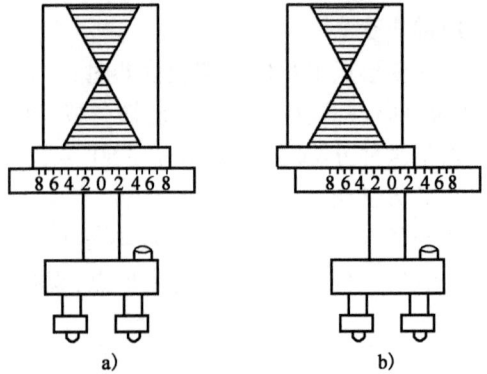

图 14-11　活动觇牌

6）引张线法

引张线法的工作原理与视准线法类似，所不同的是在两个端点间引张一根直径为 1mm 左右的钢丝，以代替视准线。由于引张线法要求在无风及没有干扰的条件下工作，所以在大坝廊道里进行水平位移观测采用较多。

这种方法要求两个端点基本等高，上面要安置控制引张线位置的 V 形槽及施加拉力的设备。中间各变形点与端点基本等高，在上面与引张线垂直的方向上水平安置刻划尺，以读出引张线在刻划尺上的读数。不同周期观测时尺上读数的变化，即为变形点与引张线垂直方向上的位移值。

水平位移观测的周期，对于不良地基土地区的观测，可与一并进行的沉降观测协调考虑确定；对于受基础施工影响的有关观测，应按施工进度的需要确定，可逐日或隔数日观测一次，直至施工结束；对于土体内部侧向位移观测，应视变形情况和工程进展而定。

7）成果提供

观测工作结束后应提交下列成果：

（1）水平位移观测点位布置图。

（2）观测成果表。

（3）水平位移曲线图。

（4）地基土深层侧向位移图（视需要提交）。

（5）当基础的水平位移与沉降同时观测时，可选择典型剖面，绘制两者关系曲线。

（6）观测成果分析资料。

14.3.4　裂缝观测

建筑物基础局部不均匀沉降等原因会使其遭到剪切破坏而产生裂缝。裂缝观测应测定建筑物上的裂缝分布位置以及裂缝的走向、长度、宽度及其变化程度。观测的裂缝数量视需要而定，主要的或变化大的裂缝应进行观测。

对需要观测的裂缝应统一进行编号。每条裂缝至少应布设两组观测标志，一组在裂缝最宽处，另一组在裂缝末端。每组标志由裂缝两侧各一个标志组成。

裂缝观测标志，应具有可供量测的明晰端面或中心。观测期较长时，可采用镶嵌或埋入墙面的金属标志、金属杆标志或楔形板标志;观测期较短或要求不高时,可采用油漆平行线标志或用建筑胶粘贴的金属片标志;要求较高、需要测出裂缝纵横向变化值时,可采用坐标方格网板标志。使用专用仪器设备观测的标志,可按具体要求另行设计。

对于数量不多、易于量测的裂缝,可视标志形式不同,用比例尺、小钢尺或游标卡尺等工具定期量出标志间距离求得裂缝变位值,如图 14-12 所示,或用方格网板定期读取"坐标差"计算裂缝变化值。对于较大面积且不便于人工量测的众多裂缝,宜采用近景摄影测量方法。当需连续监测裂缝变化时,还可采用测缝计或传感器自动测记方法观测。

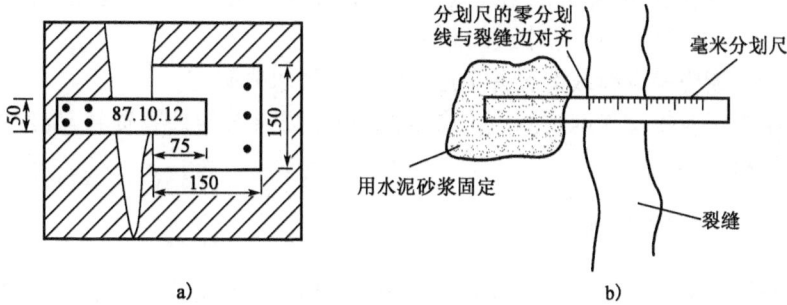

图 14-12 裂缝观测(尺寸单位:mm)

裂缝观测的周期应视其裂缝变化速度而定。通常开始可半月测一次,以后一月左右测一次。当发现裂缝加大时,应增加观测次数,直至几天或逐日一次的连续观测。

裂缝观测中,裂缝宽度数据应量取至 0.1mm,每次观测应绘出裂缝的位置、形态和尺寸,注明日期,附必要的照片资料。

观测结束后应提交裂缝分布位置图、裂缝观测成果表、观测成果分析说明资料。当建筑物裂缝和基础沉降同时,观测时可选择典型剖面绘制两者的关系曲线。

14.3.5 挠度观测

挠度,是指建(构)筑物或构件在水平方向或竖直方向上的弯曲值。例如,高耸建筑物会产生侧向弯曲,桥的梁部会在中间产生向下弯曲。挠度观测包括建筑物基础和建筑物主体以及独立构筑物(如独立墙、柱等)的挠度观测,应按一定周期分别测定其挠度值及挠曲程度。

建筑物基础挠度观测,可与建筑物沉降观测同时进行。观测点应沿基础的轴线或边线布设,每一基础不得少于 3 点。标志设置、观测方法与沉降观测相同。如图14-13所示,挠度值 f_c 可按下列公式计算:

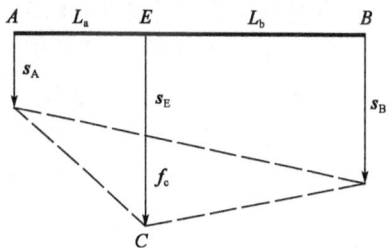

图 14-13 挠度值 f_c

$$f_c = \Delta s_{AE} - \frac{L_a}{L_a + L_b} \Delta s_{AB} \qquad (14\text{-}1)$$

$$\Delta s_{AE} = s_E - s_A$$

$$\Delta s_{AB} = s_B - s_A$$

式中: s_A——基础上 A 点的沉降量(mm);

s_B——基础上 B 点的沉降量(mm);

s_E——基础上 E 点的沉降量(mm);

L_a——AE 的距离(m);

L_b——EB 的距离(m)。

跨中挠度值:

$$f_z = \Delta s_{AE} - \frac{1}{2}\Delta s_{AB} \tag{14-2}$$

建筑物主体挠度观测,观测点应按建筑物结构类型在各不同高度或各层处沿一定垂直方向布设,挠度值由建筑物上不同高度点相对于底点的水平位移值确定。

独立构筑物的挠度观测,除可采用建筑物主体挠度观测要求外,当观测条件允许时,亦可用挠度计、位移传感器等设备直接测定挠度值。

挠度观测的周期应根据荷载情况并考虑设计施工要求来确定。

观测工作结束后应提交挠度观测点位布置图、观测成果表与计算资料、挠度曲线图、观测成果分析说明资料。

14.3.6　场地滑坡观测

建筑场地滑坡观测,应测定滑坡的周界、面积、滑动量、滑移方向、主滑线以及滑动速度,并视需要进行滑坡预报。

1)观测点位的布设

滑坡观测点位的布设应符合下列要求:

(1)滑坡面上的观测点应均匀布设。滑动量较大和滑动速度较快的部位,应适当多布点。

(2)滑坡周界外稳定的部位和周界内比较稳定的部位,均应布设观测点。

(3)当需要选设测定滑坡深度的点位时,应注意到滑坡体上的局部滑动和可能具有的多层滑动面。

(4)控制网可按有关规定布设,有条件时也可建立三维控制网,但各种控制点均应选设在滑坡体以外的稳定位置。

2)观测点位的标志

滑坡观测点位的标石标志及其埋设应符合下列要求:

(1)土体上的观测点,可埋设预制混凝土标石。根据观测精度要求,顶部的标志可采用具有强制对中装置的活动标志或嵌入加工成半球状的钢筋标志。标石埋深不宜小于 1m,在冻土地区,应埋至标准冻土线以下 0.5m,标石顶部须露出地面 20~30cm。

(2)岩体上的观测点,可采用砂浆现场浇固的钢筋标志。凿孔深度不宜少于 10cm,埋好后,标志顶部须露出岩体面约 5cm。

(3)必要的临时性或过渡性观测点以及观测周期不长、次数不多的小型滑坡观测点,可埋设硬质大木桩,但顶部须安置照准标志,底部须埋至标准冻土线以下。

(4)控制点的标石、标志,应按有关规定采用。对于建立三级平面控制网点的小测区,可采用混凝土标石或岩层标石。

3)观测方法

滑坡观测点的位移观测方法,可根据现场条件,按下列要求选用:

(1)当建筑物较多、地形复杂时,宜采用以三方向交会为主的测角前方交会法,交会角宜在 50°~110°,长短边不宜悬殊。也可采用测距交会法、测距导线法和极坐标法。

（2）对视野开阔的场地，当面积不大时，可采用放射线观测网法，从两个测站点上按放射状布设交会角在30°～150°的若干条观测线，两条观测线的交点即为观测点。每次观测时，以解析法或图解法测出观测点偏离两测线交点的位移量。当场地面积较大时，采用任意方格网法，其布设和观测方法与放射线观测网相同，但需增加测站点与定向点。

（3）对带状滑坡，当通视较好时，可采用测线支距法，在与滑动轴线的垂直方向，布设若干条测线，沿测线选定测站点、定向点与观测点。每次观测时，按支距法测出观测点的位移量与位移方向。当滑坡体窄而长时，可采用十字交叉观测网法。

（4）对于可能有较大滑动的滑坡，除采用测角前方交会等方法外，亦可采用多摄站近景摄影测量方法同时测定观测点的水平和垂直位移。

（5）滑坡体内测点的位移观测，可采用测斜仪观测方法，作业要求可按规程中有关规定执行。

滑坡观测点的高程测量，可采用几何水准测量法，困难点位可采用三角高程测量法。各种观测路线，均应组成闭合或附合网形。

滑坡观测点的施测精度，除有特殊要求另行确定者外，高精度滑坡监测可按规程表中所列二级精度指标施测，其他的可按三级精度指标施测。

滑坡观测的周期，应视滑坡的活跃程度及季节变化等情况而定。在雨季每半月或一月测一次，干旱季节可每季度测一次。如发现滑速增快或遇暴雨、地震、解冻等情况时，应及时增加观测次数。在发现有大滑动的可能时，应立即缩短观测周期，必要时，每天观测一次或两次。

滑坡预报应采用现场严密监视和资料综合分析相结合的方法进行。每次观测后，应及时整理绘制出各观测点的滑动曲线。当利用回归方程发现有异常观测值或利用位移对数和时间关系曲线判断有拐点时，应在加强观测的同时，密切注意观察滑前征兆，并结合工程地质、水文地质、地震和气象等方面资料，全面分析，做出滑坡预报，及时报警以采取应急措施。

观测工作结束后，应提交下列成果：滑坡观测系统点位布置图、观测成果表、观测点位移与沉降综合曲线图观测成果分析资料、滑坡预报说明资料。

【思考题与习题】

14-1 变形观测的目的是什么？建筑物产生变形有哪些原因？

14-2 设置变形测量点有哪些基本要求？

14-3 布设水准基点时，为什么一般不少于3个？

14-4 水平位移观测的主要方法有哪些？各适用于何种条件？具体做法如何？

14-5 建筑物主体倾斜观测有哪些常用方法？

14-6 什么叫挠度？挠度观测包括哪些内容？

14-7 建筑物的位移观测都包括哪些内容？观测工作结束后各自应提交哪些成果资料？

参 考 文 献

[1] 中华人民共和国国家标准.GB 50026—2007 工程测量规范［S］.北京:中国计划出版社,2008.

[2] 中华人民共和国行业标准.CJJ/T 8—2011 城市测量规范［S］.北京:中国建筑工业出版社,1999.

[3] 中华人民共和国行业标准.SL 197—2013 水利水电工程测量规范［S］.北京:中国水利水电出版社,1997.

[4] 中华人民共和国行业标准.JGJ 8—2007 建筑变形测量规范［S］.北京:中国建筑工业出版社,2008.

[5] 中华人民共和国国家标准.GB/T 15314—1994 精密工程测量规范［S］.北京:中国标准出版社,1995.

[6] 李青岳.工程测量学［M］.北京:测绘出版社,1984.

[7] 陈龙飞,金其坤.工程测量［M］.上海:同济大学出版社,1990.

[8] 李青岳,陈永奇.工程测量学［M］.北京:测绘出版社,1995.

[9] 张正禄.工程测量学［M］.武汉:武汉大学出版社,2002.

[10] 张正禄,等.工程测量学［M］.武汉:武汉大学出版社,2005.

[11] 齐民友,等.概率论与数理统计［M］.高等教育出版社,2002.

[12] 武汉大学测绘学院测量平差学科组.误差理论与测量平差基础［M］.武汉:武汉大学出版社,2003.

[13] 於宗俦,等.测量平差原理［M］.武汉:武汉测绘科技大学出版社,1990.

[14] 李德仁.误差处理和可靠性理论［M］.北京:测绘出版社,1988.

[15] 潘正风,杨正尧,等.数字测图原理与方法［M］.武汉:武汉大学出版社,2004.

[16] 李庆海,陶本藻.概率统计原理和在测量中的应用［M］.北京:测绘出版社,1982.

[17] 张正禄,吴栋材,等.精密工程测量［M］.北京:测绘出版社,1992.

[18] 吴翼麟,孔祥元,等.特种精密工程测量［M］.北京:测绘出版社,1993.

[19] 黄声享,郭英起,易庆林.GPS 在测量工程中的应用［M］.北京:测绘出版社,2007.

[20] 张希黔,黄声享,姚刚.GPS 在建筑施工中的应用［M］.北京:中国建筑工业出版社,2005.

[21] 周忠谟,等.GPS 卫星测量原理与应用［M］.北京:测绘出版社,1992.

[22] 余学祥,等.GPS 变形监测数据处理自动化–似单差法的理论与方法［M］.徐州:中国矿业大学出版社,2004.

[23] 胡鹏,等.地理信息系统教程［M］.武汉:武汉大学出版社,2002.

[24] 龚健雅.整体 GIS 的数据组织与处理方法［M］.武汉:武汉测绘科技大学出版社,1993.

[25] Pelzer H.现代工程测量控制网的理论和应用［M］.张正禄,译.北京:测绘出版社,1989.

[26] 卓健成.工程控制测量建网理论［M］.成都:西南交通大学出版社,1996.

[27] 顾孝烈.城市与工程控制网设计［M］.上海:同济大学出版社,1991.

[28] 晁定波,薄志鹏.现代大地控制网优化设计原理［M］.武汉:武汉测绘科技大学出版社,1991.

［29］彭先进.测量控制网的优化设计［M］.武汉:武汉测绘科技大学出版社,1991.

［30］覃辉,等.土木工程测量［M］.上海:同济大学出版社,2004.

［31］陈永奇,李裕忠,等.海洋工程测量［M］.北京:测绘出版社,1991.

［32］吴子安,吴栋材.水利工程测量［M］.北京:测绘出版社.1990.

［33］钱东辉.水电工程测量学［M］.北京:中国电力出版社.1998.

［34］秦昆,李裕忠,等.桥梁工程测量［M］.北京:测绘出版社,1991.

［35］吴栋才,谢建纲,等.大型斜拉桥施工测量［M］.北京:测绘出版社,1996.

［36］张项铎,张正禄.隧道工程测量［M］.北京:测绘出版社,1998.

［37］冯文灏.工业测量［M］.武汉:武汉大学出版社,2004.

［38］李广云,等.工业测量系统［M］.北京:解放军出版社,1992.

［39］于来法,等.实时经纬仪工业测量系统［M］.北京:测绘出版社,1996.

［40］潘正风,等.数字测图原理与方法［M］.武汉:武汉大学出版社,2004.

［41］林文介,等.测绘工程学［M］.广州:华南理工大学出版社,2003.

人民交通出版社股份有限公司 公路教育出版中心
土木工程/道路桥梁与渡河工程类本科及以上教材

注：◆教育部普通高等教育"十一五"、"十二五"国家级规划教材
　　▲建设部土建学科专业"十一五"、"十三五"规划教材

5. 高速公路设计(赵一飞) ············· 38 元
6. 城市道路设计(第二版)(吴瑞麟) ····· 26 元
7. 公路施工技术与管理(第二版)(魏建明) ····· 40 元
8. ◆公路养护与管理(第二版)(侯相琛) ····· 45 元
9. 路基支挡工程(陈忠达) ············· 42 元
10. 路面养护管理与维修技术(刘朝晖) ····· 42 元
11. 路面养护管理系统(武建民) ········· 22 元
12. 公路计算机辅助设计(符锌砂) ······· 30 元
13. 测绘工程基础(李芹芳) ············· 36 元
14. 现代道路交通检测原理及应用(孙朝云) ····· 38 元
15. 道路与桥梁检测技术(第二版)(胡昌斌) ····· 40 元
16. 软土环境工程地质学(唐益群) ······· 35 元
17. 地质灾害及其防治(简文彬) ········· 28 元
18. ◆环境经济学(第二版)(董小林) ····· 40 元
19. 桥梁钢—混凝土组合结构设计原理(第二版)
   (黄侨) ······················ 49 元
20. ◆桥梁建筑美学(第二版)(盛洪飞) ··· 24 元
21. 桥梁抗震(第三版)(叶爱君) ······· 26 元
22. 钢管混凝土(胡曙光) ··············· 38 元
23. ◆浮桥工程(王建平) ··············· 36 元
24. 隧道结构力学计算(第二版)(夏永旭) ····· 34 元
25. 公路隧道运营管理(吕康成) ········· 28 元
26. 隧道与地下工程灾害防护(张庆贺) ····· 45 元
27. 公路隧道机电工程(赵忠杰) ········· 40 元
28. 公路隧道设计CAD(王亚琼) ········· 40 元
29. 地下空间利用概论(叶飞) ··········· 30 元
30. 建设工程监理概论(张爽) ··········· 35 元
31. 建筑设备工程(刘丽娜) ············· 39 元
32. 机场规划与设计(谈至明) ··········· 35 元
33. 公路工程定额原理与估价(第二版)
   (石勇民) ····················· 39.5 元
34. Theory and Method for Finite Element Analysis
   of Bridge Structures(刘扬) ········· 28 元
35. 公路机械化养护技术(丛卓红) ······· 30 元
36. 舟艇原理与强度(程建生) ··········· 34 元

四、实践环节教材及教参教辅
1. 土木工程试验(张建仁) ············· 38 元
2. 土工试验指导书(袁聚云) ··········· 16 元
3. 桥梁结构试验(第二版)(章关永) ····· 30 元
4. 桥梁计算示例丛书—桥梁地基与基础(第二版)
   (赵明华) ····················· 18 元
5. 桥梁计算示例丛书—混凝土简支梁(板)桥
   (第三版)(易建国) ············· 26 元
6. 桥梁计算示例丛书—连续梁桥(邹毅松) ····· 20 元
7. 桥梁计算示例丛书—钢管混凝土拱桥
   (孙潮) ······················ 32 元
8. 结构设计原理计算示例(叶见曙) ····· 40 元
9. 土力学复习与习题(钱建固) ········· 35 元
10. 土力学与基础工程习题集(张宏) ····· 20 元
11. 道路工程毕业设计指南(应荣华) ····· 34 元
12. 桥梁工程毕业设计指南(向中富) ····· 35 元
13. 道路勘测设计实习指导手册(谢晓莉) ····· 15 元

14. 桥梁工程综合习题精解(汪莲) ··············· 30 元

五、研究生教材
1. 路面设计原理与方法(第三版)(黄晓明) ······ 68 元
2. 道面设计原理(翁兴中) ············· 45 元
3. 沥青与沥青混合料(郝培文) ········· 35 元
4. 水泥与水泥混凝土(申爱琴) ········· 30 元
5. 现代无机道路工程材料(梁乃兴) ····· 42 元
6. 现代加筋土理论与技术(雷胜友) ····· 24 元
7. 高等桥梁结构理论(第二版)(项海帆) ····· 70 元
8. 桥梁概念设计(项海帆) ············· 68 元
9. 桥梁结构体系(肖汝诚) ············· 78 元
10. 工程结构数值分析方法(夏永旭) ····· 27 元
11. 结构动力学讲义(第二版)(周智辉) ····· 38 元

六、应用型本科教材
1. 结构力学(第二版)(万德臣) ······· 30 元
2. 结构力学学习指导(于克萍) ········· 22 元
3. 结构设计原理(黄平明) ············· 47 元
4. 结构设计原理学习指导(安静波) ····· 35 元
5. 结构设计原理计算示例(赵志蒙) ····· 40 元
6. 工程力学(喻小明) ················· 55 元
7. 土质学与土力学(赵明阶) ··········· 30 元
8. 水力学与桥涵水文(王丽荣) ········· 27 元
9. 道路工程制图(谭海洋) ············· 28 元
10. 道路工程制图习题集(谭海洋) ······· 24 元
11. 土木工程材料(张爱勤) ············· 39 元
12. 道路建筑材料(伍必庆) ············· 37 元
13. 路桥工程专业英语(赵永平) ········· 44 元
14. 工程测量(朱爱民) ················· 30 元
15. 道路工程(资建民) ················· 30 元
16. 路基路面工程(陈忠达) ············· 46 元
17. 道路勘测设计(张维全) ············· 32 元
18. 基础工程(刘辉) ··················· 26 元
19. 桥梁工程(第二版)(刘龄嘉) ······· 49 元
20. 工程招投标与合同管理(第二版)
   (刘燕) ······················ 39 元
21. 道路工程CAD(第二版)(杨宏志) ··· 35 元
22. 工程项目管理(李佳升) ············· 32 元
23. 公路施工技术(杨渡军) ············· 64 元
24. 公路工程试验检测(第二版)(乔志琴) ····· 55 元
25. 工程结构检测技术(刘培文) ········· 52 元
26. 公路工程经济(周福田) ············· 22 元
27. 公路工程监理(朱爱民) ············· 33 元
28. 公路工程机械化施工技术(第二版)
   (徐永杰) ····················· 32 元
29. 城市道路工程(徐亮) ··············· 29 元
30. 公路养护技术与管理(武鹤) ········· 58 元
31. 公路工程预算与工程量清单计价(第二版)
   (雷书华) ····················· 40 元
32. 基础工程(第二版)(赵晖) ········· 32 元
33. 测量学(张龙) ····················· 39 元

教材详细信息,请查阅"中国交通书城"(www.jtbook.com.cn)
咨询电话:(010)85285865,85285984
道路工程课群教学研讨QQ群(教师) 328662128   桥梁工程课群教学研讨QQ群(教师) 138253421
交通工程课群教学研讨QQ群(教师) 185830343   交通专业学生讨论QQ群   345360030